湯用彤學記

主　编　汤一介
执行主编　赵建永

 济南出版社　 汉唐书局

图书在版编目（CIP）数据

汤用彤学记 / 汤一介，赵建永主编. -- 济南：济南出版社，2024.5
ISBN 978-7-5488-6273-4

Ⅰ.①汤… Ⅱ.①汤… ②赵… Ⅲ.①汤用彤（1893-1964）–哲学思想–思想评论–文集 Ⅳ.①B261.5-53

中国国家版本馆CIP数据核字（2024）第065699号

汤用彤学记
TANG YONGTONG XUEJI

汤一介　主编
赵建永　执行主编

出 版 人　谢金岭
图书策划　冀瑞雪
责任编辑　李家成
封面设计　王铭基　谭　正

出版发行　济南出版社
地　　址　济南市市中区二环南路1号（250002）
总 编 室　（0531）86131715
印　　刷　山东成信彩印有限公司
版　　次　2024年8月第1版
印　　次　2024年8月第1次印刷
开　　本　170 mm×240 mm　16开
印　　张　23.25
字　　数　350千字
定　　价　95.00元

如有印装质量问题　请与出版社出版部联系调换
电话：0531-86131736

版权所有　盗版必究

汤用彤照片

汤用彤（1893—1964）

汤用彤著作和部分纪念文集书影

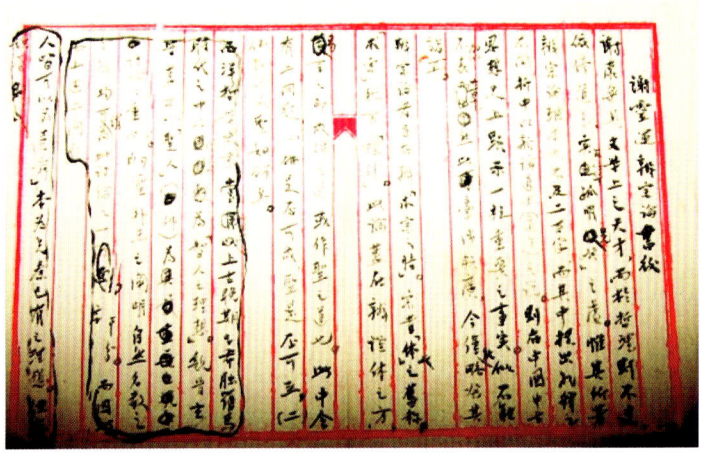

汤用彤魏晋玄学手稿

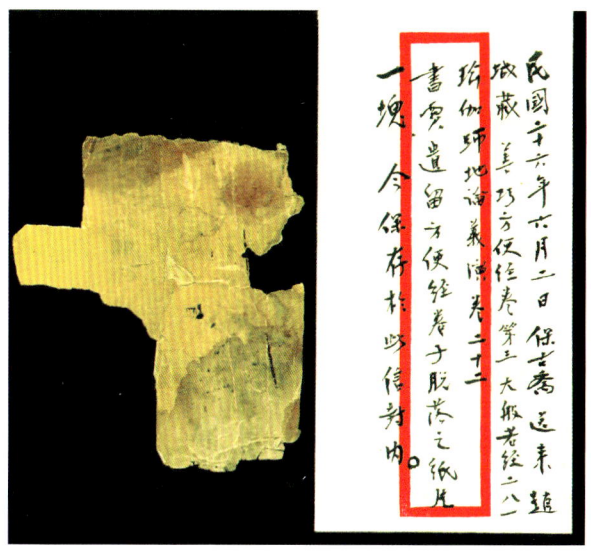

《赵城藏》经卷遗落封页纸片,以及汤用彤所写说明。

汤用彤(右)、熊十力(中)、柳诒徵(左)摄于南京。

20世纪50年代初,北京大学哲学系教师讨论教学。
右起依次为冯友兰、汤用彤、朱谦之、黄子通、石峻。

1956年,汤用彤在燕南园寓所为助手汤一介、杨辛讲学。

全家在燕南园寓所前院合影。后排自左至右：汤一玄、汤一介、汤夫人张敬平、汤用彤、林文才（护士）、乐黛云之弟乐光启；前排：长媳乐黛云、孙女汤丹、汤一玄的同学。

1958年，汤用彤、汤夫人、汤一介、汤一玄、乐黛云、汤丹、汤双在燕南园58号合影。第二排右一为汤用彤的四姐，她在丈夫去世后到北京照顾身体欠佳的汤用彤。

1962年春节全家照。右起依次为：汤一介、汤用彤、汤丹、乐黛云、张敬平、汤一玄。左侧为汤用彤的学生杨祖陶夫妇、萧萐父等。

序

《汤用彤学记》是应热心人士之邀编辑的一部书。在此之前曾出版过老一代学者的学记多种，我看到最早的一本是《蒙文通学记》。为前代学者编一本学记，不仅是对他们的一种特殊形式的纪念，而且可以通过他们同代人和学生们用实感形式来表述这批学者的为人为学以及生活遭遇等等的诸多方面，将不仅会使我们亲切地感受到他们的学术文化精神，也将使我们更深刻地了解政治环境变迁的轨迹。

我父亲用彤先生几乎一生都在关注他的教学和研究，同时他也非常关注北京大学"学术自由，兼容并包"的传统。特别是对抗战胜利后北大的北归"复校"，可以说是尽心尽力了。

我曾编著过一部书，题为《我们三代人》。自清朝乾嘉时起，我家从江西迁至湖北黄梅县，即以教书为业。祖父汤霖，清光绪十六年（1890年）进士，任过几任县知事，后在京曾赴各省任考官。父亲用彤先生自美回国后，一直在大学教书。我自北大哲学系毕业后，除五年在北京市委党校教书外，自1956年至今，一直在北大教书。因此可谓为教书之家吧！我想，用自己的耳闻、目睹以及可得之文献材料，通过我们三代人的经历来描绘中国知识分子的思想、感情、遭遇以及我的感想。这部书的重点是写我父亲。从某方面说，他也许是一位很有些特点的中国知识分子。

《汤用彤学记》虽非专著，但所选各篇颇具学术水准，其主要部分是收录他的学生对他为人为学的回忆，大都亲自受教于他，也有少数并未与他见过面，但都在北大读过书，对他有间接的实际了解。我想，这种用"学记"的方式，表述老一代学者的各个方面，也许更亲切一些。

本书所收录各篇均已在报刊中发表过。为了使读者更全面地了解用彤先生，本书后面附有《汤用彤治学语录》和《汤用彤已刊论著系年》等。《汤用彤学记》是在我的帮助下由赵建永博士完成的。赵建永长期致力于用彤先生文集的搜辑、整理和校订，对他的辛勤劳作，谨致谢忱！

汤一介

2009年6月12日

导言

汤用彤（1893年8月2日—1964年5月1日），字锡予，湖北黄梅人，现代杰出佛教史家、哲学史家、教育家和国学大师，是20世纪中国学贯东西、会通古今的思想家代表。他家学渊源深厚，系商汤后裔，与汤显祖同宗。他四岁开蒙于进士出身的父亲汤霖所授的家塾。1908年就学于北京顺天学堂，同学有梁漱溟、张申府、郑天挺等人。1911年，考入刚成立的清华学堂，1917年毕业留校任国学教员。1918年留学美国汉姆林大学，1919年升入哈佛大学研究生院，师从新人文主义宗师白璧德（Babbitt）、东方学泰斗兰曼（Lanman）、美国哲学会主席佩瑞（Perry）等教授。汤用彤与吴宓、陈寅恪志趣相投，因学问超群，而被誉为"哈佛三杰"。

1922年汤用彤学成回国，历任东南大学、南开大学、中央大学、北京大学的哲学教授、系主任、文学院长及西南联大常委会代理主席等职。1934年起他任北大哲学系主任，主持系务二十余年，北大哲学学科的教研方向和深度，均与他的研究和领导关系密切。他还主管北大文科研究所、文学院及校务十多年，奠定了北大文科教学研究的基础和特色。1947年到美国加州大学伯克利分校讲学一年，次年入选中央研究院院士。1948年底出任北大校务委员会主席，成为"老北大"末任校长和"新北大"开山校长，1951年起改任副校长直至病逝。1955年当选中国科学院哲学社会科学部委员，兼《哲学研究》《历史研究》编委。历任第一届全国政协代表、第三届全国政协常委，第一、二、三届全国人大代表。

作为学林重要领袖，汤用彤与同时代学者学术交往密切，时人称颂汤用彤沉潜、钱穆高明、蒙文通汪洋恣肆，是"岁寒三友"。汤用彤交谊甚笃者还有：欧阳渐、吕澂、熊十力、冯友兰、胡适、傅斯年、金岳霖、贺麟、邓以蛰、沈从文、宗白华、朱光潜、冯文潜、朱谦之、张岱年等人。他教学南北四十多年，培养出一大批学术骨干，如向达、陈康、唐君毅、任继愈、牟宗三、石峻、冯契、汤一介、邓稼先、王明、季羡林、郑昕、熊伟、胡世华、张世英等。他的治学态度、研究方法和教育办学理念，对中国哲学文化学术传统的形成发展及其学科建设皆有深远影响。

国内外学界公认他的《汉魏两晋南北朝佛教史》《魏晋玄学论稿》《印度哲学史略》等书是世界一流的权威性经典著作。荷兰汉学家许理和（Zürcher）在名著《佛教征服中国》中屡屡称引汤用彤著述，奉之为"价值至高之工具和导引"，并盛赞其"大师风范"。上述汤著现已收入七卷本《汤用彤全集》，并获国家图书奖，此外还有数百万字未刊稿拟收入"全集"之续编。

作为承上启下的一代宗师，汤用彤一生是20世纪中国学术现代化进程的一个缩影，是中国学术史上以现代学术研究方法对中、西、印三大文化进行系统比较和会通的第一人。他毕生抱定"昌明国粹，融化新知"的治学宗旨，通过对民族文化自身演进及中外文化交流史的客观研究，总结其中规律以解决中国文化如何发展的深层次问题。他治学重点虽几经变迁，但核心始终不离外来文化的中国化。

汤用彤的治学思路是，先深入研究不同文化体系在接触前的本来特性，再探讨其碰撞与融合的过程。在对这些问题的具体研究中，他开辟了哲学、宗教学中多项新的学科领域，如：中国佛教史学科的创立、道教史学科的奠基、现代宗教学学科新局面的打开、魏晋玄学断代史的开创、儒道释关系与理学缘起脉络的梳理、西方宗教和哲学通史，以及比较文化学的开拓诸多方面。以上研究具有建立学术典范的意义，长期影响着这些学科的发展和走向。

作为学衡派的中坚人物，汤用彤继承并发展了白璧德的思想，认为真理必须从继承发展本民族文化与吸收融合外来文化中求得。他看到中西文化各自的缺点和长处，避免了激进派与保守派的偏颇，臻于平和而又公允的圆融境界。他关于佛教等外来文化与儒道等本土文化，由冲突至融合规律的整理总结，对当今促进文明交流互鉴、中国式现代化的文化建设极具启迪价值。

目 录

我所遇最通达中国哲学的中国人…………………白璧德 001
最有权威之作………………………………………胡　适 003
儒家为中国文化之精神所在……………汤用彤讲，吴宓记述 005
忆锡予……………………………………………钱　穆 006
研究中国思想史必读之书…………………………容　媛 010
中国文化发展史的新指针…………………………贺　麟 013
深切怀念汤锡予先生………………………………张岱年 015
国学大师汤用彤……………………………………季羡林 017
不可超越的一座丰碑
　　——记汤用彤先生……………………………季羡林 019
回忆汤用彤先生……………………………………季羡林 022
汤用彤先生的一些微言大义………………………韩镜清 029
忆在昆明从汤用彤先生受教的日子………………冯　契 032
汤用彤先生治学的态度和方法……………………任继愈 039

世界文化宝库的新库藏
　　——《汤用彤全集》序二……………………任继愈　053
回忆汤用彤先生的治学精神及其两篇逸稿……………石　峻　058
汤用彤先生与僧肇研究………………………………石　峻　066
魏晋玄学中的"有""无"之辩
　　——读《汤用彤全集》………………………汪子嵩　068
谈汤用彤……………………………………………王元化　078
汤用彤先生散忆……………………………………邓艾民　081
人生的意义…………………………………………何兆武　085
学以美身的人师……………………………………萧萐父　086
西哲东渐的宗师
　　——汤用彤先生追忆…………………………杨祖陶　087
哲人的"常态"
　　——《汤用彤学记》读后……………………杨祖陶　093
谁言寸草心，报得三春晖
　　——缅怀恩师汤用彤先生及师母……………杨　辛　103
昌明国粹　融化新知
　　——纪念汤用彤先生诞生100周年……………汤一介　110
不激不随　至博至大
　　——汤用彤与北大………………汤一介　孙尚扬　124
汤先生教我们如何思考……………………………张岂之　136
忆从汤用彤先生学西方哲学………………………张岂之　140

汤用彤对印度哲学研究的贡献……………………黄心川　宫　静　147
吴宓与汤用彤………………………………………………吴学昭　159
汤用彤与《学衡》杂志……………………………………乐黛云　173
我心中的汤用彤先生………………………………………乐黛云　182
伟大的哲学史家、佛教史家汤用彤教授
　　——佛光版《汤用彤全集》序二………………镰田茂雄　188
本体论玄学之发现…………………………………………孔　繁　190
"文化之研究乃真理之讨论"
　　——读汤老两篇旧文……………………………楼宇烈　205
汤用彤对印度佛教思想的研究……………………………武维琴　210
研究宗教应持何种态度
　　——重新认识汤用彤先生的一篇书跋……………牟钟鉴　218
大师风范，学者胸怀
　　——写在《汤用彤全集》出版后………………蒙培元　225
忆在汤老身边学习的岁月…………………………………许抗生　229
汤用彤先生对魏晋玄学研究的贡献………………………许抗生　234
汤用彤学术思想概说………………………………………麻天祥　241
国故与新知的称星………………………………王守常　钱文忠　251
汤用彤学术方法论述略……………………………………孙尚扬　257
《汤用彤全集》第七卷《读书札记》
与"《隋唐佛教史》"………………………………钱文忠　264

汤用彤与陈寅恪在初唐皇室信仰问题上的

学术思想互动……………………………………赵建永　270

光前裕后　薪尽火传

——从《汤用彤学记》到《汤一介学记》………赵建永　285

汤用彤先生传略……………………………………赵建永　289

附录……………………………………………………326

汤用彤先生治学语录………………………赵建永　整理　326

汤用彤已刊论著系年………………………赵建永　辑录　338

汤用彤未刊稿简目…………………………赵建永　辑录　356

后记……………………………………………………364

| 白璧德 |

我所遇最通达中国哲学的中国人

译者按：1922年9月17日，欧文·白璧德（Irving Babbitt，1865—1933）致函吴宓。今节选其中对汤用彤的评论于此，标题为本书编者据文意所加，赵建永汉译，高山杉、孟凡君校订。信中提到汤用彤的文章是指："Schopenhauer's Philosophy of Genius""Oriental Elements in Schopenhauer"。前者作于1921年1月17日，原文收于汤用彤哈佛时期文稿集《哲学专辑》第1册之第2篇。该文提要以《叔本华之天才主义》为题，发表于《文哲学报》（1923年3月，第3期）。通过对读全文[①]，则可知其详细论证过程。文中认为，当时学界有过分强调叔本华思想中柏拉图和东方思想因素的倾向。写此文时，汤用彤已注意到《奥义书》和佛教，与浪漫主义的叔本华哲学之间的重要差异。随后他继续研究这一问题，并用英文写成专文"Oriental Elements in Schopenhauer"（《叔本华思想中的东方因素》[②]），于1921年12月发表在《中国留学生月刊》（*The Chinese Students' Monthly*），与前文专门分析叔本华思想的西方思想因素正相呼应，合而观之正得其全。哈佛大学图书馆白璧德文档中还有多封通信与汤用彤有关，这些珍贵资料表明汤用彤的学术思想与白璧德新人文主义具有深厚渊源。

听闻哈佛的中国学人对你新办的《学衡》杂志评价甚高，我感觉这正是当下所需。以后不知道你能否召集到充足的作者群。去年冬天，你来信提及所遇到的诸多困难和挫折。在这种情形之下，明智的办法似应是，只要总体观点一致者，就可以与之合作。汤用彤先生难道不是证明对《学

---

① 汤用彤作，赵建永译：《叔本华天才哲学述评》，《世界哲学》2007年第4期。
② 钱文忠先生汉译，刊于《跨文化对话》第七辑。

衡》杂志大有辅佐之功吗？在他离开坎布里奇回国之前，我与他就中国哲学进行了一次谈话。我感觉他比我遇到的任何其他中国人都更通晓这一领域。他在《中国留学生月刊》上发表的关于叔本华与佛教的论文（或者相应的文章）对于你们《学衡》不是很好的稿源吗？楼光来先生关于笑的理论的大作打动了我，这是一部非常出色的作品，或许适宜介绍给中国的读者。汤先生和楼先生也许没有目前中国似乎需要的那种激进性，但不管怎么说，他们皆是非常有用的人才。……顺便说一下，我希望你们能对约翰·杜威新出的两卷本发表评论，以揭露其肤浅性。他在美国影响殊恶，我怀疑在中国亦复如是。但愿汤先生能对你有所帮助。

| 胡 适 |

最有权威之作

编者按：汤用彤先生《汉魏两晋南北朝佛教史》完成后，首先送给胡适看。查《密藏胡适手稿与书信》中收入汤用彤致胡适信函十二封，其中第十封全文如下："适之先生：呈上拙稿之第一册，乞教正。本拟将全部呈上，但弟星期四须赴京，后面四册现因圈点尚未完（即第一册人名、地名亦须到南京再加标点），须校对标点后，乃能带去。故只得以第一册呈正。希望暇时将目录一阅或能稍知其内容。此册连同致王先生介绍信，弟当令王维诚日内来取。今日本拟请教哲学系事，但亦无多话，尽可明日再说也。弟彤留言。"这封信大概是用彤先生去拜访胡适而未遇，故留此短笺。时间当在1937年1月17日前。胡适打算把《汉魏两晋南北朝佛教史》介绍给商务印书馆出版，故信有"致王先生介绍信"事。王先生即商务印书馆馆长王云五先生。胡适在得到书稿后即为校阅。现据《胡适日记》有关记载，摘录于下，标题为本书编者据文意所加。

（1937年）1月17日

读汤锡予的《汉魏两晋南北朝佛教史》稿本第一册。全日为他校阅。

此书极好。锡予与陈寅恪两君为今日治此学最勤的，又最有成绩的。锡予的训练极精，工具也好，方法又细密，故此书为最有权威之作。

我校读完，为他写一信介绍给云五先生。又写一信给锡予。他不主张佛教由海道来之说，我以为此说亦未可完全抹杀。如《太平经》一系的道教，多起于齐地，最早作《包元太平经》的甘忠可是齐人，其信徒贺良、李寻等皆齐人（《汉书·李寻传》）。东汉作《太平清领书》之于吉与信徒裹楷也都是齐人。《太平经》与佛教有关，是锡予承认的。纪元二世纪中江南北之笮融佛教运动，其人多至"五千众人户"，牟子在交州所见沙门之多。此皆不容不假定一个长时间的海上交通与民间佛教之流行。

我又说，北方陆道与南方海道之外，似尚有蜀印一条路线。张骞在前二世纪已在大夏见邛竹杖蜀布，问知是大夏贾人从身毒买去的。此条路似更久更重要。张陵、张鲁之起于蜀，非无故也。

1月18日

到北大，与汤锡予先生畅谈。他自认胆小，只能做小心的求证，不能做大胆的假设。这是谦词。锡予的书极小心，处处注重证据，无证据之说虽有理亦不敢用。这是最可效法的态度。

他又说：颇有一个私见，就是不愿意说什么好东西都是从外国来的。我也笑着对他说：我也有一个私见，就是说什么坏东西都是从印度来的！我们都大笑。

其实，这都不是历史家正当态度。史家纪实而已。如果有些好东西是从海外来的，又何妨去老实承认呢？

| 汤用彤讲，吴宓记述 |

儒家为中国文化之精神所在

1941年1月7日吴宓记述了汤用彤的一次演讲："7~10时工校（今为师院）赴儒学会聆彤演讲。大意为：（一）中国文化即是儒教、儒学。若释若道，均非正宗及中心。（二）中国与印度之历史情境及思想，甚为近似。而中国与西洋（无论古希腊或近今之西洋）则相差甚远。今世西洋文明以科学为基本。中国今兹接受西洋文明，教育学术思想行事，一切以西洋为本位。则其轻视或不能了解中国文化也固宜。今应如何改途易辙，方可发挥光大中国文化（即儒教），以救中国且裨益世界。此为甚重要之事，亦极艰难之事，愿会众熟思之，云云。论极渊邃。宓随所感而发言，语多激愤。"

（标题为本书编者据文意所加。选自《吴宓日记》第8册，三联书店1998年版，第7页）

| 钱　穆 |

忆锡予

当前全世界人类种种灾祸，正本清源，一切应归极于人类思想问题上。就历史演变言，全世界人类思想大体可分别为三型：一中国，一印度，一欧洲。孔子、释迦、耶稣为其代表人物。默罕摩德（穆罕默德）创始回教，应与耶稣同归纳于欧洲型，不再细作分别。

中国自东汉时期，佛教即传来。唐代时，回教亦即在中国流行。释、回两教，得在中国传统下平安相处，发芽生长，至今不绝，此为中国社会、中国文化传统所特有，其他民族甚少其例。

吾友汤锡予，少年考入北京清华学校留美预备班。其时校中缺一国文课教师，即命锡予以学生身份充任，其时锡予之国学基础已可想见。及留学美国，进入哈佛大学哲学系，获博士学位，则其对西方哲学之研寻亦有成绩。归国后在南京中央大学哲学系任教，又好学不倦，屡去支那内学院从欧阳竟无听受佛学，则其于中、印、欧三方思想之同有造诣，亦可知。

其后遂转应北京大学聘，余是年亦转任教北大。某日，锡予来余寓，适余外出未相值。翌日，锡予母来告吾母，锡予少交游，长日杜门枯寂。顷闻其昨来访钱君，傥钱君肯赐交，诚汤家一家之幸。翌日，余亟趋访，一面如故交。锡予告余，在北大任教主要为东汉魏晋南北朝"中国佛教史"一课。此课在中大已任教有年，并撰有讲义，心感不满，须从头撰写。余心大倾佩。余授课有年，所撰讲义有不满，应可随不满处改写，何必尽弃旧稿，从头新撰。因知锡予为学，必重全体系、全组织，丝毫不苟，乃有此想。与余辈为学之仅如盲人摸象者不同。然锡予与余乃绝少谈及其治佛学之经过，及最近重新撰写讲义之一切。

随锡予来北京后，又来蒙文通、熊十力两人，皆与锡予同在支那内学院听欧阳竟无佛学者。时十力对欧阳竟无唯识新论有意见，撰文驳斥。四人相聚，文通必于此与十力启争端，喋喋辩不休。自佛学又牵涉宋明理学。遇两人发挥己意尽，余或偶加一二调和语，锡予每沉默不发一语。有时又常与梁漱溟相聚，十力、漱溟或谈及政事，余亦时参加意见，独锡予则沉默依然。其时北平学术界有两大争议，一为胡适之诸人提倡新文化运动，主西化，曰"赛先生""德先生"即（科学、民主）；又"哲学关门"，亦排斥宗教。一则为时局国事。北京阢陧在前线，和战安危，众议纷纭。独锡予于此两争议一无陈说。

但锡予既不可谓一佛门信徒，处身世外者。锡予有老母，有长兄，其妻室、其子女余皆熟稔。锡予之奉长慈幼，家庭雍睦，饮食起居，进退作息，固俨然一纯儒之典型，绝不有少许留学生西方气味。而其任职处事，交游应世，又何尝有少许佛门信徒之形态。然则锡予之为学似一事，其为人则又似一事，而在锡予，则融凝如一，既不露少许时髦之学者风度，亦不留丝毫守旧之士大夫积习。与时而化，而独立不倚，"极高明·而道中庸"，锡予庶有之矣。

故锡予既不可谓是一佛学家，亦不可谓是一西方哲学家。既非擅交际能应世，亦非傲岸骄世，或玩世不恭。锡予之毕生好学，劬劳不息之精神，则尽在其为人处世之日常生活中表现。徒读其书，恐将终不及其为人。徒接其人，亦将终不得其为学。锡予之为学与为人，则已一而化矣。余与锡予交，不可谓不久，不可谓不亲，惟所能言者，仅如此。

孟子曰："柳下惠圣之和。"锡予殆其人乎！居今世，而一涉及学问，一涉及思想，则不能与人无争，而锡予则不喜争。绝不可谓锡予无学问，亦绝不可谓锡予无思想，而锡予独能与人无所争。但锡予亦绝非一乡愿。《中庸》言："苟不至德，至道不凝焉。"人性有异，而德不同。伊尹之任，伯夷之清，皆易见，亦易有争。锡予和气一团，读其书不易知其人，交其人亦绝难知其学，斯诚柳下之流矣。

今再扩而论之，世界人类三大型之思想，亦尽由于民族性之相异。而民族性相异，则根据其区域之天时地理积久酝酿而来。亦可谓欧洲型近于伊尹之任，印度型则近于伯夷之清，而中国型则近于柳下惠之和。故欧洲型一主于进，印度型一主于退，而中国型则主执两用中。即中国高僧，亦多为慈悲救世而出家，不为逃避生老病死之四大苦痛而出家。而其救苦救难，亦似偏少耶稣之十字架精神。唯谓中国人乃无视于一世之苦难，则大不然。则锡予之为人为学，与世无争，而终不失为一性情中人，亦正见其为一有意于致中和之中国学人矣。

余与锡予交，其时已成《先秦诸子系年》，方为《近三百年学术史》。锡予告余："君好藏《竹书纪年》，古今异本几尽搜罗，予窃慕之。愿藏《高僧传》，遇异本必购取。"其日常随身亦必携一本《高僧传》，累年如是。则佛法僧之宝，锡予所慕，最在僧之一宝，即此一端可以想见其为人为学之大要矣。"人能弘道，非道弘人。"当由僧侣来弘扬佛法，非可以佛法来弘扬僧侣。锡予之为人为学，则非欲以僧侣来弘扬佛法者，实乃以中国人来弘扬中国传统之道。此则读锡予书者不可不知也。

余之《近三百年学术史》成稿，草为一序，曾论及南北朝之南北为学相异。锡予告余："君此一意，对于编写佛教讲义启益良多。"则知锡予为学无门户，无界域，和通会合，不自封闭之精神所在矣。而如余以一不通西方哲学，不通佛学，仅仅稍窥中国几本古典籍，亦得与锡予为密友，岂不可从此想象其为人为学之大要乎？

及锡予书成，已抗战军兴，余屡劝锡予为隋唐天台、禅、华严三宗续有撰述。锡予谓心力已瘁，亟求休息，无他奢愿矣。及余《国史大纲》成书，询锡予以此下为学当先。锡予告余："君于古今典籍四部纲要窥涉略备，此下可开始读英文书，或穷研佛典，求新接触，庶易得新启悟。"锡予之意，非欲余改途易辙。"日知其所无"，乃能"月无忘其所能"。锡予之治佛书，正多从中国典籍与西方哲学中悟入，而岂如近代专家之学即就佛书为佛学之所能同类并视乎？

是年余与锡予同离昆明赴上海，又随余同赴苏州。沿街英文书满目皆是，锡予为余选购三书，嘱先试诵。余语锡予，街头英文书堆积如山，何竟为予仅选此三书。锡予言，君北平所藏五万册书，今皆何在？试先读此三书入门，何早安排，为此奢图。余之开始读英文书始此。然一年后，即转赴成都，读英文书工夫，递减即止。而于佛书，亦少精研。余之孤陋一如往昔。回念锡予此一番语，岂胜悯然！而予与锡予，自苏州别后，亦仅得两面，亦不稔锡予此后为人为学之详矣。

余与锡予交最久，亦最密。自初相识，于最后之别，凡追忆所及，均详余之《师友杂忆》中。此书最近方付印，不日出版，均不在此赘及。今闻北京有《锡予纪念论文集》之编印，欲余为一文。回念前尘，一一如在目前，亦一一如散入沧海浮云中。人生如是，岂为道为学亦复如是。不得起锡予于地下而畅论之。不知读锡予书、纪念于锡予之为人为学者，意想复何如？临笔怆然，岂胜欲言。

　　　　　　　　　　　　　　钱穆　时年八十有八

（原载《燕园论学集》，北京大学出版社1984年版，第23-27页）

|容 媛|
研究中国思想史必读之书

《汉魏两晋南北朝佛教史》，汤用彤著，民国二十七年六月商务印书馆出版，二册，定价二元五角。

汤用彤先生为国立北京大学教授，研究佛教史专家。此书为其所著"中国佛教史"中，最先写定之一部分。其自跋为中华民国二十七年元旦，识于南岳掷钵峰下者。

此书分订二册，内容共八百七十八页。中分二分：第一分，汉代之佛教；第二分，魏晋南北朝佛教。

第一分汉代之佛教，分五章：（一）佛教入华诸传说；（二）永平求法传说之考证；（三）《四十二章经》考证；（四）汉代佛法之流布；（五）佛道。

关于佛教入华诸传说，异说纷歧，少可信者，此书著者以为不宜强解。所谓休屠王金人见于《汉武故事》，《史记》《汉书》并未言及，亦不宜置信。汉武帝时，印度未有造佛像之事。《魏书·释老志》以汉武帝获休屠王金人为佛道流通之渐，不免虚妄。其次，汉明帝永平求法之传说，事实之真相，虽颇难明，似有相当之根据。佛教之流传，不始于东汉初叶。哀帝时，伊存已授佛经。明帝时，楚王英已为桑门伊蒲塞设盛馔。孝明之世，当是像法之初。至《四十二章经》出世甚早。最早引用本经者，则为后汉之襄楷，则后汉桓帝时已有此经。明帝至桓帝时约百余年，明帝（时）[1]于大月氏写译此经，或亦可能之事。然而《四十二章经》译本有二，现存之本，文辞优美，不似汉译人所能，疑为吴支谦所译之本。而汉

---

[1] 此字据文意添加。——编者注

译朴质者，早已不存。即现今存本，以丽本为佳，而他本亦颇有经唐人以后人之增改也。佛教自西汉来华之后，与道流牵合附益，翻译甚少，遂不显其真面目，而襄楷遂以与黄老并。至桓灵之世，安清、支谦等来华，出经较多，释迦之教，乃有所托。牟子作《理惑论》，为现存支那撰述之最早者，黜百家经传，斥神仙方术，始表现佛教独立之精神。除牟子外，佛教在汉世，大概被视为道术之一种。其流行之教理行为，与当时黄老方技相通。及至魏晋，玄学清谈渐盛，佛教更依附玄理，大为士大夫所激赏，而佛学之演进，遂入另一时期矣。

此书第二分，魏晋南北朝佛教，续分十五章：（六）佛教玄学之滥觞；（七）两晋际之名僧与名士；（八）释道安；（九）释道安时代之《般若学》；（十）鸠摩罗什及其门下；（十一）释慧远；（十二）传译求法与南北朝之佛教；（十三）佛教之南统；（十四）佛教之北统；（十五）南北朝释教撰述；（十六）竺道生；（十七）南方涅槃佛性诸说；（十八）南朝《成实论》之流行与《般若》《三论》之复兴；（十九）北方之禅法净土与戒律；（二十）北朝之佛学。

汉代佛教，至魏晋之世进为玄理之大宗，其变化之始，已萌芽于牟子《理惑论》。然三国时佛教重镇，北为洛阳，南为建业。建业译经，则支谦，及康僧会为特出之秀。魏朱士行西行求经，写得《般若》梵书九十章，遣弟子弗如檀送还洛阳，开西行求经之先路。《方等》《般若》等经行于中土，始于支谶，而继有支谦，又继有朱士行之《放光般若经》，印度之空无旨趣，至晋代遂与风行之老庄学说合流，而更扩张其势力。盖《般若》理趣，同符老庄，而名僧风格，酷肖清流也。至东晋之初，能使佛教有独立之建设不藉清谈之浮华者，则为释道安。至鸠摩罗什入长安，重译大小品，盛弘性空典籍，其弟子有慧远、僧肇、道生之流，名德更多，由是为佛学之更进一新时代。此书于重要之名僧，若道安、罗什、慧远、道生，皆立有专章，可餍学者之研求。至于南北朝时期，佛教之地位，佛学之译者，以及经义之研究，与通俗之迷信，阐述颇详。其第十八章有云："晋末至陈，南朝佛学，前后不同。刘宋南齐，《涅槃》《成实》，相继流行。其学风颇异于东晋之特重虚无。梁陈二代，玄谈又盛，三论复兴。与宋齐复有差异。虽《成实》极盛于梁代，然即在齐世，《成论》已颇有人非议。梁世《般若》则稍昌，浸假而至于《成实》与三论争辩至烈，各立门户，与唐代各宗之争，性质几全相同。惟唐代之争，已立宗派。而六朝之世，佛学只有师法，尚未成立教派。日本僧人所传，谓南北朝有成实宗、三论宗等，实则不合史实。依史实言之，南北朝仅有经师，如一代大师，研通经论，而于《成实》特所擅长，复依此论，发明佛学，则谓之《成实论》师也。据此则法师可兼善数经，而不必即宗一经。……而僧人均为释子，亦不必有正统之争，当时因绝未见传统定祖之说也。正统之争，生于学派冲突以后，而不起于其前。"故《成实》三论之立异，初不同于唐代宗派之争。但争执既久，则亦几成为宗派相争之意义，然此则只于吉藏书中见之，前此必罕有也。此为确切之见解，书中考证，颇有深入细微者。

至于中华佛学与他学之关系，书中亦有涉及，第十四章有云："元魏经学，上接东都，好谈天道，杂以谶纬。而阴阳术数者，乃北方佛子所常习，则似仍延汉代'佛道'之余势者也。及至隋帝统一中夏，其政治文物，上接魏周。而隋唐之佛理，虽颇采取江南之学，但其大宗，固犹上承北方。于是玄学渐尽，而中华教化以及佛学，乃另开一新时代。夫佛学在北之与经学，固不如其在南与玄学之密契。然俱起俱盛，其间转移推进最相同，故在全体文化上，此一大事因缘，实甚可注意也。"此可见著者眼光所及，固已及于中国思想史之全范围。然则研究中国思想史者，固不可不一读此书也。

（标题为本书编者据文意所加。原载《燕京学报》第24期，1938年12月。容媛，1899—1989，容肇祖之妹）

| 贺　麟 |

中国文化发展史的新指针

　　写中国哲学史最感棘手的一段，就是魏晋以来几百年佛学在中国的发展，许多写中国哲学史的人，写到这一时期，都碰到礁石了，然而这一难关却被汤用彤先生打通了。汤先生以缜密的头脑，渊博的学问，熟悉东西方哲学文学，学习过梵文及巴利文，以治印度哲学，承继他家传的佛学，并曾在支那内学院听过欧阳竟无先生讲佛学，同时他又得到了西洋人治哲学史的方法，再参以乾嘉诸老的考证法。所以他采取策勒（Zeller）治希腊哲学史一书的方法，所著的《汉魏两晋南北朝佛教史》一书，材料的丰富，方法的谨严，考证方面的新发现，义理方面的新解释，均胜过别人。并且他要采文德尔班（Windelband）写西洋哲学史的方法，以问题为中心，写一部《魏晋玄学》。他过去两三年所发表的《言意之辨》《向郭义之孔子与庄周》《王弼论圣人有情》等篇，就是此书中的各章。他还著有《印度哲学史》及《隋唐佛教史》（均北京大学讲义本）尚未正式印行，足见他矜审的态度了。他超出哲学各派别的争论之上，极力避免发表他自己的哲学主张，然而从他佛教史中分别名僧与高僧一段，谁也可以知道他的意向之所在了。他尝说，真正高明的哲学，自应是唯心哲学。然而唯心之心，应是空灵的心，而不是实物化或与物对待之心。这已充分透露出他的哲学识见了。他的佛教史虽采用了精密的考证方法，然而却没有一般考据家支离烦琐的弊病。据笔者看来，他得力于两点：第一为以分见全、以全释分的方法。他贵在融会全时代或一个哲学家整全的思想。他每因片言只字，以表征出那位大师的根本见解，并综合一人或一时代的全部思想，以参证某一字句某一章节之确切的解释。第二，他似乎多少采取了一些钱穆先生所谓治史学者须"附随一种对其本国已往历史之温情与敬意"的态度。他只是着眼于虚心客观地发"潜德之幽光",设身处地,同情地了解古哲,决不枉屈古人。既不抨击异己之古人,亦不曲解古人以伸己说。试看他提到辅嗣、子玄、子期、远公、道公、生公等人之亲切熟稔,就可见得尚友千古之同情态度,已溢于言表了。

他根据多年来对中国文化学术史的研究和观察,对于中国哲学发展之继续性(continuity)有了新颖而深切的看法。他一扫认中国哲学的道统在孟子以后,曾经有过长期失传的褊狭的旧说。他认为中国哲学自来就一脉相传没有中断。即在南北朝隋唐时代,当佛学最盛,儒学最衰时期,中国人并未失掉其民族精神。外来文化只不过是一种偶然的遇合,外在的刺激,而中国利用之,反应之,吸收之,以发扬中华民族精神,并促进中国哲学的新发展。他这种说法当然是基于对一般文化的持续性和保存性的认识。这种宏通平正的看法,不惟可供研究中国文化和中国哲学发展史的新指针,且于积极推行西化的今日,还可以提供民族文化不致沦亡断绝的新保证。而在当时偏激的全盘西化声中,有助于促进我们对于民族文化新开展的信心。

(标题为本书编者据文意所加。节选自贺麟:《五十年来的中国哲学》,商务印书馆2002年版,第21—23页)

| 张岱年 |

深切怀念汤锡予先生

汤用彤先生字锡予,是现代中国著名的哲学史家、佛学家,学识淹博,著作宏富,既学贯中西,更兼通华梵,对于中国佛教史研究做出了卓越的贡献。他的名著《汉魏两晋南北朝佛教史》开辟了中国佛教史研究的新纪元,受到学术界的广泛称赞。新中国成立后,全国的哲学工作者都集中到北京大学,汤先生作为北大的领导,对于从全国各地来的哲学工作者,尽力做好团结工作。汤先生以博大的胸怀、诚挚的态度,使哲学界同仁都感到温暖。汤先生高尚的情操,令人至今感念不忘。

我初次会晤汤先生,是在1932年,那年的一天,我访问熊十力先生,在熊先生处遇到汤先生。次年,即1933年,我到清华大学任助教,吾兄申府当时在清华哲学系代理主任,邀请汤先生到清华做一次学术讲演。那天我到清华园汽车站迎候汤先生,然后汤先生到哲学系做了一次精彩的讲演,内容是关于佛学史的,听讲的人都很受启发。

1949年北京(当时称为北平)和平解放,在北京各校的哲学工作者,成立了一个新哲学研究会,由汤先生和胡绳同志担任领导,每周开一次座谈会。汤先生建议在北大、清华等校开设"近代思想史"课程,内容不分中西,既讲中国的,又讲西方的。一次课程讨论会上,汤先生说:"我们一定要把工作做好,一定要把工作做好!"态度非常恳切,我听了很受感动。当时我在清华,汤先生在北大,北大仍在城内旧址。有一次汤先生请清华哲学系同仁金岳霖、冯友兰、邓以蛰诸先生及全系同志到汤先生寓所午餐,见面时汤先生忽然问我:"听沈有鼎说,你在清华对学生讲辩证唯物论是当代最伟大的哲学,是这样吗?"我说我曾这样讲过。这足见汤先生对于哲学的关心。其后不久,院校调整,汤先生任北大副校长,负责哲学系的领导工作。我和冯友兰先生、朱谦之先生、任继愈同志等经常到汤先生家开会，汤先生待人非常热情，中国哲学史教研室的气氛十分融洽。

1954年，对于胡适的批判开始。有一天，科学院社会科学部召开了批胡的预备会议，北大由汤先生、郑昕和我参加。那次会是晚上开的，汤先生作了长篇发言。会后同车回校，在车上汤先生仍不断谈话，下车后郑昕对我说，"汤先生的情况不对呀！可能是病了"。果然，汤先生次晨就患了偏瘫之疾，经检查是脑血管有破裂处，逐渐恢复。

约在1963年，汤先生身体康复，有一天在汤先生家召开了一次教研室的讨论会，汤先生作了长时间的发言。当时朱谦之先生对教研室工作有些意见。汤先生发言，充分赞扬了朱先生的学术成就，又对朱先生说了一些劝勉的话，朱先生听了非常高兴。我感到汤先生真是善于做团结工作，同时为汤先生康复而高兴。不料这是汤先生最后一次参加教研室会议，以后便再没有听到汤先生的言论了。

1964年，汤先生不幸逝世，学术界同仁莫不悲悼，痛惜丧失了学术界的一位领导人士。

汤先生对于佛教史的贡献最为卓著，他的名著《汉魏两晋南北朝佛教史》出版之后，我细读一遍，衷心敬佩！书中既有事实的考证，又有理论的剖析。汤先生的考证有一个特点，即掌握了全面的证据，结论不可动摇。这是史料考证的最高水平，令人叹服。汤先生对于魏晋玄学的研究也开风气之先，对于玄学的论断亦甚精湛。对于隋唐佛教也有深细的研究，惜乎担任校长之后，忙于处理校务，无暇将隋唐佛教的讲义做进一步的扩充整理。汤先生的笃实谨严的学风使后进之士深受教益。

汤锡予先生是令人敬佩的学术导师，他的治学风范、学术贡献，永垂不朽！

1992年4月3日

（原载汤一介编《国故新知：中国传统文化的再诠释——汤用彤先生诞辰百周年纪念论文集》，北京大学出版社1993年版，第40—41页）

| 季羡林 |

国学大师汤用彤

在中国几千年的学术史上，每一个时代都诞生少数几位大师。是这几位大师标志出学术发展的新水平；是这几位大师代表着学术前进的新方向；是这几位大师照亮学术前进的道路；是这几位大师博古通今，又镕铸今古。他们是学术天空中光辉璀璨的明星。

中国近现代，当然也不能例外。但是，根据我个人的看法，近现代同以前的许多时代，都有所不同。举一个例子，就是俞曲园先生（樾）和他的弟子章太炎（炳麟）。在他们师徒二人身上体现了中国19世纪末20世纪初叶学术发展的一个大转变。俞曲园能镕铸今古，但是章太炎在镕铸今古之外，又能会通中西。只要看看曲园先生的文集，再读一读太炎先生的《章氏丛书》，特别是其中的《文录》和《别录》中的许多文章，其区别立即呈现在眼前。太炎先生的文章如：《记印度西婆耆王纪念会事》《送印度钵逻罕保什二君序》《记印度事》《无政府主义序》《俱分进化论》《无神论》《大乘佛教缘起考》《大乘起信论辩》《梵文典序》《法显发现西半球说》等，就是他会通中西的确凿证据，他的老师是写不出来的。

太炎先生以后，几位国学大师，比如梁启超、王国维、陈寅恪、陈垣、胡适等，都是既能镕铸今古，又能会通中西的。他们有别于前一代大师的地方就在这里。他们一方面继承了中国悠久的优秀学术传统，特别是考据之学；另一方面又融会了西方的优秀传统，在形式和内容两个方面都是如此。他们发扬光大了中国的学术传统，使中国的学术研究面目为之一新，达到了空前的水平。

我认为，汤用彤先生就属于这一些国学大师之列。这实际上是国内外学者之公言，绝非我一个人之私言。在汤用彤先生身上，镕铸今古、会通中西的特点是非常明显的。他对中国古代典籍的研读造诣很高，对汉译佛典以及僧传又都进行过深刻彻底的探讨，使用起来得心应手，如数家珍。又远涉重洋，赴美国哈佛大学研习梵文，攻读西方和印度哲学。再济之以个人天资与勤奋，他之所以成为国学大师，岂偶然哉！

拿汤先生的代表作《汉魏两晋南北朝佛教史》来做一个例子，加以分析。此书于1938年问世，至今已超过半个世纪。然而，一直到现在，研究中国佛教史的中外学者，哪一个也不能不向这一部书学习，向这一部书讨教。此书规模之恢弘，结构之谨严，材料之丰富，考证之精确，问题提出之深刻，剖析解释之周密，在在可为中外学者之楷模。凡此皆是有口皆碑、同声称扬的。在中国佛教史的研究上，这是地地道道的一部经典著作，它将永放光芒。

锡予先生的治学范围，当然不限于汉魏两晋南北朝佛教史。他在魏晋玄学的研究方面也有精深的造诣，对隋唐佛教也做过深刻的探讨，旁及印度哲学和欧美哲学。他完全当得起"会通中西"这一句话。

汤先生的人品也是他的弟子们学习的榜样。他淳直、朴素、不为物累；待人宽厚、处事公正。蔼然仁者，即之也温。他是一个真正的人，他是一个真正的学者，他是一个真正的大师。

我自己没有得到机会立雪程门。我在德国住了十年以后，先师陈寅恪先生把我介绍给汤先生和胡适之先生，我得以来到了北大，当上了教授。此后，我以学生教授或教授学生的身份听过汤先生"魏晋玄学"的课。我觉得每一堂课都是一次特殊的享受，至今记忆犹新，终生难忘。我不自量力，高攀为锡予先生的弟子，以此为荣。

今年是汤先生诞生100周年。先生虽谢世已久，但他的影响与日俱新。这一册纪念论文集就是最有力的证据。本册所收的论文，有的来自国内学者，有的来自国外学者，不少学者就是锡予先生的门生，有的则是他的崇拜者。仅此一端，即可以看出先生影响之广被。我相信，这一本纪念论文集对弘扬中华优秀文化，对加强中华学者的协作，将做出贡献。我满怀喜悦崇敬的心情写了这一篇序文。

（本文是季羡林为汤用彤诞生100周年纪念文集所作的序，载汤一介编《国故新知：中国传统文化的再诠释——汤用彤先生诞辰百周年纪念论文集》，北京大学出版社1993年版）

| 季羡林 |

不可超越的一座丰碑
——记汤用彤先生

国学大师汤锡予（用彤）先生离开我们已经三十多年了。国内外学者翘首以盼先生全集的出版，如大旱之望云霓。现在河北人民出版社慨斥巨资，出版先生全集，此真学坛之盛事，艺林之佳话。杜甫诗曰"好雨知时节"，出版者当之无愧矣。此举必能赢得国内外学者的普遍赞誉，可无疑也。

我虽不是锡予先生的及门弟子，但自己认为是他的私淑弟子。从上大学起，他的著作就哺育了我，终生受用不尽。来北大工作，又有知遇之感。现在，值《汤用彤全集》出版之际，难道我真的就无话可说，无话能说，无话要说吗？我是有话要说的，而且是非说不行的。我并不想，也不敢涉及锡予先生的道德文章。在这方面，我只有学习的责任，而无置喙之余地。

学术大师能不能够超越

我所要说的与锡予先生有关，但又不限于他一个人。我所要谈的是我考虑已久，别人也多有所论列的一个问题：学术大师能不能够超越？自然科学的我不谈，只谈人文社会科学方面的真正的大师。我的重点是"真正的"三个字。那一些自命为"大师"或者想让别人把自己捧成大师的人，不在我谈论的范围内。

我过去对新胜于旧的说法一向深信不疑。使我的信念动摇的是一次偶然的事件。我读马克思的一篇文章。其中说：希腊神话具有永恒的魅力。"魅力"而又"永恒"，不能不逼我深思。我理解的马克思主义总是主张新胜于旧的，主张人类总是前进的。希腊神话当然是旧东西，它怎么能有永恒的魅力呢？

我对这个问题反复思考，但自己的悟性不高，始终达不到很高的水平。我觉得，在地球上凸出一些高山，仅仅一次出现；但它们将永恒存在，而且是不可超越的。在人类文学史和学术史上，不论中外，有时候会出现一些伟大诗人和学者，他们也仅仅一次出现；但他们也将永恒存在，而且不可超越。论高山，比如喜马拉雅山、泰山、华山等都是；论诗人，中国的屈原、李白、杜甫等，西方的但丁、莎士比亚、歌德等都是；论学者或思想家，中国的孔子、司马迁、司马光以及明清两代的黄宗羲、顾炎武、戴震、王引之父子、钱大昕等都是。画家、书法家、音乐家也可以举出一些来。他们都是仅仅一次出现的，他们如同高山，也是不可超越的。赵瓯北的诗："江山代有才人出，各领风骚数百年。"历史已经证明了，这个说法是站不住脚的。

我在上面强调了仅仅出现一次和不可超越。希腊神话就符合这个条件。但是仅仅出现一次还不行，仅仅出现一次而且必须是伟大的精粹的东西，才能不可超越。那些低俗庸陋的人物和事件，也都是仅仅出现一次的。但是他们和它们有什么值得超越的呢？他们和它们自己就会化为尘埃，消逝得无影无踪。

专就人物而论，他们之所以不可超越，是由于他们的伟大。若就对大自然、对人类社会、对人类自身的了解而论，古人不管多么伟大也比不上现代人。李白、杜甫、王羲之、贝多芬、达·芬奇等，不但不懂电子计算机，他们连原始的火车都没有见过，他们的伟大绝不是靠这些东西，而是靠他们的天才。现在，进入了21世纪，连一个小学生知道的东西，在某些方面特别是科技方面，都比古代中外大诗人、大学者、大音乐家、大画家等要多得多。但是，除非他们是一群疯子，有谁敢称超过了李白、杜甫的诗歌，孔子的思想，贝多芬的音乐，达·芬奇的绘画呢？我的意思并不是说，今后不会再有不可超越的大师出现了。大师还会出现的。我想改一改赵瓯北的诗："江山代有大师出，各领风骚无数秋。"

中国近代不可超越的学术大师

我在上面绕了很大一个弯子，刺刺不休地说了些别人可能认为是梦呓而我自己则认为是真理的话。这些都是楔子，我的目的是在讨论中国近现代学术大师的问题。自清末以来，中国学术界也由于种种原因，陆续出现了一些国学大师。我个人认为，最主要的原因是西方文化尤其是西方哲学思想和学术思想，以排山倒海之势涌入中国，中国学坛上的少数先进人物，接受了西方学术思想的影响，同时又忠诚地继承和发展了中国古代优秀的学术传统，于是就开出了与以前不同的鲜丽的花朵，产生了少数一次出现而又不可超越的大师。我想以章太炎划界，他同他的老师俞曲园代表了两个时代。章太炎是不可超越的，王国维是不可超越的，陈寅恪是不可超越的，汤用彤同样是不可超越的。

"不可超越"并非终止学术的发展

我在上面多次讲到"不可超越"，是不是指的是学术到了这些大师手里就达到了极巅，达到了终点，不能再发展下去了呢？完全不是这个意思。学术会永远存在的，学术会永远发展下去的。只要地球存在，就有学术存在。但是学术发展的道路不是平坦的，不是永远一样的，不是均衡的。在这一条大路上，不时会有崇山峻岭出现。这种情况往往出现在有新材料被发现，有新观点出现，于是夤缘时会，少数奇才异能之士就会脱颖而出，这就是大师。大师也并不会一下子把所有的问题都能看到，又都能解决；大师解决问题也不见得都能彻底。这就给后人留下了进一步探讨的余地。就这样，大师一代接一代地传下去。旧问题解决了，新问题又出现，永远有问题，永远有大师，每一个大师都是不可超越的，每一个大师都是一座丰碑。这一些丰碑就代表着学术的进步，是学术发展道路上的一座座里程碑。

汤锡予先生就是这样一座丰碑，一个里程碑，他是不可超越的。

1999年7月24日

（原载《汤用彤全集》第一卷，河北人民出版社2000年版。另载《季羡林散文全编》，中国广播电视出版社2003年版）

| 季羡林 |

回忆汤用彤先生

自己已经到了望九之年。过去八十多年的忆念，如云如烟，浩渺一片。但在茫茫的烟雾中，却有几处闪光之点，宛如夏夜的晴空，群星上千上万，其中有大星数颗，熠熠闪光，明亮璀璨，无论什么时候回想起来，都晶莹如在眼前。

我对于汤用彤先生的回忆就是最闪光之点。

但是，有人会提出疑问了："你写了那么多对师友的回忆文章，为什么单单对于你回忆中最亮之点的汤锡予（先生的号）先生却没有写全面的回忆文章呢？"这问得正确，问得有理。但是，我确有自己的至今还没有说出来过的说法。试想：锡予先生是在哪一年逝世的？是在1964年。一想到这个年份，事情就很清楚了。在那时候，阶级斗争已经快发展到年年讲，月月讲，日日讲的程度。所谓"无产阶级文化大革命"虽然还没有爆发，但是对政治稍有敏感的人，都会感到"山雨欲来风满楼"的高压气氛。锡予先生和我都属于后来在十年浩劫中出现的"资产阶级（反动）学术权威"这一号的人物。我若一写悼念文章，必然会流露出我的真情来。如果我还有什么优点的话，那就是，没有真感情，我不写回忆文章。但是，在那个时代，真感情都会被归入"小资产阶级"的范畴，而一旦成了"小资产阶级"，则距离"修正主义"只差毫厘了。我没有这个胆量，所以就把对锡予先生怀念感激之情，深深地埋在我的心灵深处。到了今天，环境气氛已经大大地改变了，能够把真情实感从心中移到纸上来了。

因为不在一个学校，我没能成为锡予先生的授业弟子。但是，他的文章我是读过的，他的道德我是听说过的。"高山仰止，景行行止"，他早已是我崇拜的对象。我也崇拜一些别的大师，读其书未见其人者屡见不鲜。

我却独独对锡予先生常有幻象：我想象他是一个瘦削慈祥的老人，有五绺白须，飘拂胸前。对于别的大师，没见过面的大师，我从来没有过这样的幻象，此理我至今不解。但是，我相信，其中必有原因，一种深奥难言的原因。既然"难言"现在就先不"言"吧。

1945年，我在德国待了整整十年之后，二战结束，时来入梦的祖国母亲在召唤我了。我必须回国了。回国后，必须找一个职业，用当时的话来说，就是"抢一只饭碗"。古人云："民以食为天。"没有饭碗，怎么能过日子呢？于是我就写信给我的恩师——正在英国治疗目疾的陈寅恪先生，向他报告我十年来学习的过程。我的师祖吕德斯（Heinrich Lüders）正是他的老师，而我的德国恩师瓦尔特施密特（Ernst Waldschmidt）正是他的同学。因此，我一讲学习情况，他大概立即了然。不久我就收到他的一封长信，信中除了一些奖掖鼓励的话以外，他说，他想介绍我到北京大学任教。这实在是望外之喜。北大这个全国最高学府，与我本有一段因缘，1930年我曾考取北大，因梦想出国，弃北大而就清华。现在我的出国梦已经实现了，阴阳往复，往往非人力所能定，我终究又要回到北大来了。我简直狂喜不能自已，立即回信应允。这就是我来北大的最初因缘。

1945年10月，我离开住了十年的"客树回望成故乡"的哥廷根，挥泪辞别了像老母一般的女房东，到了瑞士。在这山青水绿的世界公园中住了将近半年，然后经法国马赛、越南西贡、英国占领的香港，回到了祖国的上海，路上用了将近四个月。时二战中遗留在大洋里的水雷尚未打捞，时时有触雷的危险。载着上千法国兵的英国巨轮的船长，随时都如临深履薄，战战兢兢，终于靠他们那一位上帝的保佑，渡过了险境，安然抵达西贡。从西贡至香港，海上又遇到飓风，一昼夜，小轮未能前进一寸。这个险境也终于渡过了。离开祖国将近十一年的儿子又回到母亲怀抱里来了，临登岸时，我思绪万端，悲喜交集，此情实不足为外人道也。

初到上海，人地生疏，我仿佛变成了瑞普·凡·温克（Rip Van Winkle），满目茫然。幸而臧克家正住在那里，我在他家的榻榻米上睡了十几天。又转到南京，仍然是无家可归，在李长之的办公桌上睡了一个夏天。当时寅恪师已经从英国回国，我曾到他借住的俞大维的官邸中去谒见他。师生别离已经十多年了。各自谈了别后的情况，都有九死一生之感。

杜甫诗说："今夕复何夕？共此灯烛光。"不啻为我当时的心情写照也。寅恪师命我持在德国发表的论文，到鸡鸣寺下中央研究院历史语言研究所去见当时北大代理校长傅斯年先生，时校长胡适尚留美未返。傅告诉我，按照北大的规定，在国外拿了学位回国的人，只能给予副教授的职称。我对此并不在意，能入北大，已如登龙门了，焉敢还有什么痴心妄想？如果真有的话，那不就成了不知天高地厚了吗？

在南京做了一个夏天的"流动人口"。虽然饱赏了台城古柳的清碧，玄武湖旖旎的风光，却也患上了在南京享有盛名的疟疾，颇受了点苦头。在那年的秋天，我从上海乘海轮到了秦皇岛，又从秦皇岛乘火车到了北平。锡予先生让阴法鲁先生到车站去迎接我们。时届深秋，白露已降，"凄清弥天地，落叶满长安"（长安街也），我心中说不出是什么滋味，凄凉中有欣慰，悲愁中有兴奋，既忆以往，又盼来者，茫然憷然，住进了几乎是空无一人的红楼。

第二天，少曾（阴法鲁号）陪我到设在北楼的文学院院长办公室去谒见锡予先生，他是文学院长。这是我景慕多年以后第一次见到先生。把眼前的锡予先生同我心中幻想的锡予先生一对比，当然是不相同的，然而我却更爱眼前的锡予先生。他面容端严慈祥，不苟言笑，却是即之也温，观之也诚，真蔼然仁者也。先生虽留美多年，学贯中西，可是身着灰布长衫，脚踏圆口布鞋，望之似老农老圃，没有半点"洋气"，没有丝毫教授架子和大师威风，我心中不由自主地油然生幸福之感，浑身感到一阵温暖。晚上，先生设家宴为我接风，师母也是慈祥有加，更增加了我的幸福之感。当时一介和一玄都还年小，恐怕已经记不得那天的情景了。我从这一天起就成了北大的副教授，开始了我下半生的新生活，心中陶陶然也。

我可绝没有想到，过了一个来星期，至多不过十天，锡予先生忽然告诉我：我已经被聘为北京大学正教授兼新成立的东方语言文学系主任，并且还兼任文科研究所导师。前两者我已经不敢当，后一者人数极少，皆为饱学宿儒，我一个三十多岁的名不见经传的毛头小伙子，竟也滥竽其间，我既感光荣，又感惶恐不安。这是谁的力量呢？我心里最清楚：背后有一个人在，这都出于锡予先生的垂青与提携，说既感且愧，实不足以表达我的心情。我做副教授任期之短，恐怕是前无古人的，这无疑是北大的新纪录，后来恐怕也没有人打破的。我只能说，这是一种恩情，它对我从那以后一直到今五十多年在北大的工作中，起了而且还在起着激励的作用。

但是，我心中总还是有一点遗憾之处：我没有能成为锡予先生的授业弟子。往者已矣，来者可追。大概是1947年，锡予先生开"魏晋玄学"这一门课，课堂就在我办公室的楼上。这真是天赐良机，我焉能放过！新中国成立前的教授，相对来讲社会地位高，工资收入丰，存在决定意识，这样就"决定"出来了"教授架子"。架子人人皆有，各有巧妙不同，没有架子的也得学着端起一副拒人的架子。我自认是一个上不得台盘的人，有没有架子，我自己不得而知。但是，在锡予先生跟前，宛如小丘之仰望泰岳，架子何从端起！而且听先生讲课，正是我求之不得的。在当时，一位教授听另外一位教授讲课，简直是骇人听闻的事。这些事情我都不想，毅然征得了锡予先生的同意，成了他班上最忠诚的学生之一，一整年没有缺过一次课，而且每堂课都工整地做听课的笔记，巨细不遗。这一大本笔记，我至今尚保存着，只是"只在此室中，书深不知处"了，有朝一日总会重见天日的。这样一来，我就自认为是锡予先生的私淑弟子，了了一个夙愿。

锡予先生对我的关心是多方面的，他让我从红楼搬到文科研究所的大院里去住。此地在明朝是令人闻而觳觫的特务机关东厂，是专杀好人、折磨好人的地狱，据说当年的水牢还有遗迹保留着。"庭院深深深几许"，我住在最里面的一个院子里，里面堆满考古挖掘出土的汉代砖棺，阴气森森，传说是闹鬼的凶宅之一。晚上没有人敢来找我，除非他在门房打听得万分清楚：季羡林确是在家里，才敢迈步走进。我也并非"季大胆"，只是在欧洲十年多，受了"西化"，成了一个"无鬼论"者，所以能处之泰然。夏夜昏黑，我经常在缕缕的马缨花香中，怡然入梦。

当时的北大真正是精兵简政。只有一个校长胡适之先生，还经常不在学校，并没有什么副校长。一个教务长主管全校的教学科研工作。一个秘书长主管全校的后勤工作。六个学院：文、理、法、农、工、医，各设院长一人。也没有听说有什么校院长联席会，什么系主任联席会。专就文学院而论，锡予先生孤身一人，聘人、升职等现在非开上无数次会不可解决的问题，那时一次会也不开，锡予先生一个人说了算。大概因为他为人正直，办事公道，从来没有出过什么娄子。我们系里遇到麻烦，我总去找锡予先生，他不动声色，帮我解除了困难。他还帮我在学校图书馆中要了一间教授研究室，所有我要用的书都从书库中提到我的研究室里，又派一位研究生马理女士当我的助手，帮我整理书籍。室内窗明几净，我心旷神怡。我之所以能写出几篇颇有点新见解的文章，不能不说是出于锡予先生之赐。我的文章写出后，首先送给锡予先生，请求指正。他的意见，哪怕是片言只语，对我总都是大有帮助的。

就这样，我们共同迎来了1949年北京的解放。在解放军围城期间，南京方面派一架专机，来接几位名单上有名的著名教授到尚未解放的南京去。锡予先生单上有名，但他坚决不走，他期望看到新中国。有一段时间，锡予先生被任命为北大校务委员会主席，算是一个"过渡政权"。总之，北大师生共同度过了许多初解放后兴奋狂欢的令人难忘的日子。

1952年，我们北大从城里搬到了现在的燕园中来。政府早已任命马寅初先生为北大校长，只有两个副校长，其中一个是党委书记江隆基兼任，实际上主管教学和科研的就锡予先生一人。马老德高望重，但实际上不大真管事情。江隆基是一个正直正派有理智有良心的老革命家。据我们局外人看，校领导是团结的。当时的北大，同全国各大学和科研机构一样，几乎是天天搞"运动"。然而北大这样一所全国重点大学，一只无形的带头羊，却并没有出什么娄子，这与校领导的团结和江隆基同志的睿智正直是分不开的。

还是讲一讲我自己的情况吧。出城以后，我"官"运亨通，财源大发。先是在城里时工资被评为每月1100斤小米，新中国成立前夕那种物价一小时一涨，火箭似的上升的可怕日子一去不复返了。后来按级别评定工资，我依稀记得：马老（马寅初）是三级，等于政府的副总理。以下汤老（汤用彤）、翦老（翦伯赞）、曹老（曹靖华）等，具体级别记不清了。再以下就是我同其他几位老牌的和名牌的教授。到了1956年，又有一次全国评定教授工资的活动，根据我的回忆，这次活动用的时间较长，工作十分细致，深入谨慎。人事处的一位领导同志，曾几次征求我的意见：中文系教授吴组缃是全国著名的小说家、《红楼梦》研究专家、中国作家协会书记处书记，我的老同学和老朋友，他问我吴能否评为一级教授？我当然觉得很够格。然而最后权衡下来，仍然定为二级，可见此事之难。据我所知，有的省份，全省只有一个一级教授，有的竟连一个也没有，真是一级之难"难于上青天"了。

然而，藐予小子竟然被评为一级，这实在令我诚惶诚恐。后来听说，常在一个餐厅里吃饭的几位教授，出于善意的又介乎可理解与不可理解之间的心理，背后赐给我了一个诨名，曰"一级"。只要我一走进食堂，有人就窃窃私语，会心而笑："'一级'来了！"我不怪这些同事，同他们比起来，无论是年龄或学术造诣，我都逊一筹，起个把诨名是应该的。这是由于我的运气吗？也许是的，但是我知道，背后有一个人在，这个人不是别人，正是锡予先生。

俗话说："福不双至。"可是1956年，我竟是"福真双至"。"一级"之外，我又被评选为中国科学院哲学社会科学学部委员。这是中国一个读书人至高无上的称号，从人数之少来说，比起封建时期的"金榜题名"来，还要难得多。除了名以外，还有颇为丰厚的津贴，真可谓"名利双收"。至于是否又有人给我再起什么诨号，我不得而知，就是有的话，我也会一笑置之。

总之，在我刚过不惑之年没有几年的时候，我还只能算是一个老青年，一个中国读书人所能期望的最高的荣誉和利益，就都已稳稳地拿到手中。我是一个颇有点自知之明的人，我知道，我之所以能够做到这一步，与锡予先生不声不响的提携是分不开的。说到我自己的努力，不能说一点都没有，但那是次要的事。至于机遇，也不能说一点没有，但那更是次要之次要，微不足道了。

从1956年起直到1964年锡予先生逝世，不知道经过多少次运动。在这些运动中，在历次的提职提级的活动中，我的表现都还算过得去。我真好像是淡泊名利，与人无争，至今还在燕园内外有颇令人满意的口碑。难道我真就这样好吗？我的道德真就这样高吗？不，不是的。我虽然不敢把自己归入坏人之列，因为除了替自己考虑外，我还能考虑别人。我绝对反对曹操的哲学："宁要我负天下人，不要天下人负我。"但我也决非圣贤，七情六欲，样样都有，私心杂念，一应俱全。可是，既然在名利两方面，我早已达到了顶峰，我还有什么可争的呢？难道我真想去"九天揽月，五洋捉鳖"吗？我之所以能够获得少许美名，其势然也。如果说我是"浪得虚名"，也是并不冤枉的。话又说了回来，如果没有锡予先生，我能得到这一点点美名吗？

所以，我现在只能这样说，我之所以崇敬锡予先生，忆念锡予先生，除了那一些冠冕堂皇的表面理由以外，还有我内心深处从来没有对别人说起过的动机。古人说："人生得一知己足矣。"我不敢谬托自己是锡予先生的知己。我只能说锡予先生是我的知己。我生平要感谢的师辈和友辈，颇有几位，尽管我对我这一生并不完全满意，但是有了这样的师友，我可以说是不虚此生了。

我自己现在已经是垂暮之年，活得早早超过了我的期望。因为我的父母都只活了四十多岁，因此，我的最高期望是活到五十岁。可是，到了今天，超过了这个最高期望已经快到四十年了。我虽老迈，但还没有昏聩。曹孟德说："老骥伏枥，志在千里。"我窃不自量力，大有"老骥伏枥，志在万里"之势。在学术研究方面，我还有不少的计划。这些计划是否切合实际，可另作别论，可我确实没有攀登八宝山的计划，这一点是完全可以肯定的。

但愿我回忆中那一点最亮的光点，能够照亮我前进的道路。

1997年5月28日

（原载《季羡林回忆文集：此情犹思》第三卷，哈尔滨出版社2008年版）

| 韩镜清 |

汤用彤先生的一些微言大义

我在1932年很幸运地考入北京大学哲学系,实际上参加了对人类哲学思想体系做评估和选择的研究工作。那时哲学系开设的课程包括中、西、印三方面的重要哲学,既有历史的概括和考据,又有系统的理论探究。有系主任张颐的《黑格尔〈小逻辑〉》,有刚从欧洲归来的郑昕的《康德〈纯粹理性批判〉》,有金岳霖的《符号逻辑》,有邓以蛰的《书画同源中国美术理论》,有李证刚的《佛教哲学》,有周叔迦的《三论宗研究》,有马叙伦的《庄子考证》,有李华德的《梵文》课,有贺麟的《笛卡尔哲学》和《宗教哲学概论》等。那时熊十力先生的《新唯识论》刚刚出台,围绕熊先生的这部书当时掀起了"破"与"破破"的论战。文学院院长胡适高唱不讲哲学,少讲主义,只讲思想,提倡偏重考据的学风。我们几个学生希望请韩德清来讲因明课,没蒙胡院长批准。此外,在我做研究生时说话冒失,还得罪了他,于是毕业以后一段时间只能在外校教书。

我现在只单单讲一下汤用彤先生,他的确对我影响较大。他开课的门类比较多,有初年级的"哲学概论",有为我们研究生开的"阿毗达磨杂心论",中间还听过他讲"英国经验主义",在印度哲学课中还专讲过汉译本的《金七十论》及《胜宗十句义论》,在"汉魏两晋南北朝佛教史"及"隋唐佛教史"课中,他既讲历史考据,更深入结合佛学理论,开拓了研究哲学史必须兼顾哲学理论的作风。先生多方面的富有意义的哲学比较工作,不仅进一步充实了梁漱溟《东西方文化及其哲学》一书中的比较内容,而且能在各种思想案例中曲尽幽微,深入抉择,孰优孰劣尽在冷静的清算之中,叫你心领神会。这就是他优越颇富创意的研究方法和教学方法。

我现在说汤先生的"微言大义",就是想揭示他那些不动声色的言行中蕴含着的个人真正意向。

我的毕业论文题目是《阿赖耶识学说的由来》,题目好像就是汤先生给拟定的。阿赖耶识学说现在看起来是真正能找到人生宇宙发生发展之原因的,因为阿赖耶识与世界各种现象之间互相依存、互为因果,它本身就否定了任何不变的常住的唯一的不平等因。它找出了事物的亲因亲缘,可以说明事物的真正因果规律。我当时对小乘经中所说"心如工画师,画种种五阴"等资料颇有心得,觉得人类的自我主观认识中的确有主观臆造的重大成分存在着,而这不是康德所说的先验范畴。试问哪里会有独自、孤立、单片、绝对、常一、不变、最后存在的东西?不是人类自己的异化和增溢吗?汤先生启示我追究一下阿赖耶识学说的由来,不也是叫我追寻一下人类共同的主观主义吗?

在我做研究生的第一学期,汤先生出的一个题目是《隋净影远八识义述》,我在那篇文章里揭示了隋朝慧远使原来阐明宇宙论的唯识学转化为中国式本体唯心论的历史事实,我在那时就开始把华化佛教改变佛教本来面目的原因归结在这样一个问题上:原来佛教的本体是真如,真如既不是有为法的物,也不是有为法的心,因为任何有为法都是依靠各种因素和合而成的,既不能独自存在,也不能当生就灭。而起信论师等人执着独立存在的阿赖耶识,把它既看成本体,又视为宇宙起源。佛学中的真如正是要彻底排除这种人类所妄自增加或异化的毫无存在可能的东西,可是一般人却本能地把它看成真正存在的东西,如同上帝一样存在。这是华化佛教走上歧途的焦点问题,也是西方能不能理解真正佛教的关键所在。各自受到一定传统思想习惯的限制,尤其受人类自身颠倒错误的影响,于是把常一不变的东西当成客观的真实存在,《大乘起信论》就是这样一个典型的例子。

1937年春季,汤先生又出了第二个论文题目:《大小乘身表业异解》。人的行为对人的生活之影响是整个的,是全面的。而其中什么是"动"的含义是核心问题,牵涉到事物存在究竟是常还是无常的问题。如果身体在一刻不停地变化着,则究竟谁在行动就成了问题。究竟对"动"如何认识呢?究竟对"变"如何认识呢?这实在也是哲学史上的永远困惑!然而佛学对"变"是有特别认识的,大乘佛学的一个颠扑不破的论断是"灭不待因",要说变化的第二刹那之生起必须是有原因的话,那么前一刹那的灭是并无原因的,事物在不容暂住的功夫里就当下灭掉了。

据说汤先生常与蒙文通、钱穆聚会在熊十力住所谈论学术问题,往往蒙、熊二位争论不休。钱穆也时常插嘴,但是汤先生稳坐钓鱼台一言不发,而在他的《汉魏两晋南北朝佛教史》中又有时引用熊十力的理解,可见他不是没有抉择和判断的。有一次在讲《阿毗达磨杂心论》的时候,他提到"佛学是无元的",这一句画龙点睛的论断,其真正分量是很大的。

还有一次,汤先生在他的书斋里坐着,指着他刚买到的《大正新修大藏经》说,类似"观空不证"的话特有意义,儒家也有"望道而未之见"等说法,真理难于像一般所缘境界是观而有所见的。

我现在零星地写出以上微言大义。汤先生给我出的几个论文题目实际是要看我做出如何反应的,只能说别有会心、彼此领略吧。

我最近提出一个意见,佛学应成为一个单独学科。首先,佛学根本不信"神权",不属信神的宗教范畴,至于把佛陀神格化,认为"佛教"就是神教,那责任并不在佛教本身。"佛教"就是佛陀的说教,如同《论语》中的"子曰"一样,人们常常按自己的主观臆测给事物增加种种色彩。

其次,佛学同一般哲学、科学以至常识也都大不相同。为什么?因为佛学根本不承认有所谓独立存在和常一不变的东西,而一般的认识和学术则无不坚持有这些东西。事物都是互相依存的,绝对没有永恒不灭、孤立绝对的事物。试问不灭的物质或心灵是什么?能模拟它的形态吗?并且语言、符号、概念也是如此,其所指定的所代表的东西也是如此,两者之间是互为客体的。若认为所指事物与名言是一个东西,不是暂时假立的符号,这就造成一种错觉,仿佛确有一种不变的独立的客观存在确为名言或符号所指。之所以说佛学不在有为法中讲本体,其道理也是一样的。真实必须否定独立存在和常一不变,这个问题好像很玄远,很陌生,很冷漠。其实和我们每一起心动念都有关系,在审定人类主观认识时这个问题实不可少。

所以说佛陀学不同于任何其他学问,它属于一种特别学科。

(原载北京大学哲学系八十周年系庆筹备委员会编《北京大学哲学系简史》,第192-195页)

| 冯 契 |

忆在昆明从汤用彤先生受教的日子

一

多年来我一直想要写点纪念文字来献给锡予师,因为在昆明西南联大期间,曾受到汤先生的亲切关怀和春风化雨般的教诲,那是我终生铭记在心的。

我原是清华哲学系学生。1937年抗战全面爆发,离校到山西前线参加工作,后又到延安和晋察冀、冀中等敌后根据地。1939年秋回到昆明西南联大复学。这时哲学系主任是汤先生,我这才和他相识。我先后选读汤先生的课程有:"魏晋玄学""印度哲学史""欧洲大陆理性主义"等。他一个人能开设世界三大哲学传统(中、印和西方)的课程,并且都是高质量的,学识如此渊博,真令人敬佩!我因为要参加联大地下党领导的"群社"的许多活动,如办壁报、组织同学学习革命理论和时事政策等,所以有些课程常常缺课,但汤先生的课我却总是认真学习的,除非生病,决不缺席,因为他的课确实吸引人。正如高屋建瓴,他讲课时视野宽广,从容不迫;资料翔实而不烦琐,理论上又能融会贯通,时而作中外哲学的比较,毫无痕迹;在层层深入的讲解中,新颖的独到见解自然而然地提出来了,并得到了论证,于是使你欣赏到了理论的美,尝到了思辨的乐趣。所以,听他的课真是一种享受。

1941年1月发生"皖南事变",国共关系十分紧张,大后方白色恐怖日趋严重,盛传国民党特务已开出黑名单,即将派武装到西南联大进行大搜捕。一时风声鹤唳,人心惶惶,于是地下党决定停止"群社"的公开活动,并把许多骨干分子疏散到乡下去。我这时便到昆明郊区龙头村(龙泉镇)北大文科研究所暂住,王明(当时他是北大研究生)为我在数百函《道藏》的包围中,安了个书桌,搭了个帆布床。有一天,忽然见到汤先生来了。他悄悄问我:"哲学系有几个学生不见了,你知道他们到哪里去了吗?"我说:"不知道。""不会是被捕了吧?""没听说。""你不会走吧?"我踌躇了一下,说:"暂时不会走。"他叹了口气,深情地盯着我说:"希望你能留下来!"这一次简短的谈话给了我深刻印象。我原来以为汤先生是个不问政治的学者,他洁身自好,抱"狷者有所不为"的生活态度,想不到在这严峻的时刻,他对进步同学竟如此爱护,如此关心。而且他这种关心是完全真诚的,这就使得我在感情上跟他更接近了些。

二

后来我终于在昆明留下来了。1941年夏我大学毕业,进了清华大学研究院,便搬到司家营清华文科研究所去住。在这之前,日本飞机对昆明多次狂轰滥炸,西南联大周围也丢了好几个炸弹。为了躲避轰炸,许多教授都只好到郊区农村借房子安家。当时冯友兰先生家在龙头村东端,金岳霖先生和钱端升先生家住在一处,在龙头村西端,汤先生家在麦地村,处于司家营和龙头村之间,相距各约一里。我到了司家营后,因为地下党实行"长期埋伏,积蓄力量,以待时机"的方针,反正什么公开活动都不能干了,便决心埋头读书。金先生为我一个学生开课,我每星期六下午到他那儿去读书(先是Hume,后是Bradley),边读边讨论,又把他正在写的《知识论》手稿一章一章带回来读,送回去时也要提问题跟他讨论。此外,我自己开了两个书单子:西方从古希腊到维也纳学派,中国从先秦到"五四",按历史顺序选读各家主要著作,有的精读,有的略读。读书有心得和疑问,便想找老师请教、讨论,心情往往是迫切的。通常,有关西方哲学问题,我去问金先生;有关中国哲学的问题,我去问冯先生和汤先生。但到冯先生家路稍远些,汤先生家路最近,晚饭后在田间散步,一会儿就走到麦地村了。汤先生也欢迎我去谈天,我提出问题,他总是有问必答,或者给我指点,叫我去查什么书;我提出自己的见解,他总是耐心跟我讨论，使我感到无拘无束。所以每次去，我都觉得有所得。渐渐地，去的次数多了，交谈的范围扩大了，跟他家里的人也都熟悉了。那时一介和他的妹妹都还小，在上小学和中学，家务是由师母一人承担的。有时我去，汤先生去学校还没回来（从城里回麦地村，步行至少一个半小时），师母便跟我拉家常，诉说生活的清苦，关心汤先生的健康状况，等等。那时在昆明，教师和学生吃的都是配给的有霉味的米，米里掺杂无数沙石，吃饭时一不小心就崩断牙齿。鱼、肉当然极难得，每天能有一个鸡蛋已是奢侈品了。但汤先生是那种"箪食瓢饮，不改其乐"的哲人，他"不戚戚于贫贱，不汲汲于富贵"，因为他有自己的超脱世俗的玄远之境足以安身立命。记得有一次，我和他谈得很高兴，不知不觉间天已黑了，师母走进门来说："你们也不点个灯，黑洞洞的，谈得那么起劲。"汤先生说："我们谈玄论道，在黑暗里谈更好。"我说："我们在黑屋子里抓黑猫。"于是两人都哈哈大笑。有时，谈得兴致来了，一直谈到夜阑人静，我踏着月色从田间小路归来，确实觉得体会到了"吟风弄月以归"，有"吾与点也"之意。

不过我并不赞同那种以为哲学的宗旨就是"寻孔颜乐处"，达到"吾与点也"的境界的说法。我认为哲学要面对现实，干预人生。和汤先生接触久了，我才知道他其实也并不是那么"超脱"的。他关心国事，对当时的贪官污吏、发国难财者深恶痛绝。在他面前，我可以毫不掩饰地批评国民党反动派。有时闲谈，他也会问我延安和抗战前线的情况。我介绍一点敌后根据地军民如何艰苦奋斗、打击敌人的英勇事迹，他便"唷唷"地称赞不绝。当然，他是主张学术和政治应保持一定距离的。他不止一次对我说："一种哲学被统治者赏识了，可以风行一时，可就没有学术价值了。还是那些自甘寂寞的人做出了贡献，对后人有影响。至少，看中国史，历代都是如此。"他这话是有所指的，他的概括我是同意的。不过我当时以为汤先生未免消极了一点。鲁迅在《出关》中说，同是一双鞋子，老子的是走流沙的，孔子的是上朝廷的。汤先生有点像老子。而我以为，除了上朝廷和走流沙之外，还有另一条路，那就是到民众中间去。

三

和汤先生谈得最多的，自然是我读书中碰到的问题。许多哲学名著，过去我浅尝辄止，这时想系统地钻研一下，又觉难度很大：文献浩如烟海，哲学史上的大家都是当时第一流的天才，他们深刻的思想只有通过艰苦的钻研才能把握，把握了却又易被它的魅力紧紧吸引住，难以钻出来；所以，"能入"难，"能出"更难。我跟汤先生谈我的思想顾虑，他说："慢慢来，你行的！"在学大乘空宗著作时，他指点我学"三论"、《大般若经》第十六分，又回过头来读《肇论》。他问我有什么体会，我说："僧肇把般若经的精华都概括出来了。"他说："中国人天分高。印度人说那么多，也就是《肇论》那么些思想。"我忽然对如何"能入能出"的问题有了领会：僧肇就是一个能入又能出的典型。

汤先生治哲学史，既注意全面把握资料，进行严密的考证，又注意融会贯通，揭示其发展的线索。所以他的著作也正是能入又能出的典型。在司家营期间，我特别就魏晋玄学和中国佛学两个领域跟汤先生讨论了许多问题。关于魏晋玄学，汤先生首先提出以"自然名教"之争、"言意"之辨、"有无、本末"之辨来概括魏晋时期的哲学论争，由此出发，历史地考察各派思想的演变，从而揭示出发展的线索。我向汤先生谈过自己的体会，认为他这种从把握主要论争来揭示思想的矛盾发展的方法，实质上就是运用辩证法来治哲学史，这不仅对魏晋玄学，而且对整个中国哲学史的研究，都是适用的。虽然汤先生当时还缺乏唯物史观，他的方法论还有待改进，但他用自己的方法论对魏晋时期做典型解剖，已取得了卓越的成就。他从"有无、本末"之辨说明了从王弼"贵无"到向、郭"崇有"，再到僧肇"非有非无"，是玄学发展的主线；同时在佛学般若学中，由道安（本无）、支遁（即色）到僧肇，也经历了类似过程。这一个理论线索显得干净利落，对学者很有说服力，并能给人以思辨的美感。记得我读了《庄子注》，曾写过一篇读书笔记给汤先生看，笔记中提出郭象学说的主旨在"独化于玄冥之境"，亦即"有而无之"；在王弼"贵无"、裴頠"崇有"之后，郭象试图综合二说；并提出汤先生的框架还可以做些改进。汤先生是喜欢学生提不同见解的，他看了我的笔记，连声说"很好，很好",并鼓励我循着自己的思路做进一步的探索。后来我经过探索,对魏晋时期的哲学演变形成了一点看法,写在《中国古代哲学的逻辑发展》一书中。我的看法和汤先生稍有不同,但以"有无、动静之辨"来考察魏晋南北朝时期哲学发展的主线,基本上是循着由汤先生开拓的路子前进的。

四

我在司家营清华文科研究所读了两年书,后来就考虑如何写研究生毕业论文了。金先生给了我启发,他说写完《知识论》之后,打算对"名言世界与非名言世界"问题做点探索。他在指导我读书和讨论时,几次提到这个问题,这也就是康德提出的"形而上学"(金先生称作"元学")作为科学如何可能的问题;实际上在中国哲学史上长期争论的"有名"与"无名"、"为学"与"为道"、如何"转识成智"等都是这个问题。我想碰一下这个问题,就跟金先生和汤先生都谈了。汤先生叫我系统地研究一下中国哲学史上的"言意之辨",我照他的话做了,并着重读了老庄一派的书。我在读《齐物论》时忽然获得了一点思想火花,庄子说:

> 古之人其知有所至矣,恶乎至?有以为未始有物者,至矣尽矣,不可以加矣。(郭注:此忘天地、遗万物,外不察乎宇宙,内不觉其一身,故能旷然无累,与物俱往,而无所不应也。)其次以为有物矣,而未始有封也。(注:虽未都忘,犹能忘其彼此。)其次以为有封焉,而未始有是非也。(注:虽未能忘彼此,犹能忘彼此之是非也。)

《庄子·庚桑楚》也有类似的一段话,郭注说:

> 或有而无之,或有而一之,或分而齐之,故谓之三也。此三者虽有尽有不尽,然俱能无是非于胸中。

我以为,如果把"齐物"视为过程,把庄子和郭象所说的"三者"颠倒过来,我们就有了由名言世界到非名言世界的三个步骤:第一步是"分而齐之",就是要通过"反复相明"来破是非,做到无是非于胸中,但还存在着彼此的界限;第二步是"有而一之",就是要忘彼此,去掉彼此间的一切界限,但以宇宙整体为对象,还存在着主客的差别;第三步是"有而无之",即把内与外、主观与客观、能知与所知的差别都泯除掉了,达到了"天地与我并生,万物与我为一"的境界,"入乎无言无意之域"了。当然,"无言无意之域"也要用名言来表达,那就是庄子所说的"卮言",或郭象所说的"因彼立言以齐之"。这就是我当时在读《庄子》时获得的一点心得。我去跟汤先生谈了,他连声称赞"好"。后来我把这点心得加以发挥,便写成了一篇论文,题名《智慧》。

最近我的学生从图书馆中找到了1947年出版的《哲学评论》杂志,把刊登在上面的《智慧》一文复印了一份给我(我留的底稿在"文革"中被抄走了)。重读自己这篇"少作",难免觉得惭愧,但回顾一下自己数十年来的哲学探索,却确以此为起点。我现在整理《智慧说三篇》,仿佛又在向这个出发点复归。《智慧》一文受金先生的影响是明显的,术语都按照金先生的用法,如用"元学"代替"形而上学"等。而其中说到和庄子、郭注有着"血缘上的联系",则是和汤先生讨论"言意之辨"的收获。所以回顾这个"起点",便使我想起在清华文科研究所读书的情况,对当时金先生和汤先生给我的亲切教诲满怀感激之情。两位老师治学各具特色:金先生重视对理论做逻辑分析,通过示范给我严格的思维训练,要求我提出的每个论点都经过严密论证;汤先生注意依据翔实的资料来获得贯通的理论,善于启发,鼓励我自由思考,去探求那玄远的哲理境界。金先生严密而精深,汤先生通达而高明,我在司家营期间能同时得到两位老师的指导,从他们那里学到了一点严密分析和自由思考的习惯,这真是难得的机遇。

1943年之后,敌机对昆明的狂轰滥炸减少了些。教授们陆续把家搬回昆明城里,我也回到西南联大研究生宿舍。白色恐怖缓和了些,大学生中秘密地学革命理论的读书小组越来越多,前两年疏散出去的革命同志在乡下扎了根,要求给以支援。所以,有一些义不容辞的工作需要我做,自己读原著的时间减少了。不过我不以为这是牺牲,参加一些革命工作,多和革命同志交往,使我能接触实际,比较能把握时代的脉搏,这对于从事哲学探索的人是必要的。但因此，我对自己的研究生论文感到不满，因为它太学院气派了。

1946年我到了上海，此后和汤先生见面的机会便少了，但新中国成立后我每次到北京，总争取时间去看望他。我发现他已完全没有了狷者气息，谈起祖国前途和社会主义事业来是那么意气风发，信心十足，连对学校行政事务都那么态度积极，真使我颇为吃惊！记得有一次他跟我谈起毛主席，说："毛主席是伟大的思想家，又是最富有常识的人，他能用常识的语言，讲最深刻的哲理，真了不起！"这是他发自内心的赞叹，又像是在跟我继续讨论"言意之辨"。他还是很关心我的哲学研究工作。大约是在1957年，我告诉他我正在探索中国传统哲学的发展逻辑，但觉得自己有局限性，已不可能像汤先生那样把握世界三大哲学系统来进行比较研究。他还是用那句老话来鼓励我："慢慢来，你行的！"我说："等我写出来，请汤先生提意见。"我没有料到后来的岁月竟如此艰难，等我把我的《中国古代哲学的逻辑发展》写成时，再也无法请汤先生过目了。

值此纪念汤先生诞辰百年之日，回忆在昆明从汤先生受教的日子，衷心感激不尽。草此短文，略抒怀念之情而已。

（原载汤一介编《国故新知：中国传统文化的再诠释——汤用彤先生诞辰百周年纪念论文集》，北京大学出版社1993年版，第37—40页）

| 任继愈 |

汤用彤先生治学的态度和方法

《汉魏两晋南北朝佛教史》出版到现在快半个世纪，这部著作得到国内外专家学者的重视。汤先生除佛教史外，还有不少其他方面的著作多种，这里不想多说什么评赞的话，可由读者自己去判断。中外学者公认的汤先生的成就还是在中国佛教史这个领域。古人说："鸳鸯绣出凭君看，不把金针度与人。"相处多年的师友都知道，汤先生一辈子从事研究工作，留下了传世之作，但他生前从未讲过他研究佛教史用的是什么方法。现在试图通过汤先生的佛教史著作成果，谈一谈汤先生的治学方法。虽说和汤先生在一起，朝夕相处达三十年之久，先是跟他当学生，后来跟他当助手，对他的治学方法有一些初步感受，但个人的看法难免片面，未必符合实际。汤先生去世近二十年，墓木已拱，无所取证，现在写出来，求指正。

汤先生病逝于1964年，当时痛惜他死得早，不料两年后，即发生了"文化大革命"，以他多病的身体，在北大那个环境，怕也难渡过这一劫难。汤先生去世已十九年。这十九年中，我国经历了灾难，又从灾难中得到重生，全国人民满怀信心地向前迈进，文化事业将有一个高潮。这一新时代，可惜汤先生不及见！

一、汤用彤先生与北大哲学系

旧中国有哲学系的大学不多，北京（当时称北平）一个城市，倒有三个大学有哲学系：清华大学、北京大学和燕京大学。燕京大学归美国教会领导，自成体系，这里且不说。旧中国一切大学的哲学都讲唯心论，轻视唯物论，当然唯心论也分成若干学派。当时人们称清华哲学系是"逻辑实在论"学派。清华大学的哲学系重视形式逻辑思维的风气，在于培养独立思考、构造体系的"哲学家"。有一位教授戏称，清华哲学系出来的学生是"成则为王，败则为寇"。意思是只要学成了，就是了不起的哲学家（"为王"），为王的确实有不少。清华大学的哲学系，金岳霖先生任系主任多年，形成了清华大学哲学系的学风和学派。

北大哲学系不大注重逻辑学，甚至没有一个专职讲授逻辑学的教授。张申府、金岳霖诸先生都曾在北大兼任过逻辑学的课程。1934年起，由郑昕先生讲授一年级的形式逻辑。郑先生兴趣在康德哲学，逻辑学在北大一直鼓不起同学们的兴趣。北大强调哲学史和佛教思想的研究。哲学史又分为欧洲哲学史和中国哲学史、印度哲学史。研究佛教哲学在北大哲学系也沿袭成风，除汤用彤先生外，还有周叔迦、熊十力几位先生，马叙伦先生讲授庄子哲学也是用佛教法相唯识学说来解释庄子。旧北大的哲学系，其特点是重视佛教史的研究和哲学史的研究。汤用彤先生从1935年起，到新中国成立（1949年），一直主持北大哲学系，因而哲学系的教学及研究方向，与他的学术领导关系至深。

当时北大哲学系人数很少，不分专业。每年毕业不过四五人。那时同学中间，多半研究欧洲古典哲学，美国的实用主义在教育界影响颇大，但在北大哲学系没有市场。西方的现代哲学，像怀特海、罗素的哲学，北大哲学系极少引起注意。哲学系师生有兴趣的还是斯宾诺莎、笛卡尔、洛克、休谟、贝克莱、康德、黑格尔。有关佛教方面的课程开得比较多。有佛教选读，有因明，还有个别宗派的研究，如天台宗、华严宗、隋唐佛学、佛教概论、新唯识论等。中国哲学史也是着眼断代研究和专题或专著研究，如老庄哲学、周程哲学、王阳明哲学等。

抗日战争时期，北大、清华等校合并为西南联合大学，汤先生任西南联合大学哲学系主任，两校特点在哲学系尚各有一定的影响。

新中国成立后，经过1952年的全国院系调整，全国只保留了北大一个哲学系。哲学系的主要课程是马列主义哲学课程，即辩证唯物主义与历史唯物主义，也还有一系列的马列主义专题和专著研究。北大哲学系从此进入了一个新的阶段。专业课程中，在历史唯物主义观点的指导下，重视中、外哲学史和佛教史的研究的风气还相当浓厚。

新中国成立后到"文化大革命"前的十多年间，北大哲学系的毕业生，大部分分配到各大专院校担任中、外哲学史课程的教师。一个有学术特色的大学，建立自己的学术重点很不容易，这种学术重点一旦形成学术传统，它发生的影响也是十分深远的。

新中国成立后，北京大学的哲学系师生也和全国人民一道，沐浴在党的阳光下，汤先生肩负的行政领导工作比过去更重了。新任北大的校长是马寅初先生，副校长是江隆基同志和汤用彤先生。当时正处在教学改革，全面向苏联学习的时期。江隆基副校长主管教学改革及思想政治教育，汤用彤先生分管基建和财务。这方面的业务对汤先生这样一位老教授来说，不能说没有困难，只要是党的安排，汤先生愉快地承担了这一任务，还学会看施工蓝图，管理得很好。

时间和精力已不允许汤先生战斗在教学第一线，但他仍然是哲学系中国哲学史教研室的成员，有些学术讨论会、政治学习会，他也分在这个小组。院系调整对哲学系来说，是个大事，全国所有大学的哲学系的教授、副教授都集中到北大来。哲学系教授、副教授达二十八位之多，这种盛况在全世界上也是仅有的。学术上互相讨论的气氛十分活跃，汤先生也是其中的积极分子。北大哲学系在1957年以后，才变得沉寂起来。1959年又有点小的活跃，也只限于讨论讨论曹操、老子等问题。在一年一度的"五四"科学讨论会上，汤先生也和大家一起提出论文，参加讨论。1954年大病之后，已不能写长篇文章，他还挤时间一点一滴地积累资料，对佛教、道教方面不断提出新的见解，在《北大学报》上发表的几篇文章，虽是时断时续病中之作，仍然保持他当年精密谨严的学风。这时期他的文章命名为《康复札记》，他自己说，不是为了纪念自己的健康恢复，而是要记住党和人民对他的健康的挽救。1963年五一节的晚上，在天安门上看焰火，周总理见到汤用彤先生，关心地问起他身体恢复的情况，并把他领到毛泽东同志身边。毛主席对他说："你的病好了？你的文章我都看了，身体不大好，就写那种短文吧！"那天回来，汤先生十分兴奋，表示要更好地把他的知识贡献给人民。他总是每天读书、学习、接待哲学系来问问题的青年师生，直到他逝世。

二、治学的基本功

从事社会科学研究，要有起码的基本训练，这些基本训练，要求从幼年、少年就要打下基础。好像唱京剧，不论生、旦、净、末、丑哪一个行当，都要自幼喊嗓子、练腰腿功夫一样，有些功夫需要从小培养、锻炼，也好像一切单项的运动员都要求一定的田径运动训练为基础一样。我国上一代的文化人，差不多不自觉地承受了一种传统，文史哲三方面不要求过早地分科，几乎是综合训练的。老一代的学者如范文澜、郭沫若、王国维、陈寅恪等，都在少年时期经受了严格的训练。古文作为一种工具，运用得比较纯熟，涉猎的范围也比较广泛。在过去分科不细，"国学"一门，经、史、子、集无所不包。在前人未必自觉地认识到这种学习方法有其合理性，但从实践中培养了不少基础扎实的专家、人才。今天看来，老一辈学者的培养训练方法不免有它浪费时间和精力的地方，但无可讳言，其中有它的合理的内核。他们不同于乾嘉学者，又超过了乾嘉学者。乾嘉学者如戴、段、钱、王诸人，缺少近代科学的训练，缺少外国语文的知识，接受的是纯经院式的训练，因而局限了自己的视野。汤先生自幼学习英语，后来又学习梵文、巴利文，还通晓法文、日文。他是我国第一代经过近代科学训练的学者，具有广泛世界文化历史知识，对古代圣贤经传不那么迷信，敢于推敲、怀疑，因此，具有超过前人的条件。对中国古典文献的自由阅读、正确理解，也不是很容易的事。前一代学者从家庭教育、社会上耳濡目染，无形中得到学习的机会，正如汤用彤先生在他的《汉魏两晋南北朝佛教史》绪言中自己说过的，"幼承庭训，早览乙部"，打下的基础。

今天的青年人已不可能具备那样的环境和条件，今天的青年人有更多的新知识、新工作要做，接触古典文献的机会比几十年前的人要少得多，应用文言文的机会更少。在今天如何克服时代给带来的不利条件，利用时代的有利条件，以最经济的手段、最少的时间，把古典文献中必要的文史哲知识学到手，这是提到今天青年学者面前的一项新任务。这一点通过现代手段、科学方法并不是不可以学到，而是可以学得很好。像西欧某些卓有成绩的汉学家，如高本汉、伯希和等人，他们生长在异域，比中国现代青年人更加缺少实践汉语的机会，但是他们通过科学方法，不但学得很好，而且还对汉学有所贡献。今天有了电子计算机，有了更为完备的索引工具，检阅、查考可以免于记诵之劳，而且比记忆又快又准确，这都是有利的条件。但是我们必须承认对古文献资料要掌握它、消化它，还要触类旁通，这一关非打通不可。这样，我们的新的一代必定能够胜过前一代，这不是大话，而是规律。

前人的经验，比如说，文史哲的基础知识都要具备，而不是过早地分专业，专业分得越细，越使人陷于断港、绝河，视野受到限制，没有回旋的余地，当然更谈不上左右逢源了。

汤先生落脚在中国佛教史，在他写佛教史以前，他在东南大学、南开大学任教时几乎教过哲学系所有的课程，包括伦理学、逻辑学等。向达先生翻译过亚里士多德的《伦理学》一书，就是在汤先生的指导鼓励下完成的。他在北大哲学系，除了教佛教方面的课程外，还讲授《哲学概论》，这是为一年级学生打基础的入门课。新中国成立前，各大学没有统一教材，而是根据教师的专长任意讲授。汤先生的《哲学概论》介绍西方当代主要流派，也讲授哲学界争论的若干主要问题。他讲授欧洲大陆理性主义、英国经验主义。他讲授佛教方面的课程并不限于佛教内部，也涉及古代印度哲学（佛教斥为外道的那些流派）。佛教课程中，他既讲授佛教的历史，也讲授早期佛教的一些主要经典原著。他还开设过《魏晋玄学》，这是断代思想史，也是断代的中国哲学范畴研究。

佛教与道教有密切关系，两家不断交互影响。社会上只知道汤先生致力于佛教史，而不大了解他对道教的研究功力甚深。《读太平经书所见》一文中已奠定了基础。抗战期间，他指导的研究生王明，论文题目为《太平经合校》。经过整理后的《太平经》，现已成为国际国内学术界公认的定本。

这些课程的开设和讲授都为汤先生的中国佛教史奠定了极为广泛的基础。有了中外文、史、哲广泛探索的基础，又具备丰富的背景材料，所以汤先生的佛教史的研究，讲的虽是一个方面，但读者从中得到的感受如饮醇醪，值得回味。

三、尊重史实的态度

汤先生的佛教史著作已足以说明他是一位史学家,佛教史也是历史的一部分。汤先生的史学成就受到同行的尊重,有人惊叹其渊博,有人心折其谨严,有人欣赏其考证精审,不论从哪一个方面的对汤先生著作感兴趣的人,有一个共同的印象,即认为他的著作使人信得过。好像和一个淳朴忠厚的人交朋友,使人感到他值得信赖,听了他的话不会使人上当。我接触到不少中外治中国佛教史的学者。这些学者来自不同的社会,有不同的国籍,不同的世界观,好像不约而同地对汤先生的著作有类似的感受和评价。这一现象,不是偶然的巧合,而是可以理解的。原因是汤先生的研究著作贯串着尊重历史事实的精神。

研究历史,首先要尊重历史,不能歪曲,不能恣意挦扯自己所需要的资料,故意忽略对自己观点不合的资料,更不能凭作者的偏好,混淆客观是非。汤先生曾说过,研究历史不能没有自己的看法和想法(看法和想法包括作者对某些历史事件、历史现象的解释、说明、介绍等)。当历史事实与自己的看法和想法不一致的时候,要毫不顾惜地修正自己的看法和想法,而不能修正历史事实,因为历史事实客观地摆在那里是不能修正的。汤先生在新中国成立前没有接触过历史唯物主义,也没学过辩证唯物主义哲学,他在哲学体系上是个典型的唯心主义者。但他尊重历史,明确地提出史实与想法不一致时,则修正自己的想法,不能修正史实。这一点却是唯物主义的,是实事求是的态度。

研究历史要客观,不掺杂主观成见好恶,这是西方资产阶级学者一贯标榜的一条原则。甚至有一些西方学者用这一条攻击马克思主义者的治史方法,他们说要有了立场观点就是主观主义。这样的攻击,早已被许多研究者所驳斥,这里不再申述。现在要说的是同一件事实,确实有由于立场的不同才得出不同的价值判断,如农民起义,官方正史叫作叛乱,等等。现在只就佛教史范围内的一些具体事实来谈尊重历史事实的问题。比如说,佛教传入中国的时间,历史上有种种传说。当佛教和道教互相争夺宗教界领导权时,佛教徒力图把佛教产生的时代以及佛教传入中国的时间提前。这是为了把道教尊奉的神老子压下去,使他在释迦面前只能充当晚辈。汤用彤先生在他的佛教史中，就曾把佛教传入中国的诸说胪列出来，一一加以评论，客观地向读者介绍了佛教传入的时代。

关于佛教净土信仰，社会流传慧远结莲社的说法。汤先生指出，净土念佛一派出于北方，"中唐之世，尚无信徒唱弥陀而求往生西方者，如后代俗僧之所信也"（《往日杂稿》）。并指出，世所推崇之净土三大师昙鸾、善导、道绰均生长于淮水之北，行化亦限于北方，道绰《安乐集》卷下，经叙此土大德，不言远公。

汤先生研究佛教而不信奉佛教，与当时名僧及佛教界名流素不交往。他认为信仰某宗教，必然对它有偏好，有偏好就很难客观地评论其得失。汤先生谨严地、客观地把中国古代佛教这一社会现象当作历史学的一个分支来探讨。

考据之学到了清代发展得比较充分，方法多为搜集大量资料，证其真伪，辨其异同。汤先生精通考据方法，他的学术论文充满着考据精神，精密而不烦琐。20世纪30年代，他指导的研究生王维诚完成了一篇《老子化胡考》。取材详备，论据周密，曾引起学术界的重视。这一考证的特点，不止考证了《老子化胡经》伪出（这是考据学一般应当做到的），而且进一步揭示此伪经出现的社会原因，从中看出佛道两教斗争的背景。又如佛教史上国际国内聚讼纷纭的《牟子理惑论》的真伪问题，汤先生也顺利地提出了令人信服的论据，以说明此书不伪。他的态度是尊重史实，让史实站出来作证。

汤先生的考据不同于传统的考据，还在于他不是传统的汉学家，他是受过现代科学训练的史学家和哲学史家，不只懂考据之学，还懂得义理之学。读者容易感到焦循的《孟子正义》和刘宝楠的《论语正义》有差别。前者胜过后者，就在于焦氏兼通义理之学，刘氏只局限于汉学。使考据为史学服务，所以能简要不烦。

四、功能学派或批判学派的文化社会观

旧社会的大学里，像北大这类学校里，通晓马列主义、历史唯物主义的教授极少。在旧社会，国民党办的学校中，马列主义不能公开讲授。只

在"五四"前后，李大钊同志曾在北大开设过唯物史观这类课程，只是昙花一现，以后没有继续下去。

汤先生在新中国成立后才开始和全校师生学习马列主义。汤先生在新中国成立前的著作一直用唯心史观，他在佛教研究工作中，比较注意文化与社会思潮的联系。在旧时代的学者中，他的见解值得重视。比如他讲授印度哲学史，讲到佛教早期分布时，没有忽略古天竺北方各地与南方各地的学风差别；讲到中国禅宗的兴起，菩提达磨的禅法与慧能禅宗的差异时，他也注意到北方禅法重坐禅修炼方法，与北方地论宗的关系；讲到慧能禅宗时，注意到五祖弘忍于黄梅东山寺以《金刚经》为主要教材的转变，指出《金刚经》与南方流行的"三论宗"传布地区的关系。这些见解有的已得到国内外学术界的承认，因为他看到了社会上文化思潮流行与佛教有某些联系的大量现象。他讲"隋唐佛教史"（仅在北大印有铅印本讲义，汤先生生前未公开出版。1982年其遗稿由中华书局出版，书名为《隋唐佛教史稿》），在归纳隋唐佛教的特点时，曾列举隋唐佛教有四个特点（这里指的特点是与汉魏南北朝相比较而言）。

第一，统一性。南朝佛教与玄学理论相融会，重玄谈，思辨探索，佛教流行及发展偏重宗教理论方面。如梁武帝发动群臣批判范缜的《神灭论》，只表现为在口头上、文字围攻，而没有行动上的人身迫害。北方宗教重实践、修行、坐禅、造像、念佛，对理论的兴趣不大，北方信佛教与反佛教冲突，理论方面的辩论不多，行动上，往往表现为拆庙、杀和尚等活动。隋唐统一，南方北方的特点开始互相吸收，调和统一。政治上的统一，也表现在文化上的统一。

第二，国际性。隋唐国势强盛，东西方经济商业来往较多，由长安通向西方的丝绸之路畅通，海上交通也发达。佛教僧侣往来频繁，中国僧人西到印度，东到朝鲜、日本，各国学人互相往来。隋唐时期的佛教也成了国际文化交流的媒介。

第三，自主性。佛教在隋唐时期，各宗派纷纷建立，自成体系，建立自己的传法世系，寺院庙产世袭，庙规僧规也有各宗派的传统，与印度佛教的差异越来越显著。

第四，系统性。各宗派建立了完整的判教体系，把外来各种佛教流派的理论，重新排列、安置，给以适当的位置。从历史事实归纳出来佛教的特点，从而得出外来文化与本土文化接触后产生什么后果的问题。

西方有些社会学流派主张世界文化来源只有一个，中国有人也主张文化的出路在于全盘西化。汤先生在一次讲演中说，文化发展，将来的事，我们不是预言家，不相信预言，不过过去的事往往可以作为将来的借鉴。汤先生比较倾向于文化功能学派和批判学派的观点。从汤先生佛教史的著作中看，确曾运用这种方法作为他的研究工作的指导。他从佛教的传入后与中土文化的接触过程中，看出：外来文化与本土文化必发生影响，但必须适应本土文化环境，即为本土文化所接受；外来文化也要经常改变自己原来的某些方面，以适应本土文化环境，不能原封不动地移植过来。本地文化有它自己的特点，虽然接受外来文化，但不可完全改变自己的特性，它的结果将引起新的变化，外来文化变得适于本地文化环境，本地文化吸收外来文化后，自身也起了变化。他还举例来说明他的观点，如"地狱"和"灵魂"的观念，中国人也有，但佛教传入后，涵义发生了变化。中国人的理解，轮回是鬼（灵魂）在轮回，佛教主张轮回而不主张有鬼（灵魂），佛教的"念佛"本来是坐禅的一种方法，中国人理解为念佛即口唱佛名，与印度本来的意义不同。等到完全吸收后，外来文化即已变成中国文化的一部分，已不再是外来文化了。

汤先生当年不懂得历史唯物主义，也未接触过上层建筑与基础的相互关系。但他从大量历史事实、文化现象中发现外来文化与本土文化要相适应，不适应即不能生存。陈寅恪先生也看到玄奘的学问不适合中国人好简易的习惯。这些解释虽然还值得进一步讨论，但他们从事实出发，看到这一文化生活中的现象，尽可能做出科学的解释，因而他们能做出有价值、有意义的学术贡献。他的文化功能学派的观点，其合理内涵是看到，并强调外来文化的传播要适应当地的文化土壤条件。这是他后来较快地接受马列主义的唯物史观的一个外因。

五、历史的比较法

在学习马列主义以前，汤用彤先生的治学方法，我暂称为"历史的比较法"。从道理上讲，为提高鉴别能力，避免片面性，就要进行比较，古今的比较，中外的比较。我们近代几位有成就的历史学家，所以能够超越封建历史学家，如王国维、陈寅恪，是他们成功地运用了历史的比较法。研究中国古代史，不局限于运用中国古代当时的文献资料，而要对比同时外国的文献资料；不但要从中国看中国，还要从外国看中国，尽量了解当时中国四邻的状况。有了对比，则便于鉴别。在马克思主义历史唯物主义未被认识以前，这是世界上资产阶级史学工作者通常采用的方法。有了历史唯物主义，这种方法也不能废弃，还不失为一种辅助方法，只是不作为第一位的方法罢了。

汤先生研究并讲授西方近代哲学史，讲授印度哲学、魏晋玄学，无形中充实了佛教史的研究。他讲授欧洲大陆理性主义，重点在斯宾诺莎、笛卡尔；讲授英国经验主义，重点在洛克、休谟、贝克莱。这两门课程每年交替开设，他经常采取双方对比的方法；他讲授魏晋玄学课程，经常采取以王弼与郭象的学说对比的方法；他讲授佛教课，经常采用与印度外道对比的方法；他讲授中国佛教史，经常采用与西方近代哲学的概念、范畴对比的方法。他还对我说过，越是研究中国哲学，越要多了解欧洲的哲学和印度的哲学。这是说，他的佛教史撰写的背后，埋藏着人们没有看到的大量的工作和功力，他有深厚的知识积累，才能在他专业范围内驰骋自如，游刃有余。这种横剖面的比较研究，对哲学史的研究十分必要，因为范畴、概念，每一个民族都有它的特点，不能忽略了这些特点。同时，作为认识论，人类的推理，认识外界，又有它一般性、共同性的因素。如果不是这样，我们中国人无法了解亚里士多德的逻辑学，印度的因明学也传不进中国来。

更为重要的对比，在汤先生用作研究方法的还是古今对比，从历史现象的发展中找寻变化的线索。汤先生的魏晋玄学，未写成书，但有了一个基本体系框架，这也可以说是汤先生在中国哲学史研究中的一项重大贡献。因为魏晋南北朝正逢中国哲学思潮的变革时期，两汉经学神学目的论到魏晋时期已临绝境，这时佛教、道教在社会上广泛流传。不研究魏晋玄学，佛教、道教也难以深入。汤先生于1936年在北大开始讲授"魏晋玄学"课，这一哲学形式和内容与以前以后都有显著的差异。当时我国学术界人士也都感到这一特定阶段的哲学形态有它的特色，还没有形成一个固定的名称，有人称为"清谈"之学，也有人称为"思辨之学"，还有一些其他名称。今天"魏晋玄学"这一名称已为多数哲学史家所采用。我记得用"魏晋玄学"概括这个时期哲学特点的是汤先生。他为了纪念这一年开始讲授"魏晋玄学"的课程，汤先生为他小儿子命名为"一玄"。

昔年章太炎《五朝学》有云："俗士皆曰，秦汉之政踔踔异晚周，六叔（魏、晋、宋、齐、梁、陈）之俗尔殊于汉之东都。其言虽有类似。魏晋者俗本之汉，陂陀从迹以至，非能骤溃。"（《章氏丛书》文录卷一）汤先生认为历史变迁常具继续性。文化学术异代不同，然其因革推移，悉由渐进。研究历史，不能不弄清它的变迁之迹。他还说，研究时代学术的异同，虽当注意其变迁之迹，即客观现象，更应当注意变迁的理由。变迁的理由又有两个方面，一方面要注意时代思潮的影响，另方面要注意治学的眼光与方法。新学术的兴起，虽然受时代思潮的影响，如果没有新的眼光与方法，也不能产生组织完备的新时代哲学体系。

汤先生在他的《读人物志》一文中说："汉魏之际，中国学术起甚大变化。"即在魏晋时期，细加分别，它变化也很大。如正始名士（老学较盛），元康名士（庄学较盛），东晋名士（佛学较盛），正始以前，魏初名士（刑名较盛）。占有广泛资料，把历史现象给以排比、归纳，分疏其前后时期的异同，才可以说明一个特定时期的思潮的精神面貌。汤先生从先后对比，提出从两汉到魏晋，在认识上是一大进步。汉代学者对天地万物的总体观，不出宇宙生成论（cosmology）；魏晋玄学则由宇宙生成论进而为探究天地万物之本体，玄学的重心不在于宇宙由何物构成，是元气还是什么，而在于本体论（ontology）。不但揭示汉魏两个时期哲学形态不同，而且揭示汉魏哲学的性质的不同、认识深度的不同。章太炎早年也看到了汉魏学术不同，对魏晋学术也很欣赏，评价颇高，但章氏没有从思想发展的内部指出从汉到魏晋何以不同，两者的不同意味着什么。从认识论的角度来进行探索，这是汤先生魏晋玄学的研究工作超过章太炎的地方。

在中国佛教史研究方面，汤先生把重点放在魏晋南北朝的断代研究方面，这是有原因的。因为汉末，佛教刚刚传入中国，魏晋南北朝时期，佛教蔚为大宗，道教也逐渐扩大它的影响，中国固有文化与这一陌生的外来文化接触后，动荡激摩，有抵牾，有融会，情况复杂，问题多，困难也大。把这一段搞清楚了，对以后的佛教发展史的研究才可以顺利开展，收到振衣挈领的效果。又由于魏晋南北朝正逢中国哲学思潮的变革时期，两汉经学到魏晋时期已陷绝境。佛教、道教也广泛流传。魏晋玄学思潮是佛教、道教孳生的土壤。抓住这一大变革的环节，经过周密的历史比较，佛教史的脉络比较容易被发现。又由于佛教是个外来的意识形态，又提供了中外比较的有利条件。这也给有功力、有才能的学者以充分施展专长的机会。

旧中国的哲学界就是旧中国的政治、经济状况的一面镜子，半殖民地半封建的社会症状——表露在学术界。买办的、封建的货色充斥市场，也充斥学术界。当时中国哲学界几乎成了西方资产阶级哲学流派的分支机构。说分支机构也许夸大了，也许可以说是售贷商亭或推销外国流派的小摊贩。胡适的实用主义，张东荪的柏格森主义，其他新学派、新体系，凡是外国时兴的，国内应有尽有。汤先生对当时趋时髦、凑热闹的学术界十分看不惯，他曾说，第二等的天资，老老实实做第二等的工作（即从事历史资料考证等工作）而不挂上什么流派的牌号可能产生第一等的成果。如果第二等的天资，做第一等的工作（建立体系），很可能第三等的成果也出不来。汤先生说，他有自知之明，甘愿做第二等的工作，给后人留下点有用的资料也好。学术研究本无所谓等级高下的差别，这分明是针对当时务虚名、不务实学的一种批评。

六、史学与史识

在旧中国，从事考据之学的，不少人喜欢引用一些别人看不到的材料借以抬高身价，沾沾自喜。汤先生和几位有成就的历史学者，如陈寅恪先生、陈垣先生却不是这样。他们主要依据是《五经》《二十四史》《高僧传》《资治通鉴》《大藏经》等，都是摆在大路边上，人人易见的资料。他的立论也平易朴素，从不自诩有什么惊世骇俗的伟大发现。他的著作平实中见功力，经得起时间的考验。《汉魏两晋南北朝佛教史》出版到现在快半个世纪，仍然被国内外学术界所重视。后来外国出版的同类著作，至目前为止，我所看到的，多半是在他原来的间架上有所增益，没有重大的突破，有的作者由于对古汉语的隔阂，还有不少知识性的缺陷。经得起时间考验的学术著作从来是为数不多的。经得起时间考验的主要原因是，考订谨严，资料扎实，学术界信得过。汤先生自幼身体不大强壮，三十多岁即满头白发，患高血压，写字手颤，写文章也不像有些作家那样，下笔万言，一挥而就，而是反复斟酌，日积月累，逐渐完成的。内行人都佩服他的文章古朴、厚重、典雅、平实，寓高华于简古，深具汉魏风骨。

汤先生读书十分仔细，他治学谨严，对原始材料一字一句，一个标点也认真考虑，从不轻于放过。他早年写的几篇《大林书评》（收在《往日杂稿》）中对日本一些著名学者的著作提出评论，有根有据，平心静气地说道理，并严肃地指出他们对古代汉籍的断句、标点的错误，从而造成对古人原文意义的误解。作为一个有修养的中国学者，对中国文化遗产的整理，应当最有发言权，也应当善于运用我们的发言权，为国争光。这一点，汤先生表现出中华民族的学术骨气。旧中国有些文化人，生就一副奴颜媚骨，在洋人面前不敢争是非，这种恶劣影响今天还有待于肃清。

汤先生十分注意一个学者的史识，他经常说，做学问，除了广泛占有资料外，还要有科学的识见，他经常用Insight这个词。没有史识，光是资料的汇集，不能算作史学著作。有意识地运用历史比较法研究中国佛教史，开创者是汤先生。在汤著佛教史以前也有几本中国佛教史书，基本上是封建主义的、资料摘录式的介绍，有成就，但他们的成就受到方法的局限，使问题钻研的深度受到一定的限制。汤用彤先生提出，史学者要有史识。他不同于封建史学者。他对西方现代资产阶级唯心主义哲学有较深的理解，具备现代资产阶级的一些思想方法，对佛教思想进行分析比较，比起那些只会用封建的含混不清的叙述，用佛经解释佛经的中世纪办法提高了一个历史阶段。又由于他能把佛教的传播与发展当作一种社会现象来对待，他在新中国成立前用的是唯心史观，看问题不能看到本质，但比起那些和尚、居士们对佛教怀着迷信态度的膜拜，成就自然高得多，这是他能超出封建学者的原因。

新中国成立以后，汤先生学习了马克思主义，接受了唯物史观，扩大了眼界，才进一步认识到天外有天，感到过去的观点方法与唯物史观比较，又有霄壤之别。汤先生认为过去所强调的"史识"有了质的改变。他表示要下决心学好马列主义、毛泽东思想，对佛教史重新钻研，对自己过去的著作成绩也要自己重新估价。可惜他的健康一直没有完全恢复，这一深切愿望没有完全实现。新中国成立后汤先生发表了不少短篇论文等著作，但他对此并不满足。他一直想把中国佛教史重新写过。汤先生从20世纪30年代到北大以后，日本帝国主义侵华行动年年加剧，北京大学师生均有地处国家边陲之感。抗日战争时期，蒋管区政治黑暗，贿赂公行，安分守己的教育工作者更是衣食不周，过着半饥半饱的生活。抗战胜利后，国民党又发动内战，民不聊生。几十年的内忧外患，一大批知识分子、学者，目击国家多难，不愿与国民党同流合污，又不懂得哪是革命的出路，他们打算在学术中寻求安身立命的道路。他们皓首穷经，潜心研究，工作条件艰苦，心情沉重。虽说做出一些成果，这些成果对挽救国家灾难有什么用，他们自己也茫然。汤先生的佛教史著作，就是在这种阴暗低沉的气氛中写成的。

新中国成立后，汤先生不止一次地说道："若不是遇到全中国的解放，可算糊涂过了一生。"汤先生研究史学，把史识放在第一位，直到新中国成立后，学习了马列主义，才真正找到最高明、最科学的指导历史研究原则——唯物史观。

新中国成立后，和汤先生同辈的一些学者，都在各自的岗位上做出了不同的贡献。抗战前在北大哲学系教书时，朋友过从较密的有蒙文通、熊十力、钱穆、贺麟、郑昕、洪谦诸先生。汤先生早年在东南大学时学生有向达、陈康诸位，在南开大学时学生有郑昕等。抗战前在北大哲学系的老学生有熊伟、胡世华、王森、韩镜清、庞景仁、齐良骥、韩裕文、石峻等。这些老朋友和老学生，有的飘泊海外，有的凋谢，有的成为光荣的共产党员，成了马克思主义者。汤先生若在世，按照他思想发展的逻辑，人们相信他会成为一个光荣的中国共产党党员和马克思主义者的。

（原载《燕园论学集》，北京大学出版社1984年版，第28—49页）

| 任继愈 |

世界文化宝库的新库藏
——《汤用彤全集》序二

欣值《汤用彤全集》(以下简称《全集》)出版之际,特向读者推荐这部书。

这部《全集》包括作者早年到老年的论著,写作时限跨度较大。汤先生几乎讲授过旧大学哲学系的大多数课程。1934年,我考上北大,汤先生为一年级讲授《哲学概论》,这门课讲得生动深入。如果能把这类听课笔记整理出来,很有出版价值。据我所知,汤先生教学的讲义,学生听课的笔记,如果把其中一部分搜集起来,数量相当可观。

汤先生不大写信,但遇到学生请教有关学术问题,他也回信。我曾保存汤先生写的关于宋明理学的信。1939年在昆明北大文科研究所读书时,汤先生看过我的日记,并在日记上写了多处批语,长短不一,长的一百多字,短的一两句话。这些手迹可惜毁于"文化大革命"。如果这类文字资料搜集全,这部《全集》的字数会不止这些。

《全集》中的《隋唐佛教史稿》是汤先生在北大的讲义。新中国建国后,中华书局曾请求将此讲义出版,以应社会急需。汤先生不允,说还要补充、修改。可惜先生逝世,此稿无从修订,只能照原稿出版。前辈学者对待学术著作标准很高,要求很严。这种学风,今已罕见。

汤先生生活的时代,正当新学、旧学并存的时代。他们这一辈学者,自幼受过严格的旧学训练。上一辈的文化人,如王国维、陈寅恪、范文澜、郭沫若等差不多都接受过严格的中国传统教育,文、史、哲三个领域没有过早的分科。古文,作为一种工具,运用得比较纯熟,对经、史、子、集有广泛的接触,又有古汉语的坚实基础。同时,他们又是现代人,广泛接触到近现代科学方法的训练,对世界历史文化知识有广泛的了解,专业领域外的知识和工具也运用自如,这些条件是清代乾嘉诸儒所欠缺的。汤先生自幼学习英语,后来又学习梵文、巴利文,还通晓法文、日文。他也是我国第一代经过近代科学方法训练的专业学者,对古代圣贤经传不那么迷信,敢于怀疑,善于推敲,他治学的条件比前代有优势。这新旧文化的结合点,在汤先生的学术著作中有很好的体现。这是他们这一辈学人特具的优势,因而他们治文史之学可左右逢源。

汤先生治学,落脚点在中国佛教史,对佛教史投入了大量精力。他并不局限于佛教史,他也精研魏晋玄学、印度哲学、道教思想。他对道教的关心不下于佛教,只是没有写成著作,他的功力鲜为人知。他写的《读太平经书所见》已透露了坚实的功力。抗战期间,他指导研究生王明,论文题目为《太平经合校》。《太平经》这部道教最古老的经典,经过整理,现已成为国际国内公认的定本。我当时看到这部《合校》是汤先生手把手带着王明作出的,如果说它是师生合著也不为过。

汤先生的治学,既广博又精专,细心的读者从中可以得到文章以外的收获。汤先生的学术著作,受到同行的尊重,有人惊叹其渊博,有人心折其谨严,有人欣赏其考订精审,不论从哪一方面接触汤先生的人,都有一个共同的印象,认为他的著作使人信得过,好像和一个纯朴忠厚的长者交朋友,使人对他信赖,听他的话不会使人上当。我接触过不少中外中国佛教史的学者,他们来自不同的社会、不同的国家,有不同的世界观,竟不约而同地对汤先生的著作有类似的感受和评价,这不能认为是偶然的巧合。原因是汤先生的著作贯串着尊重历史、实事求是的科学精神。

20世纪对中华民族来说是个多灾多难的时代,全国人民受尽外来侵略势力的凌辱、压迫,大多数人民群众挣扎在死亡线上。1900年八国联军侵占中国的首都北京,中华民族带着耻辱跨进20世纪。

"多难兴邦"这句古训,在中国得到完全的应验。多灾多难的中国人从中受到刺激,从各个方面使中华儿女奋发图强,立志做一个无愧于时代的中国人。与20世纪先后同龄的有志人士,从各自的角度,迸发出激越的呼喊,焕发出智慧的光芒。这是个多灾多难的时代,又是一个人才辈出的时代。他们的成就,从不同的领域表现出中华民族的聪明智慧,显示了中华民族跻身于世界民族大国之林的气概。适应时代的要求,中国出现了军事家，与外来侵略者进行了长期的斗争，最终把外来侵略者赶走；中国出现了卓越的政治家，把积贫积弱的旧中国，改变成丰衣足食的新中国。有五千年文明史的中华民族，即使在历史上最繁荣、最富强的汉唐盛世，还有死于饥寒的百姓。新中国成立后，到了世纪之末，中国已经解决了温饱问题，正向更高的生活水平迈进。

中华民族的内在精神，还在于它既有优良的文史传统，又有深厚的人文科学的积累。正是依靠这些文化遗产，给人们提供了精神动力、精神食粮。我们的文学家、史学家、哲学家善于究天人之际，通古今之变，成一家之言，使中华民族无愧于世界上任何优秀民族。他们建树的文化事业，流传于子孙后代。他们提供的精神食粮，不但有利于中华民族自身，也充实了世界精神文明的宝库。

办一所大学要有众多大师来支撑，一个伟大民族的振兴也离不开文化大师们的支撑。汤用彤先生就是我国学术界众多支撑文化大厦的梁柱之一。

《全集》的出版，不仅是中国学术界的一桩盛事，也为世界文化宝库添加了新库藏。事实上，在几十年的中外文化交流史中，他的有些著作已成为该专业必读的重要著作，经历了半个世纪，历久不衰。

汤先生治史，重视史料的甄别，又不限于烦琐考订，而是站在应有的高度来纵览所考订的对象。20世纪30年代他指导的研究生王维诚完成了《老子化胡考》，取材详备，论据周密，曾引起学术界的重视。他的考订方法不只是考订了《老子化胡经》为伪书，这是一般考据家应当做到的，而且进一步指出此伪经出现的社会原因，并从中清理出佛、道两教斗争的背景。如佛教史学者争论的《牟子理惑论》，汤先生顺利地提出了令人信服的论据，证明此书不伪，这个结论把多年来聚讼纷纭的问题画上了句号。

汤先生治学，总是从大处着眼，小处入手。由于他视野开阔，才不会局限于具体问题不能自拔，他所作出的结论，基本上经得起时间考验。他注意从历史的前因后果，从发展的观点考察历史事件，同时又注意结合地理、社会环境来考察历史现象。这是史学研究者的基本要求，这也是汤先生大量著作常用的一种方法。读者可以从中得到文字以外的收获。

汤先生著作中还可以看到大家名家治学的风格。学术界从事历史学、考据学的学者往往以占有别人未见过的资料自炫，沾沾自喜。汤先生和一些有成就的治史学者，却不是这样。他们主要依据的是《五经》《二十四史》《高僧传》《资治通鉴》《大藏经》等摆在大路边上人人能得到的资料，而立论平实、朴素，不自诩有什么惊世骇俗的发现，却在平实朴素中见功力，经得起历史考验。以汤先生的《汉魏两晋南北朝佛教史》为例，虽已逾半个世纪，仍然被海内外学术界所重视。后来出版的有关这一方面的著述，有不少优秀作品，多半是在汤著原来的框架上有所增益，没有重大的突破。原因在于其考订谨严，资料扎实，为后来人提供了继续前进的基础。

汤先生患高血压，写字手颤，写文章也不像有些作家那样，下笔万言，一挥而就，而是反复斟酌，日积月累，逐渐完成的。内行人都佩服他的文章古朴、厚重，寓高华于简古，深具魏晋风骨。

汤先生治学从早年到晚年，一贯细致严谨。他治学一字一句也不轻易放过。早年写的《大林书评》收到《往日杂稿》中，对日本某些著名学者的著作提出批评，平心静气地说道理，并严肃指出他们对古代汉籍断句标点的错误。汤先生老年在札记中指出中国佛教无十宗，否定了多年来中国学人照搬日本佛教宗派划分方法的谬误。汤先生作为一个功底深厚的中国学者，最有发言权，并善于利用我们的发言权，为国争光。反观我们学术界有些学人，生就一副奴颜媚骨，在洋人面前不敢争是非，这种恶劣影响今天还有待于肃清。

经历了两次世界大战的20世纪，人们对人生、对社会的认识，并没有从根本上有所提高。人们看到并感到现代科技的巨大作用，人们却没有看到，由于人文科学的相对滞后，给人类社会带来了不幸，甚至灾难。

生活在21世纪的人们，都要根据新形势重新审视面对的社会和人生。这一任务只有依靠人文科学来承担。作为有五千年文明史的中华民族，既有丰富的历史经历，又有丰富的人文科学文化遗产。

指示人类前进的方向，构划未来生活的蓝图的重任，只有靠人文科学担当。只有人文科学有资格根据人类社会过去、现在的经验，对未来社会提供参考性的设计。缺了人文科学，人类的知识是残缺不全的，必将陷于历史的"近视"，将患"社会夜盲症"。

《全集》反映了一代学人从一个专业学术领域总结历史经验的成果，鉴于前人兴衰发展的道路，为今后作参考。比如，从佛教史中中印文化交流的过程，预测今后中外文化交流的前景和措施；可以从历代废佛政令的失败，进一步认识宗教的社会性，并悟出行政命令并不能取消宗教信仰；从隋唐佛教文化的发展过程，瞻望未来新文化的创造特色，等等。

谨以殷切的希望、欣慰的心情看到《全集》的问世，看到了老一辈专家学者爱祖国、爱文化的成果将在构建新中国文化大厦中起到它应起的作用。

1999年10月25日

（标题为本书编者据文意所加。原载《汤用彤全集》第一卷，河北人民出版社2000年版）

| 石　峻 |

回忆汤用彤先生的治学精神及其两篇逸稿

一

国内外著名博学的学者，哲学史、宗教史研究的专家，前北京大学副校长，哲学系主任教授汤用彤先生，终生从事于高等教育事业和科学研究工作。他先后在东南大学、南开大学以及北京大学，讲授有关中国、印度和西方的专门哲学课程，涉猎知识领域之广，在同时国内知名的学者之间，是并不多见的，称得上是一位名副其实的"学贯中西"的大家。他虽然学识如是渊博，但又能精深独到，讲学著书，从不流于空泛。即使在考证学术史上的专门问题，也真是一丝不苟，可以在小处见大，决不简单的是琐碎材料的堆砌，"为考证而考证"，这就是所以特别难能可贵啊！

汤先生治学态度非常谨严，可以说是既谦虚又贵独创，乃至对于文字写作，也特别崇尚精练，有时一篇短文的定稿，同样字斟句酌，从不草率。

谈到他的教学，更是认真负责，充分准备，所以讲得条理清晰，并能深入浅出。凡是由他开设的任何一门课程，从头到尾，多有全盘计划，先后层次，异常分明，所以很少内容重复。

他平日在指导学生写作论文，十分注意因材施教，循循善诱，通常是并不首先将他自己的心得，作为结论，强加于人，一定待作者研究，遇到困难，提出问题时，再及时指点，所以给人印象特别深刻，收效非常显著。

由此可见，汤先生确实还是一位有丰富经验的导师、教育家。

汤先生的重要学术著作，有《汉魏两晋南北朝佛教史》上下卷，《印度哲学史略》和《魏晋玄学论稿》等多种。

按照汤先生个人的研究计划，本是要在出版《汉魏两晋南北朝佛教史》之后，全力增订完成《隋唐佛教史》一书，但在1937年，因卢沟桥事变发生，随北大辗转迁徙来到我国大后方的云南，先在蒙自，后去昆明。由于他本人的大量图书资料封存在北平，手头上可供参考的东西太少，才改行决定暂时先作"魏晋玄学"的研究，但是这种工作，也由于时间、条件和其他方面的影响（如兼任北大文科研究所所长等），并没有能最后完成。新中国成立后由中华书局印行的《魏晋玄学论稿》，就是他已写成有关这一方面的内容，其余部分，有在西南联大课堂上讲过的，也来不及全部写成（现在汤一介同志正在从事整理）。但是这册书，虽然篇幅不大，却很能代表他在新中国成立前的研究心得。结合外来佛教思想的演变来阐明中国古代哲学思想史的发展规律，这是汤先生一贯的立场和基本的观点。立足在中国，放眼于世界。

汤先生早年其所以发奋研究佛教思想史，是在五四新文化运动之后，接受了西方进步资产阶级学术观点的影响，将佛教当作印度社会历史的产物，它是与非佛教的正统思想在斗争中形成和发展的，同时认为各派佛教理论也都不是个一成不变的信仰，有所谓"外道"思想的影响，原本是各种"沙门"团体之一。后来各地不同的派别之间，也是广泛存在着内部矛盾的。他从来不把佛教看作是一种孤立的社会现象，这是汤先生之所以在研究中国佛教史之前，先研究印度佛教史，在研究印度佛教史的同时，作《印度哲学史略》一书的指导思想。

汤先生是一个在思想上不断要求进步的大学者，他一向不固步自封，有"实事求是"的科学态度，从不满足于已有的成就，所以到晚年接受马列主义之后，非常迫切地要求改写他过去的著作，后来虽因年老多病，未能实现，但在一切旧著的新印本中，几乎都附上自我批评的"前言"或"后记"，态度十分认真，这才是汤先生一生治学谨严的真精神。

二

现在再谈到在20世纪30年代末和40年代初汤先生的两篇逸稿。

首先是关于研究印度佛教哲学思想史一篇入门的书目。它产生的经过是这样的，那是在1938—1939年，汤先生决定在西南联大哲学系开设"佛典选读"，因为参考书不够，在课外让我回答同学们的疑问，是一种接近现在大学所谓"辅导"的工作，但又不是正式的上课。我请求汤先生给我开一个必读"书目"，好配合他的讲授，并事先有所准备，他满口答应了，这就是第一篇逸稿产生的经过。当时汤先生写下的标题是：《"佛典选读"叙目》，全文如下：

"佛典选读"叙目

甲　依一切有部义，解释佛学名辞。

（一）《入阿毗达磨论》

乙　明佛学之发展，分为四段：（1）佛说；（2）上座一切有部之学；（3）空宗破一切有说诸法实相；（4）有宗法相学。

（二）《中阿含·箭喻经》（佛说之宗旨）

（三）《长阿含经·沙门果经》（佛说出家之利益）

（四）《长阿含·三明经》（佛说何谓梵行）

（五）《长阿含·布咤婆楼经》（佛说无我）

（六）《入阿毗达磨论》（上座本部一切有学说纲要）

（七）《阿毗昙心论》（一切有部说一切诸法皆有自性）

（八）《杂阿毗昙心论》（一切法有自性，一切法三世有）

（九）《俱舍论》一（世亲受空宗影响破"得"为实有法）

（十）《俱舍论》二（世亲破四相之实有）

（十一）《成实论》（诃梨跋摩受空宗影响破三世实有）

（十二）《中论》第八"破作作者"（空宗下同）

（十三）《中论》第四破五阴实有

（十四）《中论》二十五说涅槃

（十五）《般若经》第二分《巧便品》节钞（破相）
（十六）《般若经》第二分《佛法品》（无性为自性）
（十七）《般若经》第二分《空性品》（说空性）
（十八）《三无性论》（有宗立法空）

以上这篇佛典《叙目》，非常简明。我认为颇能代表汤先生对于印度佛教思想史的一种基本看法，它不同于过去一般人开列的佛学书目，是经过用心研究的，至少有以下几个特点：

（1）不是单纯从过去对中国思想影响的大小来选定的，所以好些大家经常提到的经论，如《法华经》《华严经》《涅槃经》《维摩诘经》《成唯识论》等，这里都没有提到。

（2）它是注重印度佛教哲学中心思想的变迁，凡是跟这个基本线索关系不大的著述，也全付阙如。

（3）除原始佛教思想外，留心上座一切有部在理论上的发展，比较突出大乘空宗学说的影响，乃至大乘有宗从三性到"三无性论"的关系。

……

此外，在阅读有关原始佛教思想资料，根据汤先生的口头指示，对于《长阿含》及《中阿含》部分，让我最好参照英译巴利文本《佛陀对话集》（*Dialogues of the Buddha*，Tr. by T. W. Rhys Davids《长部》）和《佛陀对话续集》（*Further Dialogues of the Buddha*，Tr. by Lord Chalmers《中部》）。在依一切有部解释佛学名辞如果对《入阿毗达磨论》有看不懂的地方，可以参考汉译日本人著的该书《通解》。至于《中论》语法结构，不妨暂时借助清代管礼昌作的《润文略解》。其中《大般若经》第二分，可用经过校订的《藏要》本。

现在再谈汤先生的另一篇逸稿产生的经过。大约在1944年，英国牛津大学的汉学家休士先生（E. R. Hughes）来华，就是他翻译冯友兰先生《新原道》（又名《中国哲学之精神》）一书成英文的。他曾在国外编选过一本汉代以前的中国哲学文选，原名叫"*Chinese Philosophy in Classical Times*"，1942年出版在英国的"人人丛书"（Everyman's Library）中。当时他跟我们同住在昆明郊外的龙泉镇，北大文科研究所的宿舍内，提出想继续编译那种书的第二册，即我国魏晋南北朝隋唐时代的哲学文选，请汤先生代为选目。双方讨论时，由我记录，先是中文稿，后由汤先生亲自译成英文，现在中文底稿早已散失了。英文稿当时抄写了两份，一份交休士先生，另一份由我保存。休士先生后来回国并没有完成这项预定的工作计划。但这是中英学术交流史上的佳话，一件值得纪念的轶事。所以现在我再从汤先生的英文稿译回汉文，虽然不可能做到跟原件完全一致，但是大体内容相符，仍然可供参考。全篇逸稿如下：

中国哲学
（从第三到第十世纪）

目录

导言——第三到第十世纪中国哲学概论

年表（哲学大事）

前论部分

汉代经学的"清理"（Purification）

第一节 旧经义的清理：论文选自以下（各家）

  1. 杨雄（前53—18年）

  2. 桓谭（约前23—56年）

  3. 王充（27—97年）

第二节（魏晋）新哲学的过渡：刘劭（？—245年）《人物志》选

第一分
王弼（226—249年）哲学

第一章 王弼《易经注》（选）

第二章 王弼《老子注》（选）

第二分

郭象（？—312年）哲学

第三章（魏晋）新哲学及其反响：嵇康（？—262年）文选。裴颜（？—300年）及其他人（著作选）

第四章 郭象《庄子注》（选）

第三分

在汉代旧学基础上的一些新的（思想）体系

第五章 葛洪（？—330年）《抱朴子》（选）

第六章 张湛（？—330年）《列子注》（选）

第七章 佛教学者道安（312—384年）及其弟子慧远（334—416年）著作选

第四分

僧肇（384—414年）哲学

第八章 僧肇《物不迁论》

第九章 僧肇《不真空论》

第五分

竺道生（？—434年）哲学

第十章 方法论与形上学：（竺道生）文选

第十一章 "圣人"观念

  1. 竺道生与其他佛教徒文选

  2. 诗人谢灵运（384—433年）《辨宗论》

第六分

南朝（317—589年）各种哲学理论的斗争与融合

第十二章 辨儒、道、佛三家之间的基本同异。论文主要选自《弘明集》

第十三章 儒家（思想）的新面貌，皇侃（488—545年）《论语义

疏》选

第七分
北朝佛教的中心问题——"阿赖耶识"（Ālayavijñāna）
第十四章（隋）慧远（523—592年）《大乘义章》选

第八分
南朝佛教的中心问题——佛性论
第十五章《大般涅槃经集解》选
第十六章 "三论宗"大师吉藏（549—623年）《三论玄义》选

第九分
唐代的伦理与政治思想
第十七章 王通（584—618年）与陆贽（754—805年）等人文选

第十分
唐代佛教的唯心主义——天台宗
第十八章 智顗（531—597年）著作选
第十九章 湛然（717—782年）著作选

第十一分
唐代佛教的唯心主义（续）——法相宗
第二十章 窥基（632—682年）《法苑义林章》选

第十二分
唐代佛教的唯心主义（续）——华严宗
第二十一章 法藏（641—712年）著作选
第二十二章 宗密（780—841年）《原人论》选

第十三分

禅宗

第二十三章 六祖慧能《坛经》选

第二十四章 后期禅宗（思想资料）选

后论部分

佛教的衰落——宋初（960—1126年）若干佛教徒著作选，用示佛教信仰者逐步转移成为儒家思想（的途径）。

这是汤先生五十岁上下写的一篇旧稿，虽然非常简单，但是它体现了外来佛教思想在我国古代传播、发展、对抗、融合以至衰落的全部过程，这是我国封建社会各种统治思想相互消长变化的连环画，包含了极为丰富的具体内容，有很多值得认真总结的经验和教训。汤先生在这里不是简单地从事提倡过去的任何一种统治思想来反对另一种统治思想，而是从它们的相互影响之中来探讨其总的发展规律，并初步地勾画出一个轮廓。在这里，他从来没有割断历史，企图将某些封建教条当作一成不变的信仰。这是它之所以对于中国哲学史专门研究工作者，在今天仍不失为富有参考价值的文献。

（原载《燕园论学集》，北京大学出版社1984年版，第50-60页）

| 石　峻 |

汤用彤先生与僧肇研究

1938年，我从北京大学哲学系毕业，此时已进入抗战时期。汤先生建议我留校，在昆明西南联合大学任教，恰值他的学术代表作《汉魏两晋南北朝佛教史》（上下册）由上海商务印书馆公开出版。我过去做学生时，曾读过讲义本中的一部分，于今又细读全书。就在这书的研究成果启发下，写了一篇《僧肇学述》的习作，全文不到5000字，送请汤先生审阅，他不惜花费时间，为我耐心地修改了，这使我得益不浅。但此文一直没有发表，现在早已失落了，很是可惜。往后，汤先生为提高我的学术水平，还特意将他早年自己用过的、请人据日本《续藏经》用毛笔抄下的《慧达肇论疏》相赠，至今仍妥善保存。当时我为此写了《读慧达肇论疏述所见》一文，载北平图书馆：《图书季刊》新五之一，1944年出版。日本著名佛教史专家塚本善隆主编过的《肇论研究》一书，昭和30年9月，法藏馆发行，曾见称引。记得本文在正式刊出前，汤先生又曾过目，且在文稿上加入"素好肇公之学"以及"今读此疏，颇有所得"两句话以资鼓励，目前转眼已是半个多世纪以前的事了。

今值汤先生100周年诞辰，在实行对外开放，加强国际间学术交流，在建设有中国特色的社会主义的新时代，抚今忆昔，不嫌浅陋，特再草《肇论思想研究》一文，以为纪念。回想过去，使我对佛教思想的演变及其在中国哲学史上的地位，略识门径，实多由汤先生的长期启发。记得在西南联大工作的第一年（1938—1939年），我除了为汤先生讲授"佛典选读"作课外辅导的同时，也在听陈（寅恪）先生讲授"佛典翻译文学"等课程，并承汤先生特为引领拜见，以尽师弟子礼。深惟二位大师，皆学贯中西，业精华梵，在治学方法上，又多接近，可以互补，但今皆作古，请益无从。本人虽长期来未尝废学,但以造诣不深,贡献有限。今后理应本"老当益壮,努力进修",并力求以"实事求是"的精神,为统一思想性与科学性而工作以自勉。

1993年元月于北京

(标题为编者所加。原载《〈肇论〉思想研究·附记》,《国故新知:中国传统文化的再诠释——汤用彤先生诞辰百周年纪念论文集》,北京大学出版社1993年版)

| 汪子嵩 |

魏晋玄学中的"有""无"之辩
——读《汤用彤全集》

汤先生是我的老师。20世纪40年代我在昆明西南联大和北京大学先后听过汤先生讲的印度哲学史、魏晋玄学、欧洲大陆理性主义和英国经验主义等课程。一位教授能讲授中国、印度和欧洲这三种不同系统的哲学史课程的,大概只有汤先生一人。但汤先生主要是研究中国哲学史的,是著名的魏晋玄学和佛教史的专家。他在1938年出版的《汉魏两晋南北朝佛教史》和遗留的《隋唐佛教史稿》是研究中国佛学史的经典之作。只是关于魏晋玄学,汤先生想写一本专著的愿望却没有完成,仅留下几篇专题论稿和几篇讲课及讲演提纲,还有整理的两份学生的听课笔记,均收入《汤用彤全集》第四卷。我最近翻阅,深受启发,想谈点不成熟的看法,求教于同道。

在中国哲学发展史上,魏晋玄学占了一个特殊的位置。汤先生几次提到产生魏晋玄学的三个理由,即根据:第一是由于当时社会动荡,人们普遍产生"出世"的思想;第二是它的形而上学的特点;第三是主张无为政治。[1]魏晋玄学之所以被称为"玄",就因为它带有点神秘性,实际上就是抽象性。玄学讨论的问题,和西方哲学中讲的形而上学非常相似。中国传统哲学讨论的主要是伦理学即人生哲学的问题。魏晋玄学虽然也是从人生哲学开始,并且归结为政治哲学,但是它讨论的主要问题,却是"有"与"无"的本末、体用之争,汤先生说这是形而上学本体论的问题。现在国外有些学者提出中国哲学有没有本体论思想的问题,为此争论不休;这是

---

[1] 汤用彤:《汤用彤全集》第四卷,河北人民出版社2000年版,第317、404—407页。

因为他们所了解的中国哲学主要只是孔孟的儒家思想，而魏晋玄学因为它特殊的抽象思辨性，即使中国学者也很少研究它，在胡适和冯友兰先生的中国哲学史著作中都论述得很简略；是汤先生既运用了中国传统的研究和考据方法，又以西方比较科学的研究方法分析了玄学家们的著作，做出严谨和细致的解释和结论，从而开创了魏晋玄学的研究。

在西方首先提出将形而上学本体论作为一门专门的学科进行研究的是亚里士多德。虽然他在西方著名哲学家中是最早被介绍到中国来的，早在明末时期李之藻就翻译过亚里士多德的著作，但因为他的思想和中国思想格格不入，并没有产生什么影响。直到近代，第一位将亚里士多德的思想系统地介绍进中国的是汤先生。1923年他翻译英国学者E. Waddace的《亚里士多德哲学大纲》，发表在《学衡》杂志上，同时为他的学生向达先生翻译的亚里士多德《伦理学》作序；他的另一位学生陈康先生大约也是受了汤先生的影响，成为著名的研究亚里士多德的专家。在汤先生的玄学研究中，可以看出有许多是采用了亚里士多德的研究方法的。

古代希腊哲学从巴门尼德开始提出being和non-being的问题，亚里士多德发展创立为一门专门研究being的学问。英文being源自希腊文on，专门研究on的学门便是ontology，一般译为"本体论"。魏晋玄学中讨论的"有"与"无"的问题与西方哲学中讨论的being与non-being的问题相似，所以有人用"有"翻译being，但现在一般多译为"存在"；陈康先生主张译为"是"，我以为这样比较接近亚里士多德的原意。汤先生常用being与non-being来解释"有"与"无"，但他不是将二者混同任意套用，而是根据中文原著中的不同含义作了分析解释，因此他讲的魏晋玄学仍是中国哲学，不是变相的西方哲学。

魏晋玄学主要讨论的是"有"与"无"的问题，所谓"贵无崇有"。主张"贵无"一派的代表人物是王弼，主张"崇有"的代表是郭象；汤先生在提纲中对这两派，尤其是王弼和郭象的不同，几次列表比较。[①]在讲课笔记中还专门有一章"王弼与郭象"，讲述他们的根本分歧。根据汤先生分析的这些分歧，我们可以了解魏晋玄学中有、无之争的基本问题。

---

① 汤用彤：《汤用彤全集》第四卷，河北人民出版社2000年版，第145、185页。

汤先生指出，当时流行的本无学说有三种情况：甲，以"无"为元气，无始无终；乙，各特殊之"有"因"无"而有，"无"独立而"有"待"无"；丙，以"无"为全，"有"不能离"无"，全为体，而殊物为用。①在魏晋以前，汉学就研究世界如何构成，是用什么材料做的。把繁复的万有归纳为一定的元素，从五行到阴阳；这是宇宙论，接近科学；最后达到元气，它无色、无形、无性，所以汉学已达到贵无，不过此所谓"无"乃本质，而非本体；到王弼才将"无"说成是本体。②古代希腊哲学也是从宇宙论开始，问万物的本原是什么？有人说是水，有人说是火；但水怎么能生成火？火又如何能生成水？因此有人提出一个apeiron，说它是一个没有任何规定性的东西，一般译为"无限"；正因为它没有任何性质或形状，所以它能生成任何形体的万物。这个apeiron相当于"无"，汤先生几次指出，"无"就是无规定性。中国最早主张贵无的是老子。他说"天下万物生于有，有生于无"，"无"也就是老子所说的"道"。所以贵无一派都从《老子》书中找根据。

魏晋玄学怎么会重视"无"的？是由于"言意之辨"。汤先生在论稿中有一篇《言意之辨》，说它是玄学家所发现的新眼光和新方法，就是在语言可说的东西背后还有更根本的、只能意会的东西。③汤先生多次加以解释，在听课笔记之二中解释说：言意为推论particular（特殊性）与general（普遍性）之问题。前者指字之表面意义（literal），后者指文字精神上之意义（spiritual），这样互相辩论，由特殊到普遍或原则等等问题。④所以王弼的学说以为"有"是物质的实体（physical entity），"无"是逻辑的、抽象的，并不离开"有"。⑤但"无"并不是空洞的抽象，汤先生说：王弼所说的"无"是本体论。此所谓体，非一东西。万有因本体而有，超乎时空，超乎数量，超乎一切名言分别，而一切时空等种种分别皆在本体之内，皆因本体而有。王弼不问世界是what or what is made of（什么，或由什么构成）。亚里士多德说种种科学皆讲"什么"，being this

---

① 汤用彤：《汤用彤全集》第四卷，河北人民出版社2000年版，第363页。
② 汤用彤：《汤用彤全集》第四卷，河北人民出版社2000年版，第317、321页。
③ 汤用彤：《汤用彤全集》第四卷，河北人民出版社2000年版，第22页。
④ 汤用彤：《汤用彤全集》第四卷，河北人民出版社2000年版，第399页。
⑤ 汤用彤：《汤用彤全集》第四卷，河北人民出版社2000年版，第331页。

or that（是这个或那个），而形而上学讲being qua being。①亚里士多德将哲学和各种具体的科学分别开来，每门特殊科学都研究一种特殊的being，比如数学研究的是数，动物学研究的是动物等，而哲学不研究这些特殊的being，只研究being que（as）being，即普遍的being，汤先生也称为"单纯的being"。因为一般多将being译为存在，所以笔记整理者也将它译为"存在之为存在"；其实从上文说"是这个或那个"，这里如果译为"是之为是"可能更能和上文连接，也更符合亚里士多德的原意。比如数学研究数是这样或那样，亚里士多德认为哲学是要研究更根本的问题：当你说数是这样或那样时，所说的"是"究竟是什么意思？这个单纯的普遍的"是"就不是一个抽象的空洞的概念，而应该有具体的意义了。亚里士多德说这个"是"或者表示为本体、本质，或者表示为偶性，或者表示为真或假。汤先生认为贵无的玄学家所讲的"无"相当于亚里士多德所说的being as being，是第一因、第一本体，是transcendental（超验的）。②这样的"无"当然不是non-being，而是比现象更真实的being。所以贵无派是"以无为本，以有为末；无即being，有即现象"。③

向秀和郭象的崇有说就是以现象为本。汤先生说：郭象只承认现象世界之实在，现象之外再没有东西。认为"无"是non-being，not being，贵无派说它是being，是矛盾的。郭象认为一切事物的产生都是无用的，是偶然的，是突然发生的，每个事物都是独立的。所以汤先生认为王弼的学说为抽象一元论（abstract monism），而向、郭之"崇有"为现象多元论（phenomenal pluralism）。④

王弼是以抽象的方法，从特殊到普遍，也就是从现象到本质而达到"无"的，汤先生说"王弼用言意之辨以达到本体论"，他的思想源自老子。而郭象的崇有思想则源自庄子，尤其是他的《齐物论》。汤先生引郭象《庄子·齐物论》注说："物皆自是，故无非是，物皆相彼，故无非彼；无非彼，则天下无是矣；无非是，则天下无彼矣。"并解释说：是齐

---

① 汤用彤：《汤用彤全集》第四卷，河北人民出版社2000年版，第321页。
② 汤用彤：《汤用彤全集》第四卷，河北人民出版社2000年版，第400、405页。
③ 汤用彤：《汤用彤全集》第四卷，河北人民出版社2000年版，第404页。
④ 汤用彤：《汤用彤全集》第四卷，河北人民出版社2000年版，第364。

物之理也。此又可分两方面：从横的方面说，即无小无大，小者自小，而大者自大，泰山与秋毫均也。从纵的方面说，无死无生，生者自生，而死者自死，生死聚散均也。齐物者，物皆平等也。物皆平等，则万物皆站在自己脚上。所以郭象是以齐物论达到本体学说。一切事物都站在自己脚上，而无待于外，"物各自生，而无所出"，这就是说：所有的"有"都站在自己脚上，不可比较，超乎分别，也无须有它们以外的"无"来作它们的本原。①

崇有论者所说的"有"是现象中的事事物物，他们认为这才是真正的being，而"无"却是not being，是绝对的没有。他们所说的"有"与"无"和being与non-being的关系，和贵无派所说的正好是颠倒的。

有些同志不大赞成用"是"翻译being这个术语，他们的一个理由是：中文的"是"只作系词用，没有用作名词的。现在我们看到在以上郭象引文中，"自是""非是""是"，还可以加上"此是""彼是"，这些"是"都是名词，而且它们的意义都和西方的being相同，可见中国古代也有论述"是"的本体论学说的。

玄学家无论贵无派还是崇有派都讲"自然"，以自然为本。但什么是自然？他们又各自有不同的说法，汤先生按照哲学家们各自的原著作了许多不同的解释。但在讲课笔记之二中专门有一章"明自然"，将玄学家所讲的自然概括为几个主要意义：（1）对人为而言，凡不是人为的都曰自然。没有一个原因使之然，即谓之自然，如"天质自然，不须外物"。（2）指本性而言，如人的自然即指人的本性。所谓本性乃先天的，所以谓之自然。比如"寿、夭、贤、愚"，此自然之至理，不可移者也。（3）在physical nature（物理自然）内的定律谓之自然，比如说形之有影，声之有响，皆物之理，即自然也。由此推之，阴阳五行皆有定理，都可谓之自然。（4）自然为偶然。各种变化是无目的的，无所谓而为的。王充《论衡》所讲的，即重视这方面；另一方面又有偶然而生的意思，乃向、郭所主张。②汤先生概括的这几点，和西方思想中所讲的"自然（physis, nature）"相当接近；但是玄学家所讲的自然，又不是西方自然科学的自

---

① 汤用彤：《汤用彤全集》第四卷，河北人民出版社2000年版，第376-377页。
② 汤用彤：《汤用彤全集》第四卷，河北人民出版社2000年版，第436页。

然。汤先生的讲课提纲中专门有一篇《郭象的自然观念》,最后有一句话:"因pusis之观念,根本在中国不发达,故科学更无由兴起。"汤先生没有作进一步的解释,所以编者加了一个注:"pusis,疑为puzzle之误。"[1]其实pusis没有错,只是漏写了一个字母h,希腊文phusis写成拉丁文便是physis,译成英文便是nature。希腊人将亚里士多德研究phusis的著作定名为*Phusica*,英文译为*Physics*,现在译为《物理学》,其实译为《自然学》或《自然哲学》更为恰当。前文提到:在魏晋以前,阴阳五行学说是宇宙论,已经接近科学,为什么汤先生在这里又要说phusis的观念在中国根本不发达,故科学无由兴起呢?这就要从中西思想发展的比较中来说明了。在古代希腊早期自然哲学中已经提出水、火、土、气的四元素学说,毕泰戈拉斯学派和赫拉克利特提出的对立学说与中国的阴阳学说相当。但是亚里士多德的*Physica*和《形而上学》(*Metaphysica*)中对早期自然哲学做了深入研究和发展,将它们归结为质料因、形式因、动因和目的因;由此提出形式和质料、本体和属性、本质和现象、现实和潜能等范畴,为科学研究提供了方法。亚里士多德又凭借这些方法归纳分析各类具体事实,从而创始了多门科学,如心理学、气象学、政治学等;尤其是他的动物学研究,收集了当时他能得到的非常丰富的动物资料,分别研究了它们的生成、构造、运动等等,为后来的实验科学开创了道路,所以他被称为"自然科学之父"。中国的阴阳五行,虽然也可以说是自然之理,但是只停留在抽象地讨论它们,是不可能深入发展成为科学的。我想,汤先生正是看到中西文化史上的这种差异,才指出科学在中国不发达的原因的。

玄学家讲的"自然"虽然没有促进科学的发展,但是在中国文化的发展史上却是起了重要作用的,那就是玄学家讲"自然",是和儒家讲"名教"对着干的。对于这一点,汤先生反复分析论述过。如说:儒家讲"正名",法家也论"综核名实",名家之学本是根源于汉代的政治思想。……所有政治上的施设,都系于职官名分的适宜,人物名目的得当,这是致太平的基础,此与礼乐等总称之曰"名教"。[2]所以三纲五常等等都属于名教,是儒家修身养性、治国平天下的根本道理。而玄学家讲的自然与之

---

[1] 汤用彤:《汤用彤全集》第四卷,河北人民出版社2000年版,第288页。
[2] 汤用彤:《汤用彤全集》第四卷,河北人民出版社2000年版,第106页。

相反。

汤先生分析嵇康、阮籍讲的自然，有一种意义是玄冥、混沌。他说：玄冥是primitive state（原初状态），是自然的，非人为的，犹如未经雕刻之玉石（朴），这种状态是最好的。社会上、政治上若有太朴之情形，是他们最理想的世界。在这世界内，无礼法之限制，精神上非常自由，诗人文学家多此想象，故嵇、阮有此思想。① 儒家讲的名教，在玄学家看来当然是人为的，不是自然的，名教和自然是根本相反的。不过玄学家并不是根本反对名教，汤先生指出：他们所讲的"无为"并不是不尊崇名教，不守礼法，其实其学乃讲名教之根本，乃讲名教之体也。自然为体，名教为用。……向、郭虽明说尧舜周孔高于巢许老庄，其实是把孔子学说摆在第二位，包括于老庄学说之内，故自向、郭注《庄子》后，"儒墨之迹见鄙，道家之言遂盛焉"。所谓"儒墨之迹"为"仁义"，"道家之言"为"自然"也。他们把"名教"包括在"自然"之内，这比攻击孔教更为厉害。②

汤先生在论稿中讲到魏晋玄学的产生，说它是当时的新学，这种新学是对名、法、儒、道各家学术思想做了一个新的组合。"新学"人们的结论是圣人方可治天下。所谓"圣人"者，以自然为体，与"道"同极，"无为而无不为"。这种"圣人"的观念，从意义上讲便是以老庄（自然）为体，儒学（名教）为用。道家（老庄）因此风行天下，魏晋"新学"（玄学）随着长成了。③

老庄的道家思想代替儒家思想成为当时社会的主流，当然会表现在社会文化的各个方面。魏晋玄学对当时，也可以说对后来中国的文学艺术所起的影响作用是很大的。汤先生在讲演提纲中有一篇"魏晋文学与思想"，其中的思想在听课笔记之一的"魏晋玄学与文学理论"中较详细地加以发挥。他指出：汉末以后，中国政治混乱，国家衰颓，但思想则甚得自由解放。此思想之自由解放本基于人们逃避苦难之要求，故混乱衰颓实与自由解放具因果之关系。

---

① 汤用彤：《汤用彤全集》第四卷，河北人民出版社2000年版，第332页。
② 汤用彤：《汤用彤全集》第四卷，河北人民出版社2000年版，第360页。
③ 汤用彤：《汤用彤全集》第四卷，河北人民出版社2000年版，第109页。

黄老在西汉初为人君南面之术，至此转而为个人除罪求福之方。老庄之得势，则是由经世致用至此转为个人之逍遥抱一。又其时佛之渐盛，亦见经世之转为出世。……汉代之齐家治国，期致太平，而复为魏晋之逍遥游放，期风流得意也。故其时之思想中心不在社会而在个人，不在环境而在内心，不在形质而在精神。于是魏晋人生观之新型，其期望在超世之理想，其向往为精神之境界，其追求者为玄远之绝对，而遗资生之相对。从哲理上说，所在意欲探求玄远之世界，脱离尘世之苦海，探得生存之奥秘。①汤先生这段话对玄学家的人生观做了最清楚的表述；他们就是要从儒家齐家治国的名教束缚下自由解放出来；其思想中心是从社会到个人，从环境到内心，从形质到精神的转化。应该说这是中国历史上一次重要的思想解放运动。

不过汤先生也指出玄学家的思想不同于印度人和佛教的出世思想。他说：本来吾人所追求、所向往之超世之理想、精神之境界、玄远之世界，虽说是超越尘世，但究竟本在此世，此世即彼世；如舍此求彼，则如骑驴求驴。盖圣人"常游外以弘内，无心而顺有，故虽终日挥形而神气无变，俯仰万机而淡然自若也"。魏晋时中国人之思想方式亦异于印度人之思想方式；玄学家追求超世之理想，而仍合现实的与理想的为一。其出世的方法，本为人格上的、内心上的一种变换，是"结庐在人境，而无车马喧"，"身在庙堂之上，心无异于山林之中"。如具此种心胸本领，即能发为德行，发为文章，乐成天籁，画成神品。不过文章、书画、音乐有能代表理想者，有不能代表者；有能揭开天地之奥妙者，有不能者；有能表现自然者，有不能者。②魏晋时代出现了许多杰出的文学作品和艺术家，在文学理论方面有曹丕的《典论论文》、陆机的《文赋》和刘勰的《文心雕龙》；艺术方面有顾恺之的画，王羲之、王献之父子的书法，陶渊明、谢灵运等人的诗，在中国艺坛上都是被称为"圣"和"神品"的，是后世理想和崇拜的对象。

魏晋玄学提出的道家主张自然的人生观，本来是和儒家主张名教的人生观对立的，但是玄学家却要将这二者调和结合起来；而儒家思想在中国

---

① 汤用彤：《汤用彤全集》第四卷，河北人民出版社2000年版，第380—381页。
② 汤用彤：《汤用彤全集》第四卷，河北人民出版社2000年版，第384页。

社会中已经占有统治地位，后来宋明理学又加以发展和加强，所以儒家的名教思想和道教的自然思想，都成为中国的士大夫——知识分子的理想。两种对立的人生观同时存在，构成中国知识分子特有的双重人格：既可以在庙堂之上治国平天下为最高理想，也可以隐居林下放浪于自然，风流得意。当然各个人是有不同的，有的人是以名教为本，有的人则以自然为本；不过更多的人是在二者之间徘徊，随自己环境条件的不同，顺利时重名教，失意时崇自然，也可以为自己解嘲。

记得新中国成立之初，北大成立校务委员会，汤先生任主席，我是秘书。有一天下班以后，我陪汤先生走在松公府夹道，他对我说他想写篇文章，讲讲中国的知识分子。那时正是知识分子思想改造运动火热进行的时候，汤先生没有说他要怎么写，我也没有问他，但是他讲的这句话却在我脑子里一直记得。现在看到汤先生的这些讲稿，似乎可以猜想汤先生可能写些什么了。

汤先生没有留下由他亲自写定的完整的魏晋玄学专著，这是学术界的一大憾事；但是现在《汤用彤全集》第四卷中辑存的关于魏晋玄学的论稿、讲课和讲演提纲以及听课笔记，却可以为我们提供了解汤先生研究魏晋玄学的主要成果和方法。汤先生有深厚广阔的学术基础，他博览群书，不但对重要的哲学家和著作进行深入的研究，而且旁征博引，对同时代许多有关著作也加以论述。但是汤先生突出重点，对魏晋玄学的几个重要关键问题，他反复多次加以分析解释；我们由此不但可以了解他的主要研究成果，而且可以看到他的这些重要观点是如何发展形成的。汤先生讲的是中国哲学史，并且是用典雅的中国古文写的；但是在一些重要的问题上，他也将魏晋玄学和西方哲学（主要是希腊哲学）、印度哲学做比较；我们不仅可以看到他对中外思想比较问题的看法，更可以看到他研究魏晋玄学的精神和方法，他用的方法主要是西方（也许包括印度）哲学的分析方法，这是中国哲学比较缺少的。学习一位哲学家的思想，重要的不在于结论，而在于他研究问题的精神和方法；因为结论是可以改变的，精神和方法则带有常住性。

我认为从汤先生的这些论稿和提纲中，更重要的是学习他研究中国哲学史的精神和方法，使中国哲学史的研究工作不断深入前进。我对中国哲学和魏晋玄学的知识，只有在大学时听汤先生和别的老师讲课中得到的水平；这次也只是翻阅了汤先生的论稿、提纲和整理的听课笔记，从中选取了我感兴趣、认为重要的问题，写了这点读书心得，难免有错误之处，谨请指教。

（原载《北京大学学报》2001年第2期）

| 王元化 |

谈汤用彤

1993年将是汤用彤先生的百年诞辰,北大准备汇编纪念文集,先生哲嗣一介教授嘱我写稿,这是义不容辞的。我寄去了一篇考释旧作,以表示对这位前辈的敬仰。

用彤先生是我省先贤。1911年,他和先父同时进清华学堂共事,应该说是我的父执辈。我虽然没有机缘拜识用彤先生,亲聆他的教诲,但用彤先生的著作,却一直是我作为指导自己治学道路的良箴。20世纪60年代初,我撰《文心雕龙讲疏》时,曾向熊十力请教佛学,但使我更获教益的却是用彤先生的两本著作:《汉魏两晋南北朝佛教史》与《魏晋玄学论稿》。拙著中所述魏晋玄风与般若性空之学的关系,悉本汤说。十力先生自开户牖,多一家之言,长于启迪思想。用彤先生则偏重于史实的阐发与剖析,有助于理解当时的思想源流和各家各说之间的错综复杂关系。正由于这,我在书中每每引证用彤先生的说法,而未及十力先生的著作。

用彤先生治学谨严,令人敬服。这里仅举一两件人所未道的小事,以窥其学。他学兼中外,通梵文、巴利文,在印度文化方面有精深的素养。早岁留学美国,曾钻研西方哲学,于英国经验主义与欧洲大陆理性主义,尤役心力。归国后,在中央大学等校哲学系任教时,主讲西方哲学,并撰有《叔本华之天才主义》《亚里士多德哲学大纲》《希腊之宗教》等。他尝言,学中国哲学史不可不懂外国哲学史。据汤门弟子说,他曾以斯宾诺莎的上帝观念,来对照王弼的贵无论;以莱布尼兹的预定和谐说,来对照嵇康的声无哀乐论;以休谟对经验的分析,来对照郭象的破离用之体。想来这些讲课一定是精美绝伦。更值得注意的是,用彤先生采用中外哲学对释方法,并不是把两者引为连类,加以比附。他熟知魏晋传译佛经,道安废止格义不用，而独许慧远引庄子难实相义的故事。他在《魏晋玄学论稿》中谈到王、何、阮、嵇、向、郭诸人时，绝无一字一句涉及西方哲学。他所具有的深厚的西方哲学功底，倘不细察，是无法从字里行间寻找蛛丝马迹的，如撒盐水中，化影响于无形，不留任何痕迹。正如陆游诗中所云"功夫深处却平夷"。就这一点来说，我觉得他的史著和胡适的《中国哲学史大纲》是显然不同的。这种分歧，追其根源，可以从两人对中国文化如何吸收西学的看法方面去究其底蕴。用彤先生很早就倡中外文化融贯说，主张将西学化于中国文化中。这不仅是一种理论，而且他把这理论严格地贯彻到撰写学术著作的实践里。中西文化融贯说非用彤先生一家之言，他同时代的陈寅恪亦与汤说并同。但与他们交往颇密的友辈如吴宓的看法就有些两样。我认为这种融贯说不应像当时或后来某些论者那样，用维新时期的中体西用之说去妄加穿凿，强行归类。这是一个很值得研究的问题，不宜简单化对待。比如陈寅恪说："中国之哲学美术，远不如希腊，不特科学为逊泰西也。"这类话就是主张中体西用的维新派绝不会说的。

　　用彤先生性格谦和柔顺，甚至给人一种谨言慎行、口不臧否人物的印象。据同辈回忆，早年在美国，后来在北平，几次挚友相聚论学，发生剧烈争论，他很少介入，总是保持一种默默不语的态度。但这只是他为人的一个方面。另一方面，我觉得他在治学上却显示了中国知识分子的坚韧。据传，抗战胜利那年，他对毕业的学生讲话，曾勉励他们不要去做"学得文武艺，货与帝王家"那种人。在运动频仍、政治风暴逼人而来的岁月，他仍本着老一代优秀学者在治学上不容宗教政见杂入而只问是非真伪的独立精神。我的这一说法也许不易为人接受，因为用彤先生从未发表过语惊四座的言论，相反，在他后来重印的著作序跋中，几乎毫无例外地都用当时观点对自己的旧作进行了严格的自我批判。表面看来，这似乎与那些趋附时潮者无异。但是值得注意的是，他绝不像他们那样曲学阿世，按照最高意旨，删削旧作，加进连自己也不太懂的概念，甚至等而下之，不惜随时改变自己的看法。这种现象在"文化大革命"评法批儒时表现得最为明显。在对待自己旧作的态度上，用彤先生完全两样，当他的新的认识还没有成熟到可以据以修订旧作的时候，他决不妄作修订。他的旧作都是照老样子重印，从而没有留下那种使人使己事后都会感到愧恧的笔墨。我觉得这并不是一件小事，而是需要有一定心理准备的。用彤先生倘没学术上的独立精神，是不会这样做的。

我就用彤先生治学态度提出上述一些管窥蠡测的浅见，供读者参考，倘能见微知著、一隅三反，由此引发出更深的高论，那就是本篇小文的意外收获。

（原载王元化:《清园夜读》，中国社会科学出版社1997年版，第90—92页）

| 邓艾民 |

汤用彤先生散忆

1938年至1945年，汤用彤先生在昆明西南联合大学任哲学系系主任，先后开印度哲学史、欧洲大陆理性主义及魏晋玄学等课程。他当时已满头白发，常常因为讲课劳累而斜倚在黑板边，低着头，边思考，边讲授，层层深入，将同学逐步引导到所讲的内容中去。他讲印度哲学史就把我们带到印度历史上的哲学家思想中，讲欧洲大陆理性主义就将我们带到笛卡尔、斯宾诺莎、莱布尼兹的思想体系中，讲魏晋玄学又将我们带到王弼、嵇康、阮籍、郭象、僧肇等人的思想体系中。他给我们全面地、忠实地介绍这些哲学家的思想，材料丰富而又不显得烦琐，分析清晰而又不流于空疏，即使自由主义习气很浓的同学，也舍不得缺课。他只讲历史上哲学家的思想。对这些人，你可以赞成，你可以反对，但你首先必须了解。这对于我们这些喜欢对不太了解的事物好发议论的青年人来说，仍旧感到不满足。有些同学喜欢谈论中西哲学的比较，有些同学喜欢用最新的哲学观点对过去的哲学进行批判，汤先生精通中西哲学的思想，但在课堂上并不涉及这些方面，似乎采取一种资产阶级客观主义的态度。其实，这样全面地、忠实地介绍历史上哲学家的思想是为进行实事求是的分析打下基础，正如鲁迅所指出的："倘有取舍，即非全人；再加抑扬，更离真实。"可惜我当时并未理解这一点而将他所开设的课程真正学到手。

这一时期，国民党政府偏安西南，政治腐败，经济萧条，官僚政客大发国难财，物价飞涨，人民生活在饥饿的边缘，"淮南米价惊心问，中统银钞入手空"，大学教授也过着极为清苦的生活。这个政府又消极抗日，积极反共，压制人民的思想言论，使知识分子感到窒息，涌现出一种无可奈何的悲凉气氛，"入山浮海都非计，悔恨平生识一丁"。有些历史感很深的学者甚至沉入绝望的边缘，吟咏着"南渡自应思往事，北归端恐待来生"。汤先生也具有强烈的历史感，内心隐藏着对专制腐败政治的极度不满；但与感时伤世低徊吟咏的诗人不同，他有哲人的气质，寓悲愤于超逸之中。这一点，他在讲授魏晋玄学一课中不时流露出来。对于魏晋的哲学思想体系，他推崇王弼、郭象，更欣赏僧肇。但对当时社会的实际影响，他却强调阮籍、嵇康，指出他们才是魏晋名士风流的代表人物。阮、嵇都是对司马氏专权强烈不满的知识分子，纵情诗酒，蔑视礼法。汤先生一再阐述，他们这种态度不是为放达而放达，而是有所为而发。阮籍假醉回避权势，不拘丧礼，但举声一号，吐血数升，表现哀思的忠挚。嵇康愤世嫉俗，非汤武而薄周孔，却以忠义勉励子弟不须作小小卑恭，小小廉耻。当时国民党政府腐败专制，民心怨愤，但有些知识分子为其涂脂抹粉，歌功颂德，有人要呈献九鼎，有人为之多方出谋划策，制造理论。汤先生突出阐发阮嵇的立身处世，使人不期然而然感到他对当时政局的不满和少数趋炎附势的人物的轻蔑。有一次昆明有个国民党报纸约他写篇社论，他说他从来不为报纸写稿，而对这种为国民党捧场的事婉辞拒绝了。我们有些同学听到这件事特别高兴，大家笑着说他是一个超越的玄学家，有点像桑塔耶那自称对待第二次大战无所关心一样，生活在efernify[①]之中。

　　1945年，我们那一级毕业时，请哲学系的老师参加我们的茶话会，地点在昆明文林街一个小小茶馆的楼上。我们请老师们讲话。汤先生平时很少发议论，这次却语重心长地一再勉励我们毕业以后，要坚持为真理献身的精神，发扬中国文化的优良传统，不要追逐名利，"学得文武艺，货与帝王家"。当时西南联大有一些知识分子，自诩清高，标榜自由民主，却在残山剩水间追逐名利，为国民党捧场，正像明末有人讥讽陈继儒那样，"翩然一只云中鹤，飞来飞去宰相衙"。汤先生平日忧国伤时，很少外露，有似阮籍那样，发言玄远，口不臧否，这次却娓娓而谈，动人心弦。散会后，同学议论纷纷，赞赏不已，爆发出对汤先生衷心的爱戴。

　　汤先生讲授哲学史课程时，不引烦琐的考据，分析清晰而又意境玄远，极高明而道中庸；发表他的研究著作时却材料丰富、考证周详而又论

[①] 原文"efernify"，应为eternity（有永恒、永生、不朽意）之误。——编者注

述深刻，致广大而尽精微，赢得了国内外学术界的高度推重。他已经完成的魏晋南北朝佛教史是如此，他的未完成的魏晋玄学一部分论稿是如此，他的散篇的佛教论文也是如此。

汤先生20年代留学美国哈佛大学。据哈佛大学博士杜维明教授谈，当时该校集中了一批学识渊博的学者，一直到现在还为人所推崇，后来很少人能超过他们。汤先生回国后又曾亲听佛学大师欧阳竟无说法，因此他在学校开发中西哲学课程都是第一流的。但他研究的重点仍在中国哲学。他运用西方哲学与印度哲学以治中国哲学，融会贯通，不露痕迹，他详细阐述了斯宾诺莎关于上帝的思想，并用这些观点来分析王弼的贵无论。他借莱布尼兹的预定和谐说来说明嵇康的声无哀乐论。他参考休谟对经验的分析来解释郭象破除了离用之体。这些论述都很细致而又自然，使人能更清晰地体会中国哲学思想中的深微的含意。他在这些方面研究所达到的深度超过许多著名的学者，但他从不宣扬自己。例如有人将僧肇的不真空论解释为空不真，以此区别中国佛学与印度佛学。他指出僧肇的思想是"不真即空，非空不真也"，只正面解除了对这篇著作的误解。又如有人表扬陶渊明合自然与名教为一是"孤明先发"，这种旧义革新的新自然主义不愧为中古时代的大思想家。但汤先生在魏晋玄学一课中已指出王弼曾说"老不及圣"，通过言意之辨调和孔老，郭象则合儒道为一，提出独化于玄冥之境。他们早已提出合自然与名教为一，并为之奠定了理论基础。因此，我曾问汤先生，陶渊明的诗体现自然与名教合一，浑然天成，但说他"孤明先发"，似不完全切合历史情况。汤先生却仅微微一笑，不愿多所论述。即使汤先生写一些短篇书评，指出有些日本著名学者著作中的疏漏，也是摆事实讲道理，毫无自我炫耀的表现，使人心悦诚服。这种朴实的学者风度也激发了同学们的尊敬。

汤先生虽然治学严谨，平日不苟言笑，但有时也流露出幽默感，给予人一种恬淡的风趣。有一次他在看昆明某报纸的一版新诗，突然向在旁边的我指出，这里只有两句诗很好，才真像诗。我接过来一看，却是其中一首诗引白居易的两句："同是天涯沦落人，相逢何必曾相识。"

抗日战争胜利后，国民党政府接收北京，北京大学在北京"复校"。当时人民对国民党大失所望，"想中央，盼中央，中央来了更遭殃"。相当一部分高等学校的知识分子，一方面对国民党绝望，一方面对共产党心存疑惧。由于解放战争进展神速，1948年底北京临近解放，国民党派飞机尽量鼓励一些人南逃。做了过河卒子的胡适仓促飞走，有几位心存疑惧的学者也跟着南飞。汤先生也在他们拉拢之列，却被汤先生拒绝了。汤先生当时对共产党也并不完全了解，但在新中国成立后亲自见到共产党的所做所为，任何怀疑随即一扫而空。他听到解放军进入上海时露宿街头，曾对我说："这样的军队在中国近代史上是绝无仅有的。"周总理亲自到北京大学孑民堂与教授座谈。他对周总理雍容大度扣人心弦的谈话，感叹不止。汤先生这时担任北大校务委员会主席，党号召做什么，他就亲自领导全校师生做什么。学校开始课程改革，开设马列主义课程，他就亲自听取这些课程，停开他的中西哲学的课程，研究马列主义，"尽弃其所学而学焉"。学校进行院系调整，他就积极说服有些思想不通的同事，加快调整的步伐。当时有些学者对党仍在徘徊迟疑，有人慨叹"而今举国皆沉醉，何处千秋翰墨林"，而他对共产党的领导衷心拥护，毫不含糊。院系调整后的新北大成立，他被任命为副校长，勤勤恳恳，全心全意致力于贯彻党的方针政策。我有一次问这时与他共事的江隆基同志对他的印象如何，江隆基同志说了四个字："忠厚长者。"这就是说，他是一位忠实于发扬中国优秀文化的学者，也是一位忠实于爱国主义革命教育事业的教育家。

鲁迅先生曾慨叹章太炎的一生：早岁奋志革命，晚年身衣学术的华衮，退居于宁静的学者。这正是那一时期许多爱国主义知识分子辛亥革命后不满意国内混战和国民党统治所走的道路。汤先生的情况却相反，早岁潜心学术，致力于爱国的文化教育事业，并未积极参与革命政治活动，晚年却相信马列主义，为完成中国的社会主义革命和建设事业而鞠躬尽瘁，代表了这一时期许多爱国主义知识分子在新中国成立后积极拥护共产党所走的道路。

（原载《燕园论学集》，北京大学出版社1984年版，第61—66页）

| 何兆武 |

人生的意义

古人说："为学当先立宗旨。"我一生阅读，从未立过任何宗旨，不过是随自己兴之所至在琳琅满目的书海里信步漫游而已，偶然邂逅了某些格外令我深受感触的书，甚至于终生隐然地或显然地在影响着我。

在西南联大上学时，一次我在西南联大的外文系图书馆（这是我们常去的地方）看到一本书，题为 *The Tragic Sense of Life*（《人生之悲剧的意义》），一时好奇就借回去读。当时我也和许多青年人一样，常常想到人生的意义。人生一世，追求的到底是什么？这本书作者 Unamuno（乌纳穆诺）是20世纪初著名的学者、文学家和哲学家，曾任西班牙最古老的 Salamanca 大学校长，佛朗哥专政时期惨死在法西斯集中营中。他大概是受到堂吉诃德的影响吧，认为人生一世所追求的乃是光荣。我问过很多同学和老师，他们都不同意这个观点，唯有王浩认为是这样。后来我把此书给汤用彤先生看，并且问他的意见。汤先生的回答是：文字写得漂亮极了，不过不能同意他的观点。汤先生说，人生追求的不是光荣，而是 peace of mind（心灵的平静，心安理得）。我又把汤先生的话转述给王浩，他想了想说："也可以这么理解，但 peace of mind 一定要 through glory 才能得到。"我想，一位老先生，饱经沧桑，所以追求的是 peace of mind，而王浩当时年轻气盛且又才高八斗，所以一定要通过"光荣"才能使他得到 peace of mind，否则不会心灵恬静。

及至后来我又读到 Unamuno 一些作品，才发现他并不如《人生之悲剧的意义》一书中所给我的印象。他实际上是在追求那种不可捉摸、难于把握而又无法言喻的人生的本质。这里不可能有逻辑的答案，所以他就寄托于文学的寓言。我的兴趣是要猜一个谜语，但那仿佛并没有谜底，Unamuno 似乎在暗示我：人生不可测变，不可立语言文字，所以人生的意义是无法传达的。

（标题为本书编者所加。节选自何兆武：《五柳读书记》，《读书》2005年第12期）

| 萧萐父 |

学以美身的人师

汤用彤先生,博通中、西、印哲学,著作宏富,为中外学林所共仰,俨为一代硕学,教泽极为广远。但在后学者心目中,汤先生更是一位熏染慈仁的长者、学以美身的人师。50年代中,燕园问学,我始得接先生几杖,粹言蔼如,宁静致远,使人如沐春风。汤先生乐道从容、诲人忘倦的精神中实内蕴一种超迈流俗的人格感染力,凡亲炙者,终身难忘。这是中华文化慧命中最珍贵的薪火之传。为纪念汤先生百年寿诞,仅以论船山人格美一文作为芹献,用志对前修的景慕之忱。

(标题为本书编者据文意所加。节选自萧萐父:《船山人格美浅绎·前言》,原载《国故新知:中国传统文化的再诠释——汤用彤先生诞辰百周年纪念论文集》,北京大学出版社1993年版,第389页)[①]

[①] 萧萐父先生在《佛家证悟学说中的认识论问题》一文附记中说:"汤用彤先生以其对佛教史的精湛研究和绵密考订,流誉海内外学林,沾溉后学,至为深广。业余偶窥佛理,亦多赖汤先生论著启我愚蒙。汤先生百年寿诞,谨献其芹藻一束,以志景慕之忱。"(《佛家证悟学说中的认识论问题》,载汤一介编:《国故新知:中国传统文化的再诠释——汤用彤先生诞辰百周年纪念论文集》,北京大学出版社1993年版,第210页)萧先生为汤用彤百年寿诞作颂诗曰:"犹记燕园问学时,襟怀霁月实人师。东传佛理彰心史,正始玄风辨体知。漫汗通观儒释道,从容涵化印中西。神州慧命应无尽,世纪桥头有所思。"

| 杨祖陶 |

西哲东渐的宗师
——汤用彤先生追忆

在汤用彤先生谢世近四十年之后,《汤用彤全集》终于在世纪交替之际问世了,这是我国学术界的盛事。我作为用彤先生的一名后学,现已年逾古稀,面对这浩瀚的七卷本全集,百感交集,缅怀与崇敬难以言表。

我们常用"学贯中西"来称道一些著名学者的博学多识,但对于用彤先生来说,"学贯中西"就显得狭隘而不够用了。因为先生是我国十分罕见的学贯中、西、印的大师,他在中、西、印文化与哲学思想研究上,都有独到的造诣和重大的贡献,在这三大文化领域内都立下了一座座丰碑。先生并不是将中、西、印哲学与文化孤立起来进行研究,而是着眼于三者的相互关系。他广搜精考事实,系统地研究了中印文化交流和融汇的历史,总结出其历史发展的规律;他依据历史的经验和规律,对出现在国人面前的中西文化冲突与调和的状况及趋势进行了高瞻远瞩而又切中时弊的考察,提出了许多至今仍在熠熠生辉、吸引我们去发扬光大的真知灼见。先生在这一领域中的建树和观点,构成了我国学术思想发展中的一座里程碑。《汤用彤全集》是用彤先生在上述四大研究领域(中、西、印和它们的相互关系)中的光辉成果和丰功伟绩的总汇,系统地展示了用彤先生的学术思想、学术道路和学术成就。这就为今日的学术文化研究者在先生的著作里寻求指导和教益、汲取启迪和力量,提供了极为宝贵和极为难得的有利条件,也为对先生这样一位学术大师的思想及其发展进行科学研究,创造了必要的条件。先生谢世后不久,正逢"文革",先生这些大宗珍贵的书稿与手稿竟得以保存,不由得使我对其保护者致以特殊的敬佩与感激之情。

先生生前在中、印文化与哲学等方面，已有为数众多的论著问世，其中如《汉魏两晋南北朝佛教史》《印度哲学史略》《魏晋玄学论稿》等，在出版几十年后仍是公认的权威性著作。他在西方哲学方面，生前则只发表了《亚里士多德哲学大纲》与《希腊之宗教》两篇译文和一篇论《叔本华之天才主义》的论文。先生对于西方哲学思想的研究、建树和贡献，主要体现在大学执教数十年内关于"哲学概论""西洋哲学史"，特别是"欧洲大陆理性主义"和"英国经验主义"的课堂讲演中。除"哲学概论"方面有北京大学出版社刊印出来供学生使用的先生编写的"讲授大纲"一册外，其余全部内容都深藏在先生那容纳百川的脑海里，我们所能见到的只有零星几页先生用英文写就的讲课提纲。现在，《汤用彤全集》第五卷的"西方哲学"部分，除去已发表过的几篇论著之外，还收入了"哲学概论"讲授大纲，而特别有重要意义的，是刊出了"欧洲大陆理性主义"（听课笔记）和"英国经验主义"（听课笔记）。这样一来，我们也就可以借此窥见用彤先生在西方哲学研究领域中所构建起来的大厦之一隅了。

我对于用彤先生在西方哲学研究上的贡献及其深远意义的认识，是经历了一个颇为长久的过程的。

1948年至1949年，我作为北京大学哲学系学生，选修了用彤先生的"欧洲大陆理性主义"和"英国经验主义"两门课程，同时听课的还有汪子嵩、张岂之、汤一介等。上先生的课是很紧张的，因为先生上课从不带讲稿，绝少板书，也不看学生，而是径直走到讲台边一站，就如黄河长江一泻千里式地讲下去，没有任何重复，语调也没什么变化，在讲到哲学家的著作、术语和命题时，经常是用英语；就这样一直到响铃下课。听讲者如稍一走神，听漏了一语半句，就休想补上，因此就只能埋头赶紧记笔记，生怕漏记一字一句。于是在课堂上，除去先生的讲课声外，就是学生记笔记的沙沙声了。先生这种独特的讲授风格虽然对我很有吸引力，但那时我对于先生讲授的内容并无真切的理解，对其分量更是无知，只是笼统地认为博大精深而已。

1982年，为了纪念用彤先生诞生90周年，我受汤一介之托，根据他和汪子嵩的听课笔记，将"英国经验主义"一课的绪论部分整理出来予以发表。那时我已从事西方哲学史的教学与研究多年，编著过有关的教材，因而在整理笔记的过程中，对于先生当年教学的认识和体会也随之加深了。我在"整理者按"中指出："汤用彤先生的这些课程和讲演，为我国哲学史学科的建立和发展做出了重要的贡献，也是他留给我国学术界，特别是哲学史界的宝贵财富。"今天看来，这样的认识仍然很不够，还是比较抽象和一般。

岁月飞逝，转眼到了1997年底至1998年初，汤一介与河北人民出版社委托我审阅和校订《汤用彤全集》中西方哲学部分全部文稿，使我有机会重新学习、认真思考先生关于西方哲学的深刻见解与巨大建树。我又根据汤一介、汪子嵩的听课笔记和用彤先生用英文写的笛卡尔哲学的讲授提纲的残页，以及张岂之的听课笔记，对"欧洲大陆理性主义"和"英国经验主义"的听课笔记整理稿进行了校订与补遗。通过这次全面的校订工作，我对用彤先生对于我国西方哲学研究的贡献及其重要地位，才有了比较合乎实际的、因而也是真切的认识。我在完成全部校订工作后致河北人民出版社文史编辑室的信中说："先生的论文、译文、讲授提纲和课堂演讲稿表明了先生在西方哲学上的精深造诣，有力地证实了先生不愧为一位学贯中、西、印的学者。它们是西方哲学东渐史中的重要文献。这些文献至今仍保持着其固有的价值，对于今人传授和研究西方哲学依然大有裨益。"

现在，用彤先生的七卷本全集已立于案头，我不仅得以更广泛地阅读先生的各种论著，特别是先生关于文化问题和中印文化融合问题的宏文专论，而且回顾与反思当年先生讲课的内容，对于先生在研究和传授西方哲学上的独特高超的品位顿觉有了一些更新的认识。

首先，先生对他所讲述的理性派与经验派诸家的哲学思想都要求有事实的根据，这个根据就是哲学家们的原著。一般说来，先生决不按照他人的转述——哪怕是西方的著名专家的著作来安排教学内容，而是严格地按照所讲哲学家本人的主要著作（一种或两种，视具体情况而定），以致先生的讲课在某种意义上几乎可以看作是哲学家原著的导读。同时，在讲到哲学家某个观点或问题时，先生都要指明见其某本著作的某章某节或某命题（如对斯宾诺莎）。先生的讲授显示了其讲课有根有据、客观真实、可靠可信的鲜明风格，同时先生也仿佛是在要求听众亲自去看看原著，并这样地亲自检验一下、判定一下他所讲的是否正确，是否真实可信。

其次，先生的讲授虽然是严格按照原著，但绝不是"照本宣科"，而是在通盘把握哲学家的思想和各方面（如有关时代思潮、科学发展、同时的和先后的哲学家的思想等等）的关系的基础上，以西方哲学传统所固有的通过分析和推论以求知求真的精神和方法，再现原著的本质内容和逻辑线索。换言之，先生要求他所讲授的内容应有客观的真实性，不是那种表面的、细枝末节的或形式主义的真，而是运用科学方法所达到的本质的、整体意义上的客观真实性。在先生看来，中国学术传统不重分析、也不从事分析，与此相反，重分析、重逻辑、重方法则是西方哲学传统得以存在和发展的灵魂。所以先生对哲学家关于方法的观点和所使用的方法特别重视；在讲到任何一个哲学家时，不管他是理性派还是经验派，开章明义第一个问题就是他的"方法"。先生本人非常重视分析，也长于分析，在这一点上可谓得了西方哲学的真髓，正是这种"分析的头脑"，使他区别于和优越于同时代的其他一些学者。如先生在进入笛卡尔哲学之前，就以题名为"心理学的分析"的一章，对笛卡尔所使用的思想、感性、想象等心理学的名称进行分析，以一方面辨明它们在笛卡尔哲学中与现代的不同的意义，另一方面揭示它们在其哲学中的多种用法和含义。而在讲了笛卡尔关于心灵和物质的观点之后，在进入其心物关系学说之前，先生来了一个总结，指出笛卡尔哲学整个为二元论所笼罩，并从其心物二元的总根子里分析出了心物关系上的六种二元对立（外物与心理，观念与心理，感性、想象与观念，灵魂与生命，意志与纯粹思维，物质与运动等）。

再次，先生在讲授中对哲学家的某种根本的观点或原则，总要做一种客观的质疑，其形式或者是摆出哲学史上对其提出的批评或反对意见，或是通过先生自己的分析指出其理论上的困难。一般说来，他只是客观地陈述其疑点或问题，而不对其是非做主观的判决。先生的这种态度也许是来自他对西方哲学史发展的规律性的理解，因为没有一种哲学的原则或根本观点能免于批评和反对，但同时这种规律性本身，正如黑格尔指出的那样又是驳不倒的、永恒的，并活生生地保持在现代的哲学里。同时，先生的这种态度也给学生留下了发展理论思维兴趣的空间。在"哲学概论"讲授大纲中，先生的这种客观质疑方法表现得尤为突出和频繁。如"真误"这一章列举出了西方哲学史中关于真理标准的四种学说——相对说（即符合说）、自明说、实用说和贯通说。他对每一种学说都提出了质疑，而没有对其是非做出主观的最终判决。但是，这绝不是说先生在任何时候、在任何问题上都不表示自己的主张或观点。如在讲到"休谟哲学的两个解释"时，先生针对康蒲·斯密（Kemp Smith）把休谟哲学解释为从洛克而来的一种信仰——情感决定论的观点，列出事实进行了反驳，最后得出结论说："我们赞同Kemp对信仰的重视，但不同意他关于休谟把哲学放在新的情感的基础上的观点。"

最后，先生讲授理性派和经验派哲学时，只是对这些学说本身进行理论的分析与阐述，而不言其"用"，无论是"今用"还是"中用"。其故安在？当时是不明白的。现在学习了先生关于文化问题的讨论，从先生对"中国轻视应用，故无科学"的观点的驳斥中，悟出了其中的道理。先生说："西欧科学远出希腊，其动机实在理论之兴趣。亚里士多德集一时科学之大成，顾其立言之旨，悉为哲理之讨论。……希腊哲学发达而科学亦兴，我国几无哲学（指知识论、本质论言。人生哲学本诸实用兴趣，故中国有之），故亦无科学。"理论的兴趣推动古希腊哲学的发展，而"哲理之讨论"本身即体现着一种最纯粹的理论兴趣。也许在先生看来，培养和发展这种理论兴趣，就是哲学本身固有的"用"，舍此而求其他的用，就只能是本末倒置，画蛇添足，埋没真理了。

总起来说，先生之研究和传授西方哲学的特点在于：把它作为一种客观的对象，即作为一门客观的学问而进行科学地研究和探讨。这不仅是由于国人对西方哲学知之不多、知之不深，而且是由于"我国几无哲学"，因而就更应采取虚心的客观态度，将其作为客观对象而认识之、研究之。在当时"西化"成为时髦、"中国文化本位"呼声四起的情况下，先生对西方哲学的这种态度真可谓特立独行、独树一帜，在这面旗帜上写下了"文化之研究乃真理之讨论"这样一句掷地有声、颠扑不破、气势磅礴、意蕴精深的至理名言。先生抨击当时学术研究之弊病说，"时学之弊，曰浅，曰隘。浅隘则是非颠倒，真理埋没；浅则论不探源；隘则敷陈多误"，就如"现在时髦之西方文化，均取其一偏，失其大体"。既然如此，又还能谈什么东西文化之同或异呢？先生不禁慨然叹曰："时学浅隘，故求同则牵强附会之事多，明异则入主出奴之风盛。"先生对症下药，认为就西方哲学方面而言，补救之道唯在于将它作为一门至深至精的学问而"深造"之，也就是要在广搜精求有关材料的基础上，理解和把握其"大体"。这些见解发表在20世纪的20至40年代，先生就是本着这样的见解和精神，在这一个时期里从事西方哲学的研究和传授的。正因为如此，我认为，先生留下的有关西方哲学的讲授大纲、课堂演讲录等等，体现出他作为一代学术大师对于国人应如何对待、研究和传授西方哲学的真知灼见，理所当然地在西方哲学东渐史中占有其不可忽视的特殊的地位。

用彤先生在讲坛上的音容风采依然栩栩如生地呈现在我的眼前，但岁月已经流逝了半个多世纪。五十余年来，我国的西方哲学研究虽历经风雨沧桑，但还是向前发展了，在某些方面甚至取得了颇大的成绩。尽管如此，在我看来，我们对于源远流长、博大精深的西方哲学的认识，还是没有超出用彤先生对当时的西方哲学研究所做的评估，依然处在"初来""表面"而"不深入"的状态或阶段。为了超出肤浅与表面，达到对西方哲学的"大体"即其本质、全体和真相的理解与把握，我们实在有必要向用彤先生学习，认真思考他在西方哲学东渐中所倡导的"文化之研究乃真理之讨论"的真谛，像他所志所行的那样，广搜材料，精考事实，探本寻源，求实求真，平情立言，使我国的西方哲学研究真正走上学术化的道路。

（原载《学术月刊》2001年第4期）

| 杨祖陶 |

哲人的"常态"
——《汤用彤学记》[①]读后

一

汤用彤先师谢世以来,学术界对他的学术贡献、学术风范、道德力量的推崇、景仰、研究与缅怀经久不衰。至今已出版三本纪念文集、两本研究专著和200多篇专文,相关研究文献则不计其数,足见先师无可比拟的学术影响力和人格魅力。在此基础上精选结集是顺应学术界和广大学子要求的、一项艰苦细致的学术举措。现在汤一介先生和他的弟子赵建永博士已经出色地完成了这一精选集结有关"汤用彤生平与学术"的《汤用彤学记》,这是一件令学术界庆贺的事。

当我得到一介兄赠书时,不禁放下手头的工作,认真细读起来,爱不释手。拿现在的话来说,这是一本含金量很高、亮点闪闪的学术精品的汇集,是一部研究汤用彤先生学行的力作。由于用彤先生绝少留下关于自己学术与生平的心路历程的文字记录,也很少谈及他的过去,其学术行迹有的已模糊不清。"学记"恰好可以弥补这一不足。这本结集不是一本专著,而是由精选的对先生学行有深切认识的回忆和研究的34篇文章构成,具有相当高的学术水平,显示出对先生为人为学的评价的客观性与亲切感。这34篇文章的作者都是用彤先生的师友、门生及再传弟子。

在这里首先特别提及一下"诸家杂忆"中的一组文字。白璧德:《我

[①] 汤一介、赵建永编:《汤用彤学记》,生活·读书·新知三联书店2011年版(下引《汤用彤学记》简称《学记》)。

所遇最通达中国哲学的中国人》；胡适：《最有权威之作》；容媛：《研究中国思想史必读之书》；贺麟：《中国文化发展史的新指针》；何兆武：《人生的意义》；萧萐父：《学以美身的人师》。接着有钱穆、张岱年、季羡林、韩镜清、冯契、任继愈、汪子嵩、王元化、邓艾民等学界影响巨大、耳熟能详的大学者献文，其中多为我仰慕的师长、学兄，他们有的也已作古，他们的文字更觉珍贵。有意思的是，所选文章按原作者年龄顺序出现。在34篇文章中，我的一篇写于2001年的《西哲东渐的宗师》也忝列其中，排在第18位。紧接之后有张岂之、吴学昭、镰田茂雄等著名学者的文章，其中汤一介与乐黛云的各两篇文章让人倍感亲切；诸多弟子如石峻等和再传弟子的文章显示了学术界薪火相传的景象。

二

读先师学记，感触良多，情不自禁，思绪不由自主地回到最初拜见先生和尔后侍立在先生左右亲聆教诲和接受栽培、扶持的遥远岁月。

1945年夏，我有幸考取了西南联大哲学系，成为西南联大的末届大学生。我一到校，可以说还来不及放下行装，就迫不及待、风尘仆仆、鼓足勇气去拜见我仰慕的联大名教授，汤用彤先生是我第一位觐见的学贯中、西、印的学术大师。我还清清楚楚地记得，先生身着长衫，满头银发，慈眉善目，和蔼可亲。先生不苟言笑，只是默默地听我的自我介绍和自我陈情，绝少插问或插话。先生丝毫没有我想象中的教授和大师的令人不敢仰视的架子和威严，以至我这个刚入学的新生小子就一五一十地向先生讲起了自己在石室高中时曾涉猎《坛经》《肇论》《五灯会元》等书，由于对进一步了解历代高僧言行感兴趣，竟敢斗胆向先生提出了借《高僧传》的要求。先生当时什么话也没有说，只是微微点点头，随即起身取出一部线装本《高僧传》交到我手里，也未做任何叮嘱。先生对素不相识的学生的这种热心扶持和真诚信任，令我内心激动和感激不已。

现在，我从钱穆先生《忆锡予》（用彤先生字锡予）一文中始知用彤先生与《高僧传》间的不解之缘，从而也更加感悟到先生那时将珍藏的一部《高僧传》借给我这样一个初次见面的后生不是"慷慨"二字所能表达的。钱穆先生告诉我们，当年用彤先生十分钦羡他收藏《竹书纪年》古今异本殆尽，曾立下"愿藏《高僧传》，遇异本必购取"的宏愿，并且"日常随身亦必携带一本《高僧传》，累年如是"[①]。基于各种异本搜罗殆尽，用彤先生才得以在1962年着手校注《高僧传》的宏大工程。工程分为两步：1962年做充分的准备，即对史料的校勘与注解；1963年开始全面整理。惜乎工程未竟，先生于1964年五一劳动节就谢世了。直到二十年后的1983年，用彤先生次子汤一玄小弟才接着进行整理完成了未竟工程，并于1992年由中华书局出版了"汤用彤校注、汤一玄整理"的《高僧传》。2000年又由一介兄增补了最初整理未收入的校注多条，恢复了用彤先生原定书名《校点高僧传》，作为《汤用彤全集》第六卷出版。至此，先生几十年来搜尽《高僧传》古今各种异本、对之进行全面考订和注释的宏愿圆满地完成了，对我国传统文化学术典籍的整理和研究做出了极其宝贵的贡献。仅此一例就可窥见先生为学之一丝不苟和刚毅坚卓的态度与精神了。

1945至1946学年末，由于送还所借《高僧传》我又去了用彤先生家一次，我向先生汇报了联大解散后我将到北京大学哲学系学习的打算，先生依然是不动声色地听着，但我从先生的面部表情似乎觉得先生默默地首肯了我的选择。一介兄在《汤用彤学记》序中说："我父亲汤用彤先生几乎一生都关注在他的教学和研究，同时他也非常关注北京大学的'学术自由，兼容并包'的传统。特别是对抗战胜利后北大的北归'复校'，可以说是尽心尽力了。"读到这里，我对自己能在用彤先生担任复校后的北京大学校务委员会主席（实为校长）、文学院院长时期完成自己的大学学业倍感庆幸，对用彤先生呕心沥血开创的北大复校的教育事业深感崇敬。

两次到先生家都只见到先生，没有见到过师母和其他家人。此外，只有一次，我在联大南区远远地看见身着灰布长衫，脚踏圆口布鞋的先生牵着幼子一玄在医务室外面好像是去注射预防针什么的。一介兄当时可能在重庆南开中学读书吧，在联大校园里也许我们曾擦肩而过，但我不知是他！

[①] 《学记》，第15页。

三

在北京大学哲学系学习的最后一个学年度，我以极大的专注选修了用彤先生开设的"欧洲大陆理性主义"和"英国经验主义"两门课程。关于先生讲课的风采，我曾在《西哲东渐的宗师》中做过这样的描述："先生上课从不带讲稿，绝少板书，也不看学生，而是径直走到讲台边一站，就如黄河、长江一泻千里式地讲下去，没有任何重复，语调也没有什么变化，在讲到哲学家的著作、术语和命题时，经常是用英语，就这样一直讲到响铃下课。"[①]当时我们这些学生既折服于先生讲授内容之博大精深和有根有据，又十分惊叹先生讲解之流畅和娴熟，私下以为这是由于先生对教学内容之了如指掌和多年反复讲授之积累，因而讲起来行云流水，举重若轻，是再也勿需讲前备课的了。实则大谬不然。一介兄（那时他和我们一起上这两门课）在纪念先生百年诞辰的《昌明国粹 融化新知》中写道："从20年代起他教这两门课已经不知多少次了，但他每次上课前都要认真准备，重新写一讲授提纲，把一些有关的英文著作拿出来再看看，当时他担任北大的行政领导工作，白天要坐办公室，只能晚上备课到深夜。"[②]用彤先生就是这样一位随时都把学生听懂、掌握讲授内容和将学术应有的纯洁、尊严放在首位的大写的"人师"！试看今日高校有的名教授总是忙于他务，或已不复讲授，或即使上讲台也是从不备课、写讲授提纲，而是拿本书在堂上随便挑一两个名词术语，不着边际地东拉西扯一通，在他们的心目中哪里还有一点学生和学术的位置啊！

在我日后多年教学实践中，总是不断加深对先生的教学理念与方法的认识，并认真追随。我认为先生讲授最主要的特点是，他从不按照他人的转述（即所谓"二手资料"）来讲，而是严格根据哲学家本人的原著，讲解中都要指出某书、某章、某节或某命题，讲授内容可视为哲学家原著的导读。先生对原著绝不是照本宣科，而是经过严密的分析，引导学生通观原著的本质内容和逻辑线索，以明了其大体。他也从不对所讲的哲学学说做主观的判决或宣称它们有什么用，而是根据历史事实和理论分析对其

---

① 《学记》，第79页。
② 《学记》，第92页。

存在的问题和困难进行一种客观的"质疑",以启发和培养学生钻研问题的"理论兴趣"。通过对原著的客观分析来掌握一种哲学学说和以一种客观质疑的方法引导学生把西方哲学作为客观对象而对其做客观研究——先生的这种做法不仅有教学方面的意义,而且实际上也是研究西方哲学应有的、也许是唯一正确的态度和方法。我很庆幸自己是在这种做法的熏陶和培育下成长起来的,使我在后来的教学和研究生涯中受益无穷。

四

用彤先生上述认真严谨备课仅是他一生认真严谨为学的一种局部表现。钱穆先生曾这样生动地谈到他与用彤先生初次见面时对其为学精神的感受:"锡予告余,在北大任教主要为东汉魏晋南北朝'中国佛教史'一课。此课在中大已任教有年,并撰有讲义,心感不满,需从头撰写。余心大感佩。余授讲有年,所撰讲义有不满,应可随不满处改定,何必尽弃旧稿,从头撰写。因知锡予为学,必重全体系、全组织,丝毫不苟,乃有此想。与余辈为学之仅如盲人摸象者不同。"①用彤先生所重视的"全体系"或"全组织"是得之不易、建立在客观证据之上的。胡适先生在读用彤先生的《汉魏两晋南北朝佛教史》后称此书为"最有权威之作",而这种权威性则来之于可靠的证据。故胡适先生赞曰:"锡予的书极小心,处处注重证据,无证据之说虽有理亦不敢用。这是最可效法的态度。"②贺麟先生在《五十年来的中国哲学》一书中盛赞用彤先生上述著作:"材料的丰富,方法的严谨,考证方面的新发现,义理方面的新解释,均胜过别人。"③张岱年先生在细读用彤先生的上述著作后衷心敬佩地赞曰:"书中既有事实的考证,又有理论的剖析。汤先生的考证有一个特点,即掌握了全面的证据,结论不可动摇。这是史学考证的最高水平,令人叹服。"④用彤先生这种治学严谨的态度和精神不仅表现在专著的撰述上,即便是写

---

① 《学记》,第14页。
② 《学记》,第4—5页。
③ 《学记》,第9页。
④ 《学记》,第19页。

文章亦复如是，任继愈先生作为用彤先生的亲炙弟子和多年助手记述道："汤先生写文章也不像有些作家那样，下笔万言，一挥而就，而是反复斟酌，日积月累，逐渐完成的……他治学谨严，对原始材料一字一句，一个标点符号也认真考虑，从不轻于放过。"①

一介兄更是生动、感人至深地记述了用彤先生艰苦严谨为学的事迹："1954年因批胡适运动，我父亲患脑溢血，一直在病中，可是只要身体许可，他就看书做研究。我记得他为写《论中国佛教无'十宗'》和《中国佛教宗派问题补论》，这两篇文章加起来不过三四万字，但他几乎花了两三年时间翻阅《大正藏》《续藏经》《大日本佛教全书》，总计起来大约上千卷了。用彤先生在论证他的观点时不仅利用对他有利的材料，而且能对那些与他不相合的材料一一做出合理的分析和解释。"写到这里，一介兄不禁针对学界时弊慨然叹曰："相比较说，现在我们也有些'学者'写文章，常常只抓住一两条对他的观点有利的材料，大加发挥，而对与他的相左的大量材料视而不见，不是全面的掌握和分析材料，这种情况不仅不能推动学术研究的前进，而且大大地败坏了学风。"②这些话真是掷地有声，说得多么好啊！

五

1950年秋，我从北京大学哲学系毕业留校任助教兼管系办公室事务，用彤先生曾派我到沙滩附近的隆福寺街上的线装书店采购一些中国近代思想家的集子，那时我私下以为先生是打算研究一番中国近代思想史，但先生为何这时要来研究，对此则未加思索。

建国初期，北京高校的哲学工作者成立了一个"新哲学研究会"，由汤用彤先生和胡绳先生领导，每周座谈一次。据张岱年先生的记忆：在一次座谈会上"汤先生建议在北大、清华等校开设'近代思想史'课程，内容不分中西，既讲中国的，又讲西方的。"③原来用彤先生当年派我到隆

---

① 《学记》，第55页。
② 《学记》，第92–93页。
③ 《学记》，第18页。

福寺街买那些书是为开设"近代思想史"课程做准备。但是，那时先生为何要提出这样的建议呢？我从《汤用彤学记》中似乎找到了答案：这是先生根据其文化学术观和对当前文化学术发展之现实需要的考虑提出来的。现试将我的认识简陈如下。

用彤先生主张，文化学术虽异代不同，然其变迁悉由渐进。新文化学术都在过去文化学术中有所本，从而形成了一种客观的变迁之迹，这是研究者必须弄清楚的。但另一方面变迁也有其根据和理由，这就是时代思潮的影响和治学的新眼光和新方法。这两者中尤以后者最为重要，否则就只有支离破碎的言论，而不能有组织完备的新时代文化学术。而新眼光和新方法之获得则主要由于外来文化学术的影响。本土文化学术与外来文化学术相接触，其结果必然是：一方面本土文化学术因接受外来因素而有所变化；另一方面外来文化学术则必须适应本地文化学术而有所改变，否则不能为本地接受而得以生存下去。

学习和研究中国近代思想史，就是要懂得和找出近代中国文化学术中延续而被吸取的优秀部分的渐进轨迹，为正确地接受当前外来的马克思主义哲学（新哲学）的影响以发展中国固有的民族文化学术做准备。学习和研究西方近代思想史则是要懂得和找出西方近代文化学术思想史中延续而被接受的优秀部分的渐进轨迹，以明了马克思主义哲学实为西方近代文化学术思想优秀传统的继承和发展，从而为中国文化学术对马克思主义哲学之在中国生根发芽，即中国化采取一种正确的态度。换言之，先生正是从中国近代文化学术和马克思主义哲学相接触双方都必然变化——中国文化学术因接触马克思主义哲学而现代化和马克思主义哲学因接触中国文化学术而中国化——这样一点出发提出上述那个建议的。我以为，只有这样来领会用彤先生当年派我去采购中国近代思想家著作的深层原因才恰当。但我的这种想法是否真正符合用彤先生当时的意旨呢？遗憾的是，先生已不能从九泉复起为学生解此惑了。

六

1952年院系调整后，我被借调到直属学校的"马列主义基础"教研室，任务是讲本科生的"马列主义基础"（实为"联共（布）党史"）大课和协助苏联专家主持由全国高校选派来的教师组成的研究生班，工作十分忙碌，以致很长时间我都没有去看望用彤先生了，特别是1954年先生患上了脑溢血，一直在病中。直到1954年底一个晚上，我才抽出时间，抱着深深的歉意和自责，向中风后卧床养息的先生问安。先生虽然重病在身，被迫卧床，但仍是那样平静豁达，和颜悦色，没有丝毫愁容不展、忧心忡忡的样子。先生和往常一样，静静地听我讲话，有时也插上一两句。先生处病不惊的平常心态给我留下了深刻的印象。

就在那一天，我在先生家——燕南园58号邂逅了乐黛云的好友、北京医学院女大学生肖静宁。这样，我到先生家的次数就日渐增多。我几乎目睹了先生在师母的搀扶下下床站站，慢慢移动一两步，后来走到走廊、后凉台、直到走进客厅，在那儿坐一坐、听晚辈后生们谈话……这样康复起来的全过程。令我暗中惊异的是，先生罹病时毫无忧色，在逐渐康复中也未见喜色，总是那样从容、淡定，一如常态。当时我只是将此归结为哲人大师的涵养和风范而已矣。

现在，从《汤用彤学记》中我才进一步领悟到先生这种非同寻常的"常态"是来自于先生对人生意义的定位。何兆武先生忆及在联大求学期间曾请教先生人生的意义是否在于追求"光荣"的问题，汤先生说："人生追求的不是光荣，而是peace of mind（心灵的平静，心安理得）。"[①]我体会，在这里"心安理得"既是人生追求的一种心灵境界，也是一种行为的准则或规范。那么，怎样才能达到和做到"心安理得"呢？我认为，在用彤先生看来，作为一个"学者"，那就是要追求真理，因为正如先生所主张的"文化之研究乃真理之讨论"。邓艾民先生告诉我们：1945年在西南联大他们年级毕业时，汤先生"语重心长地一再勉励我们毕业以后，要坚持为真理献身的精神，发扬中国文化的优良传统，不要追逐名利，'学得文武艺，货与帝王家'"[②]。显然，在用彤先生心目中，要追求真理，首先就是要有为真理献身的精神，其次就是要淡泊名利，自甘寂寞，安于

---

① 《学记》，第11页。
② 《学记》，第74页。

默默无闻地做别人看不见、甚至看不起的所谓"第二等的工作"①，实即探究真理的工作。这两个方面是互为条件、互相促进的：坚持为真理献身才能淡泊名利，反之淡泊名利才能坚持为真理献身。只有将这两方面高度统一起来永不停息地追求真理的人才能达到和做到用彤先生所说的"心安理得"。

关于这一点，不妨看一看乐黛云先生的一段感人的记述："汤老先生确实是一个不大计较名位的人！像他这样一个被公认为很有学问，曾经在美国与陈寅恪、吴宓并称为'哈佛三杰'的学者，在院系调整后竟不让他再管教学科研，而成为分管'基建'的副校长！那时，校园内很多地方都在大兴土木。在尘土飞扬的工地上，常常可以看到他缓慢的脚步和不高的身影，他自己并不觉得这有什么不好，常说事情总需要人去做，做什么都一样。"②

可见，贯穿先生一生的那种非凡的"常态"正是源自于这样的"心安理得"，或者（借用黑格尔的话语）说正是这样的"心安理得"的"外在化"或"形体化"。

1957年1月25日肖静宁从燕南园58号汤家出嫁给我，用彤先生和师母深情地为我俩祝福，汤一介乐黛云伉俪为我俩操办了盛大而简朴的茶话婚礼，那是何等美好的时光。从那以后不久接踵而来的"大鸣大放"、反右斗争、下放劳动、要我去武汉大学应急讲我从来未讲过一堂的外国哲学史课程的调令……我到燕南园58号去看用彤先生及其全家的机会也就变得很稀罕了。

1959年秋的一天，在我即将告别未名湖奔赴珞珈山的时候，我满怀深情专程去燕南园58号向用彤先生及其全家辞行。令我没有想到的是，先生这时主动地把他珍藏而我每次都"爱不释手"的Erich Adicks校注本《康德〈纯粹理性批判〉》（1891年柏林Mayer & Müller出版社出版）夹上一张亲笔写的"此书借给杨祖陶"的纸条交到我手里。先生当时慈祥和蔼的面容和对后学寄予殷切希望和鼓励的眼神，至今还鲜明地印在我的心底。但是，令我万分悲痛的是，想不到与先生的辞别竟成了永诀。我于而立之年

---

① 《学记》，第55页。
② 《学记》，第158页。

初到珞珈山，经过艰苦奋斗在德国古典哲学的研究领域刚好站稳脚跟，还来不及向先生汇报，先生就于1964年五一劳动节与世长辞了，我心头的悲痛难以言表。

从1945年我一进联大第一次谒见用彤先生，先生应我之请借给我《高僧传》珍藏本，到1959年我离开北京大学时先生善解我意主动借给我德文版《康德〈纯粹理性批判〉》珍藏本，透过这两件"小事"，回顾十四年来先生言传身教的历程，我深深地感受到先生对我这个学生无微不至的关爱、培育、扶持和期望。这是我一生最最有幸承受到的刻骨铭心、没齿不忘、重于泰山的师情和师恩！

2011年6月12日

（原载《读书》2011年第8期）

| 杨 辛 |

谁言寸草心，报得三春晖
——缅怀恩师汤用彤先生及师母

  恩师汤用彤先生离开我们已经四十七年，师母离开我们也有三十一年了，但是在我心中，他们的音容笑貌、人格精神却是历久弥新的！古人曾说，"君子以玉比德"，汤先生的形象有如一块美玉，温润而坚实，精光内敛，是中国人追求的最理想的人格。初见汤先生给我最突出的印象是一位蔼然长者，和蔼、慈祥、亲切。接触汤先生时间长了，感到在和蔼、慈祥中还蕴藏着一种更为深刻的品质，那就是中国传统文化中的精髓——人格精神。汤先生的人格精神最集中地表现在对人的关爱上，不论是对家人、朋友、学生、社会都是充满关爱，处处都在为别人着想，没有私心。在汤先生身上，"关爱人"已成为一种精神境界、一种博大的胸怀，体现了仁者的风范，里面凝聚着中国传统文化的精华和对真善美人生价值的追求。
  回忆往事，在我的人生道路上有几次重要转折点，都得到汤先生及师母的深切关爱。
  第一次是我流落昆明时，生活处境十分困难。汤先生不仅在生活、学习上对我无微不至的关怀，而且使我有机会投身学生运动，开拓了我的政治视野。
  我最早见到汤用彤先生和汤师母是在1945年的8月，已临近日本投降。那时，我是在印缅远征军学生大队充当下士，随辎重营回国，从缅甸密支那出发，一人牵一匹骡马，历时两个月，步行两千里回到长途行军的终点站——云南的曲靖。当时有一种传说，远征军回国后可能被调到东北对付共产党，后来在解放战争中证实了这一点。这完全违背我们当初参加远征军打日本的志愿，加上我们也急切地盼望复学，几位南开中学的同学商量就在部队到达曲靖的当天晚上，趁部队还处于忙乱时，天未亮就搭火车逃往昆明。但是我在昆明人地生疏，住到哪里去呢？听说南开中学的同班同学汤一介正好由重庆回到昆明，他的父亲汤用彤教授在西南联大任哲学系的系主任，不仅是著名的学者，而且为人正直。经一介向他父母说明我们的情况，汤先生很同情我们的遭遇，同意我们在汤家住下。汤先生的家就在西南联大附近，青云路20号，是一套陈旧狭窄的瓦房小院。院里住了汤用彤教授和数学系的程毓淮教授两家人。这时汤先生已满头白发，身着旧布衫，待人很和蔼，汤师母也很慈祥。一介还有一个弟弟叫一玄，当时大约7岁。那时汤先生虽是西南联大的教授，但生活很清苦。

有一件小事至今给我留下深刻的印象，就是汤先生呼唤汤师母从来不叫她的名字，都是学着孩子的语气，叫"姆妈"，而且常常把"妈"字拖得较长，让人感到一种亲切、温暖、和睦。后来我才逐渐地知道，就在1945年我住到汤家之前，一介的哥哥一雄于1939年因阑尾炎手术麻醉事故病故，年仅23岁。1944年汤先生最疼爱的女儿一平患肾脏病，最后因肾衰竭去世。直到最近从一玄那里我听说在一平、一雄去世前，汤先生还有两个女儿被疾病夺走生命。每当我回想汤先生呼唤"姆妈"声音的时候，就想到这里面深藏着汤先生对失去四个孩子的母亲——汤师母真挚的抚慰！在旧社会中国知识分子家庭的命运是如此坎坷。但是使我震惊的是汤先生在这种沉重的精神打击下，却从来未流露一点点自己的痛苦、悲伤。汤先生对家人是这样，对青年人的爱护更是这样。1945年我住到汤家后，汤先生、汤师母对我的学习和生活都很关心，汤先生为了让我更好地准备考大学，亲自写信介绍我去云南大姚中学免费上高中，我一边在大姚高中学习，一边教小学一年级英语，靠讲课维持生活费用，住宿没有床，都是在地板上铺床睡觉。不久，一介从昆明来信告诉我西南联大要复校，在北方恢复北大、清华、南开大学，我又从大姚回到昆明。12月初在昆明有四位进步青年遭受国民党反动派杀害，激起了社会各阶层的愤怒，爆发了"一二·一"学生运动，郭沫若、冯至先生写的悼诗陈列在四位烈士的灵堂，我和一介都投入了学生运动，我们写诗、画讽刺漫画控诉刽子手，这些诗、画也都悬挂在灵堂。我还在街头卖进步的学生报，并参加四烈士的出殡游行，这些活动也得到汤先生的支持！

当时的西南联大被称为"民主堡垒",这个时期我接触了一些思想进步的教授,在西南联大的课堂上听过闻一多先生的讲演,还到闻先生家里去拜访过他。另外,还去云南大学拜访过费孝通教授,当时,他担任进步报刊《自由论坛》的主编,我还写过一篇短文讲述我在街头卖《学生报》与《自由论坛》两种报纸的体会,后来在《自由论坛》上发表了。

记得在1945年8月到1946年春期间,我住在昆明汤家,曾为汤先生抄写书稿。最近,一介指导的博士后赵建永在整理汤先生在昆明西南联大时期的文稿时,发现其中有一部分是由他人抄写的。建永邀我去看看有没有我的笔迹。我很认真地看了几遍,终于发现汤先生一篇近万字的论文《魏晋玄学流别略论》,是我用毛笔抄写的,写的是小楷,很规整,这是我23岁时所写,距今已六十六年。这使我一下子仿佛回到青年时代,回到汤先生的身边,一种历史的亲切感温暖了我的全身。当时我还是一名中学生,也不懂哲学,后来才知道汤先生这篇论文是我国对魏晋玄学研究的奠基之作。我能在青年时为汤先生抄写文稿也是一种幸运和缘分。在记忆中我除了为汤先生抄写文稿,还抄写过一些书信。

在汤先生家我还认识了邓仲先大姐和邓稼先,他们对汤先生、汤师母很敬重,可说是亲如一家。两家在抗日战争中结下了极为珍贵的情谊,那是在1940年,仲先和稼先的父亲邓以蛰先生(新中国成立后在北京大学哲学系任美学教授),曾将他们托付给汤师母,由汤师母带着邓仲先、邓稼先、汤一介、汤一平、汤一玄从北平沦陷区经过天津、上海、香港,再转到越南的海防、河内,最后到内地。在转移过程中为了避免关卡盘问,邓稼先曾化名汤一雄(汤一介哥哥的名字)。这次转移很辛苦,汤用彤先生亲自到海防去接他们。1941年邓稼先考入西南联大物理系读研究生,那时他21岁。当时,邓稼先称呼汤师母也是称"姆妈",对待汤先生、汤师母像对待自己的亲生父母一样。邓稼先的亲姐姐邓仲先和西南联大教师郑华炽结婚也是经过汤先生介绍的。汤师母对他们姐弟都很关爱,家里做什么好吃的东西,都请他们来一起吃。邓稼先还经常到一介住的小阁楼和我们聊天,一介叫他邓哥哥。邓稼先有很强的爱国心,对中国古典文学如诗词等有很好的素养。有一次,他给我们分析《西厢记》中的几段词给我留下深刻印象。还有一次,他回忆北平的风土人情,说他最喜欢吃北平的冰糖葫芦，那时我听了也不知道冰糖葫芦是什么样子。在1940年前他生活在北平沦陷区，深感中国人受尽屈辱，决心要到大后方。他的父亲邓以蛰先生也是一位富有爱国热情的学者，曾勉励邓稼先学习科学，报效祖国。邓稼先没有辜负邓老的期望，1950年他从美国留学回国，在科学研究领域取得很高的成就，被誉为我国研制"两弹"的元勋。

在昆明还有一件事值得回忆，就是1945年在汤先生家度圣诞节。在苦难的岁月里能和汤先生、汤师母一起共度佳节，使我感受到一种亲人的温暖。我在12岁父母去世后成为孤儿，生活很坎坷。一介和我为了让老人高兴，特地举办了一次小小的家庭圣诞晚会。在低矮的小阁楼上，把一米来宽、两米来长的空间变成舞台，挂上两张床单作为幕布，舞台前面放了两排凳子作为观众席。参加这次晚会的有汤先生、汤师母、汤一玄、程毓淮教授和他的孩子乐乐，还有一位朋友是闻立鹤。演出中有一个节目是我与一介合演的圣诞老人。像曲艺中演双簧似的，在两块幕布夹缝中出现一个矮小的圣诞老人，我的脸上贴了白棉花化妆成圣诞老人的头，戴上一顶小红帽，一介在我身后伸出双手成为圣诞老人的双手，我的双手套上鞋成为圣诞老人的双脚，我们在表演中说了一些祝福和逗笑的话，大家都很开心。

第二个转折点是上北平求学，继续参加学生运动，后来到解放区参加革命。

我长期生活在山城重庆，一直对北平特别向往，想象北方茫茫雪野，甚至对北方人说话都觉得好听。如果有机会能在北方上学那该多好。在昆明时我就和一介商量好，我去北平仍希望寄住在汤家。1946年北大复校后，汤先生担任北京大学文学院院长，住在景山小石作的一所四合院，比昆明住的小院宽敞多了，我与一介住在一间书房里。后经友人帮助，一介和我插班到育英中学念高中。不久，遇上北平国立艺专建校后第一次招生，校长是著名画家徐悲鸿，我因为喜爱绘画就去报考西画系，发榜时我以第一名的成绩被录取。后来就转到艺专学习，有一段时间因艺专没有学生宿舍，我仍住在汤家，早上步行到东总布胡同艺专上课。这段时间汤先生虽然是北大文学院院长，但生活仍很清苦。我记忆中早上吃的常是窝窝头切片。进入艺专后在西画系学习，我的班主任是董希文老师（油画《开国大典》的作者），入学后第一年，我的成绩也是第一名。这个时期除了接受董希文先生的经常指导外，我还有幸多次聆听徐悲鸿先生的教诲，还观看过齐白石老人在现场作画的示范表演，这些熏陶对我后来从事美学教育工作都很有帮助。到了1947年上半年，我积极参加学生运动，参加了北平大学生"五二〇"反饥饿、反内战大游行。当时我是艺专学生美术研究会的副主席，艺专学生运动的负责人之一。后来，国民党把我们这些牵头的人列入黑名单，要逮捕我们。在这种情况下，地下党组织帮助我们转移到冀东解放区。

从1946年夏到1947年夏这一年，是我人生中走向光明的关键一年，如果没有汤先生、汤师母和一介的扶持和关怀，难以想象能实现这个转变。

第三个转折点是1956年我从东北调到北京大学做汤先生的助手，由于汤先生的教诲和北大优越学术环境的哺育，使我成为人民教师。

汤先生对我的培养，还有一件事情是我终生难忘的，就是1956年应汤用彤先生要求，组织上调一介和我到北大哲学系做汤先生的助手（一介原在北京市委党校任教，我原在吉林省委党校哲学组任教），当时党中央提出向科学进军，对老专家工作十分重视。如果没有汤先生的要求，我要从外地调到北京工作是不可能的事情。从此，我很幸运在北大度过了五十多个春秋。

初到北大，我的编制是在哲学系中国哲学史教研室，职称是教员。汤先生的科研项目是中国宗教史方面的课题，在这方面我完全是从头学起，面对那么多陌生的史料，使我感到任务很重。细心的汤先生可能察觉到我的心态，特别耐心地指导我，首先要我熟悉有关方面的资料，在熟悉资料的过程中启发我思考一些问题。有一次，汤先生为了鼓励我，曾提出与我合写一篇关于道家"养生论"的短文，这是我想都不敢想的问题。我作为一个初学者，怎么能和汤先生这样的大学者合写文章呢。我只能当作导师给学生布置的一次作业，到图书馆查《道藏》的资料。最后，虽然写成一篇短文，但只能是一篇粗浅的习作，这件事使我体会到前辈为了培养学生的一番苦心，使我深深感到一种温暖。

还有一件事使我很感动也很惭愧，就是在到北大后不久的体检中发现我的右肺有问题，是浸润性结核。有这种病，我感到应自觉地小心与人接触，当时我曾在汤先生家的客厅住过一段时间，后来搬到北大校医院，有几间屋子是供结核病人住的。我精神上负担很重，觉得很辜负汤先生的期望，调到北大，不但没能帮助汤先生，反而给汤先生增添这么多的麻烦。但在这期间汤先生和汤师母没有任何怨言，还是和以前一样关心我。有一次，校刊采访汤先生，还特地拍了一张照片，是汤先生在家中客厅对他的两个年青助手（一介和我）进行学术指导的情景，年轻人正在聆听前辈的教诲，好似沐浴在春风中，这是我保存的中青年时期生活中最幸福的一张照片，拍摄的时间大约在1956年的下半年。

当时，汤先生的家住在燕南园58号，这是一所幽静的小院。汤先生、汤师母和汤一介夫妇住在一起，一介的夫人乐黛云是北大中文系一位很有才华的青年教师，他们有两个小孩，女孩叫丹丹，男孩叫双双，都很活泼可爱。祖孙三代生活在一起，是一个和睦、幸福、很有生气的家庭。

在1957年反右运动中，由于反右派斗争被严重地扩大化了，给汤先生家庭成员造成很大的伤害，两位老人和全家在精神上都受到沉重打击，汤先生的健康状况也急剧下降。这时，整理汤先生旧书稿这类工作全部重担都压在一介的身上。而我由于自身专业水平的局限，无力参与这项工作，所以后来考虑调整我的工作，照顾到我原来曾学过艺术专业，最后确定调到北大哲学系辩证唯物主义教研室的美学组。

半个世纪以来，我心中深为愧疚的事情，就是到北大后我对恩师汤用彤先生没有能尽到做助手的责任。我只能在新的工作岗位上勤奋工作，报答恩师。五十多年来，我在美学的教学和科研方面努力工作，受到组织上的各种鼓励。1992年国务院给我颁发对国家高等教育有突出贡献的奖励；我和甘霖合著的《美学原理》被国家教委评为优秀教材，至今已发行90万册以上。在1992年离休后，我致力于弘扬中国传统文化的工作，从美学方面对泰山做了较为深入的研究，曾受到国家建设部的奖励。近三十年，我还勤奋钻研中国的书法，去年由北京大学主办在中国美术馆举办了我的书法展览，并于展览后将全部作品无偿捐赠给北京大学。近二十年来，我收藏了很多珍贵的荷花艺术品，曾在去年的"世界美学大会"期间展出，也将陆续捐赠给国家。

这些微小成绩的取得都是和汤先生对我的培养分不开的，汤先生崇高的人格精神、淡泊名利的人生境界、严谨的治学态度、朴素的生活作风都成为我的一生中学习的榜样。

我带着"寸草春晖"的感恩心情回忆往事，这个回忆过程也是一个品味人生的过程，在苦难历史中才懂得人间的真情与温暖。回忆过程也是一个温故知新的过程，一些昔日看似寻常的生活小事，却蕴含着人性的光辉。汤先生在做人方面所表现的精神境界，可说是他的学术境界的"化境"。汤先生在对人的关爱中融入了儒家的"仁者爱人"，佛教的"慈悲为怀"，道家的"上善若水，水善利万物而不争"的思想。在汤先生身上学术境界与人生境界的高度统一，成为晚辈学习的典范。汤先生和汤师母从未对我专门讲什么做人的大道理，而是通过他们的言行，像春风化雨滋润万物一样，让年轻人的心灵受到熏陶。

虽然我现在已是近九之年，我还应尽自己的努力为人民、为北大的教育事业做些有益的工作，不辜负汤先生和汤师母对我的培育和期望。

最后，用我在2002年含着眼泪写成的一首短诗奉献给我的恩师和师母：

春风化雨，绿草如茵，
燕南庭院，有我双亲。

2011年4月25日于北京大学中关园寓所

（原载汤一介、赵建永编《会通中印西》，东方出版中心2012年版，第464-472页）

| 汤一介 |

昌明国粹　融化新知
——纪念汤用彤先生诞生100周年

汤用彤（字锡予）先生生于1893年，今年是他诞生的100周年，为了纪念他在学术和教育上的成就，北京大学出版社将出版《国故新知：中国传统文化的再诠释——汤用彤先生诞生百周年纪念文集》。季羡林先生为此纪念文集写了一篇序，在序中他论到近现代学术大师和前此的学术大师的不同，他说：

> 俞曲园能镕铸今古，但是章太炎在镕铸今古之外，又能会通中西。……太炎先生以后，几位国学大师，比如梁启超、王国维、陈寅恪、陈垣、胡适等，都是既能镕铸今古，又能会通中西的。他们有别于前一代大师的地方就在于此。……我认为，汤用彤（锡予）先生就属于这一些国学大师之列。这实际上是国内外学者之公言，绝非我一个人之私言。在锡予先生身上，镕铸今古，会通中西的特点是非常明显的。他对中国古代典籍的研读造诣很高，对汉译佛典以及僧传又都进行过深刻彻底的探讨，使用起来得心应手，如数家珍。又远涉重洋，赴美国哈佛大学研习梵文，攻读西方和印度哲学。再济之以个人天资与勤奋，他之所以成为国学大师，岂偶然哉！

我认为，季先生提出近现代国学大师与他们以前的国学大师之不同的见解，非常有意义。从用彤先生一生的为学中可以得到证明。用彤先生在大学教书多年，他既教中国哲学方面的课程，如"中国佛教史""魏晋玄学"，又教西方哲学的课程，如"西洋哲学史"、"英国经验主义"（洛克、巴克莱、休谟)、"欧洲大陆理性主义"(笛卡尔、斯宾诺莎、莱布尼兹)、"实用主义",还教授"印度哲学史"。他在南京时是支那内学院巴利文导师,在那里教授巴利文,并把巴利文佛经《念安般经》译成汉文。他出版的著作既有关于中国哲学的,例《汉魏两晋南北朝佛教史》《隋唐佛教史稿》《魏晋玄学论稿》《往日杂稿》《理学·佛学·玄学》《校点高僧传》等;又有关于西方哲学的,例《叔本华之天才主义》,翻译了艾德温·华莱士的《亚里士多德哲学大纲》和尹吉的《希腊之宗教》等,还著有《印度哲学史略》。未出版的尚有《魏晋玄学讲义和提纲》《饾饤札记》(关于读佛教和道教著作的札记)、《哲学概论》(主要讲西方哲学)、《英国经验主义讲义》《欧洲大陆理性主义讲义》和《汉文佛经中的印度哲学史料》(《汉文佛经中的印度哲学史料》已于1994年10月商务印书馆出版)等。可见用彤先生实是一位"镕铸今古,会通中西"的学者。在我国真正学贯中西的学者就不多,而学贯中西印的学者就更少了,而用彤先生就是这极少数学贯中西印的学者之一。

我认为,用彤先生为学有一宗旨:这就是"昌明国故,融会新知",这也就是季先生所说的"镕铸今古,会通中西"。这一宗旨虽然是1922年《学衡》杂志提出来的,但早在用彤先生1912年在清华学校读书时已有此类思想。据吴宓伯父日记载,在1915年他们谈到献身中国文化要从办杂志入手,"然后造成一是之学说,发挥国有文化,沟通东西事理"。吴宓伯父1916年4月3日给吴芳吉先生的信中说:"宓自昨冬以来,联合知友,组织一会,名曰天人学会。……会之大旨:除共事牺牲,益国益群外,则欲融合新旧,撷精立极,造成一种学说,以影响社会,改良群治。……会名之意,原因甚多。天者天理,人者人情。此四字实为古今学术、政教之本,亦吾人之方针倾向。"30年代,吴宓伯父在其《空轩诗话》中,回忆说:"天人学会初发起人为黄华(叔巍,广东东莞),会名则汤用彤(锡予,湖北黄梅)所赐,会员前后共三十余人。方其创立伊始,理想甚高,情感甚真,志气甚盛。"

用彤先生于1922年获哈佛大学哲学硕士学位后,立即返国,并加入了《学衡》杂志社。他回国后的第一篇文章《评近人之文化研究》就是发表在《学衡》1922年第12期上。在这篇文章中,用彤先生针对时弊指出了文化研究中的三种不良倾向：第一种是"诽薄国粹者"，他们"以国学事事可攻，须扫除一切，抹煞一切"，更有甚者，"不但为学术之破坏，且对于古人加以轻谩薄骂，若以仇死人为进道之因，谈学术必须尚意气也者"。第二种是"输入欧化者"，他们的缺点是对西方文化未做全面系统之研究，常以一得之见，以偏概全，"于哲理则膜拜杜威、尼采之流；于戏剧则拥戴易卜生、萧伯纳诸家"，似乎柏拉图尽是陈言，而莎士比亚已成绝响。用彤先生对这种割断历史、唯新是鹜的现象十分不满。第三种是"主张保守旧文化者"，他们胡乱比附，借外族为护符，有的"以为欧美文运将终，科学破产"，有的甚至"间闻三数西人称美亚洲文化，或且集团体研究，不问其持论是否深得东方精神，研究者之旨意何在，遂欣然相告，谓欧美文化迅即败坏，亚洲文化将起而代之"。

用彤先生认为这三种人的共同缺点是"浅"与"隘"。"浅"就是"论不探原"，只看表面现象而不分析其源流。用彤先生举关于中国何以自然科学不发达的讨论为例，不少人认为由于中国"不重实验，轻视应用，故无科学"。其实西方的科学发达并不全在实验和应用，恰恰相反，"欧西科学远出希腊，其动机实在理论之兴趣……如相对论虽出于理想，而可使全科学界震动。数学者，各科学之基础也，而其组织全出空理"。因此，科学发达首先要有创造性的思想和理论。中国科学不发达首先"由于数理、名学极为欠缺"，而不是由于"不重实验，轻视应用"。"隘"就是知识狭窄，以偏概全。例如有些人将叔本华与印度文化相比附。用彤先生指出叔本华"言意志不同于佛说私欲，其谈幻境则失吠檀多真义，苦行则非佛陀之真谛，印度人厌世，源于无常之恐惧，叔本华悲观，乃意志之无厌"。如果不是受制于"隘"，则会看到"每有同一学理，因立说轻重主旨不侔，而其意义即迥殊，不可强同之也"。由于"浅""隘"，就会"是非颠倒"，"真理埋没"，对内则"旧学毁弃"，对外亦只能"取其一偏，失其大体"。结果造成"在言者固以一己主张而有去取，在听者依一面之辞而不免盲从"，以致文化之研究不能不流于固陋。因此，用彤先生强调指出，"文化之研究乃真理之讨论"，必须对于中外文化之材料"广搜精求"，"精考事实，平情立言"，才能达到探求真理的目的。

如何探求真理？用彤先生认为，必须从继承和发展本民族文化与吸收和融合其他民族文化中求得,这就是要"昌明国故,融会新知"之原因。

为什么要"昌明国故"?用彤先生和当时许多研究者看法不同,不是从狭隘的民族自尊自大出发,单纯强调中国文化如何辉煌灿烂,因为这里并无客观标准,任何民族都可以对自己的文化作出如此评价;也不是片面地对中国传统文化作价值评判,认定优劣,随意取舍;而是科学地分析了历史的延续性,断定一切新事物都不可以凭空产生,无源无流,兀然自现。他认为研究文化学术,必不能忽略"其义之所本及其变迁之迹"。因为"历史变迁,常具持续性,文化学术虽异代不同,然其因革推移,悉由渐进",必"取汲于前人之学说,渐靡而然,固非骤溃而至"。"昌明国故"就是要在这种推移渐进的过程中,找出延续而被吸收的优秀部分。所说优秀并非个人爱好的主观评价,而是历史的择取。用彤先生举例说,魏晋玄学似乎拔地而起,与汉代学术截然不同;但魏晋教化,实导源东汉。"王弼为玄宗之始,然其立义实取汉代儒学阴阳家之精神,并杂以校练名理之学说,探求汉学蕴摄之原理,扩清其虚妄,而折中之于老氏。于是汉代经学衰,而魏晋玄学起。"(见《言意之辨》)显然,魏晋玄学与东汉学术有了根本的不同。汉代虽已有人谈玄,如扬雄著《太玄赋》,但其内容"仍不免天人感应之义,由物象之盛衰,明人事之隆污。稽查自然之理,符之于政治法度。其所游心,未超于象数。其所研求,常在乎吉凶"(见《魏晋玄学流别略论》)。而魏晋玄学则大不相同,"不复拘拘于宇宙运行之外用,进而论天地万物之本体。汉代寓天道于物理,魏晋黜天道以究本体,'以寡御众,而归于玄极'(王弼:《易略例·明象章》);'忘象得意,而游于物外'(《易略例·明象章》)。于是,脱离汉代宇宙之论 (cosmology of cosmogony) 而留连于存存本本之真 (ontology or theory of being)"(《魏晋玄学流别略论》)。总之,"汉代偏重天地运行之物理,魏晋贵谈有无之玄致"(同上)。汉学所探究,"不过谈宇宙之构造,推万物之孕成;及至魏晋乃常能弃物理之寻求,进而为本体之体会。舍物象,超时空,而研究天地万物之真际。以万有为末,以虚无为本"(同上)。

为什么于汉魏之际学术文化有如此重大的转变?用彤先生认为,此盖乃有新眼光、新方法之出现也,他说:"研究时代学术之不同,虽当注意其变迁之迹,而尤应识其所以变迁之理由。"他认为,变迁的一般理由有二："一则受之时风，二则谓其治学之眼光、之方法"，而以后者尤为重要。因为"新学术之兴起，虽因于时风环境，然无新眼光、新方法，则亦只有支离片段之言论，而不能有组织完备之新学。故学术新时代之托始，恒依赖新方法之发现"（见《言意之辨》）。文化发展的重大转折，必然由于新眼光、新方法之形成，这种新眼光、新方法，有的由于本身文化发展和时风环境孕育而生，有的则是受到外来文化之影响。获得新眼光、新方法就是"融化新知"。在用彤先生看来，"融化新知"从来就是推动文化学术发展之关键。他进一步举魏晋玄学之取代东汉学术为例，指出玄学"略于具体事物而究心抽象原理。论天道则不拘于构成质料（cosmology）而进探本体存在（ontology）。论人事则轻忽有形之粗迹而专期神理之妙用"（见《言意之辨》）。为什么学术重点会从"有言有名""可以说道"的"具体之迹象"突变而为"无名绝言而意会"的"抽象本体"呢？用彤先生认为其根本原因就是"言意之辨"这种新眼光、新方法得到普遍推广，而"使之为一切论理之准量"。言和意的问题远在庄子的时代就已提出，而何以到魏晋才被特别重视起来？用彤先生指出，这是由于当时时代环境对于"识鉴"，亦即品评人物的需求。品评人物不能依靠可见之外形，"形貌取人，必失于皮相"。因此，"圣人识鉴要在瞻外形而得其神理，视之而会于无形，听之而闻于无音"。言不尽意，得意忘言。魏晋时期的言意之辨与庄子时代已不相同，而以言和意之间距离引发出"迹象"与"本体"的区分。正是这种有无限潜力的新眼光、新方法成就了整个魏晋玄学体系。汉代学术始终未能舍弃"天人灾异，通经致用"等"有形之粗迹"，就因为"尚未发现此新眼光、新方法而普遍用之"。总之，学术变迁之迹，虽然可以诱因于时代环境之变化，但所谓"时风"往往不能直接促成学术本身的突变，而必须通过新眼光、新方法的形成。因此，从发现并获得新眼光、新方法为目的"融化新知"就成为推动文化发展，亦即"昌明国故"的契机和必要条件。

在"融化新知"的过程中，外来文化的影响起着非常重要的作用。关于原有文化如何"融化"外来文化这种"新知"，用彤先生也有独到见解。他反对当时盛行的"演化说"，即认为"人类思想和其他文化上的事件一样，自有其独立发展演进……完全和外来文化思想无关"；他也不同意另一些人所主张的"播化说",即"认为一个民族或国家的文化思想都是自外边输入来的",或以为"外方思想总可以完全改变本来的特性与方向"。用彤先生认为"演化说"和"播化说"都是片面的。他强调外来文化与本地文化接触,其结果必然是双方都发生变化。"不但本有文化发生变化,就是外来文化也发生变化。"因为外来文化要对本地文化发生影响,就必须找到某些与本地文化相合的地方,就必须为适应本地文化而有所改变。"譬如说中国葡萄是西域移植来的,但是中国的葡萄究竟不是西域的葡萄;棉花是印度移植来的,但是中国的棉花究竟不是印度的棉花。因为它们适合地方,乃能生在中国,也因为它们适应新环境,它们也就变成中国的了。"同理,外来思想要为本地所接受而能生存就必须有所改变以适合本国的文化环境。因此,"本地文化虽然受外边影响而可改变,但是外来思想也须改变,和本地适应"。例如,印度佛教传到中国,经过了很大改变,成了中国佛教。在这个过程中,印度佛教与中国文化相合或相近的能得到发展,不合或不相近的则往往昙花一现,不能长久。"天台、华严二宗是中国自己的创造,故势力较大;法相宗是印度道地货色,虽然有伟大的玄奘法师在上,也不能流行很长久。"用彤先生根据印度传入中国的历史指出:外来思想的输入往往要经历三个阶段:其一,"因为看见表面的相同而调和"。这里所讲的"调和"并非折中,而是一种"认同",即两种不同传统文化思想的"某些相同或相合"。其二,"因为看见不同而冲突"。外来思想的传入逐渐深入,社会已对这个外来分子看作一严重事件。只有经历这一因看到不同而冲突、而排斥、而改造的过程,"外来文化才能在另一文化中发生深厚的根据,才能长久发生作用"。其三,"因再发现真实的相合而调和"。在这一阶段内,"外来文化思想已被吸收,加入本有文化血脉之中"。外来文化已被同化,例如佛教已经失却某些本来面目而成为中国化的佛教,而中国文化也因汲取了佛教文化而成为与过去不同的新的中国文化。两种不同传统文化接触时所发生的这种双向选择和改变就是"融化新知"的必经过程。(本段以上引文均见于《文化思想之冲突与调和》)

从用彤先生一生之为学可见他都是在探索和实践其"昌明国故,融会新知"之宗旨。一个学术大师在学术上取得成就,除要有一贯为学的宗旨外，还必须对学术研究有认真、严谨的态度。用彤先生研究学问之认真与严谨向为学术界称道。钱穆伯父说："锡予为学，必重全体系、全组织，丝毫不苟。"（见《忆锡予》）贺麟伯父说：用彤先生"所著《汉魏两晋南北朝佛教史》一书，材料的丰富，方法的谨严，考证方面的新发现，义理方面的新解释均胜过前人"（见《五十年来的中国哲学》）。季羡林先生说：《汉魏两晋南北朝佛教史》"规模之恢弘，结构之谨严，材料之丰富，考证之精确，问题提出之深刻，剖析解释之周密，在在可为中外学者们之楷模"（见《汤用彤先生诞生百周年纪念文集》之序）。我和我父亲在一起生活过三十多年深知他为学之艰苦、认真和严肃，下面我想谈谈一些这方面的情况。

我父亲很少告诉我应该如何作学问，我记得只有一次。我在重庆南开中学读高中时，因对文史有点兴趣，写了一点有关中国哲学的文章寄给他看，我父亲当时在昆明西南联大教书。他给我回了一封信大意是说：做学问如登山，要努力往上攀登，爬得越高才能看得越远，看到别人看不到的方面。我当时只有十几岁，对此体会不深。除此之外，在如何为学方面，似乎他再没有对我进行什么"言教"。用彤先生在为学方面给我影响和教育最深的是他的"身教"。1948年至1949年我曾听过他两门课："欧洲大陆理性主义"和"英国经验主义"。从20年代起他教这两门课已经不知道多少次了，但他每次上课前都要认真准备，重新写讲课提纲，把一些有关的英文著作拿出来再看看。当时他担任北大的行政领导工作，白天要坐在办公室，只能晚上备课到深夜。他讲课，对于那些哲学家（如洛克、笛卡尔等）全是根据原书；他讲的内容，几乎每句话都可以在原著中找到根据。用彤先生也要求学生认真读这些哲学家的英文原著，并常常把原著中的疑难处一句一句解释给我们听，这对我们帮助很大。用彤先生这种扎实的学风，对同学们有很大影响，现在我们可以发现，40年代北大哲学系毕业的学生作学问都比较认真，基本功比较扎实。

从1956年秋起，我回到北京大学做我父亲的助手，帮助他撰写一些短文和整理他的旧稿。今天回想起来，我并没有对我父亲的学术研究工作有多大帮助，相反帮了一些倒忙。但在作用彤先生助手的几年中，我确实感到做学问的艰苦。1954年因批判胡适的运动，我父亲患脑溢血，一直在病中，可是只要身体许可，他就看书做研究。我记得他为写《论中国佛教无"十宗"》和《中国佛教宗派问题补论》，这两篇文章加起来不过三四万字，但他几乎花了两三年时间翻阅《大正藏》《续藏经》《大日本佛教全书》，总计起来大约上千卷了。用彤先生在论证他的观点时不仅利用对他有利的材料，而且能对那些与他观点不相合的材料一一做出合理的分析和解释。相比较说，现在我们也有些"学者"写文章，常常只抓住一两条对他的观点有利的材料，大加发挥，而对与他观点相左的大量材料都视而不见，不是全面地掌握和分析材料，这种情况不仅不能推动学术研究的前进，而且大大地败坏了学风。用彤先生花那么大力气研究中国佛教宗派问题的原因之一，据我了解，就是要纠正长期以来某些日本学者的不正确观点，恢复历史本来面目。这使我想起20世纪30年代的事，当时日本学者对中国佛教的研究十分重视，而且取得了很大成绩。相比之下，中国学者的研究不算丰富。日本学者对中国佛教的研究虽有很大成绩，但错误也不少。于是我父亲就选择了当时日本最有影响的佛教研究大师常盘大定、塚本善隆、足立喜六、矢吹庆辉、高井观海等，对他们的著作进行评论，指出他们的错误，写成《大林书评》。[①]我想，如果不是广泛、认真、仔细地读书，深入细致地研究史料，不具有广博中外历史知识，大概很难一一指出日本这些权威学者的错误的。

我想再举一个例子说明用彤先生严谨的学风。他写了一篇短文《何谓"俗讲"》，也就一千多字。邓广铭先生说："几十年来，研究'俗讲'，发表了那么多文章，对何谓'俗讲'都不大明确，但汤先生这篇文章，可以说把问题说清楚了。"类似的意见，唐史专家汪籛在生前也对我说过。我父亲在这篇短文最后有一段话："又目前学者以押座文为'俗讲'的组成部分，据八相押座文言：'西方还有白银台，四众听说心聪开。'四众当包括'和尚''尼姑'等。那么或是圆珍所言有误，或是僧讲亦有押座文，当继续研究。"我父亲并不是专门研究"俗讲"的专家，根据材料能解决的他就说出自己的意见，还没有完全解决的，他就实事求是地说"当继续研究"。我父亲为什么能对"俗讲"给以较为合理的有根据的说明

[①] 见《汤用彤学术论文集》，中华书局1983年版。

呢？这又和他读书十分认真、仔细、治学严谨是分不开的。在他阅读《大正藏》过程中，他发现了日本沙门圆珍在《佛说观普贤菩萨行法经记》中，有一段关于唐代"俗讲"的记载，从而才能对"俗讲"做出合理的说明。这条材料为什么中外学者过去都没有引用过呢？可见，我父亲读书之认真、仔细、广泛在学者中是非常突出的。

要成为真正的国学大师，不仅在学问上应为人师表，我认为，在为人上也应堪称楷模。学问之养成与人格之养成往往相辅相成。用彤先生为学之宗旨和他为人之准则是有着密切联系的。我们从他的著作中可以体会到，他不仅对中外古来之先贤大德的学问报以同情的理解，而且希望通过他的著作使古来圣贤之人格光辉于世。

用彤先生虽自1912年至1918年在清华学校受美式之教育，后又留学美国四年，但正如钱穆伯父所说：用彤先生"绝不有少许留学生西方气味"，"亦不留丝毫守旧之士大夫积习"，"俨然一纯儒之典型"，有"柳下惠圣之和"之风。我想就我所知也谈我父亲之为人。

我父亲汤用彤先生生前最喜欢用他那湖北乡音吟诵《桃花扇》中的《哀江南》和庾信的《哀江南赋》。我记得我的祖母曾经对我说，我祖父汤霖就最喜欢吟诵《哀江南》和《哀江南赋》。我祖父是光绪十五年的进士，于光绪十八年在甘肃渭源做知县。我父亲就生在渭源。据我祖母说，我父亲小时候很少说话，祖父母都认为他不大聪明。可是，在用彤先生3岁多时，有一天他一个人坐在门坎上，从头到尾学着我祖父的腔调吟诵着《哀江南》。我祖父母偷偷地站在他后面一直听着，而大吃一惊。我父亲最喜欢我妹妹汤一平（可惜她在15岁时在昆明病逝了）。我记得，我们小时候得睡午觉，父亲总是拍着我妹妹吟诵《哀江南》。我听多了，大概在六七岁时也可以背诵得差不多了，当然我当时并不懂它的意义。今天我还会用湖北乡音吟诵这首《哀江南》。《哀江南》是说南明亡国时南京的情况，其中有几句给我印象最深，这就是"眼见他起朱楼，眼见他宴宾客，眼见他的楼塌了"，历史大概真的就是如此。我想，我祖父和父亲之所以爱读《哀江南》，是因为他们都生在中国国势日衰的混乱时期，为抒发胸中之郁闷的表现吧！我对我祖父了解很少，因为他在我出生前十五年就去世了。据我父亲说他喜汉易，但没有留下什么著作。现在我只保存了一幅

《颐园老人生日宴游图》，此长卷中除绘有当日万牲园之图景外，尚有我祖父的题词和他的学生祝他60岁生日的若干贺词。从祖父的题词中，我们可以看到他当时伤时忧国之情和立身处世之大端。"题词"长五百余字，现录其中的一段于下：

> 余自念六十年来，始则用于举业，终则劳于吏事。盖自胜衣之后，迄无一息之安。诸生倡为斯游，将以娱乐我乎？余又内惭，穷年矻矻，学不足以成名，官不足以立业，虽逾中寿，宁足欣乎？虽然事不避难，义不逃责，素位而行，随适而安，固吾立身行己之大要也。时势迁流，今后变幻不可测，要当静以应之，徐以俟之，毋戚戚于功名，毋孜孜于逸乐。然则兹游也，固可以收旧学商量之益，兼留为他日请念之券抑。

此次游园，我父亲也同去了。这幅《颐园老人生日宴游图》大概是我父亲留下的我祖父唯一的遗物了，图后有诸多名人题辞，有的是当时题写的，有的是事后题写的。在事后题写的题词中有欧阳渐和柳诒徵的，辞意甚佳。

1942年，我在昆明西南联大附中读书时，在国文课本中有些唐宋诗词，我也喜欢背诵。一日，用彤先生吟诵庾信《哀江南赋》，并从《全上古三代秦汉三国六朝文》中找出这首赋，说："也可以读一读。"我读后，并不了解其中意义，他也没有向我说读此赋的意义。1944年，我在重庆南开读高中，再读此赋，则稍有领会。这首赋讲到庾信丧国之痛。原庾信仕梁，被派往北魏问聘，而魏帝留不使返，后江陵陷，而只得在魏做官。序中有"金陵瓦解，余乃窜身荒谷，公私涂炭，华阳奔命，有去无回"等等，又是一曲《哀江南》。由赋中领悟到，我父亲要告诉我的是，一个诗书之家应有其"家风"，因在《哀江南赋》中特别强调的是这一点，如说"潘岳之文彩，始述家风；陆机之词赋，先陈世德"云云。近年再读祖父之《宴游图》中之题词，始知我父亲一生确深受我祖父之影响。而我读此题词则颇为感慨，由于时代之故我自己已无法继承此种"家风"，而我的孩子们又都远去美国落户，孙子和外孙女都出生于美国。我父亲留学美国，四年而归，我儿子已去十年，则"有去无回"，此谁之过欤！得问苍天。不过我的儿子汤双博士（一笑）却也会吟诵《哀江南》，4岁多的孙子汤柏地也能哼上几句。但吟诵《哀江南》对他们来说大概已成为无意义的音乐了。我想，他们或许已全无我祖父和父亲吟诵时的心情，和我读时的心情也大不相同了。俗谓"富不过三代，穷不过三代"，大概传"家风"也不会过三代吧！

今年是我父亲诞生100周年，我虽无力传"家风"，但为纪念父亲之故，谈谈我父亲的"为人"也是一种怀念吧！

在我祖父的题词中，我以为给我父亲影响最大的是"事不避难，义不逃责，素位而行，随时而安"，"毋戚戚于功名，毋孜孜于逸乐"。

用彤先生一生淡薄于名利，在新中国成立前他一直在教书，虽任北京大学哲学系主任、文学院院长多年，他都淡然处之，平时他只管两件事：一是"聘教授"，季羡林先生对现在我们这种评职称的办法颇不满，他多次向人说："过去用彤先生长文学院，聘教授，他提出来，就决定了，无人有异议。"盖因用彤先生秉公行事，无私心故不会有人不满。二是学生选课，他总是要看每个学生的选课单，指导学生选课，然后签字。故他的学生郑昕先生于1956年接任北大哲学系主任时说："汤先生任系主任时行无为而治，我希望能做到有为而不乱。"现在看来，"无为"比"有为"确实高明。

1946年胡适接任北大校长后，有一阶段他留美未归，西南联大三校分家，北大复员回北京，事多且杂，时傅斯年先生代管北大校政，他又长期在重庆，因此我父亲常受托于傅先生处理复员事务，自是困难重重，他只得以"事不避难，义不逃责"来为北大复员尽力了。后胡适到北京长北大，但他有事常去南京，也常托我父亲代他管管北大事，而我父亲也就是帮他做做而已。

1946年，中央研究院历史语言研究所在北京东厂胡同一号成立了一个"驻北平办事处"，傅斯年请我父亲兼任办事处主任，并每月送薪金若干，用彤先生全数退回说："我已在北大拿钱，不能再拿另一份。"而他对办事处的日常事务很少过问，由秘书处理。记得1955年中华书局重印他的《汉魏两晋南北朝佛教史》时所给稿费较低，而他自己根本也不知当时稿费标准，对此也无所谓，后他的学生向达先生得知，看不过去，向中华书局提出意见，中华书局才给以高稿酬。这又使我想起，1942年当时的教育部授予我父亲那本《汉魏两晋南北朝佛教史》最高奖，他得到这消息后，很不高兴，对朋友们说："多少年来一向是我给学生打分数，我要谁给我的书评奖。"我父亲对金钱全不放在心上，但他对他的学问颇有自信。1949年后，我家在北京小石作的房子（二十余间，两个院子）和南京的房子都被征用，北京的房子给了八千元，我母亲颇不高兴，我父亲却说："北大给我们房子住就行了，要那么多房子有什么用。"

1949年后，用彤先生任北京大学校委会主席（当时无校长）主管北大工作，但因他在新中国成立前不是"民主人士"，也不过问政治，实是有职无权，此事可从许德珩先生为庆祝北大成立90周年刊于《北京大学学报》的文章看出。1951年下半年他改任副校长，让他分管基建，这当然是他完全不懂的，而他也无怨言，常常拄着拐杖去工地转转。我想，当时北大对他的安排是完全错误的，没有用其所长反而用其所短，这大概也不是用彤先生一人所遭遇，对很多知识分子可能都有这样的问题。

钱穆先生在他的《忆锡予》一文中说"锡予之奉长慈幼，家庭雍睦，饮食起居，进退作息，固俨然一纯儒之典型"，"孟子曰'柳下惠之和'，锡予殆其人乎"，"锡予一团和气，读其书不易知其人，交其人亦难知其学，斯诚柳下惠之流矣"。[①]确如钱穆伯父所言，用彤先生治学之谨严世或少见，故其《汉魏两晋南北朝佛教史》之作已成为研究中国佛教史的经典性著作。贺麟先生在五十年来的中国哲学中所说："汤先生……所著的《汉魏两晋南北朝佛教史》一书，材料的丰富，方法的谨严，考证方面的新发现，义理方面的新解释，均胜过别人。"胡适在看此书稿时的《日记》记有："读汤锡予的《汉魏两晋南北朝佛教史》稿本第一册。全日为他校阅。此书极好。锡予与陈寅恪两君为今日治此学最勤的，又最有成绩的。锡予的训练极精，工具也好，方法又细密，故此书为最有权威之作。"其治"魏晋玄学"实为此学开辟了新的道路，至今学者大多仍沿着他研究的路子而继续研究。用彤先生做学问非常严肃、认真，不趋时不守

---

① 见《燕园论学集》，北京大学1984年版，第24—25页。

旧，时创新意，对自己认定的学术见解是颇坚持的。但在他与朋友聚论政、论学，他常默然，不喜参与。故我父亲与当时学者大都相处很好，无门户之见，钱穆先生与傅斯年先生有隙，而我父亲为两人之好友；熊十力与吕澂佛学意见相左，但均为我父亲的相知好友；我父亲为"学衡"派成员而又和胡适相处颇善，如此等等。据吴宓伯父原夫人陈心一伯母说："当时朋友们给锡予起了一个绰号叫汤菩萨。"陈心一伯母现已九十九岁，住吴学昭同志处。我想，这正如钱穆伯父所说，我父亲"为人一团和气"，是"圣之清"者，而非"圣之时""圣之任"者也。

我父亲虽有家学之传，虽留学美国，但他平日除读书，写作外，几乎无他嗜好，他于琴棋书画全不通，不听京戏，不喜饮酒，只抽不贵的香烟；他也不听西洋音乐，也不看电影，更不去跳舞，在昆明时有时与金岳霖先生交换看看英文侦探小说，偶尔我父母与闻一多伯父母打打麻将，或者带我们去散散步，在田间走走。我父亲的生活非常节俭，从不挑吃，常常穿着一件布大褂、一双布鞋，提着我母亲为他做的一布书包去上课。1954年他生病后，每天早上一杯牛奶，一块烤馒头片，加上一点加糖的黑芝麻粉，他就满足了。有一次，我姑母没看清把茶叶末当成黑芝麻放在馒头片上，他吃下去，似乎也不觉得有什么不对。

我父亲一生确实遵照我祖父的教训："素位而行，随遇而安"，"毋戚戚于功名，毋孜孜于逸乐"。我想，像我父亲生在国家危难之时，多变之际，实如钱穆伯父所说是"一纯儒之典型"。从用彤先生的《汉魏两晋南北朝佛教史》的"跋"中我们不仅可以看到他继家风，为人为学，立身处世之大端，且可看出他忧国忧民之胸怀，现录"跋"中一段于下：

> 彤幼承庭训，早览乙部，先父雨三公教人，虽谆谆于立身行己之大端，而启发愚蒙，则常述前言往行以相告诫。彤稍长，寄心于玄远之学，居恒爱读内典。顾亦颇喜疏寻往古思想之脉络，宗派之变迁。十余年来，教学南北，尝以中国佛教史授学者。讲义积年，汇成卷帙。自知于佛法默应体会，有志未逮，语文史地，所知甚少。故陈述肤浅，详略失序，百无一当。惟今值国变，戎马生郊。乃以其一部勉付梓人。非谓考证之学可济时艰。然敝帚自珍，愿以多年研究所得，

作一结束。惟冀他日国势昌隆,海内乂安。学者由读此编,而于中国佛教史继续述作。俾古圣贤伟大之人格思想,终得光辉于世,则拙作不为无小补矣。

这篇"跋"写于1938年元旦,正值抗日战争开始之时。从那时到现在已经五十五年了,我父亲去世也已二十九年了。我作为他的儿子和学生虽也有志于中国哲学史之研究,但学识、功力与我父亲相差之不可以道里计;于立身行事上,也颇有愧于"家风"。但我尚有自知之明,已从几十年的风风雨雨中吸取了不少教训,对祖父的教导或稍有体会,当以此自勉也。

1993年3月5日

（原载《中国文化》1994年第1、2期）

| 汤一介、孙尚扬 |

不激不随　至博至大
——汤用彤与北大

"世界著名大学必须有特殊之精神及其在学术上之贡献。如果一所大学精神腐化，学术上了无长处，则实失其存在之价值。"[①]五十六年之前，经过一番颠连南渡后止于昆明的学术大师汤用彤先生于民族危亡之际，为重振精神与物质均受巨大创伤的北大雄风，率同事姚从吾、罗常培、郑天挺等人致书远在美国的胡适，发出了上述殷忧之叹。作为北大校史上一位影响颇深的杰出教育家和享有世界声誉的学术大师，汤用彤先生当年的忧叹所包含的真知灼见也许并非只有限于一时一地之意义，于今或许仍能警醒和鞭策北大人团结奋进，努力维持北大特殊之精神与特殊之地位于不坠。职是之故，我们尤有必要在北大百年华诞之际，回想这位大师为共塑北大在世界学术界之崇高地位所做出的不朽贡献，以示来者以治校、治学乃至为人之轨则。

一、治系与治校

1931年夏，北京大学文学院院长胡适以特别研究教授之名义邀请在佛教史领域里深造有得的汤用彤先生到北大哲学系任教。自此，他一直都在北大工作。1935年起，汤先生任北大哲学系主任。抗战时期，任昆明西南联大哲学系教授、系主任，并兼任北大文科研究所主任。1946年随北大复员，任哲学系教授、系主任，兼文学院院长。1947年夏至1948年夏，休假

[①] 《胡适来往书信选》中册，中华书局1979年版，第502页。

期间应邀赴美加州大学伯克利分校讲学一年，授"汉隋思想史"一课。1948年夏婉谢哥伦比亚大学的讲学之邀，于内战末期毅然回国，仍任北大哲学系教授、主任、文学院院长。1948年底，解放军包围北平，12月15日下午，校长胡适乘飞机离开北平，行前致便函于汤用彤、郑天挺："今日下午连接政府几个电报要我即南去，我就毫无准备地走了。一切事只好拜托你们几位同事维持。我虽在远，决不忘掉北大。"①未几，国民党政府派人送机票给汤先生，胡适亦来电促其南下。在去留之间，汤先生毅然选择了留。他本为一高远之士，独立不倚，不激不随，虽与胡适交谊甚笃，且曾合作共理北大，却难以在去留之间随从胡适。对北大的深爱，对这片学术圣地的依恋，也许是促其留下的原因之一。

胡适南下后，北大教授通过选举成立了校务委员会，汤先生被推选为校务委员会主席，行使校长之职。解放军进城后，对各大学采取"接而不管"的方针，汤先生担任校务委员会主席直至1951年。院系调整后担任北大副校长，主管财务和基建，虽用非所学，仍勤恳工作，恪尽职守。1954年患脑溢血，昏迷数月余，后经全力抢救而脱险，但身体状况已大不如以前。此后十年，仍努力坚持工作，或由助手协助撰写短文，或带病辅导研究生。1963年五一节晚上，曾上天安门观赏焰火，周恩来总理和毛泽东主席亲切接见了他，并询问其身体状况，鼓励他写些短文。1964年病逝，终年71岁。

汤先生的主要学术著作有《汉魏两晋南北朝佛教史》，初版于1938年；《印度哲学史略》，初版于1945年；《魏晋玄学论稿》，结集初版于1957年；《隋唐佛教史稿》，经整理初版于1982年；《理学·佛学·玄学》，经整理初版于1991年；《汤用彤学术论集》，经整理初版于1983年；等等。新中国成立后，主要社会兼职有：中国科学院历史考古组专门委员，中国科学院哲学社会科学学部委员，《哲学研究》编委，《历史研究》编委，第一、二、三届全国人大代表，第一届全国政协代表，第三届全国政协常委。

从汤先生的生平中可以看出，他的学术生涯主要是在北大度过的，几部传世之作皆发表于来北大工作之后。由于他在中国佛教史、魏晋玄学、

---

① 白吉庵：《胡适传》，人民出版社1993年版，第453页。

印度哲学等领域里成就卓著，也由于他的高风亮节，他赢得了北大师生（包括新中国成立前北大的主要领导人胡适）的敬重与爱戴，并因此而长期担任北大的重要职务，起着文科教学和学术研究的主要组织者和带头人的作用。因此，他的治学态度、方法和办学方针对北大文科学术传统的形成与发展，对北大之特殊精神的弘扬，都产生了深远的影响。

1935年起，汤用彤先生在很长一段时期内一直主持北大哲学系的工作（包括西南联大时期），因此，哲学系的教学及研究方向与深度，均与他本人的研究和领导有很密切的关系。新中国成立前可与北大哲学系相提并论的是清华大学哲学系，后者的特点是非常注重逻辑，有"逻辑实证论学派"之称。此种风气之长处在于培养学生独立思考哲学问题，受过相关训练的学生往往喜好构造哲学体系，以致曾一度有清华哲学系学生"成则为王，败则为寇"的戏言。[1]系主任金岳霖可以说是成功者，他建构了现代中国哲学史上较博大精深的哲学体系。受汤用彤先生领导的北大哲学系则风格迥异，不大注重逻辑学，没有专职讲授逻辑学的教授。虽曾聘请金岳霖、张申府等人来北大讲授逻辑学，但在学生中引不起太大的兴趣。在北大哲学系，哲学史和佛教哲学的研究与教学最受重视。哲学史又包括欧洲哲学史、中国哲学史、印度哲学史，而这三门课程汤用彤先生都曾讲授过，而且颇受欢迎。他的学生冯契回忆道："他一个人能开设三大哲学传统（中、印和西方）的课程，并且都是高质量的，学识如此渊博，真令人敬佩！……他讲课时视野宽广，从容不迫，资料翔实而又不烦琐，理论上又有融会贯通，时而做中外哲学的比较，毫无痕迹；在层层深入的讲解中，新颖的独到见解自然而然地提出来了，并得到了论证。于是使你欣赏到理论的美，尝到了思辨的乐趣。所以，听他的课真是一种享受。"[2]他的一些学生至今还保存着当年的听课笔记，以之为珍藏。

在北大哲学系，佛教哲学的研究与教学可以说是沿袭相传，少有间断。除汤用彤先生本人以外，周叔迦、熊十力诸位先生都曾讲授过相关课程，马叙伦讲授庄子哲学时也是以佛教哲学（唯识学）解释庄子的思想。

---

[1] 任继愈：《汤用彤先生治学的态度和方法》，《燕园论学集》，北京大学出版社1984年版。
[2] 冯契：《忆在昆明从汤先生受教的日子》，《国故新知：中国传统文化的再诠释》，北京大学出版社1993年版。

在欧洲哲学的教学与研究中，最受师生欢迎的还是古典哲学。西方现代哲学诸如实用主义、罗素、怀特海哲学在北大哲学系市场不大。汤用彤先生开设的大陆理性主义（笛卡尔、莱布尼兹、斯宾诺莎）和英国经验主义（洛克、贝克莱、休谟）两门课程则颇受欢迎。他讲授这两门课程的目的主要是加强学生的哲学思维训练，使其知道学习和研究中国哲学必须有对外国哲学的深刻理解，必须了解外国哲学特有的概念、范畴和推论方法，必须受过这种严格的训练，研究中国哲学才能有广阔的视野，才能找到新的研究角度，也才能达到一定的深度。他的学生张岂之回忆道："大约是1947年春天，汤先生刚结束魏晋玄学的课程，立即开出英国经验主义课。上第一节课的情景，至今历历在目。汤先生衣着朴素，一头短短的银发，用低沉有力的声调对学生们说，他之所以要开英国经验主义和欧洲大陆理性主义课，是想让学生们知道，学习和研究中国哲学史，必须懂得外国哲学史。……有了这样的基础，再研究中国哲学史，思路才打得开，方能开创出新局面。"①

新中国成立后，北大哲学系重视中外哲学史和佛教史的风气仍然得以延续，这一传统及其所达到的水平可以说是该系的"家底"。受过相关训练的学生往往功底扎实，视野开阔，见解不俗，其研究成果多能在严谨中透出较恢宏的文化历史感。此种学术特色或传统之影响面则不仅限于北大，还向全国辐射。这是因为汤用彤先生的学生如向达、郑昕、熊伟、王明、任继愈、庞景仁、齐良骥、石峻、冯契等人，既有在北大工作的，也有在全国各高等院校或研究机构工作的，他们都成为所在单位的科研和教学骨干。

汤用彤先生既大有功于北大文科学术特色的确立，亦颇有功于维持北大特殊之精神，即"自由研究精神"。在几部传世之作中，他都曾多次论述自由对思想演进的重要性，正是此种丰厚的历史文化意识使他非常自觉地参与北大"特殊之精神"的维持。在本文开篇所引的那封致胡适的信中，汤用彤先生指出："北大自蔡先生长校以来，即奖励自由研究，其精神与国内学府颇不相同。"在他看来，正是此种自由研究的精神才使北

---

① 《汤用彤先生纪念论学集》编辑委员会编：《燕园论学集：汤用彤先生九十诞辰纪念》，北京大学出版社1984年版，第67—68页。

大在学术上得到长足之进步，享有特殊之地位。新中国成立前，他对那些"学得文武艺，货与帝王家"的文人之举颇有微词，这正说明他主张学术自由的立场相当自觉和鲜明的。

力谋学术上之建树则是汤用彤先生治理北大文科之根本旨趣，盖学术特色与精神必附丽于学术成就方可相互辉映，从而拱卫大学之崇高地位。抗战时期，汤用彤先生担任西南联大哲学系主任兼北大文科研究主任，成为北大文科的实际负责人之一。面对"自南迁以来，北大之精神物质均受巨大之损害，学校虽幸而存在，但所留存者不过是一些老卒残兵"的局面，汤先生有"如不及时振奋，恐昔日之光辉必将永为落照"的担忧。另一方面，他对民族前途充满信心，相信国家厄运终止有期，北大应可重返旧京。因此，他高瞻远瞩地指出：应在事前为北大之前途预为筹备。鉴于北大文科研究所过去颇负名声，联大时期更为北大唯一的自办事业，要想重振北大文学院，并为复校以后预备，显然应该从充实文科研究所着手。为此，他向胡适提出了以下几条充实途径：（1）设法使大学本科文学院教师与研究所融合为一，促进其研究之兴趣，学校多给以便利，期其所学早有具体之表现。（2）聘请国内学者充研究所专任导师，除自行研究外，负指导学生之责。如此则学生受教亲切，成绩应更优良。而北大复校后教师实须增加，文科研究所现聘导师亦即为将来预备。（3）在现状之下酌量举办少数之学术事业，如重要典籍之校订，古昔名著之辑佚，敦煌附近文物之复查，藏汉系语言之调查，等等。（4）学校书籍缺乏，学生程度亦较低落，研究所学生应令其先读基本书籍，再做专题研究。而优良学生于毕业后，学校应为之谋继续深造之机会。①1943年，汤先生再次致书胡适，为求建树筹募经费，极望胡适予以援助，并列数向达在敦煌考察之成就及困难，力请胡适为西北调查筹款。②新中国成立后，汤先生并虽不再执教，但也相当关注文化和学术建设。1957年，在中国科学院学部委员会第二次全体会议上，他做了较长的书面发言，批评了社会科学界的领导对一些老专家不了解、不重用的官僚主义现象；他还从学科建设出发，倡导整理和出版一些重要文化典籍，如《道藏》《太平御览》《大藏经》；他还反对学

---

① 《胡适来往书信选》中册，第502—504页。
② 同上书，第553—554页

术机构对外闭关，对多年来得不到国外学者的新书感到不满，主张恢复教授休假制度，派他们到国外去考察研究，加强与国外文化、学术界的交流和联系。由此亦足见他对民族文化、学术建设的执着和关切。

近一个世纪以来，正是由于蔡元培、胡适、汤用彤等一批思想、学术大师努力开创、维持和弘扬北大特有的自由研究精神，并力谋学术上之建树，北大才以其优秀的学术传统和迥出众流的学术成就在世界上享有崇高的地位。他们留下了一笔丰厚的精神遗产，今日治系治校之北大人或许亦可从中吸取很多进道之资。

二、治学：会通中西，镕铸古今

在学术研究中，汤用彤先生可以说是一位勤奋严谨、默默耕耘而又淡泊功名的醇儒，《汉魏两晋南北朝佛教史》和《魏晋玄学论稿》却使他获得了世界性的声誉。半个多世纪以来，这两部著作一直都是该领域里学人们必读的经典著作，由此可见其生命力之恒久。而此种生命力来源，则在于这位学术大师在内感民族文化之衰颓，外受世界思潮之激荡的大背景中，既能会通中西以求学术之新运，又能镕铸古今而得学术之厚重精深。诚如季羡林先生所言，汤用彤先生之被认为是现代学术史上少数几位既能会通中西，又能镕铸古今的学术大师之一，此乃国内外学者之公言，而非一人之私言。[①]兹不揣浅陋，将汤先生的上述两部传世之作做以下简要之绍述。

贺麟先生在40年代就曾指出："写中国哲学史最感棘手的一段，就是魏晋以来几百年佛学在中国的发展，许多中国哲学史的人，写到这一期间，都碰到礁石了。然而这一难关却被汤用彤先生打通了。"[②]在笔者看来，《汉魏两晋南北朝佛教史》一书主要是以两条线索来打通这一难关的，即一方面疏寻佛教思想之脉络及宗派之变迁，另一方面则随时留意于作为外来文化的佛教与本土文化之关系。扼要言之，汉代为佛教初传期，其势力甚小，乃不能不依附中国道术而成为佛道。于教理则偏离无我轮回

---

① 《国故新知·序》。
② 贺麟：《五十年来的中国哲学》，辽宁教育出版社1989年版，第22页。

之原旨，而主精灵不灭，倡省欲去奢，仁慈好施，于行道则附以禅法。职是之故，佛教乃被视为96种道术之一，在入华后相当长的一段时间内，寂然无所闻见或其迹不显。汉魏之际，中华学术以清谈之渐靡而至玄风之飙起。此时佛教已拥有较多可资为据之汉译佛经，一方面乃脱离方术，另一方面则进而高谈清静无为之致，即依附玄学而成为佛玄或玄理大宗。初有支谦力探人生之本真，以神与道合为主旨。至道安时代，乃有异计繁兴之般若学，于释性空虽有六家七宗之异，然所论之问题则同属玄学之域，此即本末真俗与有无之辨，且皆未尝离于人生。及至罗什来华，大乘学义理昌明，三论大兴。其弟子僧肇解空第一，使玄学在理论上达到最高峰。南北朝时期，佛教呈现出南华北淳的学风之异。北方佛教重宗教行为，且与经学俱起俱弘，末期经论讲习之风大盛，下接隋唐之宗派。南方则偏尚玄学义理，上接魏晋之佛玄。陈隋之际的南北交通为佛教的统一奠定了基础。

汤用彤先生另有《隋唐佛教史稿》一书论述隋唐佛教之发展，他认为，隋唐可谓佛教之鼎盛期，佛教自身已具统一性、独立性、国际性、系统化等特点。宗派的确立使中国佛教呈现出多元竞起的极盛局面，一些宗派的完全中国化不仅使其获得了在中国本土扎根生长的生命力，更使其成为中国文化的一部分，影响了此后中国主流文化的新生和发展。然而，盛极必衰，五代后的中国佛教因精神非旧，更受孔教复兴之排斥，而仅能存其躯壳。

正是在此种切实深入的中印文化交流史研究的基础上，汤先生后来撰写了一篇专文《文化思想之冲突与调和》，参考西方的文化人类学的理论，一方面指出文化交流的双向性，即外来文化输入本地后，必须先改变自己的本来面貌，也正由于它改变了自己的固有特色与形式，因而适应了新的环境，它也就被本地文化吸收融化，成为本地文化中的新成分；另一方面，汤先生又勾画出外来文化与本文化接触融合的步骤或阶段，即（一）因为看见表面的相同而调和，（二）因为看见不同而冲突，（三）因为发见真实的相合而调和。此一基于历史的概括可以说是旨在将文化史的研究导入"真理之探讨"的堂奥，其结论亦确实具有一定的普适性。

至论《魏晋玄学论稿》一书，则可以说清晰而又深刻地勾勒了魏晋时期中华学术思想自身的变迁发展之迹。新中国成立前，汤用彤先生在发表《汉魏两晋南北朝佛教史》一书后，本拟采文德尔班写《哲学史教程》之方法，写一部以问题为中心的断代哲学史——《魏晋玄学史》，终因社会动荡而未能遂愿。新中国成立后，他将以前发表或尚未发表的旧稿集成《魏晋玄学论稿》交出版社印行，该书基本上对玄学中的重要问题都作了详尽而又深入的探讨。

汤先生持文化渐进观，认为历史变迁常具连续性，文化学术虽异代不同，然其因革推移，悉由渐进。因此，他一方面立论以为，汉魏之际，中国学术起甚大变化，另一方面则认为此种变化非骤溃而至，乃渐靡使然。他从分析刘劭《人物志》入手，说明该书中表现出的社会思潮乃是汉学向玄学演进的中介。《人物志》一书乃是在汉代品鉴人物的时风中形成的名学之集大成者，它以检定形名为中心。该书可以说上接汉代清议，却又不同于正始年间之清谈，学理上尚限于循名责实，纯粹高谈性理及抽象原则，绝不可见。但谈论既久，由具体人事以至抽象玄理，乃学问演进之必然趋势；而且，《人物志》已采道家老学之旨，因而下启正始老学兴盛之风。所以，汤先生称名学为准玄学，认为形名之辨作为汉魏之际的社会思潮或时风为玄学的勃兴做了理论上的准备。

在上述分析的基础上，汤先生更以其深厚的西方哲学素养和敏锐的理论洞察力，揭示了汉学与魏晋玄学的差异之本质所在。他认为，汉代学术乃是儒家学说与阴阳家、道家思想的杂糅，谈名教，重元气，对天地万物的总体观没有超出宇宙生成论（cosmology），以元气为宇宙生成之质料。而玄学则贵尚玄远，论天道则不拘构成质料，而进探本体存在，论人事则轻忽有形之迹，而专期神理之妙用。从哲学高度来看，汉代思想向魏晋玄学的演进实质上是从宇宙生成论进展至本体论（ontology）。在他看来，以王弼为代表的贵无论和以向、郭为代表的崇有论都以本末有无之辨为其学说之核心，皆属形上学。不同的是，前者以无为最高本体，落实到人生学上则以反本为鹄，后又发展出越名教而任自然的激进思想；后者则以有为"真实"（reality），在人事上则主张调和名教与自然。但二者都属有无之学或本末之学，皆为本体论。从哲学角度而言，玄学经历了从贵无到崇有（形上学）和从反本到逍遥（人生学）的演变历程；从思想资源的角度而言，则可以说正始时期老学较盛，元康时期庄学较盛，东晋时期佛学较盛。这样，汤先生不仅最早揭示了玄学之为玄学的本质之所在，而且勾画出了玄学演变发展的逻辑历程。

汤先生还引人入胜地探析了玄学家们赖以建构其哲学体系的方法论——言意之辨。言意之辨本源于名理才性之辨，后来，玄学中人普遍推广运用之，以之为一切论理之准则和方法。王弼以老庄解易，在《易略例·明象章》中倡得意忘言。他反对滞于名言，主张忘言忘象，体悟言象所蕴含之玄理，把握言象之后的本体。王弼正是依靠这一方法，将汉易中的象数之学一举而廓清之，由此而奠定了使汉代经学转变为魏晋玄学的方法论基础。后此，举凡"忘言忘象""寄言出意""忘言寻其所况""善会其意""假言"等等，都袭自王弼之《易略例》或略有变通。它们与各期玄学家之思想有至为深切之关系。大体而言，玄学中人一般都将言意之辨用于（一）解经，开自由阐发己意之新风，（二）证解其形上学体系，（三）会通儒道二家之学，（四）建构人生哲学或立身行事之道。由此可见，言意之辨在魏晋玄学中确实具有普遍性的方法论意义。

此外，汤先生对王弼在释大衍义时所得出的具有革命意义的太极新解，对玄学中圣人观念的演变，对谢灵运《辨宗论》的意义等问题均有精研详析，限于篇幅，兹不一一介绍。

《汉魏两晋南北朝佛教史》和《魏晋玄学论稿》这两部传世之作，可以说珠联璧合，相互发明，既理清了佛教思想自身的演变之迹，亦揭示了中华学术思想自身发展的自主性、连续性，从而解决了当时中国文化与印度佛教之关系这一历史文化难题。关于最后一点，汤先生指出"玄学与印度佛教，在理论上没有必然关系"；"反之，佛教倒是先受玄学的洗礼，这种外来的思想方能为我国人士所接受"；"不过以后佛学对玄学的根本问题有更深一层的发挥"。[①]此论允为定论。因此，当贺麟五十多年前评价汤先生"基于对一般文化的持续性和保存性"，而阐发的关于"中国哲学发展之连续性"的"新颖而深切的看法"时，就曾指出：汤先生著作中"宏通平正的看法，不惟可供研究中国哲学发展史的新指针，且于积极推行西

[①] 汤用彤：《汤用彤学术论文集》，中华书局1983年版，第304页。

化后的今日，还可以提供民族文化不致沦亡断绝的保证。而在当时偏激的全盘西化声中，有助于促进我们对于民族文化新开展的信心"①。此论着实最精要深刻地揭示了汤先生学术成果之根本价值与内蕴。

早在1937年，胡适在校读《汉魏两晋南北朝佛教史》一书的手稿时，就曾在日记中称"锡予的训练极精，工具也好，方法又细密，故此书为最有权威之作"②。该书出版后，国外学者亦有誉之者，或赞其为"价值至高之工具或导引"，或称之为"中国佛教研究中最宝贵的研究成果"③。在笔者看来，汤先生的学术著作之所以能成为最有权威之作，既因其能会通中西，分析深入，见解独到深刻，立言宏通平正，亦因其能镕铸古今，于史料广搜精求，考证精审，得出令人信服之结论。因此，这里有必要简单介绍一下汤先生较乾嘉诸老更上一层的考据之学。就学术史而言，本世纪新考据学之超胜乾嘉诸老处，既在于学术领域之拓展，亦在于所取材料之更加丰富及史识之更加宏通。即以材料而言，不仅有对旧籍之广搜精求，对纸上遗文之辨证精释，亦有对地下实物的发掘整理和运用，更有对异族故书的译解和比照。而这一切又都服务于对民族文化史的建构，而不像乾嘉之学那样拘于名物典章制度之烦琐考辨。从学术思潮具体到汤用彤先生之考据学，则可以说有以下特点：

（一）取材非常丰富。举凡正史，佛典，历代僧传，上古逸史，周秦寓言，笔记小说，诗赋，碑文，敦煌残卷，稗官野史，巴利文和梵文原典，中、英、日、法文之研究著作，等等，无不成为其取材立论，考信辨伪的资料来源。（二）所涉问题非常广泛。大到佛法东来之年代、路线，经籍之真伪，宗派之传承变迁，僧人之生平，小到一字一句之训读，人名、地名之辨析，乃至佛骨之长短，无一不成为其去伪求真、见微知著的考证对象。（三）史识宏通。考据若沦为文字游戏，则意义不大。汤先生之考据则每每以解决重大问题、得出一般性结论为宗旨，如前述对佛教与玄学问题之解决及对文化移植三阶段的总结，均为最佳范例。（四）立论

---

① 贺麟：《五十年来的中国哲学》，辽宁教育出版社1989年版，第23页。
② 胡适：《胡适的日记》下册，中华书局1985年版，第526、527页。
③ 分别见E. Zürcher, The Buddhist Conquest of China, 1959年版序；平川彰（日）《印度、中国、日本佛教通史》，春秋社1977年版，第164页。

客观平情。史家考据立论往往只搜取于己有利之证据，而汤先生则每每详列有利与不利之证据，给出令人满意的解释，得出令人信服的结论，绝不任立臆说。

在佛教史和玄学研究中，汤先生常以要而不繁之考据给人以启发，使人惊叹其渊博，心折其谨严，叹赏其精审。此处因篇幅所限，不能举例说明，只能将其考据学之一般特点列述如上，未免挂一漏万，尚祈方家指正。

三、为人："柳下惠圣之和者"

汤先生的学问令人心折，而其人格魅力亦令人倾倒，其宽厚温和，德量汪汪，可谓有口皆碑。

作为一名新人文主义的学术大师，汤先生喜从往圣古哲的前言往行中求取立身行己之大端。其治学固重才性、重知识之增益，更重道德之涵养。早在清华学习期间，他就曾立论以为无道德者难以成名山事业。其挚友吴宓称美他"喜愠不轻触发，德量汪汪，风概类叔度……交久益醇，令人心醉，故最投机"[①]。吴宓此言立于日记，可谓出自肺腑。

30年代，汤先生到北大任教后，常相往来者有熊十力、梁漱溟、蒙文通、钱穆、林宰平等人。当时熊十力对乃师欧阳竟无之学心存异议，尝撰文驳斥。每聚首，蒙文通必于此与熊氏启争端，喋喋辩不休。两人又从佛学牵涉宋明理学。遇其发挥已尽，钱穆或偶加一二调和之语。论学问，汤先生对佛学应最为专家，于理学亦深有所得，但每次争论中，他总是沉默不发一语。绝不可因此谓其无学问、无思想，性喜不争使然也。其人性至和，既不傲岸骄世，玩世不恭，亦非擅交际能应世者。一切均率性而为，听任自然，而又从心所欲不逾矩。在他身上，为人与为学始终融凝如一，既不露少许时髦之学者风度，亦不留丝毫守旧之士大夫积习。与时而化，独立而不倚，"极高明而道中庸"。故钱穆誉之为"柳下惠圣之和者"。[②]

[①] 吴学昭：《吴宓与汤用彤》，《国故新知：中国传统文化的再诠释》，北京大学出版社1993年版。
[②] 钱穆：《忆锡予》，《燕园论学集：汤用彤先生九十诞辰纪念》，北京大学出版社1984年版，第23–27页。

但汤先生虽为人和气一团,却绝非一无原则乡愿。在学术与思想原则问题上,他从来都是不激不随,既不妥协,亦不以此而与人激争,只是在默默中坚执,此种无言的力量常常令人莫测其高深。他与胡适的交往就是一例,他们二人虽交谊甚笃,且曾合作共理北大,但汤先生作为一名文化守成主义者从未附随胡适的全盘西化论,在去留问题亦未随从胡适南下。此种交往称和而不同之典范。

1949年之后,凡与汤先生共事的人也无不叹服这位忠厚长者的人格魅力。在纪念其100周年诞辰(1993年)的座谈会上,一些著名学者如季羡林、张岱年、邓广铭等先生,还有做过北大领导的一些先生如王学珍等人,无不由衷赞美汤先生之品德风范。据其幼子一玄回忆说,汤先生的人格魅力在其逝世后,甚至在"文革"中还曾发出震慑人心之伟力,使一群欲抄其书而毁之的红卫兵在其头目的劝阻下终未造次作孽,原因据说是该头目认为"汤先生是个大好人"。

汤先生一生可谓文章道德兼长备美,在北大100、200周年的校庆之时,都应有人来大书特书。

(原载萧超然主编《巍巍上庠 百年星辰——名人与北大》,北京大学出版社1998年版)

| 张岂之 |

汤先生教我们如何思考

今年是汤用彤先生百年诞辰。我从尘封的纸袋里检出1949年上半年的学习日记。当时我正在北大哲学系三年级读书,汤先生是文学院院长,距今已有四十四年。岁月易逝,从日记中可以看出汤先生的教学在我的成长道路上起过很大作用,是我学生时代最值得回味的一页。现在摘录几条我的日记:

1949年5月2日……关于斯宾诺莎,我有两个不能解决的问题,写了出来,交给汤先生向他请教。

听汤先生讲魏晋玄学,讨论郭象《庄子·齐物论注》,很有启示。

1949年5月11日:清晨雨未停,天气凉爽清新。读斯宾诺莎的《伦理学》,读的用心。听汤先生讲郭象思想,收益极大。晚又听汤先生讲斯宾诺莎Attribute及Mode,妙极了。

1949年5月17日:构思关于斯宾诺莎的读书报告,已有影子,动笔大约在下周。魏晋玄学作业也在构思。天热,干风。汤先生因病不能来校授课,我心中十分难过。每听他一节课总有得益。这星期我失望了。

1949年5月26日:十分穷困。早饭后不到两小时就饿了起来,真惨。本星期决心完成关于斯宾诺莎的第二和第三篇作业。

1949年6月8日:最近八天,由于听汤先生课所受到的启示,完成了三份读书作业,誊抄近一百页,感到轻松、快乐。

当时我是一个20多岁的青年，日记的用词不够谦虚，例如"收益极大"等，但这些确实是真正的感受，潜藏在心里，几十年都没有变。我听了汤先生开的"英国经验主义""欧洲大陆理性主义""魏晋玄学"课，确实有不小的收获。尽管当时北京刚解放，尽管我个人的生活很困难，我却怀着强烈的求知欲去读斯宾诺莎的《伦理学》和郭象的《庄子注》，从中间我真正感受到精神的快乐，因为汤先生不是教我们死记硬背，而是教我们如何用脑，如何去思考。这个教育所起的作用不仅在我当学生的时代，而且对我离开母校，开始从事教学和学术研究工作以后的漫长日子里，都在起着指导和激励的作用。

汤先生讲课、解答问题和审阅学生的习作，有一基本要求，就是引导学生去读第一手资料。汤先生讲"英国经验主义"，凡选读这门课的学生必须读洛克和休谟的书，特别是洛克著作要下功夫读。汤先生讲"欧洲大陆理性主义"，凡是听者必须读笛卡尔、斯宾诺莎和莱布尼兹，特别是斯氏著作要下功夫研究。汤先生不是硬性指定，而是通过讲课做出示范。他讲课的体系和层次从任何一本现成的哲学史教科书中都是找不到的，那是他从原著的解析中提炼而出，而汤先生讲课的每一论点都有第一手资料作为依据。有的同学在刚听汤先生讲课时，觉得吃力，只要坚持下去，不久会感受到汤先生讲课的严密性和科学性，从而产生浓厚的兴趣。由此学生们就自觉地去读第一手资料，接着再看听课笔记，觉得汤先生的剖析是很精细的。

汤先生讲课时经常提出一些问题，让学生思考。他通过对所提问题的解析，使学生受到如何分析问题的训练。我记得，在讲斯宾诺莎哲学思想的时候，他说：在斯氏代表作《伦理学》的卷一关于"上帝"（God）有四条结论：1."上帝"是存在，且是唯一的存在；2."上帝"依其本性的必然性而存在；3."上帝"是万物的自身因；4.万物在"上帝"之内。接着汤先生问：斯氏的这四条是怎样得到的？是如何证明的？于是他在课堂上对《伦理学》规定的定义进行综合分析，最后逻辑地得出：斯氏的Substance即是存在，而且是自身存在，它是"全"（wholeness），是"一"（one），不是"这"（this），不是"那"（that）。于是"上帝"就成为整体的自身存在。这样听课，使我们吸收了斯氏几何学推理方法的优点，头脑受到哲学理论的训练。后来我才明白，这样的思维和推论方法与唯物辩证法并不矛盾。我始终觉得不能这么说：唯物辩证法已经吸收了斯氏几何学方法的优点，人们不必再去读斯氏的书了。这是错误的。孔子早就说过："君子和而不同，小人同而不和。"理论思维的训练是多渠道的，不是单一的。人们回忆起往事，都能得出这样的结论：以简单化甚至粗暴的方式来对待科学和学术，是要遭到惩罚的。"文革"对于科学和学术的影响，其教训是非常深刻的。

汤先生很注意引导学生读书。某次，他向我们提出：斯宾诺莎的"上帝"是"自然"，他为什么不直接叫它"自然"？斯氏在给友人的一封信里说："如果现在有人以为我的书中所据的理论是'自然'等于'上帝'，这样的想法是不对的。"对此应当怎样理解？汤先生提出问题以后，要我们仔细读《伦理学》第二部分命题三。读后我恍然大悟，斯氏坚持"自然"是运动的。存在之为存在，由于有一种运动的力量存在于其中；此种力量不是他物，而是存在自身。在他看来，上帝不是死的，而是运动的。斯氏之所以不用"自然"一词，因为在17世纪，当机械论统治着思想界的时候，人们认为"自然"是死的、不变的。基于此：斯氏宁愿用"God"一词，而不用"自然"。总之，用提问的方式引导学生去读书，这是汤先生教学的一个特点。

汤先生注意中西学结合。从20世纪20年代初开始，他在《学衡》杂志上发表文章，介绍亚里士多德等西方思想家，就开始了中西文化比较研究。汤先生在1949年为北大哲学系学生开出的"欧洲大陆理性主义"和"魏晋玄学"的课，对比斯氏的"自然"观和郭象《庄子注》中的自然主义，从一滴海水看世界，由此展开的关于中西文化异同的比较，不但见解深刻，而且为中国思想文化的研究开辟了新途径。当时凡选读"欧洲大陆理性主义"课的同学，大都同时选读"魏晋玄学"课。这两门课虽有不同的内容，但它们又是相辅相成的。汤先生讲课撒下了许多学术种子。近几十年我国学者关于魏晋玄学和中国佛教史研究的成果都和这些种子有关，从一定意义上说都是这些种子的开花和结果。

作为中国当代大学者的汤用彤先生，同时又是杰出的教育家，这不表现在他提出了多少教育理论，而体现在他理解学生。他的课堂讲授，课外指导读书，以及审阅学生写的读书作业，是高度的教学艺术，其中贯穿着一个基本精神：要学生们养成善于思考的习惯。在这方面汤先生虽然没有给我们留下多少文字纪录，但作为学生的我们，凡是受到汤先生教益的，有责任把我们的亲身体会写出来。汤先生在教育方面付出的心血和劳绩，值得我们永远纪念，应当作为我们学习的榜样。

（原载《北京大学学报》，1993年第6期）

| 张岂之 |

忆从汤用彤先生学西方哲学

1946年至1950年我在北京大学哲学系学习，当时汤用彤先生任文学院院长，他在百忙中先后给哲学系学生开出四门课：魏晋玄学、英国经验主义、欧洲大陆理性主义、印度哲学史。从这个课程单上可以看出汤先生对东西方哲学史都做过精深的研究。前三门课我听过，做了详细的课堂笔记。在汤先生的指导下，关于英国经验主义和欧洲大陆理性主义，我写过不少读书笔记。这些都经过汤先生过目，甚至其中的错字也得到他的改正。至今我还保存着一册，作为对自己老师的纪念。

大约是1947年的春天，汤先生刚结束魏晋玄学的讲课，立即开出英国经验主义课。上第一节课的情景，至今历历在目。汤先生衣着朴素，一头短短的银发，用低沉有力的声调对听课学生们说，他之所以要开英国经验主义和欧洲大陆理性主义课，是想让学生们知道，学习和研究中国哲学史，必须懂得外国哲学史。外国哲学史大体上有两大系统，即东方哲学（印度哲学等）和欧洲哲学。哲学系的学生不管将来研究什么，都要对这两大系统的哲学有所了解，读一些原著，了解它们特有的概念、范畴和推论方法。有了这样的基础，再研究中国哲学史，思路才打得开，方能开创出新局面。汤先生还强调，多读西方哲学的古典名著，可以训练我们的思维，使我们善于思考，敏锐地捕捉问题。一个人思维的逻辑化是治学的基础，而要把这个基础打好，不读西方哲学的古典名著是不行的，汤先生的这些话，我们当时听了感受不深，因为我们是年轻学生，还没有进入学术研究的领域。时间一久，就越来越觉得汤先生的这些话是很深刻的，也可以说是他治学经验的总结。关于西方哲学，汤先生虽然没有公开用中文发表专著，但从他对魏晋玄学的精深研究中可以看出他西方哲学的修养很深。当时北大哲学系的课程，根据汤先生的意见，除去数理逻辑外，主要是中国哲学史和西方哲学史这两大类；通论性和专门性课程、必修课和选修课配合比较好。举例来说，关于西方哲学史，除汤先生的上述两门课外，还有贺麟先生的西方哲学史这一通论课、张颐老先生的黑格尔哲学、郑昕先生的康德哲学、陈康先生的希腊哲学（主要讲柏拉图和亚里士多德）、齐良骥先生的英国哲学名著选读等。新中国成立后，这方面的课程更加丰富，贺麟先生开出黑格尔《小逻辑》课，指导学生阅读列宁《哲学笔记》中有关《黑格尔〈逻辑学〉摘要》；何思敬先生开出德国古典哲学课，指导学生阅读恩格斯《费尔巴哈与德国古典哲学的终结》。不能不提到，汤先生在主持北大哲学系工作时，哲学系学生都要学习自然科学，这大有好处。我学过生物学和普通物理，在后来的工作中深感受益不少。

汤先生很注意培养哲学系学生阅读哲学史原始材料的能力。他的讲课给我们做出了生动的、具体的榜样。他讲欧洲大陆理性主义和英国经验主义这两门课，并不傍依哪一家的哲学史教科书和通论之类的著作，而是直接从这方面的原始资料中提炼出一些重要的问题来进行分析；既有资料，又有观点。他布置作业，并不要求我们背诵课堂听讲笔记，而希望我们直接阅读原始资料（读英文版），从中发现问题，进行研究，自己去解决问题，写成读书笔记和习作，交他审阅。他的课堂教学，没有华丽的词藻，没有过多的动作表情，然而每堂课都很充实，每个论断都有充足的根据，我们每听一堂课以后都有所得，这些都是从书本上得不到的。

在英国经验主义课堂上，汤先生对洛克的《人类理解论》做了分析和介绍，要我们课后阅读这部书的第四卷第二、三、九（第一、二节）、十（第一节）、十一（第一、二节）章，并思考这样一个问题：洛克如何用经验主义修改了笛卡尔的知识学说。我按照汤先生的指导，仔细阅读，写好笔记后请先生审阅。我自以为会得到汤先生的好评。先生看后认为我勾勒上述章节的基本观点大体上没有什么重大的遗漏。但是洛克如何修改笛卡尔的知识论，我所写的文字却忽略了一个重要环节。先生说，在文字里需要明确写出笛卡尔所以能够贯彻他的知识论，因为他有一个起点："我思，故我在。"他认为这是自明的，不是从经验得来，而是从人的良知（good sense）得来的。这个意思必须在读书笔记中写出，不能省略，否则别人将不能贯彻笛卡尔的知识学说，而用经验主义加以修改。我辩护说，这些我本来都是懂得的，以为别人也都懂得的，所以我觉得不需要用文字写出。先生没有责备我。他轻轻地说："在学生时期就要养成习惯，写东西是让别人看的，作者了解的东西，读者未必了解；写东西处处要考虑读者，至于文章中的重要环节即或是众所皆知的道理，也是不能省略的。"现在回想起来，汤先生指导学生去读书，在读书的基础上写出笔记和体会，是一种最能提高学生学习主动性的方法。尤其重要的是，这种方法可以培养学生思考的习惯。这种独立思考的能力需要多年的锻炼才能有所提高。

　　汤先生很注意培养学生的归纳和分析能力。每次先生布置我们读原著，都有明确的目的性，都是着眼于提高学生们的逻辑分析能力。这里不妨举个例子：先生在课堂上说，洛克的《人类理解论》第二卷第二十三章比较难读，这一章共有三十七节，重复之处很多，请同学们考虑如何去粗取精，把要点准确地归纳提炼出来。他又补充说，请大家通读这一章。我也试着去做，读了两遍，觉得其中内容纷繁，分不清主次。我不得不把困难告诉汤先生。先生问：这一章的最后一节"总结"（recapitulation）仔细读过没有？我告诉他，我没有太注意最后一节；在我想来，内容前面已经有了，最后一节大约不会再提出什么新意的了。先生听了我的话，好像发现了什么似的，笑着对我说：正因为你对最后一节没有注意，所以你不能把第二十三章的内容概括起来。其实，洛克自己在最后一节中已经把这章的内容归纳成三点：一、什么是我们所有的实体观念；二、什么是复杂的实体观念；三、形成复杂的实体观念的那些简单观念的性质是怎样的。你以这三个问题作为主线，再去读第二十三章，也许很快就会分清主次，把要点归纳出来。我按照先生的指点，果然克服了先前的困难。事后我想，汤先生对我的教育决不只限于让我具体地懂得洛克"复杂的实体观念"的含义，而是通过这件事教育我如何读书，如何思考。这种教育方法不同于死记硬背；这种教学生如何正确思考的教育会在学生的一生中起到良好的作用。当然，汤先生不只是对我说，对其他选修英国经验主义课程的同学也是这样。最近我和一位同班同学谈起汤先生的教学，我们共同感到，汤先生指导学生不包办代替，也不放任自流，指导得法，能提起学生的兴趣，又能帮助学生解决疑难问题，发挥学生的学习主动性。对这一点我的感受很深。

还有一件事我至今不忘。汤先生讲欧洲大陆理性主义，指导我们阅读斯宾诺莎的《伦理学》，要我们写读后感。我写了一篇分析《伦理学》中"上帝"概念的习作。汤先生看后，向我提出问题，在斯宾诺莎的哲学体系中，"上帝"的含义相当于自然，斯氏为何不直接称它为自然，而给它以"上帝"的名词？汤先生还具体指出解决问题需要读《伦理学》第二部分第三命题的附录等。先生提的问题和指出的资料，恰恰是我写习作时所忽略了的。

汤先生要求我将推论的每个主要环节都理解清楚。比如，我们关于斯宾诺莎"上帝"这一概念，做了详细的讨论，至今细想起来，觉得趣味无穷。在斯宾诺莎著作《伦理学》第一卷中，对"上帝"的性质有这样的规定："上帝"必然存在，且是惟一的存在；"上帝"依其本性的必然性而存在；"上帝"是万物的自身因（cause of itself）；万物在"上帝"之内，皆依靠"上帝"而存在。如果孤立地谈这四点，那是很难理解的。斯宾诺莎为证明这四点，在《伦理学》一书中关于"上帝"的定义共规定了七条。我在汤先生指导下，对这七条做了详细分析，并写成文字（汤先生阅后，一直保留至今）。这七条总共一句话："上帝"就是存在，就是无限的自然。按照斯宾诺莎的论证，"上帝"是"全"，是"一"，不能有所分，不能有所断。这样的一个本体（"上帝"）与中世纪创世说的"上帝"不是一回事。中世纪的神学家认为存在、自然之外有一个上帝，上帝创造世界；世界是上帝之果，上帝是世界之因。斯宾诺莎的观点与此相异，他说"本体（上帝）自身知道"，因为本体自身即是存在，因与果都在"上帝"本身。在斯宾诺莎看来，"上帝"是永恒、无限、圆满。总之"上帝"即无限的自然，那么斯宾诺莎为何不干脆叫它作自然，却偏偏用"上帝"这个词呢？他自己在《伦理学》一书中有过解释，他所理解的自然不是死的自然，而是运动的自然。斯氏说，你只能说上帝是运动自身，自然之所以为自然，存在之所以存在，正因为有一种运动的力量存在于其中，这种力量不是谁给的，而是存在自身的力量。因此，在斯宾诺莎看来，（power = the active essence of God），运动乃是上帝的本质。他之所以不用"自然"

一词，是因为当时一般人认为自然是死的，是不变动的。但是，"上帝"一词却包含有运动的意思，所以他宁愿用"上帝"这个词。很明显，斯氏哲学体系的"上帝"概念不同于中世纪神学的"上帝"概念。因此，斯宾诺莎是17世纪杰出的唯物论者。

这样的读书，我觉得自己的逻辑思维受到一次严格的训练，这对我后来的工作大有帮助。我不能不感谢汤先生对学生的辛勤培育。在我的记忆中，汤先生与学生们的接触，总是那样平易近人，从来没有疾言厉色的时候。我们学习中有缺点，他不但指出缺点是什么，而且告诉我们克服缺点的途径。学生们一旦有了进步，哪怕是很微小的进步，他总是予以鼓励。

汤先生结合讲课，常向我们指出，研究哲学史，立论一定要有材料论证，切忌空论。每个哲学家都有他们自己的独特概念、范畴，对于这些要从它们的本来意义上去理解，不能用我们今天的理解加到它们的身上。有一次，我同班的一个同学问汤先生，在斯宾诺莎的著作中，实体（Substance）与属性（Attribute）究竟是什么含义。汤先生不做正面回答，只是说：读读斯宾诺莎的第九封信吧，看看斯氏自己的解释，这是最可靠的。这位同学告诉了我，我也读了第九封信，觉得对斯氏哲学体系中实体和属性的理解比过去深入了。这在一般教科书中是没有的，只有在阅读斯氏原著基础上加以提炼归纳，才会有所得。一般情况下，汤先生很少直接回答问题，他防止学生养成依赖心理，而是向学生指点材料，让学生们自己思考，这样获得的问题答案才能牢固。有时一个问题解决了，汤先生接着提出与此相关的其他问题，要学生们进一步思考，由此及彼，加深对问题的理解。我记得，当谈及斯宾诺莎的实体与属性概念，先生又向我们提出：在斯氏哲学体系中，属性是"上帝"的表现，每个属性都表现整个"上帝"，而并非表现"上帝"的某一部分，这一点所有关于欧洲哲学史的著作都写得很清楚，我们不能以此为满足，请大家查查，这个问题在斯氏的什么著作都写得很清楚？我们查了书，才知道在斯氏书信选录中的第十二封信以及《伦理学》第二卷命题七中写得最集中、明确。我仔细地解剖了斯氏书信选录中的第十二封信，对于"整体"和"部分"的辩证思维略有领会，觉得论述深刻。当然，当时我还没有"辩证思维"的自觉性。然而关于西方哲学的思维训练，却有助于我在以后的岁月里学习和接受马克思主义的科学思想体系。由此可以看出，先生采取多种灵活的方法，要我们养成独立思考的能力，并注意立论一定要有根据。这些事虽已过去四十多年，至今仍然清晰地刻在我的心中。

前面已经提到，汤先生是学贯中西的大学者，他也主张对中西文化做比较研究。但他强调首先要有准确的理解，比如，要了解西方文化，就必须精读若干部在西方历史上产生过重大影响的哲学著作。而这些著作是很难读的，几乎每本都有其独特的范畴的概念。如果不能准确地了解这些范畴和概念的内涵，那就很难了解其哲学思想体系。我清楚地记得，汤先生要我们仔细阅读洛克的《人类理解论》（英文版），写出此书中常见的范畴和概念。我用了很大力气，才完成了这方面的作业，觉得受益匪浅。举例来说，"观念"（idea）这是在洛克书中常见的名词，然而它和我们日常所说的观念并非同一含义，洛克自己解说："当一个人思想时，作为悟性的对象，名之曰观念（Object of understanding, when a man thinks）。"这中间就大有文章可做。又如洛克书中的"对象"（object），并非指实在的对象，而是指的心理上的某种要素。他所谓"思想"（thinking）是指人的一切的心理活动。他所谓"知识"（knowledge）则是指正确的知识，有时在洛克的书中把科学（science）视作与知识是同等的概念。而所谓"悟性"（understanding）在洛克书中含义甚多，有时指心灵活动；有时指人与其他动物的区别；有时还指思想的能力。关于"知觉"（perception）在洛克书中则指心理的活动和知识的活动，等等。这样读书并不是死抠名词术语，而是为了准确地理解某本书的内容，需要在名词术语上下些功夫，这才不至于产生理解上的误差。

我清楚地记得，汤先生在讲英国经验主义时，要我们思考，洛克的经验主义和后来19世纪德国康德的经验主义有何不同。为了弄清这个问题，我们又阅读了郑昕先生的《康德学述》和康德《纯粹理性批判》一书的一些片段（同时，我们听郑昕先生开设的"康德学说"讲座，很有收获）。康德把经验分成"感觉材料"和"感觉的普遍关系"两部分。在康德看来，感觉的材料是知识的素材及内容，这些素材需通过普遍的必然形式，才可能成为知识。而知识的普遍必然成分并不是从经验里得来的，它是超经验的；这些便被称之为纯直观、纯概念，是经验可能的条件，也是对象成立的条件。在康德看来，纯直观、纯概念最后归结为"先天的综合统一"——"自我意识的统一"。康德的名言"我是自然的立法者"即从此而来。

先是汤先生指导，后来又蒙贺麟先生指导我们读黑格尔的《小逻辑》，研究黑格尔如何批判康德；又指导我们读列宁的《哲学笔记》。这样，我们大体上对英国经验主义和欧洲大陆理性主义，以及由此到康德、黑格尔的知识论，有了轮廓的理解，后来对我们理解马克思主义哲学是怎样产生的很有帮助。

总之，汤先生谨严的学风，高度负责的精神，生动活泼的教育方法，说明他既是学者又是教育家。在他晚年，他作为学者和教育家的优良作风和科学精神更加发扬了。我们今天纪念汤先生，除了学习他的学术遗产外，还要继承其"师道"，学习他怎样作为教师，作为青年学生们心灵的工程师。

1993年元月于北京

（原载王宗昱编《苦乐年华》，北京大学出版社2004年版，第31-36页）

| 黄心川、宫 静 |

汤用彤对印度哲学研究的贡献

汤用彤先生毕生致力于佛学、中国哲学和印度哲学的研究工作，成绩显著，硕果累累，在纪念他100周年诞辰之际，我们作为印度哲学研究的继承人，仅以自己的学习体会谈一谈汤先生在这一领域的贡献，略表我们对先辈的缅怀和敬意。

一

印度哲学，包括佛教哲学早在公元1世纪已传入我国，到公元4—6世纪时，随着大量佛经翻译工作的开展，印度各派哲学思想几乎同时被介绍进来。如公元402年译出的《大智度论》，便记述了数论的"二十五谛"；公元411年译出的《成实论》，记有胜论的实、德句义等。但这些记载只是片段的，缺乏系统性和完整性。到公元6世纪以后，数论的经典著作《金七十论》和胜论的代表作《胜宗十句义论》才有了完整的译本。弥曼差论（即声论）和吠檀多论（即明论）也普遍见于玄奘和窥基所译的佛经中，如《大毗婆娑论》《顺正理论》和《因明入正理论疏》等。可见我国古代已具有研究印度各派哲学的优良传统。

到了近现代，由于各资本主义国家的对外侵略和扩张，印度和中国沦为帝国主义的殖民地和半殖民地。中印两国人民反帝反殖的共同使命将我们紧紧联系在一起，当时我国的思想家章太炎，印度的哲学家辨喜，都曾发表过相互支持的文章和言论。五四运动以后，中国进步知识分子为反抗西方列强的文化侵略和渗透，使东方思想对西方文化产生抗衡作用，北京大学蔡元培校长曾聘请梁漱溟先生开设《印度哲学概论》的讲授，当时是中国哲学、欧洲哲学和印度哲学同时在北大授课。《印度哲学概论》一书也于1924年出版。在南方则有吕澂先生于南京支那内学院和法相大学教授印度哲学和佛学，吕先生所写的《印度佛教史略》也于1935年出版。

汤用彤先生1918年赴美国留学，1920年入哈佛大学研究哲学，同时学习梵文和巴利文，1922年获哲学硕士学位，回国后即在南京东南大学、天津南开大学、南京支那内学院等处任教。1929年在南京两所大学曾讲授印度哲学史，1930年到北京大学后继续教授此课。他不但继承了我国历代学者和僧人对印度哲学的优良传统，而且有了突破性的创新，成为以现代科学方法研究印度哲学和宗教学的奠基人。

汤先生一生除教授印度哲学以外，在该学科范围内还写有以下论著：《释迦时代之外道》（载1923年《内学》第1辑，又载1925年《学衡》第39期）、《佛教上座部九心轮略释》（载1924年《学衡》第26期）、《印度哲学之起源》（载1924年《学衡》第30期）、《南传念安般经译解》（载1928年《内学》第4辑）、《印度哲学史略》（1945年初版，1960年再版，1988年新版印刷）、《往日杂稿·胜宗十句义论解说》（1962年出版）。此外还有遗稿两部：《汉文佛经中的印度哲学史料》《汉文印度佛教史料选编》。前一部已由商务印书馆出版，不久即可问世。除以上直接论述的各专题外，汤先生在有关中国佛教和中国哲学的专著中也广泛涉及印度宗教哲学的渊源。

二

汤先生对印度哲学研究的成就集中反映在《印度哲学史略》（以下简称《史略》）一书中。该书共分十二章。通读全书，受益匪浅，无论是他的治学态度还是治学方法都给后人留下深刻的印象和启迪。他奠定了以科学方法研究印度哲学的基础，同时又充分发挥了外国学者所不具备的中国资料的优势，从而写出了具有中国特色的、传统题材和新颖内容相结合的作品。以下我们重点剖析几个方面：

（一）关于科学的方法论

长期以来西方哲学家从种族主义立场出发，极力渲染"欧洲中心论"，他们对印度哲学采取抹煞、贬低的态度，或是夸大印度哲学中的唯心主义和神秘主义成分，认为东方民族，包括印度、埃及和中国，没有纯粹的哲学理论和思想体系，只有神话和伦理学，而这些理论又和诗歌及信仰交织在一起[①]。他们不承认印度哲学史也是世界哲学史的一个组织部分，否定东方人也有理性思维的能力。这些思想在印度国内也曾产生共鸣，不少印度哲学史家对西方哲学的了解甚至远远胜过对本民族哲学思想的认识。

20世纪初，随着民族独立意识的觉醒，印度某些哲学家开始站在民族主义立场上从事对本民族哲学思想的研究，如S.达斯古普塔著有五卷本的《印度哲学史》；S.拉达克里希南著有两卷本的《印度哲学》。他们对祖国的哲学遗产进行了收集、整理和翻译工作，全面系统地阐明了印度各派哲学发展的历史，并驳斥了西方学者对印度哲学和文化的歪曲和否定。汤先生尽管系统深入地研究过西方哲学，但是他并没有站在西方哲学家的立场上去贬低印度哲学，而是吸收了印度进步哲学家的观点，肯定了印度哲学的精神价值，并全面系统地、实事求是地向中国人民和学者介绍了印度哲学的全貌。同时还以现代科学的方法将印度哲学系统化，将零散的原始资料，按其哲学体系的历史沿革、学说理论的内容和依据，分门别类地加以说明，使读者对印度哲学各派的史料、历史、理论、相互关系及其影响一目了然。又因为汤先生曾学习过梵文和巴利文，所以在每章后面尽量附上原文选译，便于读者掌握第一手资料，如"黎俱吠陀集选译""奥义书选译"等。

（二）关于材料的运用

无论是西方学者还是印度本国的学者，他们研究印度宗教和哲学，几乎都采用印度本土所保存的历史资料，或是采用印度境外巴利文、梵文及

[①] 参见梯利：《西方哲学史》上册，商务印书馆1975年版，第11页。

少量藏文资料。由于汉语及汉文的限制,从汉文典籍中挖掘印度哲学史料的国外学者人数不多。汤先生由于具有中国历史和中国哲学的渊博知识,又长期从事佛教的研究工作,因此他能充分发扬汉文资料的优势,以国内保存的大量印度哲学史料来研究印度哲学。最具代表性的是《史略》中的"六师学说""数论"和"胜论"三章。

"六师"是释迦牟尼同时代的六种沙门思潮的代表人物,除耆那教保存有大量的经典外,其他各派的典籍已基本不存,但是他们的观点和学说却保存在汉文佛经中,如《沙门果经》《长阿含·梵动经》《杂阿含经》卷七、《佛说寂志果经》《增一阿含经》等,有30多部经中记载了六师的学说。汤先生对此深入研究,鉴别真伪,并将张冠李戴的现象予以纠正,在此基础上阐明了他们的学说特点、反对婆罗门教的共性及其历史局限性。

"数论"和"胜论"是印度正统派六种学说的组成部分,各有一部完整的经典保存在汉文佛经中,即《金七十论》和《胜宗十句义论》。汤先生在研究这两派哲学时,首先将汉文经典详加剖析,把《金七十论》分为总纲、有情、解脱三大部分。总纲包括目的、二十五谛、量论、因中有果说、自性、三德、神我、自性与神我的关系、现象世界,以上各范畴说明数论的世界观;有情包括心理构成、物质、心理状态、细身及轮转等;解脱分为八成就、自性解脱和解脱后的情状。根据《金七十论》的内容和数论全部历史,汤先生判定该书是数论中期的作品,即为古典数论的代表作,并依据此书详细说明数论的要义、它与初期一元论和后期有神论数论的区别。

对于《胜宗十句义论》,汤先生在《往日杂稿》中写有"解说",详细解释了实、德、业、同、异、和合、有能、无能、俱分、无说各句义的含义,并以此为依据和印土流传的"六句义""七句义"之说做了分析和比较,以图解形式说明它们之间的关系,使人们一目了然。通过对不同句义的分析还清晰地看到胜论发展的历史线索。

这三章的选材由于大量采用了汉文资料,弥补了外文资料的不足,使之研究成果远远超出了国外水平,并为后人树立了榜样,开辟了中国学者研究外国问题的新途径。

（三）关于写作印度哲学本身的意义

中国人很早就接受了从印度传来的佛教，但是佛教的产生并不是偶然的和孤立的，它是印度传统文化的继承和发展，是印度文化的一个组成部分，与其他各派哲学既有纵向联系又有横向关系，它不同于正统学派，又有其不可分割的联系。究竟哪些学说和理论属于佛教的创新？哪些属于对传统文化的继承？又有哪些观点是在互相交汇中发展？过去中国人不大清楚，或只知其一，不知其二。汤先生的《印度哲学史略》由于全面系统地论述了印度各派哲学的发展史和相互关系史，从而为中国学者进一步深入认识和研究佛教奠定了基础，同时也为其他学科了解印度历史、文化、伦理、宗教提供了确切的材料，它成为中印文化交流的硕果，不但在当时有其重要意义，而且也为今天的研究工作打下了良好的基础。

在印度哲学中，不但有极丰富的唯心主义思想，也有多种多样的唯物主义萌芽。唯心主义将人类的生理、心理和精神活动分析为几十种，甚至上百种状态，阐述细腻、丰富多彩；唯物主义则把整个宇宙置于物质基础之上，有各种各样的元素论、原子论、极微说。在认识方法上，由于印度各派哲学都具有兼容并蓄的优良传统，自古以来辩论术便成为各家争雄的艺术，因此佛教的因明学、正理派的逻辑学、各式各样的量论便应运而生。这些内容在《史略》中均有介绍，这不但丰富了世界哲学的宝库，也为中国哲学和中国佛教的研究增加了瑰宝，使我们进一步了解到中国文化中的印度影响因素。

（四）关于学风

通读《史略》及"重印后记"（1959年），有两点极突出的感受，一是汤先生的严谨治学学风；二是汤先生毕生追求真理、谦虚好学的态度，这使我们对先辈的人品和学风深为尊敬。

汤先生自己说："我这部书在二十多年前缀拾东西方学者的研究成就加些翻译和佛经资料编撰而成，是一部资产阶级的印度哲学史。"[①] 实际

[①] 汤用彤：《印度哲学史略》，北京大学出版社2010年版，第171页。

上这部书并非如此，它不是单纯的介绍或材料堆积，而是在传统基础上的创新，具有明确的论点和充分的论据。如对"奥义书"中"我"（atman）的概念历史性的分析；对"六师"解脱观的分类和总结；对耆那教"七谛说"的解释；对婆罗门教发展原委的分析；以及对数论二十五谛和胜论极微说、正理论十六谛义的阐述等，无不体现出汤先生运用史料的精确和分析问题的敏锐，他对汉文资料的价值做了充分的肯定。

至于汤先生的谦虚精神随处可见，如1960年《史略》再版时，他虽然已是中外知名学者，当时正担任北京大学副校长，兼任哲学社会科学学部委员、全国政协常委、人大代表等多项要职，但是他并不因为身处要职而自得，而是以孜孜不倦的精神追求真理，以新的马克思主义观点来审视自己以往的学术生涯，并非常谦虚地自责说："印度哲学史中唯物主义有强大的传统，本书内只对顺世外道提了一下，但是对之加以诬蔑，这当然是资产阶级歪曲历史的又一个方面。"又说："对于佛教，原书袭用了资产阶级观点，在佛教发生问题上过分突出了个人在历史上的作用……"

其实，马克思主义的根本观点是历史地、客观地、实事求是地看问题，也就是采用历史唯物主义观点看问题。汤先生所著的《印度哲学史略》最早完成于1929年，后于1945年出版，自然有其历史的局限性，这是无可非议的。然而汤先生自己却极为严格地提出自我批评，使我们更觉得他人格的伟大和学风的严谨。

三

汤先生对印度哲学研究的又一贡献体现于对汉文史料的整编工作。早在1959年他就致力于这项繁杂的工作。他说："中国佛教汉文翻译和著作中保存了不少印度哲学的资料，过去中、外人士已多有发掘。现在为促进对印度哲学方面的研究，我正在编一汉文中的印度哲学资料汇编——在《大藏经》中广泛抄集，无论经论或章疏中的有关资料长篇或零片均行编入。目的为今后研究印度哲学者之用，不做任何加工，只于资料注明出处及原作或译者人名、年代等。"（见《史略》重印后记）众所周知，我国保存的汉文佛经颇丰。吕澂先生所著《新编汉文大藏经目录》，就收录经、律、论、密藏、撰述五大类，为2064部，9874卷。从浩如烟海的经卷中广泛拾取印度哲学史料，实为大海捞针，谈何容易。当时汤先生已重病缠身，他为了今后研究印度哲学的需要，仍然带病组织人员抄录，并亲自分类，以颤抖的手迹在卡片上一一标明此选篇的内容、出处、译者、作者等。遗憾的是汤先生在世时此项工作尚未完成，直到80年代汤一介教授委托宫静同志来整理，才完成《汉文佛经中的印度哲学史料》一书，全书共25万字，武维琴同志热心地承担了该书的出版任务。

《汉文佛经中的印度哲学史料》（以下简称《史料》），大致包括五方面的内容：

（一）印度各派哲学名称的来源和含义，及其创始人的生平与传说。这方面的史料可见于《一切经音义》《翻译名义集》《百论疏》《南海寄归内法传》《大唐西域记》《杂阿毗昙心论》《摩登伽经》《阿毗达磨大毗婆娑论》等典籍中。比如在《一切经音义》中，对于吠陀、顺世论、六师、迦毗罗论（即数论）、卫世师论（即胜论）和十六异论等均有解释。又比如在《百论疏》中，对吠陀、吠陀支、数论、胜论、瑜伽论，甚至对论释天文、地理、算术、兵法、音乐法、医法的各种学派均有记载和注疏。在《一切经音义》和《因明入正理论疏》中，详细说明胜论创始人迦那陀（Kanāda）的传闻等。

（二）印度各派哲学主要内容的综述及他们各自所崇尚的经典。这方面的史料可见于《大乘义章》《三法度论》《长阿含经》《提婆菩萨释楞伽经中外道小乘涅槃论》《提婆菩萨破楞伽经中外道小乘四宗论》《大乘法苑义林章记》《唯识述记》《显扬圣教论》《瑜伽师地论》《大毗婆娑论》《发智论》等典籍中。其中包括对六十二见的说明；对因中有果、从缘显了、去来实有等十六异论的记述；对梵天、时、气、自然、方、本际、大自在天等各种学说的记载和驳斥；对二十种宇宙形成最终原因（涅槃因）的探讨和对于吠陀经及婆罗门教四种姓划分的批判等。

（三）对不同哲学流派基本观点的分析。其中包括婆罗门教所提倡的"梵天永恒说""祭祀万能说""婆罗门最胜说"；六师哲学所主张的"无因无缘论""七士身论""宿作因论""不死矫乱论""宿命论""四原素说和死后断灭论"；数论所执的"二十五谛"；胜论的"六句义"与"十句义"；弥曼差派的"声常住论"以及吠檀多派（即明论）的"我遍一切处论"。以上各种观点的分析或驳斥集中反应在四部《阿含经》《成实论》《十住毗婆娑论》《俱舍论》《顺正理论》《显宗论》《大毗婆娑论》《大威德陀罗尼经》《生经》《大智度论》《根本说一切有部毗奈耶》等三十几部经论中。

（四）分歧较大的哲学范畴，其论点和论据。这些范畴包括：因果关系、有无问题、各种我执、生死问题、意识、因缘、大种、极微以及有关因明学的立庭、问答方式等。这些史料见于《大般涅槃经》《百喻经》《大乘广百论释论》《十住毗婆娑论》《随相论》《唯识述记》等十多部典籍中。

（五）收录了数论和胜论的重要原典，即《金七十论》和《胜宗十句义论》。佛教认为这两部经典并非佛法，但在诸外道中以数、胜二论为上，为了博学和破邪显正而将其译出并编入藏中。

从以上内容看，这部史料的选编具有重大意义，这里只谈三点：

第一，《史料》弥补了《史略》的不足之处，全面反映了印度哲学的全貌。

在《史料》中，一方面收录了代表正统思想的婆罗门教的观点，如"梵天永恒说"，认为"有一梵天住梵天上，此处有常，此处有恒……此梵天梵福佑，能化、最尊、能作、能造，是文，已有、当有，一切众生皆从是生，此所知、尽知，所见、尽见"（见《中阿含·梵天请佛经》），并认为"梵天造虚空，虚空造风，风造水、地，水、地造丘山草木，如是有世间"（见《三法度论》卷下）。婆罗门教还主张"婆罗门最胜说"，认为四种姓的形成由天意而定，"婆罗门姓梵王口生，刹帝利姓梵天臂生，毗舍种姓梵天髀生，从于梵足乃生首陀"（见《金刚针论》），并且规定不同种姓应遵守不同法规。最高种姓婆罗门有六种法，刹利有四法，毗舍有三法，首陀罗只有一法。"六法者，一自作天祠，二作天祠师，三自读韦陀，四亦教他人，五布施，六受施。四法者，一自作天祠不作师，二从他受韦陀不教他，三布施不受施，四守护人民。三法者，作天祠不作师，自读韦陀不教他，自布施不受施。一法者，谓供给上三品人。"（见《成实论·三业品》）对"祭祀万能论"也同样有详细记载。

《史料》着重反映出印度哲学中唯物主义和素朴的辩证法的优秀传统。

在世界观方面,有方论、风论、水论,说"风能生长命物,能杀命物,风造万物,能坏万物,名风为涅槃";"水是万物根本,水能生天地,生有命、无命一切物"(见《提婆菩萨释楞伽经中外道小乘涅槃论》)。这些论师将世界形成的终极原因不是归于某一位神,而是归结为某种物质元素,或是多种物质因。如《史料》大量收集了唯物主义顺世论的观点,该派主张自然界和人体均由地、水、风、火四大原素结合而成,因结合的方式不同而形成物质的多样性,并认为人死之后,原素分解,各归各身,诸根归入虚空。这些观点记载于《沙门果经》,经中写道:"人依四大种所成,若命终者,地还归地身,水还归水身,火还归火身,风还归风身,诸根归入空虚……不论贤愚,身坏命终,断灭消失,一无所存。"此外对六师的婆浮陀·伽旃那所提出的"七元素论"和末伽黎·拘舍罗所提出的十二种原素说也都收集在内。

在方法论方面,《史料》反映出古代印度各派学说所包含的辩证思维方法,主要体现在三个方面:(1)世界是发展变化的物质实体。如虚空论师说:"从虚空生风,从风生火,从火生暖,暖生水,水即冻凌坚作地,从地生种种药草,从种种药草生五谷,从五谷生命……"(见《提婆菩萨释楞伽经中外道小乘涅槃论》)这些论师尽管对世界变化的原因和规律没有建立起科学的依据,但是他们肯定了事物在发展变化的事实。(2)某些论师猜测到事物的变化由对立性质的因素组成,如耆那教提出:"初生一男共一女,彼二和合能生一切有命、无命等物。"(出处同上)并认为定形的物质由原子和原子复合体构成。原子性质各异并占有空间,运动极为迅速。对立性质的原子,如冷与热、干与湿,可互相结合而构成复合体。(3)某些论师也看到了量与质的关系,如胜论师提出:极微本身体积极小,无有量度,但积聚多微遂有有量度之物。在极微结合的过程中,先由两个极微合为一子微(二微果),再由子微合为三微(三微果),第二子微仍不可见,第三子微在日光中方可见到,如是形成粗物,辗转成三千界(见《唯识述记》卷五)。这些朴素的辩证思维因素在《史料》中均有收集。

第二，《史料》填补了外国史料的不足。

印度与中国不同，自古以来便缺乏历史观念和时间观念，他们没有编年史，却有丰富的史诗。史诗既是历史传说又是神话故事。印度是亚、非、欧三大洲的交汇地，由于几千年的变迁史形成了多民族、多语言、多种文化类型的国家。许多历史文献在印度已经不存，然而汉文史料由于传入时间早，保存基本完好，便成为研究印度哲学的瑰宝。尤其是对顺世论、数论和胜论的研究不得不运用中国保存的史料。如数论和胜论思想大约在公元400年已随佛经的翻译传入我国。从鸠摩罗什开始至唐窥基为止，在二百五十年间，共有三十多部经论集中介绍了数、胜二论的思想。公元600年以后，声论、明论也相继传入中国。另外，在中国保存的两部原典《金七十论》和《胜宗十句义论》早已为国外学者所瞩目。《金七十论》已由日本学者高楠顺次郎转译为法文，并由夏斯特里（N. A. Sastri）倒译为梵文。至于该书的作者、时代和依据的原本目前国际上仍有争论[①]。《胜宗十句义论》在印度本土已经失传。日本学者却做了大量研究工作，如1752年法住写有《胜宗十句义论记》；1760年一观虎喝著有《科注冠导胜宗十句义论》；1796年快道著《胜宗十句义论抉择》；1844年鸟水宝云著《十句义论闻书》等。《十句义论》已成为研究胜宗六句义和七句义的重要补充文献。至于顺世论的记载，《史料》中约收集了十七部经，也是外国学者研究该派哲学的重要参考资料。

第三，《史料》为中国学者研究外国问题开辟了新的途径。

《史料》只选编了印度哲学资料，但丰富的汉文历史文献是多学科的汇集。就汉文佛经来说，不仅包括形形色色的哲学思想，而且也囊括了丰富的历史、地理、天文、数学、医学、动植物学和心理、生理、因明等多方面的知识。不同学科从中选择自己所需，这的确能开阔中外人士的眼界。过去已有人利用这些史料研究过天文学中的二十八星宿，医学中的成方和草药，从中印文化比较中探索中国文化的某些渊源；还有人利用汉文佛经对中印关系史、古代地理历史、西域出土的语言文字做过考证。某些外国学者也依据《法显传》和《大唐西域记》在国外做过考古发掘工作。

[①] 黄心川：《印度哲学通史》，大象出版社2014年版，第270—271页。

这一切事实都说明,《史料》对中外学者都具有极高的研究价值。

四

上面所举的《史略》和《史料》都属于印度非佛教哲学的范围。其实汤先生最突出的成就在于佛教哲学,它包括印度佛教哲学与中国佛教哲学两部分。印度佛教哲学是印度哲学史的组成部分之一,汤先生在这方面也做了大量的研究工作,最为显著的贡献是指出了中印佛教的不同,在比较宗教学方面为后人奠定了基础。例如在《文化思想之冲突与调和》一文中,汤先生指出:"印度佛教到中国来,经过很大的改变,成为中国的佛教,乃得中国人广泛的接受。"他举例说,第一,我们知道中国灵魂和地狱的观念不是完全从印度来的,但佛经里面讲的鬼魂极多,讲的地狱的组织非常复杂。我们通常相信中国的有鬼论必受了佛经的影响。不过从学理上讲,"无我"是佛教的基本学说。"我"就是指着灵魂,就是通常之所谓鬼。"无我"就是否认灵魂之存在。我们看见佛经讲轮回,以为必定有一个鬼在世间轮回,但没有鬼而轮回,正是佛学的特点,正是释迦牟尼的一大发明。汤先生还举出念佛问题,说"念佛"本指着坐禅之一种,并不是口里念佛(口唱佛名)。佛经中原有"十念相续"的话,中国人则以为是口里念佛名十次。其实"十念"的念字指最短时间,并非口念,汤先生认为中国人的理解是失去了印度的本义。

通过中印佛教的比较,汤先生还得出这样的结论,即外来思想之输入,往往经过三个阶段:(1)因为看见表面的相同而调和;(2)因为看见不同而冲突;(3)因再发现真实的相合而调和。他认为这三个阶段步步深入,到第三阶段时,不但外来的文化已发生变化,本土的文化也已产生变化。在这一过程中,外来文化与中国相同、相合的便能继续发展,和中国不合、不同的则往往昙花一现。印度佛教输入中国同样经历了这一过程,而变为中国佛教。中国佛教又分为不同的宗派。汤先生认为天台宗和华严宗是中国自己的创造,因此势力较大。而法相宗是地道的印度货,虽有玄奘法师在上,也不能流行长久。故一个国家的民族文化实在有他自己的特性,适应者才能生存。

此外汤先生还选编了"汉文印度佛教史料"，我们尚未见过遗稿，难于评价。

总之，汤先生的一生无论是他的人品、学风，还是他的学识、成就，都为后人留下了深刻的印象，成为我们学习和崇尚的榜样。在印度宗教和哲学领域，他为我们奠定了科学的研究方法；挖掘出中国保存的珍贵史料，纠正了西方学者对印度哲学的歪曲，尊重并维护了印度传统文化，扩大了中国佛教研究的视野，同时也开辟了比较宗教和比较哲学研究的领域。这一切成就只是汤先生毕生所做贡献的一部分，我们仅以自己的学习体会作为对先生的缅怀和致敬。

1992年10月于北京

（原载汤一介编《国故新知：中国传统文化的再诠释——汤用彤先生诞辰百周年纪念论文集》，北京大学出版社1993年版，第89-95页）

| 吴学昭 |

吴宓与汤用彤

我父亲吴宓（雨僧）与汤用彤（锡予）伯父相交相知，长达半个世纪以上。他们的友谊始于1911年，两人分别从西安宏道学校和北京顺天学校考入北京清华学校，由同窗而结为好友。

当时清华是由外交部为主与学部为辅合办的八年制（中等科、高等科各四年）的留美预备学校：经费是用美国退还的庚子赔款的一部分（每年60万两白银，开办100万白银）；学制完全模仿美国；男女教师多由美国聘来；课本一律采用美国当时通行的教科书。年轻人浸润在这所模仿美国礼俗、听命美国教师的学校中，大大增长了对西方文化的知识，但也激励了一部分学生要有中国人独立的自尊的气概，不甘沾染"洋奴相"和"买办气"，而更渴求之于中国从古灿烂的文化（和古希腊相比）。少年吴宓与汤用彤就是其中的两个。由于历史的爱好，或许是家庭熏陶的影响，两人课余有闲之时，便到图书馆尽量阅读中国旧书，从古圣先贤的伟大人格思想中汲取营养。

幸运的是，清华开办初期，国学方面曾实行因材施教。我父亲与用彤伯父因而得以吃过一段"小灶"，据父亲回忆："1911年至1913年，清华学校把国文较好、爱读国学书籍的学生七八人选出，特开一班，派学问渊博、有资格、有名望的国文教员姚茫父（讳华，字重光）、饶麓樵（讳檀龄）诸先生来讲授。此特别班的学生，有何传骢（高等科）；有刘朴、汤用彤、吴宓、闻多（字一多）等，闻年最幼（以上中等科）。于是互相督促、切磋、共同勤读。"[①]

---

① 吴宓1970年3月30日交代稿。

父亲与用彤伯父，课余饭后，时常一起散步游谈，享受清华园林之美，纵论国家社会、人生道德。节假日，亦常同行入城，浏览觅购古旧书籍，父亲早年的《清华园日记》，常见有这样的记述：

"午后偕锡予园外踏雪散步。"①

"午后又偕锡予园西散步。"②

"晚与锡予坐湖侧月光下谈，静境欲仙。此清福非其人其地其时，不能享有也。"③

……

清华外文藏书丰富。父亲在大量阅读外文书籍后，惊喜地发现迥然不同的东西方文化，竟也有许多相似之处："希腊哲学重德而轻利，乐道而忘忧，知命而无鬼，系合我先儒之旨。"④ Carley论今世机械时代"凡政治学问，甚至宗教文章，以及人之思想行事交际，莫不取机械倾向。精神的科学与形而上之观感几于泯灭，是不可不急图恢复，以求内美之充实，与真理之发达"⑤。这也正是父亲与用彤伯父等那些年来日益警觉的想法，所以对作者疾呼"The chains of Mechanism now lie heavy upon us!"⑥极感痛切。

父亲每读好书喜与用彤伯父交流，用彤伯父往往鼓励他"将名理之节，译为中文，广为传布"⑦。用彤伯父还常向我父亲盛道家乡蒋西泉先生所著《清橙泪传奇》文章之妙，一腔情怀，正与蒲松龄著《聊斋志异》时同。致使我父亲"渴思读之多年，而终不能得"⑧。

两人都极爱好文学，并以文学的根柢在于思想为共识。父亲常说，非有真性情、真怀抱者不能作诗。用彤伯父则更加明确："无道德者不能工

---

① 吴宓1915年1月24日日记。
② 吴宓1915年2月21日日记。
③ 吴宓1915年4月24日日记。
④ 吴宓1915年5月18日至19日日记。
⑤ 吴宓1915年11月19日日记。
⑥ 吴宓1915年5月21日日记。
⑦ 吴宓1915年5月21日日记。
⑧ 《吴宓诗集》卷末《余生随笔》。

文章。无道德之文章，或可期于典雅，而终为靡靡之音。无卓识者不能工文章。无识力之文章，或可眩其华丽，而难免堆砌之讥。无怀抱郁积者不能工文章。无怀抱郁积之知识，非有天生之性情，不能得之。"①

父亲"心热而行笃"，有时感情用事；用彤伯父沉着稳健，温厚善良。两人性情各异而志趣相投，在清华时已立志献身学术文化：用彤伯父"寄心玄远之学，居恒爱读内典（佛经）"，故拟研究佛学；我父亲则准备从编辑出版杂志入手，"而后造成一是学说，发挥国有文明，沟通东西事理，以镕铸风俗，改进道德，引导社会"②。

父亲与用彤伯父为阐发他们的人生道德理想，1912年暑假，曾合著长篇章回体小说：《崆峒片羽录》。

据父亲1912年《日记》：

八月四日："晚及汤君用彤议著一长篇章回体小说。议决明日着手编辑。"

八月五日："与汤君议著小说事，定名为《崆峒片羽录》。全书三十回。因先拟定前十五回之内容。午后余为缘起回，汤则为第一回。未成而一日已尽矣。"

八月六日："是日上午，余缘起回告成。汤君第一回至晚亦竣。每回十页。以后作法皆由余等二人共拟大纲，然后由汤君著笔编述，余为之润词。于是数日来遂纯以此为二人之事。"

八月七日："是日为《崆峒片羽录》第二回，成。"

八月八日："是日为《崆峒片羽录》第三回，几于成矣。"

父亲与用彤伯父合著的这部小说，从未刊布；原稿后来又丢失，一直未能找见。1926年12月，我父亲在《如果我闻》的跋中谈及于此，还深感痛心与遗憾："民国元年暑假，予居清华，与汤君锡予（用彤）合撰长篇章回体小说，名《崆峒片羽录》，已成约三万余言。楔子为予撰作，略仿韩愈《毛颖传》，借毛先生之议论以说明著作小说之原理及方法。以下则

---

① 吴宓著：《吴宓诗集》，商务印书馆2004年版，卷末《余生随笔》。
② 吴宓1919年2月24日日记。

由锡予属草,而予为之润词。第一回:小学子味理解谈经,侠男儿拯溺独贾勇。第二回:乌水黔山初浮宦海,黄笏白简终误鹏程。第四回:燃春灯老制军淘情,捷秋闱小书生感遇。第三回、第五回回目均佚。全书大旨,在写吾二人之经历,及对于人生道德之感想。书中主人,为黄毅兄弟及其妹黄英,皆理想人物。此稿从未刊布。……不幸1923年10月,予由南京鼓楼北二条巷,移寓保泰街,家人不慎,致将《崆峒片羽录》原稿一册遗失,每一念及,极为痛恨。盖少年心境,创作始基,终无由得见。其损失岂仅千金而已哉。"

后来,父亲与用彤伯父已不满足于创作小说来阐发他们的人生道德感想,进而组织学会,联合志同道合之友,共同推行他们的理想事业。1915年冬,父亲与用彤伯父联合诸知友,组织了天人学会。此会最初由黄华(叔巍)发起;名称,是用彤伯父给取的。父亲对会名的解释是:"天者天理,人者人情。此四字实为古今学术政教之本,亦吾人方针所向。至以人力挽回天运,以天道启悟人生,乃会人之责任也。"据父亲1916年4月3日给吴芳吉的信:"此会用意,即欲得若干性情德智学术事功之朋友,相助相慰,谊若兄弟,以共行其所志。""会之大旨,除共事牺牲、益国益群而外,则欲融合新旧,撷精立极,造成一种学说,以影响社会,改良群治。又欲以我辈为起点,造成一种光明磊落、仁心侠骨之品格,以期道德与事功合一,公义与私情并重,为世俗表率,而蔚成一时之风尚。"天人学会会员主要是清华丙辰级同学,创立伊始,"理想甚高,感情甚真,志气甚盛";1916年以后大部分会员赴美学习,相互间联系减少,低年级同学入会条件放宽,逐渐涣散。20年代以后,我父亲等年事稍长,认识到"学术广大,非一会所可范围,且为事求才不需有会",于是天人学会渐"消灭于无形"。

用彤伯父只比我父亲年长一岁,但论究学理、辨析人情,各方面显得成熟得多。父亲刚进清华时,"与锡予谈,谓此心颇多思想,且以为患。锡予谓,稍长即无思想矣"[①]。这种境界,父亲几年后才体会:"原来儿时之思想实皆幻想,后此且将自非自悔,识其无用,而后再得成人之思想。

---

① 吴宓1915年2月16日日记。

譬犹蝉之脱壳,逐层代谢而进化。"[1]我嗣祖父仲旗公博学能文,秉性刚直,1914年冬在甘肃供职遭诬陷,蒙难入狱。父亲奔走于京城的陕西耆宿名流之间,谒恳说项,联名向中央保释,疲于奔命,屡受挫折,心情十分颓丧。幸得用彤伯父劝慰开导,并与向哲浚(明思)君帮我父亲研究应付此局,使他得以既坚持营救亲人又未影响学业。

父亲在清华学校,曾三次写诗示赠用彤伯父。这也可以看出两人之间的深厚友情于一斑:

示锡予　作于1913年

风霜廿载感时迁,憔悴潘郎发白先。
心冷不为尘世热,泪多思向古人涟。
茫茫苦海尝忧乐,滚滚横流笑蚁膻。
醉舞哀歌咸底事,沧桑砥柱励他年。

偶成示锡予　作于1915年

一

少年心久藏忧患,一蟹生涯想旧著。
亲狱无缘哭北阙,国仇有誓指东邻。
十洲芳草归苡刈,千载灵光总劫尘。
天意讵随人事改,晦霾醒醉怅何因。

二

柱国人材公漫诩,魑魔入鉴敢辞形。
铅华肤御同颦笑,邱壑胸藏别渭泾。
巢燕居鸠仍愤愤,卧薪尝胆尽惺惺。
激随我逊卿谋贵,常度温涵有至馨。

---

[1] 吴宓1915年2月16日日记。

送锡予归省　作于1916年初

一

皇皇何所事，风雪苦奔波。
堂上亲情切，斑衣孝思多。
江山舒秀色，文字遣愁魔。
劳我无端感，十年客梦过。

二

毋为伤短别，已有岁寒盟。
远举图鹏奋，深心耻鹜争。
结庐云水好，励志箪瓢清。
沧海行睽隔，悬怜怅望情。

三

一卷青镫泪[注]，斑斓着墨痕。
嘱君慎取择，与世共临存。
古艳名山闷，斯文吾道尊。
平生铅椠业，敢复怨时繁。

[注]《青镫泪传奇》，锡予乡人蒋公作，闻名有年矣。

毕业前不久，父亲在日记中回顾了清华教育的得失，又评论了几位知友。对用彤伯父，他是这样写的："锡予喜愠不轻触发，德量汪汪，风概类黄叔度。而于事之本原，理之秘奥，独得深窥。交久益醇，令人心醉，故最投机。"①

1916年夏，父亲与用彤伯父于清华学校高等科毕业；父亲因体弱没有通过严格的体育考试，未能与丙辰级毕业同学一起留美，在清华任文案处翻译员。用彤伯父因治疗砂眼也未成行，而留校任国文教员，并任《清华周刊》总编辑。

父亲1917年到美国，先入弗吉尼亚（Virginia）州立大学学习文学，插入文科二年级。1918年暑假，转入哈佛大学文学院比较文学系，从师美国文学批

---

① 吴宓1915年9月17日日记。

评家泰斗、新人文主义大师欧文·白璧德（Irving Babbitt）。

父亲奉白璧德先生为师，受到梅光迪（迪生）先生的影响。梅原在美国西北大学肄业，因倾慕白璧德先生而于1915年秋转学哈佛。从学数年，师生间知契极深。父亲到哈佛不久，梅光迪就为他讲述白璧德先生的著述及其讲学大旨，介绍他读白师及其友穆尔（Paul Elmer More）先生的著作，又陪同拜谒白璧德先生。

白璧德先生以研究比较文学为毕生志业。1865年生于美国俄亥俄（Ohio）州的兑顿（Dayton），1889年在哈佛大学毕业。他不愿做德国学派专重考据的博士论文，而以巴黎为文艺复兴以来人文传统的故乡，去巴黎大学从拉维（Sylvian Levi）教授治梵文与佛教经典。1894年回母校哈佛大学任教，1912年升为正教授。

白璧德先生以为，思想是文学的基础，文学缺乏理性旨趣，即无意义可言。大学的人文教育不应是专才教育而是通才教育；所要培养的人才，不仅是学者而且是君子。人文学者负有传授承继文化之责，应该"博古而通今，授新而明旧，洞悉人类进化之前史，能为世用"。为此，主张学生多接触多亲近"人类思想的精华、古今文章之杰作"，熟读精思，理会受用；而不以宝贵的时间和精力去"搜求琐屑隐僻无与人事之事实，纂辑以成论文"[①]。

白璧德先生学识渊博，道德高尚，不仅精通法文，兼通希腊文、拉丁文、梵文与巴利（Pali）文，熟悉汉文化。他的学说远承于柏拉图、亚里士多德之精义微言，近接文艺复兴诸贤及英国约翰生、安诺德等遗绪，采撷西方文化的菁英，考镜源流，辨章学术，卓然自成一家之言。在东方学说中，独近孔子。他高度肯定中国传统文化的主体——儒学，并把它视为世界反对资本主义物化与非理性化斗争的重要组成部分。

父亲认为白璧德先生的新人文主义学说"综合古今东西的文化传统，是超国界的"，"立论宏大精微，本为全世界，而不为一时一地"，自己能受其教、读其书、明其学、传其业，深感荣幸。他努力多读细读先生著作，并通过课堂亲聆先生讲授，悉心学习先生的精神与人格。父亲对白璧

[①] 引自《白璧德之人文主义》，载《学衡》第19期。

德先生是这样的崇敬，早在用彤伯父来哈佛之前，久已写信告知老友自己师事白璧德先生，受知甚深的情况。而当用彤伯父1919年夏转来哈佛研究院就读时，父亲更是非常高兴，急不可待地向老友推荐"精深博大""于佛学深造有得"的白氏学说，并导谒白璧德先生。

用彤伯父是1918年赴美留学的。据父亲晚年自编年谱（以下简称《年谱》）1918年篇："此半年中，老友汤用彤君（字锡予）已随清华戊午级毕业生来到美国，被派入Hamline大学（在Minnesota省之首府圣保罗城）。（清华派定之学校与专科，只限于到美国后之第一学年。第二年，则每人皆可自由改变矣。）与宓恒通信。"

又据《年谱》1919年篇："哈佛大学本有梵文、印度哲学及佛学一系，且有卓出之教授Lanman先生等，然众多不知，中国留学生自俞大维君始探索、发见，而往受学焉。其后陈寅恪、汤用彤继之。"

用彤伯父于1919年6月19日抵达波士顿，父亲曾三次前往车站迎接。据父亲1919年6月18日至19日《日记》："是晚得电，知锡予到此。特即驰至南车站接候，未至。""十九日晨及午，又赴站二次，均未接得。十九日午，尹（任先）张（贻志）诸君归来，即在Philip Brooks House开会，均国防会要人，及此间能文之士，议办报事。……六时半散，匆匆一饭，即赴南车站，而锡予至，住梅君寓中。"

用彤伯父初到哈佛，住在梅光迪君宿舍。暑期学校开学前，又迁到Standish Hall与我父亲及顾泰来、李达君同住。据父亲1919年6月22日至29日《日记》："此数日间，半游谈，半读书。夏校将开课，故于二十九日搬至Room B41, Standish Hall居住。同室者四人，锡予而外，李达、顾泰来二君，均同住。搬入以后，每日三餐，均在Smith Hall校中所开食堂吃饭。新居临大河，Charles River。每日晚饭后，散步河畔。桥上电灯罗列，灿若明星，水光荡漾，浮艇往来，幼童泅水者成群；而岸上汽车络绎，首尾衔接，如游龙蜿蜒，景至可乐。"

这个暑假，梅光迪、陈寅恪、俞大维、汪懋祖（典存）等君，均未外出而留校读书，暇时常一起散步游谈。在麻省理工学院学习的父亲同乡老友王正基（复初）君，因进哈佛暑期学校上经济一课，也时常来宿舍看望。我父亲与用彤伯父，并帮助料理杂务。

据父亲1919年6月21日《日记》："午，偕梅、陈、汪、汤诸君，游Reser voir Lake，席坐湖畔。"又6月30日下午，父亲偕用彤伯父与清华丁巳级留美同学陈烈勋游览了哈佛大学的植物园Arnold Aboratum。8月10日，父亲与用彤伯父、顾泰来、王正基君又"赴海滨游。先乘空中电车到Rowe's Wharf，乘汽船渡港，再乘火车至Lynu，沿大西洋海岸行至Swampscott，旋由此乘电车，至Marblehead海滨。归途复游Revere Beach及Winthrop海滨。晚六时归舍。"

星期日，父亲与用彤伯父、顾泰来君也常步行去波士顿市区，到中国餐馆进餐。

用彤伯父到哈佛不久，父亲就陪同他和寅恪伯父谒见白璧德先生。据父亲1919年7月14日《日记》："午饭时，赴白师Prof. Babbitt宅，约定会晤时间。晚八时，偕陈寅恪君及锡予同往。白师及其夫人陪坐。谈至十一时半始归。白师述其往日为学之阅历，又与陈君究论佛理。夫人则以葡萄露及糕点进，以助清谈云。"

父亲与用彤伯父在哈佛，一直同住一个宿舍。经常"同餐、同游、同出入、同研究校课，形迹极密"（《年谱》1920年篇）。而白璧德先生的论说，往往成为他们的重要话题。

1919年9月13日，暑期学校结束。父亲前已租定校园内靠近图书馆的Weld Hall 51号室，下学年与用彤伯父同住。MIT的王复初君来哈佛帮助整理书物，装束箱箧。原定这天移往新居，后因木器等未如期运到推迟了两天。

据父亲1919年9月15日《日记》："阴雨，午前复初来，助宓等携运包裹等，移往Wald Hall新居，终日而毕。宓等以省钱故，每住校中宿舍，均在最高一层楼上。夏间所居B41 Standish Hall为四层楼。今之新居则为五层楼，须经行四梯，共八十级。室分内外两间。每一学年（实九月）房租美金百四十元。宓与锡予各出其半，凡七十美元。租赁木器，全年十元。电灯六七元。室役赏资一二元。室甚宽敞，惟略黑暗，且近通衢，故电车汽车之声，日夜隆隆。木器本约日前送到，而竟未照行。日来屡经催促，卒至十八日，始送到。故连日均在地板上安眠云。"

新学年开始，清华同学张鑫海（后改名歆海）来哈佛。父亲与用彤伯父"导示一切，并为觅定寓所"。据父亲1919年9月18日《日记》："清华后来诸级游美学生，其研习文学者，仅有楼君光来及张君鑫海二人。今春正二月以来，二君屡来函，究问文学一道；宓告以种种。二君得读白师等之书，极道响慕，遂转学哈佛。楼君以尚未毕业须留原校，故张君独先至。"1920年1月，楼光来君转至哈佛，从白璧德先生习文学。父亲"偕锡予及张君鑫海赴南车站迎接"，很高兴"此间习文史哲理者，渐多矣"（1920年1月30日《雨僧日记》）。

由于思想观点接近，张鑫海、楼光来二君与我父亲及用彤伯父很快亦成为知友。

1919年10月5日，梅光迪君首途归国，赴南开学校英语系教员任。10月4日晚，父亲与寅恪伯父、用彤伯父及其他知友，"会于陈君寅恪室中"，欢送梅光迪君。10月5日，早晨，父亲"偕锡予为运搬箱箧。午，由锡予及施君济元及宓，共约梅君在汉口楼祖饯。四时半，送至南车站，握手而别"（1919年10月5日《雨僧日记》）。

用彤伯父在哈佛，一如当年在清华，非常用功。不仅校课成绩优异，读书勤奋认真，又乐于助人。在父亲的《日记》中，每多赞语。

据父亲1919年12月10日《日记》："锡予近读佛学之书，殊多进益。宓未遑涉猎也。偶见其中载佛语一则云：'学道之人，如牛负重车，行深泥中，只宜俯首前进，若一徘徊回顾，则陷溺遽深，而不可拯拔矣。'宓近来体验所得，确信此言之切要也。"

"留美同人，大多志趣卑近，但求功名与温饱。而其治学，亦漫无宗旨，杂取浮摭。乃高明出群之士，如陈君寅恪之梵文，汤君锡予之佛学，张君鑫海之西洋文学，俞君大维之名学，洪君深之戏，则皆各有所专注。"（1919年12月29日《雨僧日记》）。

"张君鑫海年少美才，学富志洁，极堪敬爱。此间除陈君寅恪外，如锡予及张君鑫海，及日内将到此之楼君光来，均见实学，又极用功。夫今日已为中国学生中之麟凤，其将来之造诣，定可预知。学然后知不足，学愈深，愈见得自己之所得者尚浅。故如锡予与张君等均又实心谦虚，尤足称道。"（1920年1月30日《雨僧日记》）。

有段时间，父亲作为"国防会"①的董事，被委托负责"国防会"机关报在美国的征稿、发行，异常劳忙。寅恪伯父和张鑫海君屡劝父亲不要为此花费太多时间。用彤伯父竭诚相助，甚至与父亲"谈至深夜。略谓宓虽勤劳，不为尽职。盖国防会筹款办报，机会极佳。然张、尹诸人，学识缺乏，虽具热诚，而办报之条理全无。此间收得之稿，恶劣不堪，仅资敷衍，实为左计。是宜设法联络友朋中高明之士，一鼓作气，自定办法，文稿慎为选择，严格收取，立意必求高，而每篇文字，必具精彩，专由美国集稿寄回中国，而强张、尹等以听从吾说。如是则报出可以动人，而实达救国益群之初志"（1919年11月30日《雨僧日记》）。父亲甚以为是，准备照办。可惜不久接到国防会长张贻志自上海来函，谓将《乾报》停办，改办周报。一切由国内安排决定。为此，用彤伯父的改进方案未能实现。

父亲在哈佛主修文学，但哲学书读得不少，这也许是受导师影响。白璧德先生十分强调沟通文哲，以为哲学隐而文学显，两者互相映照。文学教授应令学生多读哲学，哲学教授应令学生多读文学。在这一点上，东方古代学风很有值得学习之处；即使在西方，希腊罗马的古典文学莫不有人生哲学为其根据。

父亲在《日记》中也写过："西国学问之精华本原，皆在希腊三哲。三哲之中，苏格拉底生平无所著述。柏拉图多述师说，而亦自有发明。亚里士多德则集其大成，而其学极博。约而论之，柏氏之书，多言天道。亚氏则究人事。柏氏多言本体，而亚氏则究其致用。三哲之学，皆天人一贯（此但言其偏重之处，未可误分也）。治西学而不读三哲之书，犹之宗儒学而不读四书五经，崇佛学而不读内典，直是迷离彷徨，未入门径，乌登峰造极哉？"（1919年9月5日《雨僧日记》）

父亲是先读希腊三哲之学说，而后读其著述之原本。

1920年暑假，寅恪伯父去纽约，用彤伯父赴Silver Bay YMCA Student Conference及Cornell Summer School，张鑫海君亦外出，顾泰来君搬来暂与父亲同住。父亲仍进哈佛暑假学校，只选修一门《上古史》；其余时间，全部用来自修西方哲学："炎暑中，在宿舍内，读完《柏拉图全集》

---

① 中国国防会，波士顿的中国留学生痛愤国耻而于1915年5月9日成立的爱国组织。

'*The Dialogues of Plato*'（Ben．Jowett英译本）四大册，三十七篇。均有笔记。"（《年谱》1920年篇）又请留校读书的俞大维君讲授《西洋哲学史大纲》，并在他的指导下阅读其他哲学书籍。

1920年8月17日，用彤伯父从纽约归来后，又为我父亲讲授《印度哲学与佛教》。父亲在《年谱》1920年篇中写道：俞大维、汤用彤两君讲授，"皆简明精要，宓受益至多。两君并手写概略及应读书目授宓。本年七月八日，宓专读西洋哲学书籍，八月及九月，宓专读印度哲学及佛教书籍。按汤用彤君，清末，在北京五城中学时，即与同学梁漱溟君同读印度哲学之书及佛教经典。去年到哈佛，与陈寅恪君同从Lanman教授，学习梵文与巴利文（Pali小乘经文，类中国小说之文字），于是广读深造，互切磋讲论，并成全中国此学之翘楚矣"。

清华留美公费规定为五年。父亲在1920年春，曾决定"再居美二年，1922年夏回国。此二年中，当仍在哈佛，研究历史、哲学、文学，专务自修，不拘规程，以多读佳书，蔚成通学，得其一贯之目的。至'博士'学位决舍之不求，'硕士'则得之甚易。盖欲造实学，非弃虚名不可，而区区二载，所可致力之事，千头万绪，取吸不尽，故务以精要为归"（1920年3月10日《雨僧日记》）。

但父亲后来没有学满五年，1921年6月在哈佛大学研究院毕业，获文学硕士学位后，即匆匆回国参加弘扬民族文化、沟通中西文明的战斗。据父亲晚年自述，他当时已"移其注意于中国国内之事实、情况，尤其所谓新文化运动（兼及新教育）"（《年谱》1920年篇）。而梅光迪君的国内来信，也是促使他决心提前回国的直接原因。

据《年谱》1921年篇："五月中旬，忽接梅光迪君自南京高等师范学校即国立东南大学来挂号快函言。迪回国后，在天津南开大学任教一年，无善可述。1920年秋，改就南京高师兼东南大学英语兼英国文学教授，甚为得意。本校副校长兼大学文理科主任刘伯明（以字行，名经庶，南京人）博士，为其在美国西北大学之同学知友，贤明温雅，志同道合。今后决以此校为聚集同志知友，发展理想事业之地。兹敬聘宓为南京高师、东南大学英语兼英国文学教授，月薪160元。郭秉文校长发出之正式聘书，不日即到。望宓即毅然辞去北高师校1919春之聘约，定来南京聚首。尤以1920年秋，即已与中华书局有约，拟由我等编撰杂志（月出一期）名曰《学衡》，由中华书局印刷发行。此杂志之总编辑，尤非宓归来担任不可。"梅君特别解释，该校现任英语系主任"忌嫉我辈，不欲迪汲引同志来"，故诡称：英语系之预算，现只余每月160元。恐此区区之数，吴君必不肯来！"若宓嫌薪太少而竟不来，反中彼之计矣。好在南京高师校二三年后，即不复存在。而迪等正将提议在东南大学增设一西洋文学系，独立自主，届时即可为宓增薪。……兄素能为理想与道德，作勇敢之牺牲，此其时矣！"

父亲"上午接读此函后，略一沉思，即到邮局发出两电报：（1）致北京北高师校长，请辞去前聘约，另函详。（2）致南京高师兼东南大学郭秉文校长，就其教授之聘。午餐见汤用彤君，方始告知"（《年谱》1921年篇）。

梅光迪君信中所谓"北高师之聘约"，是指1919年春，北京高等师范学校校长陈宝泉（筱庄）先生，参加中国教育部组织的美国教育考察团，在波士顿考察时，面聘我父亲为北高师英语科主任教授，月薪300元，待公费学习期满回国就任。父亲在接到梅君的信以前，一直准备赴北高师校就职。

诸知友对我父亲匆匆回国，看法不一；白璧德先生却表示理解。白氏历来"于中国事，至切关心"。明确指出，中国人必须深入中西文化并撷取其中之精华加以实行，才能救亡图存。白璧德先生曾命我父亲作文，述中国圣贤之哲理，以及文艺美术等，登载美国上好的报章。以"西人尚未得知涯略，是非中国之人自为研究，而以英文著述之不可。今中国国粹日益沦亡，此后求通知中国文章哲理之人，在中国亦不可得。是非乘时发大愿为，专研究中国之学，俾译述以行远传后，无他道。此其功，实较之精通西学为尤巨"（1920年11月30日《雨僧日记》）。后来，又同我父亲谈过："东西各国之儒者Humanists应联为一气，协力行事，则淑世易俗之功可冀成。故渠于中国学生在此者，如张（鑫海）、汤（用彤）、楼（光来）、陈（寅恪）及宓等，期望至殷云云"（1921年2月1日《雨僧日记》）。

1921年8月父亲返抵上海，9月即赶赴南京东南大学，开始他的理想事业。尽心授课而外，集中全力筹办《学衡》杂志。1922年1月，以"昌明国粹，融化新知"为宗旨的《学衡》创刊。父亲按期寄给大洋彼岸的用彤伯父阅看。

1922年夏，用彤伯父从哈佛大学研究院毕业归国，由梅光迪君和我父亲推荐给东南大学刘伯明副校长兼哲学系主任，聘为哲学系教授。于是，同窗好友重又聚首，共同从事他们想望多年的宏扬中国传统之道。

1992年12月于北京

（原载汤一介编《国故新知：中国传统文化的再诠释——汤用彤先生诞辰百周年纪念论文集》，北京大学出版社1993年版，第22—29页）

| 乐黛云 |

汤用彤与《学衡》杂志

代表新文化运动另一潮流的《学衡》杂志，从一开始就打出"昌明国粹，融化新知"的旗帜，并触目地印在《学衡》杂志的封面上，一直坚持到最后，这绝不是偶然的。《学衡》杂志创刊于1922年1月，按月出版，至1926年底出到60期，1927年停刊1年，1928年1月复刊，改为双月刊，至1929年底出至72期，1930年再度停刊1年，1931年1月复刊，此后时断时续直到1933年终刊。十一年来一以贯之，皆由吴宓担任总编辑，皆在中华书局出版，团结了相当一批固定的学人作者如柳诒徵、王国维、胡先骕、汤用彤、梅光迪等，也团结了一批相当固定的读者。这种一贯性和稳定性在"五四"以来众多的期刊中实属罕见。

创办《学衡》杂志的理想可以一直追溯到1916年在清华大学成立、并由汤用彤定名的"天人学会"。1911年汤用彤和吴宓分别由北京顺天学校和西安宏道学校考入北京清华学校。当时清华的学制、教科书、教师都大力模仿美国。这使当时的学生一方面能直接受到西方文化的熏染，一方面也产生了继承和发扬中国文化的志气和宏愿。据吴宓回忆，1911年至1913年，清华学校曾把"国文较好、爱读国学书籍"的七八名学生选出，特开一班，由学问渊博、名望很高的姚茫父、饶麓樵等国学大师专门讲授中国文化。当时参加这个班的除吴宓、汤用彤外，还有闻一多、刘朴等人。

1912年，汤用彤和吴宓曾共同合写长篇章回小说《崆峒片羽录》，"全书大旨，在写吾二人之经历及对于人生道德之感想"[①]，但不久他们即感到只写小说还不能满足他们参与社会、献身中国文化的宏愿。1915年2

---

① 吴宓：《如是我闻·跋》，转引自吴学昭：《吴宓与汤用彤》，《国故新知：中国传统文化的再诠释》，北京大学出版社1993年版，第23页。

月16日，吴宓已在日记中谈到要从编辑出版杂志入手，"然后造成一是学说，发挥国有文化，沟通东西事理，以熔铸风俗，改进道德，引导社会"。"发挥国有文化，沟通东西事理"，这就是后来《学衡》杂志所标举的"昌明国粹，融化新知"的最早提法。而对风俗、道德、社会的改革则一直是汤用彤、吴宓和其他《学衡》派诸公的共同目的。

吴宓等人办杂志的愿望并没有得到很快实现，倒是在1915年冬，成立了以汤用彤、吴宓所在的清华丙辰级同学为核心的"天人学会"。吴宓在1916年4月3日给好友吴芳吉信中说："……会之大旨：除共事牺牲，益国益群外，则欲融合新旧，撷精立极，造成一种学说，以影响社会，改良群治。"[①] 30年代，吴宓在其《空轩诗话》中，又曾回忆说："天人学会最初发起人为黄华（叔巍，广东东莞），会名则汤用彤（锡予，湖北黄梅）所赐，会员前后共三十余人。方其创立伊始，理想甚高，情感甚真，志气甚盛。""融合新旧，撷精立极"以"影响社会，改良群治"，《学衡》杂志的主旋律"昌明国粹，融化新知"再次出现在天人学会的宗旨之中。可见《学衡》杂志的酝酿远非一日之功。

1922年，吴宓接到在南京东南大学任教的梅光迪来信，谈到已和中华书局订约，将创办月出一期的杂志，并已定名《学衡》，总编辑则非吴宓回来担当不可。当时吴宓在美国哈佛大学尚可领取公费一年，并已和北京师范大学有约，回国后在该校担任教授，月薪300元。接梅光迪信后，吴宓即毅然返国，接受了月薪仅160元的东南大学教职。看来最吸引他，并促成他的决心的就是《学衡》杂志。

1922年1月，酝酿多年的《学衡》杂志终于创刊了。《学衡》杂志的宗旨更具体化为："论究学术，阐述真理，昌明国粹，融化新知，以中正之眼光，行批评之职事，无偏无党，无激无随。"在"昌明国粹"方面，他们的理由有三：第一，新旧乃相对而言，并无绝对界限，没有旧就没有新。第二，人文科学与自然科学不同，不能完全以进化论为依据。不一定"新"的就比"旧"的好，也不一定现在就胜于过去。第三，历史有"变"有"常"，"常"就是经过多次考验，在人类经验中积累起来的真

---

① 吴宓：《空轩诗话》，《吴宓诗及其诗话》，陕西人民出版社1992年版，第210、211页。

理。这种真理不但万古常新，而且具有普遍的世界意义。

"融化新知"，主要是指融化西方的新思想、新方法、新知识。《学衡》派"引介西学"的热情，完全不亚于激进派。他们十分强调吸收西方文化的重要性，如梅光迪所说："吾人生处今世，与西方文化接，凡先民所未尝闻见，皆争奇斗妍于吾前。彼土圣哲所惨澹经营，求之数千年而始得者，吾人乃坐享其成。故今日之机缘实吾人有史以来所罕睹。"① 但是，《学衡》派对于西学的融化吸收，与当时的一般鼓吹西化者有两点明显的不同：其一是特别强调对西方学说进行比较全面系统的研究，然后慎重择取。《学衡》创刊第1期，梅光迪就在他的论文《评提倡新文化者》中指出，"国人倡言改革，已数十年，始则以欧西之越我，仅在工商制造也，继则慕其政治法制，今且兼其教育、哲理、文学、美术矣"，而教育、哲理等"源于其历史民性者尤深且远"，若无广博精粹之研究，就会"知之甚浅，所取尤谬"。这样的"欧化"，只能是"厚诬欧化"，"行其伪学"。因此，他不能容忍某些人"西文字义未解，亦贸然操翻译之业，讹误潦乱，尽失作者原意，又独取流行作品，遗真正名著于不顾，至于撦拾剿袭，之为模拟，尤其取巧惯习，西洋学术之厄运未有甚于在今日中国者"②。《学衡》同人大多认为要引介西学就必须穷其本源，查其流变。吴宓一再强调希腊罗马古典文化和基督教乃西洋文化的两大源泉，为研究西洋文化所万不可忽略。两者之间，吴宓又特别强调前者。他认为："物质功利决非彼土（西方）文明之真谛，西洋文化之精华，惟在希腊文章哲理艺术。"③ 由于这种体认，《学衡》杂志不仅大力鼓吹希腊文、拉丁文的学习，而且用很大篇幅翻译介绍古典名著，如柏拉图五大语录、亚里士多德伦理学都曾在《学衡》杂志上翻译连载。其二是特别强调引进西学须与中国文化传统相契合，必须适用于中国之需要，"或以其为中国向所缺乏，可截长以补短者，或以其能救中国之弊，而为革新改进之助者"④。要达到这一目的，就不能"窥时俯仰"，"唯新是骛"，他们鄙弃所谓"顺应世

---

① 梅光迪：《现今西洋人文主义》，《国故新知论》，中国广播电视出版社1995年版，第34页。
② 梅光迪：《论今日吾国学术界之需要》，《国故新知论》，中国广播电视出版社1995年版，第141页。
③ 吴宓：《沃姆中国教育谈》，《学衡》1923年第23期。
④ 梅光迪：《现今西洋人文主义》，《国故新知论》，中国广播电视出版社1995年版，第35页。

界潮流",认为真正"豪杰之士"倒是"每喜逆流而行","真正学者,为一国学术思想之领袖,文化之前驱,属于少数优秀分子,非多数凡民所能为也",而平民主义之真谛并非"降低少数学者之程度,以求合于多数",而是"提高多数之程度,使其同享高尚文化"。[1]若"以多数人所不能企及之学问艺术为不足取",而"人类之天性殊不相齐",那么,文化就不能更新。[2]《学衡》派同人理想的新文化应是既不同于原来的东方文化,也不同于原来的西方文化,正如《学衡》杂志核心人物之一,吴宓挚友吴芳吉所说:"复古固为无用,欧化亦属徒劳,不有创新,终难继起。然而创新之道,乃在复古、欧化之外。"[3]也就是说既不能全盘西化,又不能志在复古,而要在"昌明国粹,融化新知"的前提下,有所创新才能继起。

汤用彤关于发展中国文化的思考与《学衡》杂志同人大体一致。他在美国哈佛大学仅用两年多时间完成了一般要三四年方可卒业的课程,1922年获哈佛大学哲学硕士学位后,立即返国。他返国后发表的第一篇文章就是登载于当年12期《学衡》杂志的《评近人之文化研究》。在这篇文章中,汤用彤针对时弊指出了文化研究中的三种不良倾向:第一种是"诽薄国学者",他们"以国学事事可攻,须扫除一切,抹煞一切",更有甚者,"不但为学术之破坏,且对于古人加以轻谩薄骂,若以仇死人为进道之因,谈学术必须尚意气也者"。[4]第二种是"输入欧化者",他们的缺点是对西方文化未做全面系统之研究,常以一得之见,以偏概全。例如"于哲理则膜拜杜威、尼采之流;于戏剧则拥戴易卜生、萧伯纳诸家",似乎柏拉图尽是陈言,而莎士比亚已成绝响。汤用彤对这种割断历史、唯新是骛的现象十分不满。更有一些人,"罗素抵华",则"拟之孔子","杜威莅晋",又"比之为慈氏",则更是令人愤慨。汤用彤说:"今姑不言孔子、慈氏与二子学说轩轾;顾杜威、罗素在西方文化与孔子、慈氏在中印所占地位,高下悬殊,自不可掩。此种言论不但拟于不伦,而且丧失国体。"[5]第三种是"主张保守旧文化者",他们有的胡乱比附,借外族为

---

[1] 梅光迪:《论今日吾国学术界之需要》,《国故新知论》,中国广播电视出版社1995年版,第138–140页。
[2] 胡先骕:《论批评家之责任》,《国故新知论》,中国广播电视出版社1995年版,第288–289页。
[3] 吴芳吉:《再论吾人眼中之新旧文学观》,《国故新知论》,中国广播电视出版社1995年版,第241页。
[4] 汤用彤:《评近人之文化研究》,《国故新知论》,中国广播电视出版社1995年版,第97页。
[5] 同上,第97页。

护符，有的"以为欧美文运将终，科学破产，实为'可怜'"，有的甚至"间闻二三数西人称美亚洲文化，或且集团体研究，不问其持论是否深得东方精神，研究者之旨意何在，遂欣然相告，谓欧美文化迅即败坏，亚洲文化将取而代之"。①

汤用彤认为这三种人的共同缺点就是"浅"和"隘"。"浅"就是"论不探源"，只看表面现象而不分析其源流。汤用彤举关于中国何以自然科学不发达的讨论为例，不少人认为由于中国"不重实验，轻视应用，故无科学"。其实西方的科学发达并不全在实验和应用，恰恰相反，"欧西科学远出希腊，其动机实在理论之兴趣……如相对论虽出于理想，而可使全科学界震动；数学者，各科学之基础也，而其组织全出空理"。因此，科学发达首先要有创造性的思想和理论。中国科学不发达首先"由于数理、名学极为欠缺"，而不是由于"不重实验，轻视应用"。其实中国倒是一向"专主人生，趋重实际"的。②只看到西方人对实际应用的改革，而未能深究其对理论之兴趣正是未曾"探源立说"，以致流于庸浅。"隘"就是知识狭窄，以偏概全。例如有些人将叔本华与印度文化相比附。汤用彤指出，叔本华"言意志不同于佛说私欲，其谈幻境则失吠檀多真义，苦行则非佛陀之真谛，印度人厌世，源于无常之恐惧，叔本华悲观，乃意志之无厌"③。如果不是受制于"隘"，就会看到"每有同一学理，因立说轻重主旨不侔，而其意义即迥殊，不可强同之也"。由于"浅""隘"，就会"是非颠倒"，"真理埋没"，对内则"旧学毁弃"，对外亦只能"取其一偏，失其大体"。结果是，"在言者固以一己主张而有去取，在听者依一面之词而不免盲从"④，以致文化之研究不能不流于固陋。

汤用彤强调指出，"文化之研究乃真理之讨论"，必须对于中外文化之材料"广搜精求"，"精考事实，平情立言"⑤，才能达到探求真理的目的。他自己始终遵循以上原则，力求摆脱"浅"和"隘"的局限。汤用彤在《学衡》杂志存在的十年间，始终与《学衡》杂志保持着联系，并身体

---

① 汤用彤：《评近人之文化研究》，《国故新知论》，中国广播电视出版社1995年版，第98页。
② 同上，第98页。
③ 同上，第99页。
④ 同上，第100页。
⑤ 同上，第100页。

力行，致力于克服文化研究中的"浅"和"隘"，围绕"昌明国粹，融化新知"的宗旨，不懈地进行"真理之讨论"。不仅如此，就是在《学衡》杂志停刊后的十余年中，汤用彤的学术文化研究也仍然以这一宗旨为指导原则，并对之进行了更深入、更精微的探索。

首先，为什么要"昌明国粹"？汤用彤和当时许多文化研究者看法不同，不是从狭隘的民族自尊自大出发，单纯强调中国文化如何灿烂辉煌，因为这里并无客观标准，任何民族都可以对自己的文化作出如此评价；他不是片面地对中国传统文化进行价值评判，认定优劣，随意取舍，而是科学地分析了历史的延续性，断定一切新事物都不可能凭空产生，无源无流，兀然自现。他认为研究文化学术，必不能忽略"其义之所本及其变迁之迹"，因为"历史变迁，常具继续性，文化学术虽异代不同，然其因革推移，悉由渐进"，必"取汲于前代前人之学说，渐靡而然，固非骤溃而至"。① "昌明国粹"，就是要在这种"推移渐进"的过程中，找出延续而被汲取的优秀部分。所说"优秀"并非个人爱好的主观评价，而是历史的择取。汤用彤举例说，魏晋玄学似乎拔地而起，与汉代学术截然不同；但"魏晋教化，导源东汉。王弼为玄宗之始，然其立义实取汉代儒学阴阳家之精神，并杂以校练名理之学说，探求汉学蕴摄之原理，扩清其虚妄，而折中之于老氏，于是汉代经学衰，而魏晋玄学起"。显然，魏晋玄学与东汉学术有了根本的不同：汉代虽已有人谈玄，如扬雄著《太玄赋》等，但其内容"仍不免天人感应之义，由物象之盛衰，明人事之隆污。稽查自然之理，符之于政治法度。其所游心，未超于象数。其所研求，常在乎吉凶"②；而魏晋玄学则大不同，"不复拘拘于宇宙运行之外用，进而论天地万物之本体。汉代寓天道于物理，魏晋黜天道而究本体，'以寡御众，而归于玄极'（王弼：《易略例·明象章》）；'忘象得意，而游于物外'（王弼：《易略例·明象章》）。于是，脱离汉代宇宙之论（cosmology or cosmogony）而留连于存存本本之真（ontology or theory of being）"③。总之，"汉代偏重天地运行之物理，魏晋贵谈有无之玄致"。汉学所探究，

---

① 汤用彤：《言意之辨》，《汤用彤学术论文集》，中华书局1983年版，第214页。
② 汤用彤：《魏晋玄学流别略论》，《汤用彤学术论文集》，中华书局1983年版，第233页。
③ 同上，第233页。

"不过谈宇宙之构造，推万物之孕成；及至魏晋乃常能弃物理之寻求，进而为本体之体会。舍物象，超时空，而研究天地万物之真际。以万有为末，以虚无为本"①。

为什么会有如此重大的转变呢？根本原因就是新眼光、新方法的出现，也就是"融化新知"的结果。汤用彤指出："研究时代学术之不同，虽当注意其变迁之迹，而尤应识其所以变迁之理由。"他认为变迁的一般理由有二："一则受之时风，二则谓其治学之眼光、之方法"，而以后者尤为重要。因为"新学术之兴起，虽因于时风环境，然无新眼光、新方法，则亦只有支离片段之言论，而不能有组织完备之新学。故学术新时代之托始，恒依赖新方法之发现"②。文化发展的重大转折，必然由于新眼光、新方法的形成。这些新眼光、新方法，有的由于本身文化发展或时风环境孕育而生，有的则受到外来文化的影响。获得新眼光、新方法就是"融化新知"。在汤用彤看来，"融化新知"从来就是推动文化发展之关键。他进一步举魏晋玄学之取代东汉学术为例，指出玄学"略于具体事物而究心抽象原理。论天道则不拘于构成质料（cosmology）而进探本体存在（ontology）。论人事则轻忽有形之粗迹而专期神理之妙用"③。为什么学术研究的重点会从"有言有名""可以说道"的"具体之迹象"突变而为"无名绝言而以意会"的"抽象本体"呢？汤用彤认为其根本原因就是"言意之辨"这种新眼光、新方法得到普遍推广，而"使之为一切论理之准量"。言和意的问题远在庄子的时代就已被提出，而何以到魏晋时代又被作为新眼光、新方法而被提出呢？汤用彤认为这就是由于当时时代环境对于"识鉴"，亦即品评人物的需求。品评人物不能依靠可见之外形，"形貌取人，必失于皮相"，因此，"圣人识鉴要在瞻外形而得其神理，视之而会于无形，听之而闻于无音"④。言不尽意，得意忘言。魏晋时期的言意之辨就与庄子时代很不同，而以言和意之间的距离引发出"迹象"与"本体"的区分。正是这种有无限潜力的新眼光、新方法形成了整个魏晋玄

---

① 汤用彤：《魏晋玄学流别略论》，《汤用彤学术论文集》，中华书局1983年版，第214页。
② 汤用彤：《言意之辨》，《汤用彤学术论文集》，中华书局1983年版，第214页。
③ 同上，第214页。
④ 同上，第215页。

学体系。汉代学术始终未能舍弃"天人灾异，通经致用"等"有形之粗迹"，就因为"尚未发现此新眼光、新方法而普遍用之"。总之，学术变迁之迹虽然可以诱因于时代环境之变化，但所谓"时风"往往不能直接促成学术本身的突变，而必须通过新眼光、新方法的形成。因此，以发现并获得新眼光、新方法为目的的"融化新知"就成为推动文化发展，亦即"昌明国粹"的契机和必要条件。

在"融化新知"的过程中，外来文化的影响也起着非常重要的作用。关于原有文化如何"融化"外来文化这种"新知"，汤用彤也有独到的见解。他反对当时盛行的"演化说"，即认为"人类思想和其他文化上的事件一样，自有其独立发展演进……完全和外来的文化思想无关"；他也不同意另一些人所主张的"播化说"，即"认为一个民族或国家的文化思想都是自外边输入来的，以为外来思想可以完全改变本来文化的特性与方向"。汤用彤认为"演化说"和"播化说"都是片面的。他强调外来文化与本地文化接触，其结果必然是双方都发生改变。"不但本有文化发生变化，就是外来文化也发生变化。"因为外来文化要对本地文化发生影响，就必须找到与本地文化相合的地方，就必须为适应本地文化而有所改变。例如印度佛教传到中国，经过了很大改变，成了中国佛教。在这个过程中，印度佛教与中国文化相合的能得到继续发展，不合的则往往昙花一现，不能长久。"天台、华严二宗是中国自己的创造，故势力较大；法相宗是印度道地货色，虽然有伟大的玄奘法师在上，也不能流行很长久。"可见，"一个国家民族的文化思想实在有他的特性，外来文化思想必须有所改变，合乎另一文化性质，乃能发生作用"[1]。

汤用彤指出，外来思想的输入往往要经历三个阶段：其一，因为看见表面的相同而调和。这里所讲的"调和"，并非折中，而是一种"认同"，即两方文化思想的"某些相同或相合"。其二，因为看见不同而冲突。外来思想逐渐深入，社会已把这个外来分子看作一严重事件。只有经历这一因为看到不同而冲突、而排斥、而改造的过程，"外来文化才能在另一文化中发生深厚的根据，才能长久发生作用"[2]。其三，因再发见真实的相

---

[1] 汤用彤：《文化思想之冲突与调和》，《汤用彤学术论文集》，中华书局1983年版，第190页。
[2] 同上，第190页。

合而调和。在这一阶段内,"外来文化思想已被吸收,加入本有文化血脉中了"[①]。外来文化已被同化,例如佛教已经失却其本来面目而成为中国佛教,而中国文化也因汲取了佛教文化而成为与过去不同的、新的中国文化。两种文化接触时所发生的这种双向选择和改变就是"融化新知"的必经过程。

关于"昌明国粹,融化新知"的探索和实践贯穿于汤用彤毕生的学术生涯,他的学术著作和所培养的学生遍及中国哲学、西方哲学、印度哲学等各个学术领域;他自己也终于成为我国近代极少数精通并能融会中国、西方、印度的哲学和宗教于一炉的杰出学者之一。

(原载汤一介编《国故新知:中国传统文化的再诠释——汤用彤先生诞辰百周年纪念论文集》,北京大学出版社1993年版,第30—36页)

[①] 汤用彤:《文化思想之冲突与调和》,《汤用彤学术论文集》,中华书局1983年版,第190页。

| 乐黛云 |

我心中的汤用彤先生

我第一次近距离接触汤用彤先生是在1952年全校学生毕业典礼上。当时他是校务委员会主席，我是向主席献花、献礼的学生代表。由于我们是新中国成立后正规毕业的第一届学生，毕业典礼相当隆重，就在当年"五四"大游行的出发地——民主广场举行。当时全体毕业生做出一个决定，离校后，每人从第一次工资中，寄出五角钱，给新校址建一个旗杆。目的是希望北大迁到燕园时，学校的第一面五星红旗是从我们的旗杆上升起！毕业典礼上，我代表大家郑重地把旗杆模型送到了汤先生手上。如今，五十余年过去，旗杆已经没有了，旗杆座上的石刻题词也已漫漶，旗杆座却还屹立在北大西门之侧。

就在这一年，我进入了汤用彤先生的家，嫁给了他的长子汤一介，他1951年刚从北大哲学系毕业。我们的婚礼很特别，即便是在50年代初期，恐怕也不多见。当时，我希望我的同学们离校前能参加我的婚礼，于是，赶在1952年9月结了婚。结婚典礼就在小石作胡同汤家。按照我们的策划，婚礼只准备了喜糖、花生、瓜子和茶水。那是一个大四合院，中间的天井能容纳数十人。晚上8点，我的同班同学、共青团团委会的战友们和党委的一些领导同志都来了，气氛热闹活跃，如我所想。这是一个"反传统"的婚礼，没有任何礼仪，连向父母行礼也免了，也没有请父母或领导讲话。汤老先生和我未来的婆母坐在北屋的走廊上，笑眯眯地看着大家嬉闹。后来，大家起哄，让我发表结婚演说。我也没有什么"新娘的羞怯"，高高兴兴地发表了一通讲话。我至今还记得大概的意思是说，我很愿意进入这个和谐的家庭，父母都非常慈祥，但是我并不是进入一个无产阶级家庭，因此还要注意划清同资产阶级的界限。那时的我真是非常革命！简直是"左派幼稚病"！两位老人非常好脾气，丝毫不动声色，还高高兴兴地鼓掌，表示认同。后来，两位老人进屋休息，接着是自由发言，朋友们尽情哄闹、玩笑。大家说什么我已不记得了，只记得汤一介的一个老朋友——闻一多先生的长公子闻立鹤，玩笑开得越来越过分，甚至劝告汤一介，晚上一定要好好学习毛主席的战略思想，说什么"敌进我退""敌退我攻"之类，调侃之意，不言自明。我当即火冒三丈，觉得自己受了侮辱，严厉斥责他不该用伟大领袖毛主席的话来开这样的玩笑！大家看我认真了，都觉得很尴尬……我的婚礼就此不欢而散。我和汤一介怏怏不乐地驱车前往我们的"新房"。为了"划清界限，自食其力"，我们的"新房"不在家里，而是在汤一介工作的北京市委党校宿舍的一间很简陋的小屋里。

第二天，汤老先生和老夫人在旧东单市场森隆大饭店请了两桌至亲好友，宣布我们结婚，毕竟汤一介是汤家长子。汤老先生和我的婆母要我们参加这个婚宴，但我认为这不是无产阶级家庭的做法，结婚后第一要抵制的就是这种旧风俗习惯。我和汤一介商量后，决定两个人都不去。这种行为现在看来确实很过分，一定很伤了两个老人的心。但汤老先生还是完全不动声色，连一句责备的话也没有。

毕业后我被分配到北大工作，院系调整后，汤老先生夫妇也迁入了宽敞的燕南园58号。校方认为没有理由给我再分配其他房子，我就和老人住在一起了。婆婆是个温文尔雅的人，她很美丽，读过很多古典文学作品和新小说，《红楼梦》和《金粉世家》都看了五六遍。她特别爱国，抗美援朝的时候，她把自己保存的金子和首饰全捐献出来，听说和北大教授的其他家属一起，整整捐了一架飞机。她从来不对我提任何要求，帮我们带孩子，分担家务事，让我们安心工作。我也不是不近情理的人，逐渐也不再提什么"界限"了。她的手臂曾经摔断过，我很照顾她。他们家箱子特别多，高高地摞在一起。她要找些什么衣服，或是要晒衣服，都是我帮她把一个个箱子搬下来。汤老先生和我婆婆都是很有涵养的人，我们相处这么多年，从来没见他俩红过脸。记得有一次早餐时，我婆婆将他平时夹馒头吃的黑芝麻粉错拿成茶叶末，他竟也毫不怀疑地吃了下去，只说了一句"今天的芝麻粉有些涩！"汤老先生说话总是慢慢地，从来不说什么重话。因此在旧北大，曾有"汤菩萨"的雅号。这是他去世多年后，学校汽车组一位老司机告诉我的，他们至今仍然怀念他的平易近人和对人的善意。

汤老先生确实是一个不大计较名位的人！像他这样一个被公认为很有学问，曾经在美国与陈寅恪、吴宓并称"哈佛三杰"的学者，在院系调整后竟不让他再管教学科研，而成为分管"基建"的副校长！那时，校园内很多地方都在大兴土木。在尘土飞扬的工地上，常常可以看到他缓慢的脚步和不高的身影。他自己并不觉得这有什么不好，常说事情总需要人去做，做什么都一样。

……

这以后，他手不能写，腿也不能走路，只能坐在轮椅上。但他仍然手不释卷，总在看书和思考问题。我尽可能帮他找书，听他口述，然后笔录下来。这样写成的篇章，很多收集在他的《饾饤札记》中。

这段时间，有一件事对我影响至深。汤老先生在口述中，有一次提到《诗经》中的一句诗："谁生厉阶，至今为梗。"我没有读过，也不知道是哪几个字，更不知道是什么意思。他很惊讶，连说，你《诗经》都没通读过一遍吗？连《诗经》中这两句常被引用的话都不知道，还算是中文系毕业生吗？我惭愧万分，只好说我们上大学时，成天搞运动，而且我是搞现代文学的，老师没教过这个课。后来他还是耐心地给我解释，"厉阶"就是"祸端"的意思，"梗"是"灾害"的意思。这句诗出自《诗经·桑柔》，全诗的意思是哀叹周厉王昏庸暴虐，任用非人，人民痛苦，国家将亡。这件事令我感到非常耻辱，从此我就很发奋，开始背诵《诗经》。那时，我已在中文系做秘书和教师，经常要开会，我就一边为会议做记录，一边在纸页边角上默写《诗经》。直到现在，我还保留着当时的笔记本，周边写满了《诗经》中的诗句。我认识到作为一个中国学者，做什么学问都要有中国文化的根基，就是从汤老的教训开始的。

……

汤老先生是个儒雅之士，哪里经历过这样急风暴雨的阶级斗争，而且这斗争竟然就翻腾到自己的家里！他一向洁身自好，最不愿意求人，也很少求过什么人！这次，为了他的长房长孙——我的刚满月的儿子，他非常违心地找了当时的学校副校长江隆基，说孩子的母亲正在喂奶，为了下一代，能不能缓期去接受监督劳动。江隆基是1927年入党的，曾经留学德国，是一个很正派的人。他同意让我留下来喂奶8个月。后来他被调到兰州大学当校长，"文化大革命"中受迫害上吊自杀了。我喂奶刚满8个月的那一天，下乡的通知立即下达。记得离家时，汤一介还在黄村搞"四清"，未能见到一面。趁儿子熟睡，我踽踽独行，从后门离家而去。偶回头，看见汤老先生隔着玻璃门，向我挥了挥手。

我觉得汤老先生对我这个"极左媳妇"还是有感情的。他和我婆婆谈到我时，曾说，我这个人心眼直，长相也有福气！1962年回到家里，每天给汤老先生拿药送水就成了我的第一要务。这个阶段有件事，我终生难忘。那是1963年的五一节，天安门广场举办了盛大的游园联欢活动，集体舞跳得非常热闹。这是个复杂的年代，"大跃进"的负面影响逐渐成为过去，农村开始包产到户，反右斗争好像也过去了，国家比较稳定，理当要大大地庆祝一下。毛主席很高兴，请一些知识分子在五一节晚上到天安门上去观赏焰火、参加联欢。汤老先生也收到了观礼的请帖。请帖上注明，可以带夫人和子女。汤老先生就考虑，是带我们一家呢，还是带汤一介弟弟一家？当时我们都住在一起，带谁去都是可以的。汤老先生是一个非常细心的人，他当时可能会想，如果带了弟弟一家，我一定会特别难过，因为那时候我还是个"摘帽右派"。老先生深知成为"极右派"这件事是怎样深深地伤了我的心。在日常生活中，甚至微小的细节，他也尽量避免让我感到受歧视。两老对此，真是体贴入微。我想，正是出于同样的考虑，也许还有儒家的"长幼有序"吧。最后，他决定还是带我们一家去。于是，两位老人，加上我们夫妇和两个孩子，一起上了天安门。那天晚上，毛主席过来跟汤老先生握手，说他读过老先生的文章，希望他继续写下去。毛主席也跟我们和孩子们握了握手。我想，对于带我上天安门可能产生的后果，汤老先生不是完全没有预计，但他愿意冒这个风险，为了给我一点内心的安慰和平衡！回来后，果然有人写匿名信，指责汤老先生竟然把一个"右派分子"带上了天安门！带到了毛主席身边！万一她说了什么反动话，或是做了什么反动事，老先生能负得起这个责任吗？这封信，我们也知道，就是住在对面的邻居所写，其他人不可能反应如此之快！老先生沉默不语，处之泰然，好像一切早在预料之中。

不幸的是老先生的病情又开始恶化了。1964年孟春，他不得不又一次住进医院。那时，汤一介有胃癌嫌疑，正在严密检查，他的弟媳正在生第二个孩子，不能出门。医院还没有护工制度，"特别护士"又太贵。陪护的事，就只能由婆婆和我来承担。婆婆日夜都在医院，我晚上也去医院，替换我婆婆，让她能略事休息。记得那个春天，我在政治系上政论文写作，两周一次作文。我常常抱着一摞作文本到医院去陪老先生。他睡着了，我改作文，他睡不着，就和他聊一会儿天。他常感到胸闷，有时憋气，出很多冷汗。我很为他难过，却完全无能为力！在这种时候，任何人都只能单独面对自己的命运！就这样，终于来到了1964年的五一劳动节。那天，阳光普照，婆婆起床后，大约6点多钟，我就离开了医院。临别时，老先生像往常一样，对我挥了挥手，一切仿佛都很正常。然而，我刚到家就接到婆婆打来的电话。她嚎啕大哭，依稀能听出她反复说的是："他走了！走了！我没有看好他！他喊了一句五一节万岁，就走了！"汤老先生就这样，平静地，看来并不特别痛苦地结束了他的一生。

过去早就听说汤老先生在北大开的课，有"中国佛教史""魏晋玄学""印度哲学史"，还有"欧洲大陆哲学"。大家都说像他这样，能够统观中、印、欧三大文化系统的学者恐怕还少有。和汤老先生告别17年后，我有幸来到了他从前求学过的哈佛大学，我把汤老先生在那里的有关资料找出来看了一遍，才发现他在哈佛研究院不仅研究梵文、佛教、西方哲学，并还对"比较"，特别是对西方理论和东方理论的比较，有特殊的兴趣。汤老先生在美国时，原是在另一所大学念书，是吴宓写信建议他转到哈佛的。他在哈佛很受著名的比较文学家白璧德的影响，他在哈佛上的第一堂课就是比较文学课。吴宓和汤老先生原是老朋友，在清华大学时就非常要好，还在一起写过一本武侠小说。我对他这样一个貌似"古板"的先生也曾有过如此浪漫的情怀很觉惊奇！白璧德先生是比较文学系的系主任，是这个学科和这个系的主要奠基人，对中国文化特别是儒家十分看重。在他的影响下，一批中国的青年学者，开始在世界文化的背景下，重新研究中国文化。汤老先生回国后，就和吴宓等一起组办《学衡》杂志。现在看来，在五四新文化运动中，激进派与学衡派的分野就在于，一方要彻底抛弃旧文化，一方认为不能割断历史。"学衡派"明确提出了"昌明国粹，融化新知"的主张。汤老先生那时就特别强调古今中外的文化交汇，提出要了解世界的问题在哪里，自己的问题在哪里；要了解人家的最好的东西是什么，也要了解自己最好的东西是什么；还要知道怎么才能适合各自的需要，向前发展。他专门写了一篇《评近人之文化研究》来阐明自己的主张。研究学衡派和汤老先生的学术理念，是我研究比较文学的一个起点。

正是从这一点出发，我认为中国的比较文学同西方的比较文学是不一样的。西方的比较文学在课堂中产生，属于学院派；中国的比较文学却产生于时代和社会的需要。无论是五四时期，还是80年代，中国知识分子都是从自己的需要出发向西方学习的。中国比较文学就产生于这样的中西文化交流之中。事实上，五四时期向西方学习的人，都有非常深厚的中国文化底蕴，像吴宓、陈寅恪、汤老先生和后来的钱锺书、宗白华、朱光潜等，他们都懂得怎样从中国文化出发，应该向西方索取什么，而不是"跟着走""照着走"。

汤老先生离开我们已近半个世纪，他的儒家风范，他的宽容温厚，始终萦回于我心中，总使我想起古人所说的"即之也温"的温润的美玉。记得在医院的一个深夜，我们聊天时，他曾对我说，你知道"沉潜"二字的意思吗？沉，就是要有厚重的积淀，真正沉到最底层；潜，就是要深藏不露，安心在不为人知的底层中发展。他好像是在为我解释"沉潜"二字，但我知道他当然是针对我说的。我本来就习惯于什么都从心里涌出，没有深沉的考虑；又比较注意表面，缺乏深藏的潜质；当时我又正处于见不到底的"摘帽右派"的深渊之中，心里不免抑郁。"沉潜"二字正是汤老先生对我观察多年，经过深思熟虑之后，给我开出的一剂良方，也是他最期待于我的。汤老先生的音容笑貌和这两个字一起，深深铭刻在我心上，将永远伴随我，直到生命的终结。

（原载乐黛云著《四院·沙滩·未名湖——60年北大生涯》，北京大学出版社2008年版，第134-147页）

| 镰田茂雄 |

伟大的哲学史家、佛教史家汤用彤教授
——佛光版《汤用彤全集》序二

欣闻佛光文化事业有限公司出版《汤用彤全集》，本人由衷表示祝贺。这套书完整收录了伟大的哲学史家、佛教史家——汤用彤教授的生平著作，此次能结集出书，我们始得以一窥汤用彤教授智慧宝库的全貌。

汤用彤教授曾赴美就读，一方面学习梵文、巴利文等语言，同时亦钻研科学化的研究方法，更深入探讨欧美学者的研究成果。将中国传统的为学方法，与近代欧美的研究方法融会贯通，于是自创出完美的治学之道。汤用彤教授的治学之道，首推其锲而不舍网罗资料的精神，而后建立牢不可破的缜密考证。其考证绝不落烦琐，一路剖析乃至结论，予人极尽明快之感。

汤用彤教授通达中国哲学、印度哲学与西洋哲学，尤其专精于中国佛教史、魏晋玄学、印度哲学史、道教史等的研究，并发表《汉魏两晋南北朝佛教史》《隋唐佛教史稿》《魏晋玄学论稿》《印度哲学史略》等诸多精辟的论著。其中，民国二十七年（1938年）六月由长沙商务印书馆出版的《汉魏两晋南北朝佛教史》，其堂堂四六版八七八页的巨作，不仅为中国历史上首见，甚至于全世界亦少有匹敌者。

《汉魏两晋南北朝佛教史》一书非历朝历代的通史，而是东汉至南北朝时期区段的通史，其大刀阔斧的论述，以及研究方法与角度，均一反以往的形式，以十分崭新、科学化的手法写成，单从章节的编排上即可以看出其思想脉络，简洁明快。其内容考据详尽、旁征博引；推论确凿，丝毫不附会学者的影迹；既不偏重教理，亦不偏重教团，却又能切中两者的精髓，以思想性推展为中心，打破以往的教理史的框架，俨然是一部注重与社会脉动相连的正统通史。尤其对佛教与中国固有思想间的关联深加探讨，例如"佛教玄学的滥觞"等类的主题，是著者最拿手的精彩篇章。

汤用彤教授的门下学者，更加发扬其优秀的传承，如任继愈教授主编的《中国佛教史》三册（中国社会科学出版社）、《中国道教史》（上海人民出版社）、《中国哲学发展史》等著作。其治学方法不仅予中国学者相当大的影响，对日本学界亦是一大冲击，激发日本学者纷纷投入创作。例如塚本善隆博士的《塚本善隆著作集》全七册（大东出版社）、道端良秀博士的《中国佛教史全集》全十一册（书苑）、牧田谛亮博士的《中国佛教史研究》全三册等，均已复印成书。

至于本人，真是十分惭愧。还记得当年在东京大学研究所就读时，得获汤用彤教授的《汉魏两晋南北朝佛教史》上、下二册（中华书局，1955年9月初版），如饥似渴拜读的情景，恍如昨日。装订不甚完好的初版书上画满了红绿相间的线条，封面也残破不堪，但就在这样反复熟读之下，奠定了我对中国佛教史学术研究方法的基础。现在，手捧着这本书的最初版，往事历历，才完成了六册《中国佛教史》的出刊（全八册，尚有二册排印中）。

1993年10月，本人参加了"中西印文化的融合及发展前景国际学术研讨会——张申府·汤用彤·梁漱溟诞辰一百周年纪念学会"，席间听闻各方学者对汤用彤教授学识的赞叹，更加肯定了汤用彤教授的伟大贡献。而此部《汤用彤全集》的问世，最高兴、最感动的想必是汤用彤教授的公子——北京大学的汤一介教授，其为完成其父之遗愿，对此部全集校订出力甚多。

于此《汤用彤全集》付梓之际，能有机会为之作序，为读者诸君介绍光芒璀璨的汤用彤教授一生丰美的学术功绩，表示无上的光荣与感激。

1998年10月

（本文作者为日本东京大学名誉教授、国际佛教大学教授、中国佛教史研究泰斗。标题为本书编者据文意所加。原载《汤用彤全集》，佛光文化事业有限公司2001年版）

|孔　繁|

本体论玄学之发现

一

玄学"以无为本"思想的出现，在中国哲学史开始形成本体论哲学，这是汤用彤先生发现的。汤先生指出汉魏之际，中国哲学思想曾经发生深刻变化。这一变化即是由宇宙论向本体论的转变。汤先生指出的这一转变，为中国哲学史揭示了一个新时代，即魏晋玄学的时代。汤先生认为王弼为玄宗之始，本体之学为王弼建立。因为何晏著作遗留很少，其思想之精深亦不及王弼，其基本观念包含于王弼哲学之内，故王弼为玄学之奠基人。对于玄学本体论出现的意义，汤先生指出：

> （魏晋玄学）已不复拘拘于宇宙运行之外用，进而论天地万物之本体。汉代寓天道于物理。魏晋黜天道而究本体，以寡御众，而归于玄极（王弼《易略例·明象章》）；忘象得意，而游于物外（《易略例·明象章》）。于是脱离汉代宇宙之论（cosmology or cosmogony）而留连于存存本本之真（ontology or theory of being）。[①]

这里汤先生将玄学本体论与汉代宇宙论做了区别，汉代宇宙论未能摆脱天人感应、阴阳象数，所探究不过宇宙之构造，万物之孕成，因此说它是寓天道于物理。而玄学本体论则直接探寻天地万物之本体，这里所说"以

[①] 《魏晋玄学论稿·魏晋玄学流别略论》，《汤用彤学术论文集》（下引简称《文集》），中华书局1983年版，第233页。

寡御众""忘象得意"乃认识本体之方法，即摈落阴阳象数，而"归于玄极""游于物外"。"玄极""物外"均指本体而言。本体为天地万物赖以存在之真际，即玄学所探究留连之"存存本本之真"。由汉代宇宙论探究宇宙之发生及构造，到魏晋玄学探寻宇宙万物之本体，标志着人类思维发展到更高水平。汤先生又说：

> 及至魏晋乃常能弃物理之寻求，进而为本体之体会。舍物象，超时空，而研究天地万物之真际。以万有为末，以虚无为本。夫虚无者，非物也。非无形之元气，在太始之时，而莫之与先也。本无末有，非谓此物与彼物，亦非前形与后形。命万有之本体曰虚无，则无物而非虚无，亦即物未有时而非虚无也。①

汤先生这里进一步说明了本体的性质：舍物象，超时空，以万有为末，以虚无为本，虚无者非物。无物而非虚无，物未有时而非虚无，等等。本体无体无象，故舍物象超时空，本体虚无，以无为本，而以万有为末。这里提出本末观念，这是玄学重要观念。玄学主本末一贯，本末非指先后，亦非指彼此，而是因本体之虚无，而有（万有）亦非离本体别为实在，故无物而非虚无。这样以无为本观念，便将本体推到宗极无二地位。汤先生说：

> 万有群变以无为本。是则万有归于一本。群变原即寂无，未有非于本无之外，另有实在，与之对立。故虽万物之富，变化之烈，未有不以无为本也。此无对之本体（substance），号曰无，而非谓有无之无。②

万有归于一本，非于本无之外，另有实在。因此，本体无对，绝对无二。此无对之本体又称为"道之全"，它舍物象，超时空，无名无形，而成为有名有形之根据。汤先生又说：

---
① 《魏晋玄学流别略论》，《文集》，第234页。
② 《魏晋玄学流别略论》，《文集》，第235页。

> 万有群生由之以成，而非器形之所谓生。形器之生，如此生彼，昭然二物。而宇宙之本，虽开物成务，然万物未尝对本而各有实体。①

这里进一步阐明本体无对，万有群生依本体而成立，不能对本各为实体。故本体和万物非由此生彼，昭然二物，而是由本体虚无，万有不能脱离本体，故万有亦非实在。而最能说明此种关系者为玄学之体用一如观念。而这一观念，王弼于《周易·大衍义》中发挥最为透彻。汤先生盛赞王弼注《易》之《大衍义》。他说："王弼注《易》摈落象数而专敷玄旨。其推陈出新，最可于其大衍义见之。"②又说："立论极精，扫除象数之支离，而于后世之易学并有至深之影响，诚中华思想史上之一大事因缘也。"③汤先生据王弼《大衍义》解说：

> 玄学主体用一如，用者依真体而起，故体外无用。体者非于用后别为一物，故亦可言用外无体。汉学主万物依元气而始生。元气永存而执为实物。自宇宙构成言之，万物未形之前，元气已存。万物全毁之后，元气不灭。如此，则似万有之外、之后别有实体。如依此而言体用，则体用分为二截。④

汤先生这里将玄学体用一如观念作为严格区分玄学本体论与汉代宇宙论的标准。玄学以无为本，以有为末，而本末一贯，体用一如。由此消解汉代宇宙论之体用二截，而将汉儒之阴阳象数一举扫除。由于这一意义，汤先生认为本体论的提出，乃汉晋间一场思想革命。在汉代以前，未有像王弼这样明确的本体观念出现。汤先生又说：

> 《老子》云有生于无，语亦为汉儒所常用。但玄理之所谓生，

---

① 《魏晋玄学流别略论》，《文集》，第235页。
② 《王弼大衍义略释》，《文集》，第246页。
③ 《王弼大衍义略释》，《文集》，第246页。
④ 《王弼大衍义略释》，《文集》，第249页。

乃体用关系，而非谓此物生彼（如母生子等），此则生其所生，亦非汉学所了解之生也。汉学元气化生，固有无物而有气之时（元气在时空以内）。玄学即体即用，实不可谓无用而有空洞之体也（体超时空）。①

玄学解老子"有生于无"为体用关系，这一观念汉儒以前均未能达到。尽管元气生成论认为固有无物而有气之时，而元气仍在时空之内，由元气化生万物，仍不脱由此生彼，故物与元气各为实体。而玄学体用一如，即体即用，则体超时空，故本体之于万物无先后、无彼此。玄学所谓"有生于无"，只具逻辑意义，即言先后，亦逻辑之先后，而非时间之先后。汤先生认为王弼《大衍义》最具创新意义之处是他关于"太极"的观念。王弼《大衍义》已佚，现存为韩康伯注《易》之引文：

演天地之数所赖者五十也。其用四十有九，则其一不用也。不用而用以之通，非数而数以之成，斯易之太极也。四十有九，数之极也，夫无不可以无明，必因于有，故常于有物之极，而明其所由之宗也。②

王弼这里对《易》之"太极"做出新的解释，汤先生说王弼注《易》摈落象数，专敷玄旨，推陈出新，亦在于此。汤先生对上引王弼《大衍义》做了深刻明白的发微，他说：

不用之一，斯即太极。夫太极者非于万物之外之后别有实体，而实即蕴摄万理孕育万物者耳。故太极者（不用之一）固即有物之极（四十有九）耳。吾人岂可以有物（四十有九）之外，别觅本体（一）。实则有物依体以起，而各得性分。如自其性分观之则宛然实有，而依得性分之所由观之，则了然固为全体之一部而非真实之存在。故如弃体言用而执波涛为实物，则昧于海水。而即用显体，世人

---

① 《王弼大衍义略释》，《文集》，第249页。
② 《王弼大衍义略释》，《文集》，第251页。

了悟大海之汪洋，本即因波涛之壮阔，是以苟知波涛所由兴，则取一勺之水，亦可以窥见大海也。①

汤先生深刻地抓住王弼《大衍义》的中心思想，王弼所谓"太极"即本体，即"一"亦即"四十九"外不用之"一"。"四十九"指万有，"一"指本体，体用一如，故不能于有物即"四十九"外别觅本体"一"；或于"一"外，别有"四十九"存在。然而本体为"道之全"，为至健之秩序，万物在其中各有分位，各正性命。自性分观之，则宛然实有。然用不离体，性分为全体一部分：全体虚无，性分亦非真有。因此，不能弃体言用，执用为实，而应即用显体，即体即用。如此则可抓住"有物之极"和"所由之宗"。即了悟到波涛和海水乃体用关系，则取一勺之水，便可以窥见大海了。

王弼释"一"为太极，以"一"为体，以"四十有九"为用，而以体用一如说明"一"与"四十有九"的关系，非数而数以之成，不用而用以之通，这样便消解了汉儒在这个问题上的体用两截的矛盾。汤先生指出："夫汉儒固常用太极解释'不用之一'矣，然其'一'与'四十九'，固同为数。'一'或指元气之浑沦，或指不动之极星，'四十有九'则谓十二辰或日月等等，'一'与'四十九'，分为二截，绝无体用相即之意。"②玄学主体用一如，不弃体而言用，而是即用显体，如此解释太极与天地万物的关系，本体之学乃得成立，因此，汤先生说：

其扫尽宇宙构成之旧说，而纯用体用一如之新论者，固不得不首称王弼也。③

王弼之贡献亦在于他以老庄解《易》，而提出体用一如观念，汤先生称他注《易》为中华思想史之一大事因缘，即指以无为本本体论的提出，为中国哲学创一新的时代，而对后来思想史的发展产生极为深刻的影响。

---

① 《王弼大衍义略释》，《文集》，第251—252页。
② 《王弼大衍义略释》，《文集》，第252页。
③ 《王弼大衍义略释》，《文集》，第252页。

二

汤先生在揭示玄学乃本体之学同时，亦揭示出这一新学说所采用之新方法。他说：

> 研究学术时代之不同，虽当注意其变迁之迹，而尤应视其所以变迁之理由。理由又可分为二：一则受之于时风。二则谓其治学之眼光、之方法。[①]

学术思想之变化，受时风，即时代精神之影响，是显而易见的。而新学说之提出和得以成立，与该学说能够采取新眼光、新方法，关系更为密切。汤先生所指新眼光、新方法，即汉魏间兴起言意之辨。汤先生认为，言意之辨与汉魏间名理之学相关，名理之学又源于评论人物。他指出："玄学系统之建立，有赖言意之辨。但详溯其源，则言意之辨实亦起于汉魏间之名学。名理之学源于评论人物。"[②] 汉魏之际学术上发生变化，反映在人物批评方面，是略骨相而重神理，所谓区别臧否，瞻形得神，即瞻外形而得其神理，而神理微妙，故辨别人物极难，因而生言不尽意之说。视之而会于无形，听之而闻于无音，可以意会，不能言宣，于是言意之辨兴起。玄学乃玄远之学，学贵玄远，言不尽意方法为玄学所摄取，而成探求本体之途径。汤先生说：

> 夫玄学者，谓玄远之学。学贵玄远，则略于具体事物而究心抽象原理，论天道则不拘于构成质料（cosmology），而进探本体存在（ontology）。论人事则轻忽有形之粗迹，而专期神理之妙用。夫具体之迹象，可道者也，有言有名者也。抽象之本体，无名绝言而以意会者也。迹象本体之分，由于言意之辨。依言意之辨，普遍推之，而使之为一切理论之准量，则实为玄学家所发现之新眼光新方法。[③]

[①] 《言意之辨》，《文集》，第214页。
[②] 《言意之辨》，《文集》，第215页。
[③] 《言意之辨》，《文集》，第215页。

这里说明，言意之辨本为评论人物重神理，然而亦合于论天道之探究本体，神理和本体均属无名绝言，只能意会，非能言宣。这样言不尽意之方法普遍推之，成为探寻一切论理之准量，而成为玄学家之新眼光、新方法。王弼以老庄解《易》，倡得意忘言，玄学之新方法得以成立。汤先生说：

> 王弼首唱得意忘言，虽以解《易》，然实则无论天道人事之任何方面，悉以之为权衡，故能建树有系统之玄学。①

言意之辨虽生于汉魏之际，然而成为普遍之方法，则始于王弼。玄学所追求之抽象本体，无名绝言，故言不尽意推而广之，而成为玄学之根本方法，即一切理论之普遍方法。玄学依之而奠定。玄学所说之得意忘言较之各家所说言不尽意，有着更深的理论意义，汤先生说：

> 言意之别，名家者流因识鉴人伦而加以援用，玄学中人因精研本末体用而更有所悟。王弼为玄宗之始，深于体用之辨，故上采言不尽意之义，加以变通，而主得意忘言，于是名学之原则遂变而为玄学家首要之方法。②

这说明，汉末言意之辨到王弼玄学之提出已具有创新意义。玄学精研本末体用，而王弼为玄宗之始，深于体用之辨，他以得意忘言深化言不尽意，于是名学之原则变而为玄学家首要之方法。表明言意之辨到玄学时代已生质的变化，而远超越于名理学之眼界。王弼以老庄解《易》，他是以《庄子·外物》所说"得意忘言"和"得意忘象"去解说《易·系辞》所说"书不尽言、言不尽意"。这里有二层意思，其一是以"忘象""忘言"要人解《易》不滞于名言，而体会其中所蕴之义。其二是王弼将言、象说成得意的工具，"得意忘言"如同"得兔忘蹄""得鱼忘筌"，蹄（套索）筌（竹笼）为工具，而得到兔、鱼之后，即可弃置不用；而言、象为得意

---

① 《言意之辨》，《文集》，第215页。
② 《言意之辨》，《文集》，第216页。

工具，得到意，言、象亦可弃置不用。王弼谓言、象为工具，只用以得意，而非意本身。故不能以工具为目的，若执着于言、象，则反失本意。这是王弼有关"言不尽意"的新解。"得意忘言"重在得意，而言为工具，故亦为"寄言出意"的意思。此一方法，具有言论自由，思想解放的意义。汤先生说：

> 王弼依此方法，乃将汉易象数之学一举而廓清之，汉代经学转为魏晋玄学，其基础由此而奠定矣。①

"得意忘言"所以使汉代经学转为魏晋玄学，这在经籍解释方面，注重会通其义而不拘于文字的精神，即以"寄言出意"解释经义，则可以跳出章句的拘束，而自抒己意。对此，汤先生说：

> 汉代经学依于文句，故朴实说理，而不免拘泥。魏世以后，学尚玄远，虽颇乖于圣道，而因主得意，思想言论乃较为自由。②

王弼正是以这种精神，注《易》时以经附传，摈落象数，专阐义理，而使《易》成为玄学重要经典。他著《论语解疑》亦不专在解滞释难，而在附会大义使与玄理契合。汤先生指出"得意忘言"不仅具有方法意义，亦具有理论意义，他说：

> 忘象忘言不但为解释经籍之要法，亦且深契合于玄学之宗旨。玄贵虚无，虚者无象，无者无名。超言绝象，道之体也。因此本体论所谓体用之辨，亦即方法上所称言意之别。二义在言谈运用虽有殊，但其所据原则实为同贯。故玄学家之贵无者，莫不用得意忘言之义以成其说。③

---

① 《言意之辨》，《文集》，第216页。
② 《言意之辨》，《文集》，第217页。
③ 《言意之辨》，《文集》，第219页。

这里所说"得意忘言"深契合玄学宗旨，是指玄学之方法与其理论相一致，方法本身即寓有深奥哲理。玄学以无为本，道体无名无象，故不可以用言、象表达。然而辨别体用，即迹象本体之分，则不能不援用言意之辨。而"得意忘言""言不尽意"乃由本体虚无使然，而反过来亦证明本体之虚无。故体用之辨、言意之别，二者言谈运用虽有别，而其所据原则一贯。体既绝言超象，故得意之后，便可忘言废言。汤先生又说：

> 王弼用忘象得意之原则以建立玄学，而其发现此原则实因其于体用之理深有会。①

可以说王弼本体之学的建立与其忘象得意方法之发现为同步，其理论和方法是相辅相成的。理论为方法之基础，而方法为获致理论之手段。理论、方法一贯，此乃王弼玄学之创新，其方法论具有深刻的哲理，意义故不在理论之下。

三

汤先生说："王氏形上之学以无为本，人生之学以反本为鹄。"②说明王弼宇宙观和人生观相一致。以无为本，说明玄学本体为"无"，而此"无"亦是人所追求的最高的精神境界。汤先生说：

> 言意之辨，不惟与玄理有关，而于名士之立身行事亦有影响。按玄者玄远。宅心玄远，则重神理而遗形骸。神形分殊本玄学之立足点。学贵自然，行尚放达，一切学行，无不由此演出。③

言意之辨不仅是玄学求证本体之方法，亦是名士立身行事的指导方法。魏晋名士受玄学宇宙观支配，宅心玄远，以玄远为最高精神境界。重神理而

---

① 《王弼之周易论语新义》，《文集》，第271页。
② 《魏晋玄学流别略论》，《文集》，第236页。
③ 《言意之辨》，《文集》，第225页。

遗形骸，神形分殊，以神理为精奥而以形骸为粗迹。不以形骸阻精神，故提倡得意忘形骸。汤先生又说："形骸粗迹，神之所寄。精神象外，抗志尘表。由重神之心，而持寄形之理，言意之辨，遂亦合于立身之道。"① 这立身之道便是"得意忘言"，即重神理而遗形骸，或云"当其得意，忽忘形骸"② 而其旷达不羁即由此演出。汤先生还说："魏晋时代'一般思想'的中心问题为：'理想的圣人之人格究竟应该怎样？'因此而有'自然'与'名教'之辨。"③ 这说明魏晋名士虽学贵玄远，但亦不轻忽人事，玄学之理论、方法亦成为名士立身行事之原则。因此，名士谈玄绝非毫无意义的空谈，无论理论上或实用上，均以名节相尚。汤先生说：

> 魏晋名士谈理，虽互有差别，但其宗旨固未尝致力于无用之言，而与人生了无关系。清谈向非空论，玄学亦有其受用。彼神明之贵尚，象外之追求，固可有流弊遗害国家，然玄理与其行事仍求能一贯，非空疏不适用之哲理也。④

玄理与行事仍求能一贯，即是要从理论和实践上解答"最理想的圣人的人格应该是如何"的问题。汤先生指出："这种'圣人'的观念，从意义上讲，便是以老庄（自然）为体，儒学（名教）为用。"⑤ 自然和名教在玄学基础上得以调和，汤先生还指出王弼之会通儒道，实是以老释儒，"虽阳尊儒道而阴已令道家夺儒家之席矣"⑥。此乃玄学调和自然名教实质。汤先生又说：

> 魏晋名士之人生观，既在得意忘形骸。或虽在朝市而不经世务，或遁迹山林，远离尘世。或放驰以为达，或佯狂以自适。然既旨在得意，自指心神之超然无累。如心神远举，则亦不必故意忽忘形骸。读

---

① 《言意之辨》，《文集》，第225页。
② 《晋书·阮籍传》。
③ 《魏晋思想的发展》，《文集》，第297页。
④ 《言意之辨》，《文集》，第226页。
⑤ 《魏晋思想的发展》，《文集》，第301页。
⑥ 《言意之辨》，《文集》，第220页。

书须视玄理之所在，不必拘于文句。行事当求风神之萧朗，不必泥于形迹。夫如是则身虽在朝堂之上，心无异于在山林之中。"名教中自有乐地"，不必故意造作也。①

得意忘形骸，为老庄道家主张。然而玄学认为得意在于心神超然无累，如心神远举，则亦不必故意忽忘形骸。这是玄学对老庄思想之修正。"名教中自有乐地"，则精神超越，宅心玄远，虽身处名教之中，亦不违自然之义。这样老庄"名教"与"自然"本不相容便转化为相适应相调和了。

玄学之调和自然与名教，亦可从王弼圣人有情无情辨中看到。当时何晏等主圣人无情说，而王弼则主圣人有情说，如他说：

圣人茂于人者神明也，同于人者五情也。神明茂，故能体冲和以通无；五情同，故不能无哀乐以应物。然则圣人之情应物而无累于物者也。今以其无累，便谓不复应物，失之多矣。②

圣人无情乃汉魏间流行学说，为当时名士所承认。因此，汤先生认为王弼圣人有情说在当时实立异之说，当时主圣人无情说者认为圣人与天地合德，与治道同体，其动止直天道之自然流行，而无休戚哀乐于其中，故圣人与自然为一，则纯理任性而无情。王弼则反对此说，他认为"圣人茂于人者神明，同于人者五情"。他与人书还辨说："（圣人）明足以寻极幽微，而不能去自然之性。"以上二说意义相同，自然之性即指五情。汤先生解释王弼的观念，圣人虽茂于神明，而五情亦禀之自然。王弼所说圣人"神明茂故能体冲和以通无"，冲和即冲和之道，通无即返于无也。汤先生说：

由是言之，茂于神明乃谓圣人智慧自备。自备者谓不为不造，顺任自然，而常人之和，则殊类分析，有为而伪。夫学者有为，故圣人

---

① 《言意之辨》，《文集》，第227页。
② 转引自《王弼圣人有情义释》，《文集》，第254页。

神明，亦可谓非学而得，出乎自然（此自然意即本有）。顾圣人岂仅神明出于自然耶，其五情盖亦自然（五情者喜怒哀乐怨）。盖王弼主性出天成，而情亦自起，并非后得。故弼文曰："圣人同于人者五情也。"其书曰："不能去自然之性。"又曰："今乃知自然之不可革。"五情既亦自然而不可革，故圣人不能无情，盖可知也。①

王弼关于圣人茂于神明，智慧自备，顺任自然，这与何晏等人观念一致。而他又认为圣人不能去自然之性，有同于人之五情，这与何晏等人不同。然而王弼圣人有情说较之何晏圣人无情说，其思想更为深刻。王弼认为圣人"明足以寻极幽微""神明茂故能体冲和以通无"，这是从体用一如论证圣人有情，而以圣人明足寻幽和茂于神明为圣人应物而不累于物之张本。圣人虽有同于人之五情，然而能不为情所制。圣人与道同体，智慧自备，故明并日月。汤先生又说：

> 圣人体道之全，以无为心，故大明乎终始之道。大明乎终始之道，谓无幽不照，无理不格，故能率性而动，动必应理，用行舍藏，生杀予夺，均得其宜。夫如是即所谓正其性葆其真也。②

圣人体道之全，即与道同体。而圣人以无为心，无即道，故圣人无幽不照，无理不格。圣人以无（道）为心，故亦能顺应自然，动静皆合于理。所谓正其性葆其真，是指圣人以情从理，应物而无累于物，此即"大明乎终始之道"。

老学贵主静，人生而静，感于物而动，论性情不离动静。王弼论性情亦以动静为基本概念。汤先生说：

> 然何晏、王弼同祖老氏，而其持说相违者疑亦有故，何晏对于体用之关系未能如王弼所体会之亲切，何氏似犹未脱汉代之宇宙论，未有本无分为二截，故动静亦遂对立。王弼主体用一如，故动非对静，

---

① 转引自《王弼圣人有情义释》，《文集》，第258页。
② 转引自《王弼圣人有情义释》，《文集》，第260页。

而动不可废。盖言静而无动，则著无遗有，而本体遂空洞无用。夫体而无用，失其所谓体矣。①

王弼于体用有深刻体会，主体用一如，故亦主动静一如，体外无用，故动非对静，用不离体，故动亦不可废，如废动言静，犹如弃用言体，而将动静分为二截。如此亦架空本体，而使本体失去意义。汤先生又说：

> 辅嗣既深知体用之不二，故不能言静而废动，故圣人虽德合天地（自然），而不能不应物而动，而其论性情，以动静为基本观点。圣人既应物而动，自不能无情。平叔言圣人无情，废动言静，大乖体用一如之理，辅嗣所论天道人事以及性情契合一贯，自较平叔为精密。②

玄学乃言天人之际的学问，天即天道，即本体，即舍物象超时空之"无"。而人即社会人事，其中心议题即"理想的圣人之人格究竟应该怎样"。而理想的圣人之人格，能以无为心，德合天地，亦即以自然为体，与道同极，无为而无不为，故虽有同于人之五情，而能应物而不累于物。这样便可达到天道人事以及性情契合一贯。此即王弼学说精深之处。何晏曾赞叹王弼："若斯人者，可与言天人之际乎！"③对王弼哲理之深，何晏是深表敬佩的。

四

汤用彤先生对魏晋玄学的研究，是他对中国思想史的一大贡献。自汤先生以后，研究玄学的著作虽不断出现，但尚未见到有能超过汤先生者。吾友余敦康在他的新作《何晏王弼玄学新探·自序》中说：

---

① 转引自《王弼圣人有情义释》，《文集》，第263页。
② 转引自《王弼圣人有情义释》，《文集》，第263页。
③ 《三国志·魏志·钟会传》注引何劭《王弼传》。

> 实际上，我所从事的不过是一种常规研究，是在汤用彤先生学术工作的基础上起步的。汤用彤先生于四十年代写成的《魏晋玄学论稿》，站在哲学的高度，指出汉魏思想发展的基本线索乃是从宇宙论向本体论的转变。①

敦康这番话也是北大哲学系出身的汤先生的学生们的一般体验。他们研究魏晋玄学，多是走汤先生的研究路数，《魏晋玄学论稿》成为他们窥探玄学的启蒙书。因此，他们大多是在汤先生学术工作的基础上起步的。

汤先生是一位哲学大师，他治学极为严谨，为人极为谦虚。他在《魏晋玄学论稿·小引》中极力表示他的这本著作不够成熟，起初并不愿意付梓。他说：

> ……因此我想，就是包含有错误照原样拿出来，也可以在别人的批评下，得到进步；如果别人能由其中取得一些材料，启发人看到一些问题而进一步加以研究，那更是快乐的事情。②

汤先生在人们请求之下终于决定发表他的著作，这对于玄学研究实在太重要了，正是这部著作使我们得到窥探玄学奥秘的入门向导。汤先生在《小引》中还说：

> 如说本书尚有出版价值，那只是因为它提出了若干可以注意的资料，指出了这一时期思想史的一些突出问题（例如"言意之辨"）。③

其实汤先生对魏晋玄学的创见不止于"言意之辨"。汤先生的贡献并不限于他为我们研究魏晋玄学提供了理论线索和研究方法。他的贡献主要在于剖析玄学的理论体系或理论系统，著作篇幅虽不大，但清晰地为我们勾勒出一部玄学史的轮廓。除汤先生指出的"言意之辨"，他的关于王弼"大

---

① 《何晏王弼玄学新探》，齐鲁书社1991年版。
② 《魏晋玄学论稿·小引》，《文集》，第193页。
③ 《魏晋玄学论稿·小引》，《文集》，第194页。

衍义"，王弼《周易》《论语》新义，向秀、郭象之庄周与孔子新义，以及谢灵运《辨宗论》之佛义等，其论之精密，论述之新颖，皆前人所未能达到。汤先生在《小引》中还说：

> 在我的文章中对王弼哲学思想很加称赞，其主要的理由是在于他的学说打击了汉代的"元气一元论"，而建立了神秘主义的超时空的"本体一元论"。①

汤先生说这些话是在作自我批评，其实汤先生称赞的王弼思想恰是玄学的精粹。这一精粹由汤先生发微并总结出来，然而这亦是中国思想史的精华，正是由于玄学打击汉代"元气一元论"的结果，而由"本体一元论"取代"元气一元论"，人类哲学思维才可能得以更高水平发展。很难设想，中国哲学史仅有元气论，而没有本体论，它的内容能如此丰富多彩。玄学在魏晋时期起到会通儒释道三家的历史作用，佛学之传入借助于玄学才得以生根发展。

可以说佛学的中国化在当时即表现为玄学化，并由此开启后来佛教在隋唐时期的鼎盛局面。而儒释道的会通又孕育了后来宋明理学的发生。玄学哲理深奥，但并不神秘，对此，汤先生解析极为明白，它标志着中国中古时期哲学思维的发展。

汤先生有关研究玄学的著作是他为我们留下来的宝贵的文化遗产，我们应当永远加以珍视。

（原载汤一介编《国故新知：中国传统文化的再诠释——汤用彤先生诞辰百周年纪念论文集》，北京大学出版社1993年版，第73—80页）

---

① 《魏晋玄学论稿·小引》，《文集》，第195页。

| 楼宇烈 |

"文化之研究乃真理之讨论"
——读汤老两篇旧文

汤用彤先生是我国当代著名的学者,是我最敬仰的师长之一。1955年我考入北京大学哲学系,正赶上汤老在前一年患脑溢血后卧病在床,因而整个大学期间未能聆听汤老的教诲。毕业留校工作后,虽亦时有机会与汤老接触,然仍因汤老病体虚弱,不得在学术上深入求教,此诚平生一大憾事也。但是,汤老在学术上的博大精深,他的专著和论文,对我在学术上的成长是有深刻影响的。我对魏晋玄学研究的兴趣,可以说完全是在汤老《魏晋玄学论稿》一书的启迪下萌发起来的。我虽未能忝列汤老门下,然对汤老之为人学问,私淑久矣,获益宏矣。

凡读过汤老论著的人,都会有这样一种感受,即:汤老的论著史料翔实、考证精当、逻辑严密、论理精深、平情立言、实事求是、朴实无华。不论是几十万言的巨著,还是几千言的短文,均有发前人之未发的微旨精论,使读者开卷受益,得到深刻的启发。汤老论著的这些特点,固然与他渊博的中外哲学素养和坚实的历史知识有关,也和他采用了与封建学者完全不同的研究方法有关。但是,我认为,最根本的,还是在于汤老把对文化的研究,特别是对中国文化的研究,当作是对真理的探求,这样一个基本的思想,以及他对中外文化相互关系的基本看法有关。这篇短文就想对汤老这些思想做一简单的介绍。

在汤老亲自选编的《往日杂稿》一书中,收录了他在1922年和1943年写的两篇有关文化史研究的论文。汤老在序言中说:"附录二篇是我解放前对文化思想的一些看法,它表现了我当时的历史唯心主义的错误观点,编入本集,便于读者在读本书和作者的其他著作时,于我思想有所认识。"这里汤老自称这两篇旧文表现了他对文化思想的唯心史观，这说明了他在新中国成立后努力学习马克思列宁主义，坚持进步的精神。然而我们今天来读这两篇旧文，确实可以从中了解一位旧时代爱国的、正直的学者在治学上的基本思想。其中虽不免有许多不完全符合马克思主义的观点，但文章对文化史研究提出的一些有意义的看法，从历史的眼光来看，还是值得我们借鉴的。

近代中国，随着西方科学文化的传入，对于如何看待西方文化，以及西方文化和中国传统文化之间的相互关系等问题，在知识界曾引起长期的争论。有主张中学为体，西学为用者；有鼓吹全盘西化者；有提倡尊孔读经，保存国粹者。1922年汤老发表一篇题为《评近人之文化研究》的文章，对当时文化研究中的不同偏向，提出了切中要害的批评。他指出，当时学术界的一个主要弊病是"浅隘"。那些膜拜西方文化者，对中国传统文化肆意诽薄、轻谩，而实际上，他们对西方文化的了解和介绍"亦卑之无甚高论"，"于哲理则膜拜杜威、尼采之流；于戏剧则拥戴易卜生、萧伯纳诸家。以山额与达尔文同称，以柏拉图与马克思并论。"当时正值杜威、罗素来中国"讲学"，有些人把他们比之于孔子、释迦。汤老严肃指出，"此种言论不但拟于不伦，而且丧失国体"。那么，那些守旧者的情况又如何呢？汤老分析说，他们看到一些西方学者研究亚洲文化，赞美东方精神，于是就妄自尊大，认为欧美文化即将败坏，而亚洲文化将起而代之。而实际上，这些人既对东方精神没有深刻的了解，甚且"亦常仰承外人鼻息"，如"谓倭铿得自强不息之精神，杜威主天（指西方之自然研究）人（指东方之人事研究）合一之说，柏格森得唯识精义，泰戈尔为印化复兴渊泉"等等。总之，"时学浅隘，故求同则牵强附会之事多；明异则入主出奴之风盛"。于是，汤老尖锐地指出："维新者以西人为祖师，守旧者借外族为护符，不知文化之研究乃真理之讨论，新旧淆然，意气相逼，对于欧美则同作木偶之崇拜，视政客之媚外恐有过之无不及也。"汤老在此提出"文化之研究乃真理之讨论"，批判那种崇洋媚外的风气，这在当时的学术氛围下，不能不说是相当深刻的。

具体地说，汤老认为，文化研究中必须是"研究者统计全局，不宜偏置"，应当"精考事实，平情立言"。只有这样，才可能探得真理之所在。我认为，对文化研究本着"乃真理之讨论"的精神，正是汤老一生为学的基本指导思想和学风。"统计全局""精考事实""平情立言"，这些也正是汤老著作所以能做到精深、独到，而历数世不失其学术价值的根源所在。马克思主义对待一切问题，包括对历史文化遗产的研究的根本态度就是"实事求是"。那种从某种既定框架去推衍，用主观好恶去割取历史，都是在根本上违背马克思主义的科学精神的。因此，就这方面讲，汤老的这种治学精神和学风，在今天也还是值得我们提倡和发扬的。

汤老对于中外文化的看法，在我们上引文章中已可看到这样一个基本的态度：即对于外国文化不是盲目崇拜，对于中国传统文化也不固步自封。至于中外文化之间的相互关系问题，汤老在1943年写的《文化思想之冲突与调和》一文中有精当的见解。

汤老在当时或主张以中国文化为本位，或主张全盘西化的声浪中，排除对中外文化关系问题上的各种抽象、空洞的争论，而从事实出发，特别是以中国历史已经历过的事实为借鉴，切实地讨论了中外文化是否会相互发生影响和如何相互发生影响这样一个本质性的问题。汤老明确反对文化史研究中的两种错误理论：一种是认为"思想是民族或国家各个生产出来的，完全和外来的文化思想无关"；一种是认为"一个民族或国家的文化思想都是自外边输入来的"，"外方思想总可完全改变本来的特性与方向"。汤老认为，外来文化与本地文化相互接触后，其结果是双方都要受到影响。他说，一方面，一种外来文化传入，对于一个民族来讲多了一个新的成分，这本身已经是一种影响了；另一方面，外来文化要对本地文化发生影响，就必须适应本地文化环境，因此这种外来文化也要受到本地文化的影响而有所改变。至于外来文化之所以会发生变化，这是由于本地文化思想有其自己的性质和特点，不是随便可以放弃的。汤老以佛教传入中国为例，指出："印度佛教到中国来，经过很大的改变，成为中国的佛教，乃得中国人广泛的接受。"

在这篇文章中，汤老还具体地分析了外来文化思想传入后与本地文化思想发生关系时一般所需经历的三个阶段："（一）因为看见表面的相同而调和。（二）因为看见不同而冲突。（三）因再发见真实的相合而调和。"汤老并特别指出，在这第三个阶段中"外来文化思想已被吸收，加入本有文化血脉之中了"。这时,"不但本有文化发生变化,就是外来文化也发生变化"。总之,"外来文化思想在另一个地方发生作用,须经过冲突和调和的过程","一个国家民族的文化思想实在有它的特性,外来文化思想必须有所改变,合乎另一文化性质,乃能发生作用"。

汤老一生用力最勤的,是对中国佛教史的研究,其中尤其注意于佛教初传时期——汉魏两晋南北朝时期佛教史的研究。原因就是这一时期佛教作为一种外来的文化思想传入,与中国传统文化发生了复杂的调和和冲突的关系,如果把这一历史过程解剖清楚,那就不仅对那一时期中国文化的演变过程可以得到一个清晰的了解,而且对以后中国文化的发展也得窥其端倪。汤老对中国佛教史的研究,正是遵循着上述文章中所总结的那些原则进行的。因此,他的《汉魏两晋南北朝佛教史》打破了以往佛教史研究中,或以印度佛教来牵合中国佛教,或根本无视印度佛教之原意等偏向,而是深入探讨了印度佛教传入中国后,两种文化相互作用、影响的关系。具体地分析了印度佛教传入中国后如何被改造成为中国化的,而同时它又如何影响中国传统文化的历史过程。因此,汤老的研究,开创了中国佛教史研究的一个崭新阶段。

这里,我想举出几个具体例子,以见汤老对问题分析之精深。

一、汤老在上引1943年那篇文章中,举"念佛"这个概念为例,分析说:"通常佛教信徒念阿弥陀佛。不过'念佛'本指坐禅之一种,并不是口里念佛(口唱佛名)。又佛经中有'十念相续'的话,以为是口里念佛名十次。不过'十念'的'念'字乃指着最短的时间,和念佛坐禅以及口里念佛亦不相同。中国把'念'字的三个意义混合,失掉了印度本来的意义。"

二、汤老在《谢灵运辨宗论书后》一文中分析了谢灵运如何将中国传统"圣人不可学不可至",与印度传统"圣人可学亦可至"的说法调和起来,归纳出"圣人不可学但能至"的理论,从而为当时著名僧人道生的"佛性""顿悟"说论证。谢论本论不足二百字,汤老广征博引,文亦仅五千言,然从中却发掘了中印文化融合的契机,并进一步阐发了此种融合,使得"玄远之学乃转一新方向",而且成为"由禅家而下接宋明之学"的一大关键。

三、汤老在《魏晋思想的发展》一文中，通过对魏晋玄学思想渊源、发展历史的细致考察后，得出结论说："玄学是从中华固有学术自然的演进，从过去思想中随时演出'新义'，渐成系统，玄学与印度佛教，在理论上没有必然的关系"，"反之，佛教倒是先受玄学的洗礼，这种外来的思想才能为我国人士所接受"，"不过以后佛学对于玄学的根本问题有更深一层的发挥"，"佛学对于玄学为推波起澜的助因是不可抹杀的"。

这些例子都充分说明了，汤老在中国佛教史和魏晋玄学研究中所取得的成就，是与他对中外文化相互关系的基本看法分不开的。我们从中国近代革命的实践中体会到马克思主义理论要在中国这块土地上生根开花，结出胜利的果实，就必须与中国革命的具体实践相结合。汤老从对历史上文化史的研究中，所得出的上述结论，不是也可作为一方面的借鉴，以提高我们进一步把马克思主义与中国革命具体实践相结合的自觉性吗？

我对汤老的学术思想和成就，认识都还非常肤浅，时值汤老九十诞辰纪念，谨以此短文聊寄缅怀之情。

（原载《燕园论学集》，北京大学出版社1984年版，第79-84页）

| 武维琴 |

汤用彤对印度佛教思想的研究

早在20世纪20年代,汤用彤先生对印度哲学尤其对印度佛教思想就已经做了非常深入的研究。他的《印度哲学史略》中论佛教的一章,文字虽极简略,实际上却包含了他研究印度佛教思想的最主要的成果。他原打算另写一部印度佛教史专著来详细加以发挥,可惜未能实现,以致他的许多观点未能为人们所充分了解。值得庆幸的是,汤先生晚年完成了他的印度佛教史研究方面的另一大工程,就是汉文印度佛教史料的整理与编纂,《印度哲学史略》中的观点在这里可以通过材料本身得出说明和论证。这部史料无论对于研究印度思想还是了解汤先生的观点,都具有十分重要的意义。众所周知,印度佛教文献在印度本土留传不多,绝大部分保存在汉文和藏文佛经里,尤其是从部派佛教到大乘佛教的发展,离开汉文和藏文资料便绝难弄清楚。所以汤先生这部资料的编成,应该说是佛学研究方面的一个很重要的进展。

一

汤先生治印度佛学的一个最大特点,也是他在这方面的主要贡献所在,就是对印度佛教思想整体联系和根本精神的把握。由于资料方面的限制,西方学者很少对印度佛教思想做综合的全面研究,而汤先生从一开始就致力于揭示佛乘各派学说的内在联系和贯串其中的根本精神,以显示全部佛教哲学是一个内部有着有机联系的统一整体。他一向认为,人们只有把握了佛教思想的总体联系,才能对各家各派学说做出确切的说明,给予恰如其分的评价。汤先生在一篇评价日本学者佛学著作的文章里,对这点

有很精辟的说明,兹照录如下:

> 叙述小乘佛教各学派最难而最须注意者有二事,一为各部学说之不同,一为诸部间变迁之线索。就各宗之异义研究,则旨在显其特殊之精神,加迦旃延执一切有,则言一切法三世有皆有自性;经部反一切有,则主一切法非三世有而蕴处假界实,因此二宗对于心色不相应等各有自成系统之理论。就部执间之线索言之,则旨在表明佛陀教化之一贯精神,如一切有部言一切诸法皆有自性,大乘方广主一切诸法皆无自性,言虽迳庭而义实相成,盖谈有谈空,固均发挥佛陀三法印之玄趣也。近代学者往往特别注重佛教各宗之不同,而诸部遂似为互相凿枘之派别,而不窥佛法全体之真相。(《评〈小乘佛教概述〉》)

不难看出,汤先生的评价所涉及的远不止于小乘佛学研究,他所关注的是整个佛学研究所应持的立场和态度。他的批评意见明显表明,他更强调的是"诸部间变迁之线索"的把握。《印度哲学史略》中论佛教之发展一章,就突出地贯串着这样的精神,全部文字都在说明各部间的联系和转化:原始佛教是怎样产生的,与他宗不同之特殊精神何在,又因何出现部派佛教,分野何在,它们又是如何向大乘过渡的。所有文字不多,而印度佛教一千余年的思想历程却脉络清晰地呈现在我们面前。研究者们早就注意到,大乘空宗从大众部来,唯识从有部来。汤先生则不仅指出这两个系列的发展各自经历了哪些中间环节,而且还说明这两条线索并非各自孤立、平行发展,而是互相交织,密不可分。如成实,俱舍,各自从有部来,又都接受空宗影响,这才发展为经部理论,并共同导向唯识。在看似相互对立的各佛教宗派背后,汤先生总是着力于揭示,它们受共同原则的支配,是统一整体的不同环节。如果不是充分占有材料,对所论对象有真切的了解,是很难做出这种分析的。

从把握全局着眼,汤先生在研究工作中所特别重视的不是各宗派最终主张什么,而是这些主张的来龙去脉,它们所经历的变化过程,它们的活的运动。跟一般佛教史料罗列各家各派观点不同,汤先生的史料着力于发展线索的揭露。他最为关切的是那些过渡环节。所以翻开汤先生所选编的印度佛教史料，人们不免会产生一种很不平衡的感觉：作为印度佛教思想发展顶峰的，也是在后来发生过很大影响的唯识学说仅寥寥数语，而不太为人们所重视的经部理论几占全部资料的一半，竟倍于唯识。只有从全局着眼，才能明白这样安排的深意所在。在佛教哲学四大派别中，经部前承有部，中间接受空宗影响，后发展为唯识，恰好处于一个承前启后的关键位置，变化最为复杂，学者们的看法也最为分歧。把这一派的演变弄清楚了，从部派佛教到大乘佛教过渡的来龙去脉也就一目了然了。而唯识学说只是这种发展的一个必然结果，本无须多加解释。汤先生的研究工作常独辟蹊径，发前人之所未发，常常就是这样一种全局考虑的结果。我们知道，有部的大论师中，唯有觉天没有著作留下来，只在他人作品中偶有记载，因而几乎没有得到认真的研究。而汤先生根据有关此人的资料，却看到了佛教哲学中一种新倾向的崛起，认定此人正是引向经部并最终导致唯识的关键人物，酝酿撰专文论述。可惜由于健康原因，未能如愿，仅留下一些简要提示。

东西方研究者中常有一个十分流行的看法，认为一切有部具有唯物主义倾向，有的甚至将该部列为唯物主义的一个派别，而与佛教其他派别对立。持此看法的根据是有部主张"心外实有"，而且佛教其他派别也确曾将该部"作用生灭，法体恒有"的主张与数论的自性转变学说相提并论，予以同样批判。汤先生认为这是一种误解，是对佛教的根本精神未能把握所致。他对一切有部的主张做了非常深入的考察，揭示出被有部宣称为实有的"四大"——地、水、火、风，在他们那里其实皆"以触为体""以坚湿暖动为性"。触者感觉，实有的原来是一堆感觉材料。这是一种取消实体、消解物质的主张，不过是"色空"理论的深化。这是非实体化的路线为此后佛教各派所继承，贯串佛教哲学始终。此后佛教各派之批判有部，不过是为了更彻底地贯彻这条路线而已。因此，在汤先生看来，印度佛教思想的发展，从根本原则上说是一以贯之的。根据一些表面现象把各派对立起来，势必不能把握佛教思想发展的内在机制。

二

汤先生在研究印度佛学的另一特点是对认识论问题的突出重视。从前面所述也可以看出，他对印度佛教思想发展的看法，在很大程度上是以认识论研究为依据的。印度佛教哲学从小乘演变为大乘，其间所经历的曲折变化，他常从认识论上加以说明。以有部到唯识的发展而言，他在《印度哲学史略》中就曾指出，这与它们的知觉学说有关。他写道："关于知识学说，一切有部主缘实体，经部主缘假，且可缘无。再后自可有见相不离之唯识学说。由是言之，上座部系统由一切有部进而为法相唯识之学固亦是一贯也。"后来他把这一点说得更为明白，他说：一切有部发展为经部，经部后来发展为法相唯识学说，这就像培根—洛克—贝克莱—康德这样一种过程。汤先生这样的论断当然是以对文献资料的缜密研究为根据的，这从他所编的印度佛教史料可以看得很清楚。这部资料选录了一切有部、般若空宗、经部和法相唯识围绕认识论问题的几乎所有重要的论述，而贯串其中的一条主线就是上面所谈的这样一种发展过程。从认识论上来揭示印度佛教思想发展的内在脉络，或许正是这部资料的重要价值之所在。

汤先生还对这部资料中所涉及的若干重要问题做过不少提示，它们或许能使人们对包含在资料中的基本观点有更清楚的了解。具体地讲，比如一切有部，承认心外实有，还得出"缘无则不生"为其认识论上的根据，强调了根（感官）和境（对象）在认识中的重要作用，致使许多人误认其为唯物主义。汤先生指出，在有部的观点中包含着现象与本体的矛盾。一个关键的问题是，有部把感性知觉当作唯一可靠的认识，认为它"但取自相，唯无分别"，因而最为真实。而对思维活动则采取一种完全不信任的态度，认为思维活动是一种"分别智"，断言"分别是假"。结果实体的有在失去认识论上的根据，导致对实体的分解。所谓"心外实有"，汤先生总是要人们注意实有的是什么：是实物，还是感觉？如果是感觉，说它们"一切皆是自性所摄"，就等于承认感觉具有独立的存在，这无论如何不能叫作唯物主义，在哲学路线上倒更接近于马赫的"感觉的复合"，汤先生称之为"现象主义"。他认为由此才有觉天对有部基本立场的背离。

213

对于觉天的立场，汤先生做过细致的研究，认为他的"色唯大种，心所即心"的主张并不像前人所解释的那样，是"无有心所，但有心王"，恰好相反，汤先生认为这是只要现象，不要本体。觉天因此而开了经部的先河。

关于经部学说，众说纷纭，汤先生根据我国保存的资料，认为它具有过渡性质，典型主张应以《成实论》和《俱舍论》为代表，两者构成了从有部到唯识的中间环节。前人认为成实"从经部所出，接入大乘般若"，汤先生认为是成实接受空宗影响。《成实论》进一步贯彻现象主义的主张，认为四大由四尘所组成，亦应属假有，得出了"四尘实，四大假"的结论。它还以过去未来不能被直接感知为由，倡言"过未无，现世有"，又否定了有部的"法体恒有"的主张。针对有部"缘无不能生识"的说法，它提出"知亦行于无所有处"，"不可以知所行处故名为有"，在认识知识论上更趋于主观唯心主义。汤先生指出，成实承认有"缘无境智"，是转向唯识的重要契机。而这恰恰又是"一切皆是自性所摄"所招来的结果。不过最受汤先生注意的还是成实以及俱舍对心不相应行法的分析。这一类"法"非心非物，多属事物抽象本质的概括，站在片面感觉论的立场，自然也在否定之列。

无论是《成实论》还是《俱舍论》，都对心不相应行法做了很多分析，两者皆着力于证明心不相应行法非实有，而为权有。我国有些佛学研究前辈认为佛家对心不相应行法的分析在整个佛教哲学中并无多大意义，只是玩弄名词，耗人脑力。汤先生的看法完全不同，他着眼于认识论，认为成实、俱舍对心不相应行法的分析是转入大乘的关键。他常将其与英国经验论否定抽象相比，认为这为彻底否定外部世界的存在创造了前提。

跟《成实论》相比，《俱舍论》在某些方面更接近唯识。《俱舍论》也将过去未来宣布为"缘无境识"，但它由此更发展了刹那灭学说，认为诸法生已即灭，"灭既不待因，才生已即灭"。汤先生认为这是直接导向唯识的重要一步。因为这种说法取消了事物间的一切联系和作用，通常对事物生灭过程所作的因果解释，因此而失去了根据。《俱舍论》用以代替对事物作因果解释的是种子说，声言"诸法但有功能，实无作用"。就是说，事物的产生并不是由于某种在先的原因的作用，而是种子（潜能）现行（实现）的结果。心由心种生，色由色种生，它们都根源于种子自身的生果功能。因此，例如眼睛见物，在《俱舍论》看来，就不是根、境、识相互作用的结果。恰好相反，在这种情况下，根、境、识三法互无联系，只是各自前因（种子）引后果（现行）而已。不仅如此，《俱舍论》还认为，"现得者有体，余不现行者但有种子未有体相"。这些变现一切而又无体无相的种子事实上成了最高本原。我们知道，它们后来构成了阿赖耶识的主要内容。总之，对于印度佛教思想的发展，特别是这里所说的从有部到唯识的发展，汤先生都力图从认识论上加以说明，而且常与英国经验论的发展模式相比较，有充分资料显示，他这样做是成功的。

三

对于印度佛教思想的研究，或者更准确地说，对于整个印度哲学的研究，汤先生还有更深一层的考虑。以上所说，严格说来，只是按照现代西方学术水准对印度佛教思想所做的了解，它对于认识印度古代思维所达到的成就固然十分重要，若要把握印度自身所特有的东西，仍显得不够。这就涉及如何认识比较研究方法的问题。我们要想对汤先生的研究工作有更全面的了解，不可不注意他对比较方法的看法。

用比较方法研究印度哲学，特别是把古代印度佛教思想与近代认识理论进行比较，西方学者早有尝试。俄国著名佛教研究专家舍尔巴茨基就曾在这方面做过大量工作，对于沟通印度佛教与西方思想起了很大作用，我们从汤先生的工作中多少也能看到他的影响。但像汤先生这样从总体规模上对印度佛教思想发展的全过程进行认识论上的比较研究，在西方学者此前的研究中似乎未曾见。在这方面。汤先生确为我们树立了一个成功的范例。然而我们又发现，汤先生似乎并不是这种研究方法的一个十分热心的提倡者，他对人们运用这种方法所得出的批评远多于鼓励。原因在于，人们太多地滥用了这种方法，而不顾运用这种方法必需的前提，那就是，必须充分地占有资料，对比较双方做尽可能全面深入的了解；否则会把比较变成比附，将不同文化混为一谈。据汤先生看来，这已是"世界学者之通病"，是"时学浅陋"的表现。他指出："时学浅陋，故求同则牵强附会之事多，明异则入主出奴之风盛。世界宗教、哲学各有真理各有特质，不能强为撮合。"他以叔本华为例，指出："叔本华一浪漫派哲学家也，而时人佥以为受印度文化之影响，其实氏之人才非如佛之罗汉，氏言意志不同佛说私欲，其谈幻境则失吠檀多真义，苦行则非佛陀之真谛。印度人出世，源于无常之恐惧。叔本华悲观，乃意志之无厌。"（均见《评近人之文化研究》）在这些批评的背后实际上是比较研究中的一个带根本性的问题，即西方文化在比较研究中的地位和作用问题。因为近代以来，所谓比较研究归根结底是与西方文化进行比较，从它求得说明。从前面的介绍可以看出，汤先生十分注意汲取近代西方的学术成果，用到自己的研究工作中，但他又总是强调，不同文化有不同特质，不应指望一种文化对其他各种文化做出说明。尤其是像印度哲学这一与西方思想有极大差异的文化，更不能靠单纯套用西方思想求得说明。汤先生曾论及治印度哲学的困难，其中之一就是很难在印度思想中，找到与西方思想对应的东西，人们找到的往往已经不是印度思想。他说："据今人常论治印度学说，有二难焉：国情不同，民性各别，了解已甚艰，传译尤匪易。固有名辞（或西洋哲学译名）多不适用，且每易援引泰西哲学妄相比附，遂更淆乱失真，其难一也。学说演化，授受复杂，欲窥全豹，须熟知一宗变迁之史迹，更当了然各宗相互之关系。而印度以通史言，则如纪事诗已难悉成于何时，以学说言，则如佛教数论实未能定其先后，其难二也。"（《印度哲学史略》绪论）这里对盲目套用西方哲学范畴提出了明确的批评。所谓失真，即失其本真，抹煞了印度哲学所固有的特点。这显然不是无的放矢。汤先生要求的是对史料的全面掌握，所谓"精考事实，平情立言"，求同也好，修异也好，都必须以史料的翔实考证为依据。牵强附会的比附，戴帽子、贴标签之类简单化做法，在汤先生那里是见不到的。一个术语的使用，一种思想的界定，都是反复推敲的结果。

对于把印度的思想派别称为哲学，汤先生有许多保留。在他的专门论述印度各派哲学的《印度哲学史略》中，人们难得见使用"哲学"这一术语。在个别几处不得已使用这一术语的地方，他总加上许多说明，以免人们产生误解，给研究造成不便。我们知道，哲学与智慧是分不开的，西方哲学重智慧，把它作为认识的最高追求。印度各宗也重智慧，却与西方哲学中所研究的那种认识活动无关。汤先生指出："印度各宗均以智灭苦，佛家智慧亦最高。其所谓智慧非为平常知识，乃彻底之觉悟，而得之禅定者。得者于此绝对信仰，成为第二天性。美人髑髅，富贵朝露，凡庸知之，仅为格言，圣哲通之，见诸事实，非仅知之也。"所以汤先生认为，在印度，哲学也就是宗教，因此也可以说是"非哲学"。不独佛教如此，其他各宗亦然。只有顺世可以说是例外。这些派别的哲学都与禅定或瑜伽有不可分的联系。

一个智慧的人必定在禅定的修证上有很深造诣，而禅定的过程恰恰就是要排除西方所谓理智的过程。印度佛教哲学，如果可以叫作哲学的话，有相当一部分内容就是跟这类活动相联系的，这些显然无法纳入西方认识论的框架。在研究佛教认识论的时候，如果忽视了这一点，甚至设想印度佛教大师们所研究的就是近代西方哲学家们所提出的那些问题，那就完全误解了印度哲学。西方常有学者将某位佛教大师称为"印度的康德"或西方其他哪位哲学家的化身，这从汤先生的立场看来，显然是不能接受的。它只能"淆乱失真"，阻碍研究的深入。汤先生曾经说过："印度佛教思想，有许多是我们可以了解的，但也有许多跟禅定有关，是我们难于了解的，有些甚至是根本无法了解的。"这是提醒我们正视实际情况。尽管禅定与印度哲学尤其是印度佛教思想有不可分的联系，人们却无法对它进行研究，即使印度哲学中有相当一部分问题始终是个不解之谜，这无论如何不能不说是个缺憾。

今天我们似乎有相当的理由可以相信，情况正在发生变化，由于人体科学的创立，一向被排除在学者们视野之外的佛教哲学，正日益受到人们的关注，汤先生生活的时代所无法解决的课题，很可能在不远的将来获得突破。我们期望这一天早日到来。

（原载张岱年、汤一介等著《文化的冲突与融合——张申府、梁漱溟、汤用彤百年诞辰纪念文集》，北京大学出版社1997年版，第162—170页）

| 牟钟鉴 |

研究宗教应持何种态度
——重新认识汤用彤先生的一篇书跋

汤用彤先生是我生平最敬重的少数老一辈学者之一,他的为人为学为师皆足以为世之楷模。值此汤先生百岁诞辰之际,作为一个久怀思念的学生,写点什么文章来表达自己的心意呢?这使我颇费踌躇。写回忆录一类的文章吧,我还不够资格,尽管在汤先生病危之前,我有幸伴同许抗生(那时抗生是汤老的研究生)去燕南园聆听过汤老的教诲,总共才两次。只记得汤老讲的是佛学,说话有些费力,字写得有表盘那么大,还歪歪斜斜的,手在发抖,让人心里难受。其时汤老身体已经不支,但仍不肯放下教鞭,忍着病痛,给我们讲授学问,诲人不倦,不顾老病已至,态度仍然是那么和蔼可亲,循循善诱,其情其景历近三十年而不能忘,但直接的印象也就这么多了。后我之学友,连我所得到的与汤老暂短接触的机会也无缘再逢,不久汤老病重,再不能做辅导,又不久便去世了。我参加了汤老的追悼会,并购买了一部中华书局1963年11月印刷的《汉魏两晋南北朝佛教史》,在扉页上写下了"购于汤先生逝世后两天",可见当时是怀着悼念的心情买书读书的。我当然可以写点佛教史或魏晋玄学的文章,在这两方面汤老的论著对我影响都很大,但我想有关的文章一定很多,我又没有深入的研究的创见,因此也不想写。于是便想到一个宏观的题目,它与汤老的一篇书跋直接有关。

近些年,宗教文化研究勃然兴起,我也被这股潮流卷了进去,对中国传统信仰和道教做点研究,时有心得,常常在研究宗教的态度和方法上做些反思,以为有许多经验教训可以总结。研究宗教应持何种态度,这对研究者来说是带有根本性质的问题,是首先需要明确予以解决的,否则研究成果的学术性和科学性就很难保证。

大家都承认汤用彤先生的《汉魏两晋南北朝佛教史》是一部成功的上乘学术著作，其价值历久而不衰，誉满海内外学界。它的成功，除了内容的丰富、严谨、系统、深刻以外，还在于汤老治佛学的态度和方法完全是近代的和学者的，故能开一代佛学研究新风。我们可以从汤老的著作中总结他的治学之道，我们更想知道汤老自己总结出来的治学之道，如果真有这样的总结，必然会给我们重新检讨研究佛教和探索宗教的根本立场以重大启示。

　　令我兴奋的是，我终于找到了这样一份重要的总结，这便是汤老为《汉魏两晋南北朝佛教史》所写的"跋"，印在此书1938年商务印书馆初版上，而1955年该书由中华书局重印时它被删去了，直到1983年中华书局出版由汤一介先生编辑的《汤用彤论著集》，收入《汉魏两晋南北朝佛教史》，才把那篇初版的"跋"又重新补入刊印，这样它才得以与广大读者见面。我看不到初版书，长期无缘见到"跋"文，得到《汤用彤论著集》后，仍未注意到它的悄然重新出现。有一天突然翻到它，如获至宝，细读之后，欣喜异常，反复研味而不能自已。我很感慨，这个"跋"的命运竟如此坎坷，在三十余年中它作为"过时"之物被抛弃了，而终于又被捡了回来。可见精华与糟粕的取舍实不易言，一时的风气未必可靠，科学的态度应该是尊重历史，保留全貌，让人们慢慢地去研讨辨别，不可轻易删削。

　　汤先生是深通佛学和佛教史的大师，唯其深通故而知治佛学之艰难，艰难所在主要不在文献之浩瀚、理论之丰富，而在难得佛学之真、大德之心。"跋"文说：

> 中国佛教史未易言也。佛法，亦宗教、亦哲学。宗教情绪，深存人心，往往以莫须有之史实为象征，发挥神妙之作用。故如仅凭陈迹之搜讨，而无同情之默应，必不能得其真。哲学精微，悟入实相。古哲慧发天真，慎思明辨，往往言约旨远，取譬虽近，而见道深弘。故如徒于文字考证上寻求，而乏心性之体会，则所获者糟粕而已。

这一段文字是"跋"文的精义所在。第一，它指明佛学兼具宗教哲学的两重性，佛教可以称之为哲理型的宗教，亦可称之为宗教型的哲学，两者合为一体；第二，它指明宗教感情乃是宗教信仰的内在因素，是宗教发挥作用的深层根据，因此要得其真意，不能单靠外在有形的资料，必须对它有"同情之默应"，用现在的话说，就是做同情的理解，沟通心灵，得信教者之心；第三，它指明哲学（汤先生这里似乎特指中国哲学）的宗旨是精微深远的，功夫不在表层知识，而在心性的开发和解悟，故欲得其精华，不能徒依文字考据，必须在个人体验的基础上内心有以会通，把自己放进去，通过自身的心性磨炼而对中国哲学真精神有所感受。这几点是汤先生一生治学心得之结晶，都是真知灼见，得来极不容易。

汤先生并非佛教徒，他一向不赞成用信仰主义的情绪支配宗教研究工作。他在"重印后记"中说："我过去反对以盲目信仰的态度来研究佛教史。因为这样必然会看不清楚佛教思想的真相。"事实也确如此。汤先生的佛教史著作之所以有极高的近代学术价值，而又能广为学界所接纳，重要原因是不带神学色彩，具有纯粹的学术性质。这与"同情之默应""心性之体会"并不矛盾，可以互为制约，也就是说不盲目信仰，不能走到冷漠乃至敌对的立场。默应与体会也不意味着成为信教者、研究者与宗教要近而不混，通而不同。我认为汤先生选取的立足点是不偏不倚、恰到好处的。

正由于汤先生把宗教作为研究而非信仰的对象，所以他在"跋"中又说："研究佛史必先之以西域语文之训练，中印史地之旁通。"可知汤先生在强调会通义理的同时，也很重视语言工具与史地知识，故"默应体会"与"语文史地"实为治佛学之两翼，不可偏废，兼而行之方能疏通难关滞义，综合史论而得其全貌。汤先生在国难当头、颠沛流离的抗日战争时期整理佛教史并写此"跋"，爱国热忱寓于冷静严谨的学术研究之中，他在"跋"中提出希望：

> 惟冀他日国势昌隆，海内义安，学者由读此编，而于中国佛教史继续述作。俾古圣先贤伟大之人格思想，终得光辉于世，则拙作不为无小补矣。

我们于此可知，汤先生治史的目的是继承和发扬中华民族优秀文化传统，达到中华的振兴。他所"默应"和"体会"的绝不是历史的全部，而有严格的选择，那就是"古圣先贤伟大之人格思想"。虽然汤先生未进一步解说这种伟大人格思想的具体内容，但从汤先生对道安、慧远、罗什、僧肇等先贤大德的表述中，我们能够体会到他所赞颂的人物，乃是那些精神卓绝、学识博深、能特立独行、曾为中国文化做出贡献的哲人大师，他所颂扬的伟大人格思想乃是坚忍弘毅、开拓创新、博大精微的学人精神，而凡猥琐媚世者、依傍时流者、言行相违者、思浅文陋者，皆为其所不取，并予以严肃的批评。在对历史人物的褒贬中，汤先生自身志向之高远和人格之清直同时得到了体现。

我受到庄子"材与不材之间"的启发，于是提出这样的见解：研究宗教的最佳位置和态度便是在"信与不信之间"。为不致引起误解，这里要做些解释。

"信与不信之间"的第一个含义，就是进得去，也出得来，而且首先要能进得去，然后再说出得来。研究任何问题要想透彻都得"投入"，做一番身临其境的思索和体验，研究宗教更须如此。对于宗教的教义理论须循其思路而求之，务必真正领悟本义。对于教徒的心理与生活要十分熟悉，并有真切的关怀和同情的理解，不妨作"假如我是一个教徒"的设想。我们研究者不应自封为宗教的审判官，我们也是人生旅途上的一个探索者，有着与教徒一样的人生种种关口，能够体会人们开拓人生之路的艰辛，内心可以感通，只是彼此解决问题的方式有所差异而已。在了解研究对象的阶段上，我们应当强调"进入"，尽量不带主观成见，移情移念于宗教。"进得去"不单是为了获得微观上的详细状况，更是为了找到合适的感觉，达到精神上的默应。当积累了相当多的体验、解悟和知识之后，我们便可以超脱一个教徒的局限，站在整个人类进步和文化发展的高度，对研究对象作立体化的、全方位的和历史的考察，以便做出恰如其分的时空定位分析，并用真善美的普遍性标准对它做出价值评判，这就是"出得来"的含义。这里没有教派的间隔，也没有信教与不信教的对立，有的只是对智慧、美德和幸福的歌颂与向往，对罪恶、愚昧、虚伪的舍弃与抗争。所以"出得来"不是跳到宗教的对立面，而是另有层次，进行整体性的思考。

　　"信与不信之间"的第二个含义，就是有所信取，亦有所剔除。人类有数千年光辉灿烂的文明史，文明的创造者中很大一部分是宗教信徒，文明成果里有不少表现为宗教形态。因此，宗教文化是人类整个文化的重要组成部分，评论它的是非功过应与评论整个历史文化采取同一个标准，不要把宗教打入另册。古今中外，凡真善美的事物总是相通的，不论它们以宗教的方式存在还是以世俗的方式存在，我们都要加以肯定、发掘和褒扬。而凡假恶丑的事物，不论在哪里出现，也不论是存在在宗教体系里还是存在在世俗体系里，都要受到揭露和鞭挞。从更深一层说，研究宗教的目的不仅仅在于分清真假、善恶、美丑以决定我们的取舍，更重要的是借以反思我们的社会和人生。我赞成罗竹风、陈泽民两位先生的话："宗教学的根本目的不在于证明宗教信仰命题的真伪，而在于通过对宗教现象的探索、研究去认识人和人的社会。"（《宗教学概论》《宗教通史简编》《宗教经籍选编》总序）要了解宗教文化全部丰富深邃的内涵，以及通过宗教现象透视社会和人生的深层是相当困难的，而研究宗教的主要价值也正在这里。以佛教而言，人们批评它悲观厌世的流弊一面，这自然是对的。但它在对现实人生的彻悟中，包含着对社会病态的解剖和对社会苦难的抗议，包含着对世俗人生的超越；它的哲学、心理学、道德学以及语言、文学、艺术，都有许多精粹的内容，有不少已经融汇到全社会的精神文化生活之中，有的还没有被我们发觉。它们对于提升我们生命的价值和丰富生命的内涵会有相当的帮助，我们为什么不可以有所取用呢？例如佛教的破执论就可以用来破除日常生活中低层次的执迷和自寻的烦恼，对许多事情看得开、放得下，形成通达、洒脱的人生态度，这不是很好吗？这就叫作部分的、有限度的"信"。当然，作为一个非教徒，又不能全信；对于那些经不起实际生活检验和有负面作用的成分，不要说教外人士不能相信，就是教内有识之士，也常有反省和检讨。中国佛教界提倡人间佛教，把净土搬回人间，使佛国世界充满了人情实理，这是一种前进的步伐。宗教界当然不会放弃他们的基本信仰，不过时代的潮流是无比强劲的，它会迫使一切愿意保存自己的宗教的人，自觉或不自觉地向生活的真理靠拢。作为教外的研究者更不应受特定信仰的约束，始终保持一种清醒的、理性的头脑，这是教外学者的优势所在。这就是我所说的"不信"，这种"不信"有利于凸显可信的成分，不让负面的阴影遮盖住智慧的光辉。

任何一种研究态度和方法都不会没有缺点，都只能相对地接近研究对象，谁也不敢说他垄断了全部真理。比较开明的说法应当是：研究宗教也要百家争鸣、百花齐放。不必要设禁区、禁令，各家都可以自由地研究各种宗教问题。从立场、态度上说，有信仰主义的，有客观主义的，有辩证唯物主义的；从具体方法上说，有比较研究的，有实证主义的，有结构主义的，有人类学的，有社会学的，有民俗民族学的。只要以诚立学，功夫到家，都可以对宗教学术研究做出贡献，彼此之间也可以互相批评、互相对话、互相补充。就我个人的选择，我倾向于在态度上处信与不信之间，在方法上博采众长，不拘一格。这样可以避免专信或绝不信两种极端态度引起的强烈情绪化因素，从而增加研究的学术性。我这样讲并不是什么折中主义，更不是游移之戏言，确实是一种辩证的思考。

我认为汤用彤先生的《汉魏两晋南北朝佛教史》及其"跋"，体现了一种近代学问大家的中正不倚的气度。他对佛教和佛教史相当熟悉、相当投入，他对真正有学问、有懿德嘉行的高僧大德怀有诚挚的敬意，从而能较切实地把握他们思想的真意和精要；同时他又不囿于佛教信仰，以开阔的视野和清醒的理性指点人物，评说历史，比较异同，不以门户划界，唯以是非立论，故能成就一部学术价值极高的研究性著作，使教外读者获得可靠的知识和多方面的启迪，使教内的读者没有反感，愿意认真参阅，因而其学术生命广大长久。我不敢贸然说汤先生研究佛教的态度就是在信与不信之间，但我觉得汤先生的态度与我的想法在基本精神上是一致的。

汤先生在1955年重印那部佛教史时写了"重印后记"，对以往的佛教史研究做了自我批评，认为自己"完全忽视了当时历史发展的全部过程对佛教的发展的决定性的制约"，因为"只有把宗教、神学的问题安放在现实问题的基础上，才可能正确地理解它"。这个自我批评是诚恳和有价值的。汤老的书并非没有注意到宗教的社会背景，但确实注意得不够，而如果不充分依据社会史资料，宗教史是很难得到深刻说明的。"重印后记"是外在环境一时的产物，它与前面史的内容极不协调；初版的"跋"则是从汤先生内在文化生命中流出来的妙文，与史的文字浑然一体，所以深沉感人，弥足珍贵。

汤用彤先生是学贯中西、识通古今的大学问家，他开创了真正现代意义上的宗教史研究的新局面。我们纪念汤先生，最好的行动就是学习他的学问、思想、人品、文章，把中国宗教史的研究扎扎实实地向更深、更广处拓展，培养更多更好的人才，推出更多更好的成果。

（原载汤一介编《国故新知：中国传统文化的再诠释——汤用彤先生诞辰百周年纪念论文集》，北京大学出版社1993年版，第66-72页）

| 蒙培元 |

大师风范，学者胸怀
——写在《汤用彤全集》出版后

一代学术大师汤用彤先生的全集近日出版了，这无疑是学术界的一大盛事。

汤用彤先生学贯中西，著述精深，为中国哲学与文化建设做出了卓越的贡献。先生晚年虽因行政事务等原因而不能操笔，但他为我们留下的有关汉唐佛学与魏晋玄学、印度哲学等方面的宏著，至今成为我们研究者必读而难以超越的奠基之作，读之而受益无穷。我在北大哲学系读书时，中国哲学史这门课程中有关汉晋隋唐部分的内容，就是以汤先生的著作为主要参考教材，虽然读起来很吃力，但是有缘进入一个巨大的知识宝库，知道怎样去读书。我的本科毕业论文的题目是有关魏晋玄学的，于是，汤先生的《魏晋玄学论稿》便成了我最重要的必读文献，我反复阅读过多次，每次都有收获，但每次都觉得意犹未尽。

其实，他在中西哲学与文化方面的论著、讲稿，都是我们从事哲学文化研究的学者不可不认真阅读和学习的重要文献，从中能够读出真正的文化关怀。

毫无疑问，学术总是不断发展的。但是我们决不能超过一代学术大师们已经取得的成就而谈论所谓"发展"，否则便是轻狂，便是妄言！近年来，中西哲学与文化问题一直是学术界争论的焦点之一。这是不奇怪的。因为我们生活的时代和汤先生的时代虽有不同，但是整个文化背景并没有根本改变，中西文化的冲突与对话、交流始终是我们这个时代的文化主题。汤用彤先生和许多前辈学者一样，自觉地意识到他所处的时代的性质和特点，并在这一自觉意识之下不断探索中国学术发展的道路。他的论著就是这一探索的结晶，至今读来甚感亲切，其中讨论文化问题的若干论文更是切中时弊。

作为学术大师，汤先生自有他的文化观，但他不轻易发议论、下结论，他的学术文化观是建立在扎实而又深邃的学术研究之上的。"文化之探求乃真理之讨论"①，这是汤先生研究哲学文化的根本立场和一贯态度，为我们后辈树立了一个典范。正因为如此，汤先生的论著言必有据，义理深刻，字字锤炼，言简意赅，史论交融，耐人寻味，从中能够得到多方面的教益与启迪。

　　收进《汤用彤全集》的每一篇文章，都代表了汤先生的为人为学，体现了汤先生的深厚学养、理论造诣和学术风格。今日读《汤用彤全集》，固然要获得知识，汲取方法，但我以为更重要的是要认真体会汤先生的为人为学、追求真理的精神。早在"五四"前夕，汤先生在清华上学时，就对中国文化之命运十分关心，并针对青年中存在的"虚浮之习""轻浮之弊"，发表文章，阐明什么是对待中西文化的正确态度。他在《理学谵言》中，对包括朱熹、王阳明在内的理学，有非常深刻透辟的分析，令我十分敬佩。比如他提出"朱子论心性之处，陈言甚高，比之阳明之良知说甚同"②这一看法，可说是发前人之所未发，同传统的"扬此抑彼"之论不可同日而语，就是在今天，我们这些专门研究理学的人也未必能达到如此深刻的理解程度。汤先生写这类文章，当然不是专门讨论理学问题和朱、王异同，而是以理学为代表说明中国哲学之精神，这就是重视"人心"，重视"民德"，这也是立国之"本"。但这绝不是泥古、保守，而是通过中西哲学文化不同特质之比较以树立国人之精神信念。要之，"不必朱子，不必阳明"，而"以正确之目光、坚强之心胸为准的"③，不致在"西学东渐"的冲击下张皇失措、轻浮躁动。这种胸怀，表现了一位中国青年学者的自信与求真精神。后来，他又发表论著，反对"中外学说互为比附"之风，认为无论持中西学术"相同"者，或"相异"者，往往都以"简单比附"为方法，结论似绝不相同，其错误则是共同的，因为文化作为"全种全国人民精神上之所结合"，各有其真理，各有其特点，不应"仅取一偏，失其大体"。④这是何等深刻的见

---

① 汤用彤：《汤用彤全集》第五卷，河北人民出版社2000年版，第274页。
② 同上，第26页。
③ 同上，第32页。
④ 同上，第276页。

解！面对今日学术研究中常常出现的比附之风，不能不令人深思。

汤先生绝不是反对西学，正好相反，对西方的科学理性精神他是积极接受的，且主张"挹其精华而使其为我所有"。但他既反对"仰承外人鼻息"，更反对"数典忘祖"的学术风气，这种风气并不是代表先进，而是缺乏科学理性精神的表现。我们所需要的，正是这种精神。这也许正是今人不同于古人之处，同时也是今人能够树立正确观念的基础。学术文化界之所以出现"虚浮""轻躁"而不能"深造"，就在于"尚意气"而"无科学上之一定之观察是也"。只有具备科学的求真精神，才能深入到中西文化的内部，探求其各自的特征及其相互关系。重"科学观察"以"明事理"，"除偷惰之风"而"求鞭辟入里之学"，[①]这就是汤先生一生为学的根本态度与方法。他的《汉魏两晋南北朝佛教史》《隋唐佛教史稿》《魏晋玄学论稿》等巨著就是在这种精神支持之下写出来的。这些著作以"具体而微、鞭辟入里"的研究成果回答了中外文化学术接触碰撞中出现的复杂问题，体现了"求真"的精神，展示了大师的风范与胸怀。对我们而言，"鞭辟入里"谈何容易，这是需要毕生精力以至生命去换取的。

汤先生正是通过对佛教文化与中国文化接触后发生的变化，即中国佛教文化产生和发展的历史过程进行"鞭辟入里"的研究，从而提出一个深刻的洞见：不同文化之间的接触必须经过冲突到调和这样两个过程。冲突是不可避免的，而调和则是双方的，也是长期的、复杂的。这就是体现在《汤用彤全集》中的中外文化观。这同"拿来主义"是不同的。这一种文化观是建立在大量事实观察与理论分析之上的，因而是有说服力的，它同表面化、浮泛化的议论是有根本区别的。也许任何人都能说出这样的"见解"，但是，这样的"见解"却没有汤先生这句话所包含的全部真理性。因为任何真理性见解的提出，都是在艰苦卓绝的研究之后，而不是在先。这对于当前的中西文化的争论具有直接的意义。正因为中西文化的关系问题是整整一个时代的问题，也是当前的学术文化研究不能回避的问题，因此需要我们提出有意义的真知灼见。这样的真知灼见当然不能建立在"简单比附"之上，而应建立在"广搜精求"而"深造"的研究基础之上。这

[①] 汤用彤：《汤用彤全集》第五卷，河北人民出版社2000年版，第29页。

里没有任何的捷径，容不得半点轻浮。这才是我们应当从事的工作，也是从《汤用彤全集》中得到的教益。

2000年12月27日

（原载《中国哲学史》2001年第2期）

| 许抗生 |

忆在汤老身边学习的岁月

1963年夏天,汤用彤先生响应党和国家的号召,为了培养青年一代,使得我国佛学研究后继有人,决定招收中国佛学史专业研究生。中国佛学是中国哲学史的一个重要组成部分,不懂得中国佛学,要想研究清楚中国哲学史的整个发展过程,那是不可能的。那时我正处在大学毕业的前夕,由于我平时比较喜爱中国哲学史这门课,因此也想学习一下这方面的专业知识。当时我想,汤用彤先生是我国的一位著名学者,他对党对社会主义有着深厚的感情,学问渊博,治学严谨,是我一向所崇敬的,如果有机会在他的指导下学习,那有多好啊!我的这一想法得到了汤一介老师的积极支持,于是我就报考了汤老的研究生。

汤老当时已经70岁高龄了,并且患着重病。然而,他人老心不衰,一心想的是尽快把青年人培养起来。因此他不顾自己的病痛,坚持指导我的学习,给我讲解佛经,解释佛教名相(术语),辅导我学习《出三藏记集经序》与《宏明集》等书。当时汤师母还健在,汤师母为了爱护汤老的身体,常常要求他每次讲课不要超过四十分钟,我当时担心把先生的身体累坏,也常劝说汤老每次给我少讲一些。但是,汤老每次给我讲课,总要大大超过这个时间。先生常说:中国佛学的知识那样丰富,佛经又是那样难懂,不多讲些,你们青年人怎么能学好呢?汤老总感到自己的年岁大了,身体又患有重病,因此他很想把自己所学到的全部知识,一下子都能交给我们青年人,使得我们能够接好他们老一辈的班,所以他总是这样不辞劳苦地为我的学习操心着。

1963年冬天开始以后,汤老由于工作的劳累,身体一天不如一天,最后只能卧床休息。但是汤老仍然不肯停止工作,他一面躺在病床上,一面还继续坚持给我讲课，讲解佛教典籍中的一些难以读懂的地方。由于讲课的时间不如以前那样长了，讲的东西更少了，汤老为了弥补这一不足，当他在病床上精神稍好一些的时候，就拿起笔来，在指定我阅读的《出三藏记集经序》一书的一些篇章上，加上文字注解，交给我读。在这些注释中，包括有佛教名相的解释、佛教年代的考证、人物的考证乃至有关文字校勘等，所有这些，对于帮助我读懂佛教典籍都有着很大的作用。汤老如此认真、负责，不惜自己带病的身体坚持指导我学习的精神，是我一生难以忘却的。

可惜的是，我跟随先生学习还不到一年，无情的病魔竟过早地夺走了我的导师的生命。汤老从此与我永别了，当时我是多么地悲痛啊！我流下了热泪……

每当我回忆起在汤老身边学习的那些日子，汤老和蔼可亲的面容，就会浮现在我的面前。他那严肃认真的教导，一丝不苟的治学态度，总给我以极大的鼓舞与力量。我只有加倍地努力学习，才不致辜负汤老对我的期望与栽培。

今年是汤老诞生90周年，我敬作这一短文以表自己对先生的怀念与崇敬之情吧！

下面是汤老生前在指导我阅读《出三藏记集经序》一书上所写的一些注解，抄录出来以为纪念。

安般守意经序　康僧会

"心之溢荡，无微不浃，恍惚髣髴，出入无间，视之无形，听之无声，逆之无前，寻之无后，深微细妙，形无丝发。"

[注]《阴持入经》注曰："识神微妙，往来无诊，阴往默至，出入无间，莫睹其形，故曰阴。"

"一朽乎下、万生乎上。"

[注]《阴持入经》注谓："谷神朽于下。"

"于是世尊化为两身，一曰何等，一尊主演，于斯义出矣。"
[注]明版"曰"作"白"，是也。

"大士上人，六双十二辈，靡不执行。"
[注]《阴持入经》注由佛至清港六双十二辈。

"陈慧注义，余助斟酌，非师不传，不敢自由也。"
[注]《僧传》曰："尊吾道者居士陈惠；传禅经者，比丘僧会。"

安般（注）序 释道安

"汉氏之末有安世高者，博闻稽古，特专阿毗昙学，其所出经，禅数最悉。"
[注]《安般守意经》曰："问何等为数、报？数者谓事，譬如人有事便求是为数罪，道人数福。"又《十慧章句》曰："物非数不定"。

安般守意经序 谢敷

"（安世高）又博综殊俗善众国音，传授斯经变为晋文。其所译出百余万言。"
[注]《十慧章句》序作："数百万言。"

阴持入经序 释道安

"并州道人支昙讲。"
[注]《道地经》序作："雁门沙门。"

了本生死经序 释道安

"了本生死经。"

[注]支谦译？

《广品历章》十云："支谦译见侩佑录，谦自注解。安公序云：汉末出谦注。"

道行经后记 未详作者

"光和二年十月八日，河南洛阳孟士元口授天竺菩萨竺朔佛……"

[注]参见《金石补正》五三，公碑文及碑侧第三行。

"时侍者南阳张少安，南海子碧……"
[注]参看《萃编》十七补正六之郭子碧。

"正光二年九月十五日，洛阳城西菩萨寺中沙门佛大写之。"
[注]汉末无正光，魏有正元。

合首楞严经记 支敏度

"今之小品，阿阇贳、屯真、般舟，悉谶所出也。"
[注]阿阇贳、屯真，祐录二谓出旧录。可见旧录乃敏度录也。

"勇伏定记曰：元康元年四月九日燉煌菩萨支法护，手执胡经，口出首楞严三昧……"
[注]祐录二法护录云："首楞严经二卷异出首称阿难言。"

法句经序 未详作者

"始者维祇难出自天竺，以黄初三年，来适武昌……"
[注]《魏志》魏文帝黄初三年孙权改鄂为武昌。《九州记》黄初元年权移此改名武昌。

大品经序 长安释僧睿

"法师以名非佛制,唯存序品,略其二目,其事数之名,与旧不同者,皆是法师以义正之者也。"

[注]祐录一记新旧译不同,可参看。

"如阴入持等,名与义乖,故随义改之,阴为众,入为处,持为性……"

[注]《名义集》蕴字引音义指归云:汉来翻为阴,至晋僧睿改为众,至唐三藏改为蕴。

"解脱为背舍,除入为胜处,意止为念处,意断为正勤,觉意为菩提,直行为圣道。"

[注]查大品经卷一有云:"应具足四念处、四正勤、四如意足,……八圣道分……八"

又卷三第九品有五荫十二入十八界,但入宋元明宫作处,界宫圣作性,故五荫原系五众也。

(原载《燕园论学集》,北京大学出版社1984年版,第73—78页)

| 许抗生 |

汤用彤先生对魏晋玄学研究的贡献

汤用彤先生不仅是我国著名的佛学家,而且也是一位著名的魏晋玄学研究的专家。汤用彤先生在抗日战争时期,生活在"颠沛流离"之中,仍坚持着研究学问。从20世纪30年代末至40年代中,先后撰写了有关魏晋玄学的研究论文十余篇。汤先生原在抗日战争初期就想写《魏晋玄学》一书,但在当时的时局下,"无法写书",只得把这些文章散登在当时的多家杂志上,或者只得油印散发。1957年,汤先生把旧日的九篇论文汇集出版成册,这就是我们现在所能读到的《魏晋玄学论稿》一书。这虽说是一部魏晋玄学论文集,并不是《魏晋玄学》专著,但它已"具备了魏晋玄学思想发展史的轮廓",已具备了专著的规模。该书阐述了魏晋玄学的产生及其发展的基本线索,探讨了玄学的思想渊源、玄学的本质特点、玄学的方法、玄学的派别,乃至玄学与佛学的关系等重大的理论课题。《魏晋玄学论稿》(以下简称《论稿》)已经不是一般的论文集,而实是一部简明的且思想又是十分深刻的《魏晋玄学》专著。从某种意义上说,它是我们当代魏晋玄学研究的一部奠基著作,它开了我们一代魏晋玄学研究的新时期。我们可以这样说,从20世纪50代起,时至今日,我们学术界所开展的魏晋玄学的研究,都是在汤先生的《论稿》一书的思想基础之上展开的,皆是在对《论稿》一书的思想加以这样那样的发挥而已。

汤用彤先生对魏晋玄学研究的重大贡献,依我所见,主要表现在如下几个重要问题和观点上:

一、揭示了玄学哲学的本质特点,指出玄学乃为宇宙本体之学。"夫玄学者,乃本体之学,为本末有无之辨。"(《论稿·魏晋玄学流别略论》。以下凡引此书只注篇名)抓住了玄学哲学的这一本质特征,也就抓住了解决玄学其他一切问题（诸如动静、一多、言意、名教与自然等等）的关键。例如：以何晏、王弼贵无派为代表的玄学主流思潮，主张宇宙万物的本体是"无"（"以无为体"）。这里的本体指万物赖以存在的根据而言的（"万有群生由之以成"）。以此玄学的中心问题，就在于"辨本末有无之理"。即讨论以无为本，以有为末的道理。王弼就是用这一本无末有的思想，阐说了他的整个哲学体系，解答了当时玄学所讨论的动静、言意、自然与名教等关系问题。至于向秀、郭象的崇有派玄学，则主张以有为体（本体即是万有的各自存在），由此提出了物各自生而独化的思想，并在此基础上提出了足性（各自足其性）逍遥与名教即自然的思想。由此可见，玄学哲学的理论基础就是它的宇宙本体论学说。汤用彤先生对玄学的这一本质特性做了深入的研究之后，明确地提出了"玄学乃本体之学"的著名论断。这一结论是十分正确的，它已为广大的学者所接受。这一论断的提出，也为我们科学地评价玄学在整个中国哲学发展史上的地位与作用，提供了一把钥匙。魏晋玄学的产生在中国哲学史上起到了划时代的作用。它以宇宙本体论以区别于两汉的宇宙现象学（象数学）和宇宙生成或宇宙构成学。正如汤用彤先生所说："然谈玄者，东汉之与魏晋，固有根本之不同。……（汉代学术）其所游心，未超于象数。其所研求，常在乎吉凶。魏晋之玄学则不然，已不复拘拘于宇宙运行之作用，进而论天地万物之本体。汉代寓天道于物理，魏晋黜天道而究本体……于是脱离汉代宇宙之论，而留连于存存本本之真。"（《魏晋玄学流别略论》）汤先生又说："（汉代）其所探究不过谈宇宙之构造，推万物之孕成；及至魏晋乃常能弃物理之寻求，进而为本体之体会。舍物象，超时空，而研究天地万物之真际。以万有为末，以虚无为本。……汉代思想与魏晋清言之别，要在斯也。"先生之言极是。魏晋玄学本体论研讨的是超物象时空的天地万物之真际本体，汉代学术则重在"宇宙运行之外用"，即物象与物理，乃至宇宙之构造与生成。这是两个时代思想根本不同之所在。魏晋玄学由汉代的探究物象深入到研讨宇宙万有之本体、本质，这是一个时代的进步，确实具有划时代的意义。自魏晋玄学始，中国哲学起了一个大变化。以往的宇宙论主要讨论的是宇宙生成论或宇宙构成论，自玄学开始，中国哲学进入了宇宙本体论的讨论的新时期。玄学的这一本末体用的宇宙本体学说，直接影响到两晋时期的佛教般若学，乃至隋唐佛学和而后的宋明理学，魏晋玄学是开了中国哲学的新风的。由此可见，汤用彤先生揭示出玄学的本质乃本体之学的思想，在中国哲学史的研究中，具有十分重大的意义。

二、明确指出"言意之辨""得意忘言"乃是玄学的根本思想方法。汤用先生认为，建立一个哲学的新体系，除了时风环境影响之外，要有一种新的思想方法也是十分重要的。汤先生说："新学术之兴起，虽因于时风环境，然无新眼光新方法，则亦只有支离片段之言论，而不能有组织完备之新学。故学术，新时代之托始，恒依赖新方法之发现。"（《言意之辨》）只有有了新方法才能建立起完备的新思想体系，方法对体系而言是至关重要的。玄学的方法是一种得意忘言的方法，这一方法的提出又是由玄学本身的思想特点所决定的。"夫玄学者，谓玄远之学。学贵玄远，则略于个体事物而究心抽象原理。"（同上）确实汉代的思想重于具体，魏晋玄学贵玄远轻具体而重抽象，这是玄学思维不同于汉学的地方。以此魏晋玄学"论天道则不拘于构成质料（cosmololgy），而进探本体存在（ontology）。论人事则轻忽有形之粗迹，而专期神理之妙用。夫具体之迹象，可道者也，有言有名者也。抽象之本体，无名绝言而以意会者也。迹象本体之分，由于言意之辨。依言意之辨，普遍推之，而使之为一切论理之准量，则实为玄学家所发现之新眼光新方法"（同上）。具体之迹象有言有名，抽象之本体绝言无名。玄学所主之本体超言绝象，只可意会不可言传，以此迹象与本体之分而有言意之辨。言意之辨成为了玄学的认识方法。汤用彤先生以王弼思想为例，详细地阐说了这一方法。他说："王弼首唱得意忘言，虽以解《易》，然实则无论天道人事之任何方面，皆以之为权衡，故能建树有系统之玄学。"（同上）接着汤先生从四个方面分析了这一新方法在玄学中的作用：第一，用于经籍之解释。玄学用寄言出意、得意忘言的思想来解释儒家经典，使之不拘泥于文句，而是会通其义，如王弼用《老》解《易》与《论语》等等。第二，"忘象忘言不但为解释经籍之要法，亦且深合于玄学之宗旨"（同上）。玄学贵本体，本体超言绝象，其用则为有形有象的具体事物，以此玄学本体论所讨论的体用之辨亦即方法上所称言意之别。第三，"忘言得意之义，亦用以会通儒道二家之学"。儒道二学本有着根本上的差异，"实难调和"。但玄学家们用忘言得意之义会通二教，认为道家之虚无主义固为儒家圣人（孔子）所体（"圣人体无"）。本体绝于言象，而用须有言教（"名教"），故虚无之体与名教之关系实为体用之关系。"吾人不能弃体而徒言其用，故亦不能执著言教，而忘其象外之意。"（同上）由此可见，儒道二家由本末而会通。"圣人（孔子）体无"之说，则为阳尊儒而阴实尊道而已。第四，"言意之辨，不惟与玄理有关，而于名士之立身行事亦有影响"。汤先生探讨了"言意之辨"与名士之立身行事之间的关系说："按玄者玄远，宅心玄远，则重神理而遗形骸。神形分殊本玄学之立足点。学贵自然，行尚放达，一切学行，无不由此演出。"（同上）从玄学贵尚玄远出发，必然会得出重神理而遗形骸的结果。"形骸粗迹，神之所寄。精神象外，抗志尘表。由重神之心，而持寄形之理，言意之辨，遂亦合于立身之道。"（同上）言意之辨、寄言出意在形神关系上，也就成为寄形出神和重神忽形的思想（"遗其形骸，寄之深识"）。以此魏晋名士的人生观，即在于得意忘形骸。"或虽在朝市而不经世务，或遁迹山林远离尘世，或放弛以为达，或佯狂以为适。……读书须视玄理之所在，不必拘于文句。行事当求风神之萧朗，不必泥于形迹。夫如是则身虽在朝堂之上，心无异于山林之中。"（同上）所有这些就是所谓的"魏晋风度"。很明显这些风度的思想基础就是"言意之辨""得意忘言"的玄学方法。

综上所述，我们可以得出这样的结论：言意之辨，得意忘言乃是玄学的根本方法。这一方法几乎贯彻于玄学一切重大问题之中，玄学的体系有赖于这一方法而建立。如果没有这一方法，也就不可能有玄学思想体系的产生。

三、阐说了魏晋玄学乃是汉末魏初思想演变的必然产物。汤用彤先生在《论稿》中有专文探讨了这一问题。在这方面汤先生尤重《人物志》一书的考察，他说："按汉魏之际，中国学术起甚大变化。当时人著述，存者甚少。吾人读此书，于当时思想之内容，学问之变迁，颇可知其崖略，亦可贵矣。"（《读〈人物志〉》）《人物志》一书，《隋书》列入名家类著作，汉魏之际，名学渐炽，"检形定名为名家学说之中心理论"，"故名家之学，称为形名学"。这一学派产生于先秦，而在汉魏之际复盛，则是针对着当时的取士制度与品评人物的风尚而起的。"溯自汉代取士大别为地方察举，公府征辟，人物品鉴遂极重要。有名者入青云，无闻者委沟渠。朝廷以名为治（顾亭林语），士风亦竟以名行相高，声名出于乡里之臧否，故民间清议乃隐操士人进退之权。于是月旦人物，流为俗尚，讲目成名，具有定格，乃成社会中不成文之法度。……历时既久，流弊遂生。辗转提携，互相揄扬。厉行者不必知名，诈伪者得播令誉。……乃至汉末，名器尤滥。《抱朴子·名实篇》曰'汉末之世，灵献之时，品藻乖滥。……名不准实，贾不本物……'（《审举篇》）天下人士痛名实之不讲，而形名之义见重，汉魏间名法家言遂见流行。"（《读〈人物志〉》）汤先生的这一段论说是十分精辟的，形名家之复盛是当时为了挽救"品藻乖滥""名不准实"的时代风气的产物。汤先生认为，魏初清谈，上接汉代之清议，其后演变而为玄学之清谈。"其原因有：（一）正始以后之学术兼接汉代道家之绪（由严遵、杨雄、桓谭、王充、蔡邕以至于王弼），老子玄学影响逐渐显著，即《人物志》已采取道家之旨。（二）谈论既久，由具体人事至抽象玄理，乃学问演进之必然趋势。汉代清议，非议朝政，月旦当时人物，而魏初乃于论实事时，且绎寻其原理。如《人物志》，虽非纯原理之书，然已是取汉代识鉴之事而总论其理则也。"（同上）在这里汤先生指出汉末魏初思想之演进之路，是由具体人事至抽象玄理，是从形名学走上道家玄学之清谈，其思想来源则是上承汉代之道家。而《人物志》则是这一演进中的一部重要的过渡性著作。《人物志》讲人事而及天道，其论君德中和平淡，"其质无名"。则是已采道家之旨，已见玄学之端倪。其论人事重在情性，已及正始之才性之辨。以此汤先生说："《人物志》为正始前学风之代表作品，故可贵也。"（同上）可见魏晋玄学并不是凭空而产生的，它是汉末魏初思想演变之必然产物，其思想来源则是汉末的道家之旨。

四、探讨了魏晋玄学发展的基本线索。汤先生治学重史料的搜集与考证，尤重"疏理往古思想之脉络，宗派之变迁"。汤先生治中国佛教史是这样，治玄学的研究亦是如此。《论稿》中的《魏晋玄学流别略论》和《魏晋思想的发展》两文就是专门用来探讨玄学思想发展的基本线索的。汤先生指出，魏晋玄学"当时虽雅尚老庄，然其通释，固不必相同，谈老谈庄亦可各异"，以此在老庄玄学内部呈现出了不同的派别。不仅老庄玄学有派别，汤先生更指出当时流行的佛教般若学，它们与老庄玄学相结合，受玄学的影响尤重，亦形成了不同的派别。然佛教玄学就其思想实质来说，大抵不过是当时的玄学支流而已。汤先生通过自己的研究之后说："详研魏晋僧俗之著述，其最重要之派别有四。"（《魏晋玄学派别略论》）这四个派别就是：（一）为王辅嗣之学，释氏则有所谓本无义。王弼（辅嗣）之学主以无为体，属玄学贵无派（汤先生认为嵇康、阮籍之学亦属贵无派，但"学与辅嗣大异"）。（二）为向秀、郭象之学。在释氏则有支道林之即色义。向郭形上学立独化说，属于玄学崇有派。支道林佛学深受此派影响，故孙绰作《道贤论》，以支遁比向子期。（三）为佛教心无义。心无义空心不空物，为当时佛教玄学之异唱。（四）为僧肇之不真空义。玄学贵无派执着于无，崇有派拘泥于有。僧肇认为两者皆有所偏，只有不真空义才是克服了偏见的真理。以此汤先生说："学如崇有，则沉沦于耳目声色之万象，而所明者常在有物之流动。学如贵无，则流连于玄冥超绝之境，而所见者偏于本真之静一。于是一多殊途，动静分说，于真各有所见，而未尝见于全真。故僧肇论学，以为宜契神于有无之间，游心于动静之极，不谈真而逆俗，不顺俗而违真。知体用之一如，动静之不二，则能穷神知化，而见全牛矣。"（同上）可见僧肇之学是超越了贵无与崇有，而主合有无两家为一的。最后汤用彤先生总结了以上的分析，把魏晋玄学思想的发展划分为四个时期：（一）正始时期，在理论上多以《周易》《老子》为根据。以何晏、王弼为代表。（二）元康时期，在思想上多受《庄子》学的影响。"激烈派"（放达派）思想流行。（三）永嘉时期，至少一部分人士上承正始时期"温和派"（调和儒道）的态度，而有新庄学的出现，以向秀、郭象为代表。（四）东晋时期，亦可称佛教玄学时期。汤用彤先生的这四个时期的划分，时至今日看来，仍然有着相当的合理性。

五、阐说了佛教玄学化的进程。佛教是外来文化，它要在我国生根发展，必须与我国固有的文化相结合、相融合，即实行所谓的中国化的问题，其在魏晋时期其具体的表现就是佛教与玄学的合流。汤先生说："大凡外国学术初来时理论尚晦，本土人士仅能作支节之比附。及其流行甚久，宗义稍明，则渐可视其会通。此两种文化接触之常例。佛学初行中国亦然。"（《言意之辨》）诚如汤先生所说，佛教初传，它与中国文化的接触,"其先比附,故有竺法雅之格义,及晋世教法昌明,则亦进而会通三教"(《言意之辨》)。所谓"格义",即是以佛经中事数拟配外书(主要指儒、道经典)以晓学者。佛经中名相,本难理解,而要使中国人接受,尤不得不比附此土已有之理论。这种比附"格义"的方法倡自两晋之际的竺法雅。其后东晋佛学昌明,"则由比附(格义)进而为会通",其所用的方法就是玄学的寄言出意法。汤先生说:"于是法华权教,般若方便,涅槃维摩四依之义流行,而此诸义,盖益深合于中土得意忘言之旨也。"(同上)由此大乘佛教般若方等之学大昌,而汉代小乘禅数学由之消沉,"格义限于事数,而忘言则超于象外。东晋佛教释经遂与名士解儒经态度相同,均尚清通简要,融合内外,通其大义,殊不愿执著文句,以自害其意。故两晋之际有名僧人,北方首推释道安,则反对格义;南方倾倒支道林,则不留心文句"(同上)。于是以玄学解佛学,会通佛玄成为时尚,从而形成了般若学的所谓六家七宗之说,可谓盛矣。这就是两晋时期的佛教玄学化的过程。佛教玄学化是佛教中国化的一个重要阶段,自此佛教在中国土地上奠定了立足的根基,为佛教而后的繁荣昌盛打下了良好的基础。在此,汤用彤先生所总结出来的佛教中国化由格义比附到会通的思想,是十分深刻的,时至今日,在我们融合中外文化的过程中,仍然有着启迪的作用。

以上我们谈了汤用彤先生对魏晋玄学研究的五个方面的贡献,其他如在论说自然与名教关系(即道家与儒家的关系)、玄学与文学艺术的关系等等方面所做出的许多成就在这里就不一一阐说了。总之,汤先生对魏晋玄学研究的贡献是多方面的,具有开创性。他为我们开展魏晋玄学研究打下了良好的基础。汤先生的许多论说与观点,直至今天,仍在指导着我们从事魏晋玄学的研究。我和我的同事们对魏晋玄学所做一些工作,不过是对汤用彤先生的魏晋玄学的研究做进一步的说明与发挥而已。

(原载张岱年、汤一介等著《文化的冲突与融合——张申府、梁漱溟、汤用彤百年诞辰纪念文集》,北京大学出版社1997年版,第171-178页)

| 麻天祥 |

汤用彤学术思想概说

汤用彤先生字锡予，祖籍湖北黄梅，1893年生于甘肃渭源。先生是一位具有国际声誉的佛教史专家，也是中国近现代史上的教育家和思想家。他的中国佛教史研究，就目前在世界范围内尚无与之比肩者。他的魏晋玄学、印度哲学史研究，发前人所未发，同样有开启后来的作用。然而，恰如钱穆先生所言"读其书不易知其人，交其人亦绝难知其学"[1]，系统把握先生的学术思想则非易事了。汤先生曾经十分谦虚地说，他有自知之明，甘愿做第二等的工作（即历史资料考证等工作）。事实上他是以第一等的天资，脚踏实地以第二等工作的实践，表述和证明了第一流的学术思想。

学术思想的因革与变迁

概而言之，汤用彤先生的学术思想是建立在文化危机的特殊观念之上，以传统的内圣之学奠基，自觉整合白璧德"同情加选择"的新人文主义，并参照中外文化发展及不同文化涵化的历史事实，构筑起来的新旧并陈、中西互补、因革损益，创造性转化的文化系统工程。其学术径路大致可分为：理学救国的奠基与初创，化洽中西的选择与完成以及系统文化观念形成后的实践与调整三个阶段。在这三个阶段中，始终贯穿着文化的特殊性与普遍认同性，延续性与相互渗透性相结合的思想，尤其重视文化遗产，无古无今；中学西学，各有所长，择其善而取之的兼容思想和发展观念。

---

[1] 钱穆：《忆锡予》，《汤用彤学记》，生活·读书·新知三联书店2011年版，第15页。

一、理学救国的内圣之路

先生幼承庭训，系统地接受传统的人文教育。清王朝风雨飘摇，益增其沧海桑田、悲歌兴亡的情怀。清亡而后，有识之士更是痛定思痛，面对西方文明冲击，一致的结论是必须在中西文化间认真做一番比较和选择，寻求一条通向富强的根本出路。19世纪末"尽变西法""唯泰西是效"的单向选择，至20世纪初，代之而起的已是向传统复归的双向选择。其时，不少人不惟不怕外国学术不能输入，"惟患本国学术思想之不发达"[1]，甚至强调"用国粹激动种性"。先生同样在比较中确立了他的价值取向。

先生认为：致富图强不只坚船利炮之一途，民族危机的根本是文化危机。精械利兵不足以救国，反而使世界沦于战火之中，使人们"骛于技巧之途""驰于精美之域"，使人心趋于诡诈，流于侈靡。道德沦丧才是国家衰弱的根本原因。所以他强调"盖俗弊国衰之秋，非有鞭辟近里之学不足以有为，尤非存视国性不足以图存"[2]。换句话说，救国首先要重视铸民族之魂，而弘扬传统文化才是挽救国家、民族危机的从入之途。在先生看来，宋明理学既是道德实践，又是伦理哲学，更能体现中华民族文化的精髓，所以文化救国舍理学别无他求。

应当看到，初创时期的理学救国思想，虽已具有整合系统的雏形，但其执着于传统的继承，仍不脱"内圣外王"观念的禁锢，对西方文化的认识也难免粗浅。然而这毕竟无关宏旨，重要的是为其整个文化系统工程奠定了稳固不易的基础——不是一切好的东西都来自西方；东方澡盆里充满生机的裸体小儿，不应该同脏水一起泼掉——即中西文化可以取长补短，择善而从。

二、化洽中西的新人文主义

如果说汤用彤先生的学术思想早在清华时期奠基和初创，那么，初创时期理学救国的内圣之路便使他在留美期间选择了白璧德的新人文主义，

---

[1] 梁启超：《饮冰室合集·文集》第一册。
[2] 汤用彤：《理学谵言》，《清华周刊》。

虽然这一选择并非单纯对白氏个人思想的选择,而是对整个西方文化的选择性吸收。

白氏的新人文主义是近代西方科学,民主思潮的反拨。他既反对视人为物、急功近利的科学万能的思想,又不满于放荡不羁的浪漫主义和不加选择的人道主义,提出"同情加选择"的新人文主义(Humanitarian而非Humanism),主张"慎思明辨、尊尚传统"的论事标准,重视人的自身道德修养,坚持"少数贤哲维持世道"的精英文化,这一新人文主义的文化观既契合了先生文化救国、向传统折返的倾向,更能唤起像先生这样士家出身的知识分子重塑内圣外王理想人格的传统意识。至于对中国佛教往史的精心探索,更是白氏直接引导的结果。

首先,他对白氏新人文主义的选择直接影响了他求真、求是的学术思想。白氏认为,16世纪以来,西方文明发展的趋势是知识扩张,重功利而崇信机械,感情扩张则注重个性之表现。结果是"人类的种种机械联为一大团体,同时,精神上乃有相离而背驰之趋向",旧文明失落而"下坠于机械之野蛮",致使人类卷入空前的战争浩劫之中。所以西方近代文明并非社会发展之楷模,并告诫中国切勿重蹈西方文化发展的故辙。先生在比较、选择的过程中,旗帜鲜明地提出"文化之研究乃真理之讨论"的口号,指出迷信西方物质文明的单向选择,致使"中国固有之精神湮灭"[1],实在是文化的衰象。

先生认为,科学的目的也不外于对自然、人生之真质的搜求,科学的兴起与发展"非应用之要求","其动机实在理论之兴趣","立言之旨,悉为哲理之讨论",而"华人立身讲学,原专主人生,趋重实际",因此,处中国而"提倡实验精神,以为救国良药",实在是"以血洗血,其污益甚"。[2]

同时,先生还进一步说明,不同文化的差异不在于求真的终极关怀,只是"立说轻重主旨不侔而其意义即迥异",时人中西文化优劣之争又"皆本诸成见,非能精考事实,平情立言也"[3],曲折地表述了他那文无

---

[1] 汤用彤:《评近人之文化研究》,《学衡》1992年第12期。
[2] 汤用彤:《评近人之文化研究》,《学衡》1992年第12期。
[3] 汤用彤:《评近人之文化研究》,《学衡》1992年第12期。

古今、中西互补的整合思想。在先生看来，集中反映人类文明的文化，无论是希腊哲学还是印度宗教，无论是本质论还是知识论，或者"以求知而谈哲理"，或者"因解决人生而先探真理"①，都教人"节信真理为吾友，而又信真理之知识非不可达到"②，在中西文化交争中，表现了更高的思想境界。

其次，与白氏观念相合，先生确认，文化集中体现一种特殊精神。它塑造了一个民族、国家或一个地域人群独特的气质风貌。犹如希腊是寄流风余泽于"一种永久之人文规范"，且表现为一种生命哲学的"人民精神"一样；印度则是兼具希腊和犹太民族富理想、重出世或救世的另一种"人民精神"。所以先生特别强调，"文化为全种全国人民精神上之所结合，研究者应统计全局，不宜偏置"，才能避免"流于固陋"。③

先生还借用叔本华的学说，从本体高度强调世界的本质是不受时空制约和因果律支配的精神力量。进一步证明，物质形式不是文化的全部内容，也不是文化的主要内容，局限在"物"和"力"方面的优劣之争，无疑是"论不探源""敷陈多误"的浅陋之见，更为他那中西互补、新旧并陈的思想创说了理论前提。由此也可见先生的学术思想不仅受白璧德的影响，而且兼采西方古今人文主义精神铢积寸累，比较选择而建构的。

其三，各有源头的地域文化，不仅寄人文的永久规范于流风余泽，而且不同地域文化的接触也会导致相互的渗透和调和，即所谓"自多元趋于一元"④。而且先生还强调文化"非一特殊时代之心理"⑤。这里他不仅突出了文化在历史纵轴上的普遍认同性，而且事实上提出了文化趋同的假设，从而完成了他那中西互补、并览今古、因革损益的文化系统工程建设，并在纠缠不清的西学、中学争论中翘然独秀，为近代文化研究开拓了一个新的视野。

最后，先生显然受白璧德对佛教批评精神的肯定和对佛学有关知识，包括梵文、巴利文研究热情的启发，便由理学向佛学挪位了。

---

① 汤用彤：《印度哲学之起源》，《学衡》1924年第30期。
② 汤用彤译：《希腊之宗教》，《学衡》1923年第24期。
③ 汤用彤：《评近人之文化研究》，《学衡》1992年第12期。
④ 汤用彤：《印度哲学之起源》，《学衡》1924年第30期。
⑤ 汤用彤译：《希腊之宗教》，《学衡》1923年第24期。

三、并览今古，中西互补，因革推移的文化转化观念

自美国归来的青年学子汤用彤，可以说已经是一个学贯中西的饱学之士。他那化洽中西的学术思想只是有待在中国这块厚土上生根开花结果了。事实上，先生付诸教学研究实践的学术思想不仅是其学术生涯的导引，而且在他的中国佛教史、魏晋玄学、印度哲学、西方哲学研究的具体操作中，时时也在阐发和印证，并在导引、阐述、证明中，不断地予以调整、充实和完善。

这一时期，正是国家政治剧变致使社会重新整合的年代，民族心理结构与文化深层积淀都在发生裂变。以天下为己任的知识分子已由关注国家兴亡转而思索文化之存废，开始认真考虑"文化的前途到底如何的问题"，于是新旧中西、异说繁兴。先生着重比较了文化人类学的各种理论，难得直接地表述了自己的学术思想。

先生引入文化"移植""涵化"（同化）等概念，提出文化冲突与调和的命题，以批评派和功能派的理论为依据，阐明不同文化的接触，其影响是双向的。他们初因表面相同而调和，继因不同而冲突，再因真实的相合而调和，终于使外来文化加入本有文化的血脉之中。这一转化的过程就是其因革、互补思想的具体表述。二十多年的学术生涯，先生始终以这一观念为指导。

先生的汉唐佛教史研究，不仅是对往史的考证和疏解，他更重视在佛教的兴衰变迁之迹和其同儒、道思想的相互影响中，展现中国文化的承续性及在印度文化影响下创造性转化，从而证明中西文化并存、互补乃至趋同的可能性。

直到1937年，也就是其佛教史研究已经完成之后，先生明确提出"文化学术虽异代不同，然其因革推移，悉由渐进"[①]的因革损益论。同时指出，文化特质不仅在启后中保持其稳固不易的地位，而且要汲取前人思想的精髓"从迹以至"，"渐靡而然"。至此，先生兼容中西、并览今古、因革损益、创造性转化的文化观念便在其学术实践中臻于完善且系统化了。

---

① 汤用彤：《言意之辨》，《汤用彤学术论文集》，中华书局1983年版。

四、学术研究的特征与导向

与其中西互补、古今并陈的学术思想相一致，先生学术研究的特征从宏观上看，重视的是心而不是物，着眼点在合而不在分，把握的是文化的整体而不是受时空制约的片段。在具体运作过程中，虽以同情默应为先导，但尤其注重公正客观的评判。所以他的研究方法也是中西合璧，择善而取。概而言之，有如下特征：

> 广搜精求，多维比较；
> 精考事实，平情立言；
> 同情默应，心性体会；
> 穷源究委，以古证今。

这些特征同样反映了先生不党不私，不激不随，中正客观，信而有征的治学态度。以下四个方面更能反映先生学术的实践与导向。

其一，以古证今。由中印文化融合的历史，看中西文化接触的现状及发展前景。

先生对中国佛教史研究的贡献自不待言，那蕴含在佛教兴衰变迁之迹中的学术思想，即其佛教史研究赖以营造的文化理论框架，尤其能启迪当时，特别是后来。

"居今之世，志古之道，所以自镜也。"这是先生引用《史记》的一句话，借以表述自己观往知今的心境。先生的一系列研究，特别是佛教史研究，不仅清晰地、令人信服地铺叙了中国佛教在中国兴衰变迁及其中国化的历史脉络，更重要的是由中印文化冲突、调和的历史事实，揭示不同文化接触时相互间的渗透和推助。在中西文化接触并发生剧烈冲突的新的历史阶段中，两种文化优劣之争笼罩了整个学术界。"求同则牵强附会之事多，明异则入主出奴之风盛"，如何建设中国文化的未来各执异说，或曰本位文化，或曰全盘西化，或"以西人为祖师"，或"借外族为护符"①，新旧淆然，意气相逼，先生大不以为然。他说："中国与西洋交通以来，因为被外族欺凌，也早已发生了文化的前程到底如何的问题。"他认为这个问题太大，不能也不愿意发那些中西文化优劣的空泛议论。同时指出，我们虽然不能预知未来，但"前事不忘，后事之师"，"过去的事往往可以作将来的事的榜样"，"过去我们中国也和外来文化思想接触过"，"其结果还是可以供我们参考的"。②先生的汉唐佛教史研究始终贯彻了这样的思想。他由汉代佛道思想的结合展现作为外来文化的佛教的传入及中印文化的冲突和调和；从魏晋南北朝佛玄思想的比较中看佛教与儒道思想的渗透和调适；对隋唐佛教各宗的探源索流以呈现佛教中国化及传统文化创造性转化的历程。系统的历史回顾，即印度文化在中国传统文化的厚土中植根、萌芽、开花、结果，成功地转化为中国佛教，正说明不同文化趋同的可能性，自然地回答了中西文化在互补中融合发展的前景问题。先生进一步强调："从古可以证今，犹之说没有南北朝文化的特点，恐怕隋唐佛学也不会有这样的情形；没有隋唐佛学的特点及其演化，恐怕宋代的学术也不会那个样子。"③那么，自"中国与西洋交通以来"中西文化的接触与冲突，必将形成一种化洽中西的新文化也就尽在不言之中了。

先生就是这样让历史展示现实，用史料代自己立言，推论往史，把握传统文化的现状和未来。

其二，平情立言。客观评价中外文化优劣得失，以正时人推崇外化的浅隘之见。

全面地看，任何一个民族数十世，乃至数百世，用血液浇灌、精血培壅的文化都有其自身的优劣得失。既具有推动社会前进的进步作用，又有其历史的局限性。文化本身既可以造福人类，同时也会变成人类无法驾驭的异己力量，甚至给它的主体造成毁灭性的灾难，这是文化二律背反性格决定的。认为某种文化不是一切都好，无疑是正确，说某种文化都是坏的，自然有失偏颇。百年来中西文化优劣得失的学术论战，虽然从本质上都是在中西互补的框架上运作，但是或仅取其偏，或攻其一点，对中国文

---

① 汤用彤：《评近人之文化研究》，《学衡》1992年第12期。
② 汤用彤：《文化思想之冲突与调和》，《学术季刊》第一卷1943年第2期。
③ 《隋唐佛教的特点》。

化的重建和发展，给大多数人造成了新的迷惘和失落（从积极的意义上说，促进人们重新审视传统，又推动了文化的向前发展）。针对这样复杂的情况，汤先生指出：争论者既"昧于西学之真谛"，又"忽于国学之精神"，若不能对中西文化作透彻的了解，在学术上也难得有真知灼见，其说"亦卑之无甚高论"①。所以先生特意强调，对中西文化务须"精考事实，平情立言"，在切实了解的基础上，认真比较，才能有正确的选择。

先生不仅以充分的说理批判中西文化争论中的各种谬说，而且指出种种谬说产生的根源。他说："时学浅隘，其故在对于学问犹未深造，即中外文化之材料实未广搜精求，旧学毁弃，固无论矣。即现在时髦之西方文化，均取其一偏，失其大体。"②正因为如此，西化派顶礼欧美以国学事事可攻，百不如人；本位派间闻三数西人称美亚洲文化，不问其持论是否深得东方精神，遂欣然相告，谓欧美文运将终，科学破产，亚洲文化将起而代之。结果是各执一偏，意气相逼。先生的意思就是说，这些问题的解决，不仅要透彻了解欧美的实状，而且更要把握中西文化的特质，把握它们兴衰变迁的历史脉络。只有这样，才不致以柏拉图为陈言，把婆罗门六宗完全屏之不论，也不致视罗素、杜威为孔子、释伽，柏格森得唯识精义；更不致诽薄国学，"以仇死人为进道之因"③。

文化在不改变自己特质的前提下呈现趋同的倾向，不同文化的互补是趋同的必由之路。先生对各种浅隘之见的评说，包括对自己思想的修正，恰恰说明中西互补，新旧并陈的学术观念日渐增益，而臻至完善。

其三，中西合璧的研究方法。

汤用彤先生学贯中西，文史哲无不赅通，学术思想具有极大的包容性。在方法上，尤其能兼采古今中西，表现色彩纷呈的多样性和灵活性。

先生自幼即受乾嘉汉学治学方法的影响。20岁前入清华，继而留学大洋彼岸，西方的逻辑学、史料学等科学治学方法乃至印度的因明学也潜移默化地影响着他的学术研究。因此，传统的考据之学对先生实在如轻车熟路，进止雍容，即如西方语言、文字、科学比较、逻辑分析与归纳均可得

---

① 汤用彤：《评近人之文化研究》，《学衡》1992年第12期。
② 汤用彤：《评近人之文化研究》，《学衡》1992年第12期。
③ 汤用彤：《评近人之文化研究》，《学衡》1992年第12期。

心应手地予以处理。

先生教诲，越是研究中国哲学，越要更多地了解欧洲哲学和印度哲学。[①]这种借鉴不只是在思想内容方面，而且体现了先生治学深厚的功力和会通中西的方法。正如先生所言，他"一方面受西洋所谓史料学之影响，另一方面继承了乾嘉以来的考据之风"[②]。从先生的各种论著中，我们均可见乾嘉的风流文采与现代严谨缜密的科学方法。概括起来即考证法、比较法以及在前述基础上，通过分析、归纳而形成的史论结合的方法。

无可讳言，先生的一系列研究均以史料考据为依托。考证中有比较，也有所拣择，同时又予以分析和归纳。重要的是让史料说话，形成一种无声的语言和无形的引导，这正是先生学术所具有的慑服人心力量的主要原因。所以说先生的著作是一种考证、比较研究体。

先生是我国第一代接受近代科学训练的学者，其考证不仅用中国古代文献，而且常借助外国的资料；不仅用汉语典籍，而且与英、梵、巴利等文的书卷作为比照。所以，他的考证远在乾嘉考据法之上。而先生采取的比较法更是系统和多维的。在时空上做纵横的比较；在逻辑关系上还有因果之比较。对一些重要的概念、范畴，不仅在传统的各家间予以比较，而且与西方古今哲学相对应的范畴进行比较，如此条分缕析，层层推进，既具言事之实，又具究事之理，给人以清晰可信的深刻印象。这正是其后出版的同类著作，只能在其间架上有所增益，而不能有所突破的主要原因。

其四，文化的融合与趋同。

汤用彤先生在《言意之辨》的一篇文章中特意强调："华人融合中、印之学，其方法随时代变迁。"他还指出，"大凡外国学术初来时理论尚晦，本土人士仅能作支节之比附。及其流行甚久，宗义稍明，则渐可观其会通。此两种文化接触之常例"。这里说的比附、会通和接触之常例，显然是指不同文化在封闭格局打破之后，渐至趋同的大势。先生在佛教史研究中，揭示中印文化调和－冲突－调和的规律，就是要叫人认识文化的同异，把握其合与不合的性格，进而观其会通，促进文化朝同一的方向转

[①] 任继愈：《汤用彤先生治学的态度和方法》。
[②] 汤用彤：《往日杂稿·前言》，中华书局1962年版。

化。即所谓世界文化皆"自多元趋于一元"的转化。这一文化趋同的假设（Convergence theory）不仅具有时代的意义，而且同样具有普遍的文化超前意识。

汤先生融合同化说，实质上是一种本位趋同的假设，而调和－冲突－调和则是先生关于文化自多元趋于一元的趋同模式。

先生认为在第三阶段，"外来文化思想已被吸收，加入本有文化血脉中了"。为了说明这一趋同的思想，他长期从事佛教史研究，充分展示中印文化融合的趋势。同时他还以西方哲学文化人类学作其理论依据，引入文化移植，同化即涵化等概念。所谓涵化（acculturation），从词源上讲，就是不同文化接触、融合而形成一种新文化，尤其能体现文化趋同的学术观念。

当然，先生是从中国文化这个角度谈趋同的，对欧美及其他文化又何尝不是如此呢。因此，与欧美文化中心趋同和与东方文化中心趋同还是有差别的，他强调的是以各自文化为本位而趋同。前二者设想的是文化的同一或一统，先生的本位趋同则表明文化同中有异、大同小异，这似乎更符合文化发展的规律。

（原载张岱年、汤一介等著《文化的冲突与融合——张申府、梁漱溟、汤用彤百年诞辰纪念文集》，北京大学出版社1997年版，第150-161页）

| 王守常、钱文忠 |

国故与新知的称星

根据汤一介先生编写的《汤用彤著译目录》①，我们一向只知道汤老先生的第一篇文章是1922年发表在《学衡》第12期上的《评近人之文化研究》。而最近出版的汤锡予（用彤）先生论文集《理学·佛学·玄学》，前60页内所收的文章均发表于1917年之前。而正是这些我们以前不知道的文章，可以使我们悟出中国现代学术界上的一段令人扼腕的往事。

读这些文章，首先有一种恍若隔世之感。不用说别的，在本书第1页第三行就出现了"□□"这种通常只有在整理极古老的古籍时才会使用的符号。其次，直接而来的却是切肤之感，时隔六七十年之后，"心同此理"的感觉竟仍是那样的强烈。

1914年9月至1915年1月发表在《清华周刊》第13—29期的《理学谵言》是我们首先要讨论的。"谵言"者，病中之胡言乱语也。锡予先生用"谵言"作标题，恐怕与理学在晚明之后不断遭人诟病有关。晚明以降，理学先受到颜李学派的诘难。颜习斋云："果息王学而朱子学独行，不杀人耶！果息朱学而独行王学，不杀人耶！今天下百里无一士，千里无一贤，朝无政事，野无善俗，生民沦丧，谁执其咎耶？"（《习斋记余》卷六）无论朱学抑或王学都成了"杀人"之学。清代戴震更痛切指出，理学同于酷吏之法，"酷吏以法杀人"，而理学则"以理杀人"。魏源批评理学为无用之学、空谈之学、误国之学。理学"使其口心性，躬礼义，动言万物一体，而民瘼之不求，吏治之不习，国计边防之不问；一旦与人家国，上不足制国用，外不足靖疆圉，举平日胞与民物之空谈，至此无一事可效

---

① 《汤用彤学术论文集》，第417-420页；又见《燕园论学集》，第501-505页。

诸民物，天下亦安用此无用之王道哉？"(《默觚下·治篇》)及至民国，国势衰败至极，复加以西方冲击，理学自然就更难逃厄运。"打倒孔家店"，其实在极大程度上是打倒理学家，这已成为启蒙运动的主要思潮。在"国人皆恶理学"的反传统思潮弥漫之时，要"阐王""进朱"，为理学正名，就需要极高的道德勇气，但也不能不顾虑到时尚所趋。故锡予先生言："我虽非世人所恶之理学先生者，然心有所见，不敢不言，以蕲见救于万一，于是擅论古人。"（《理学·佛学·玄学》，第1页。下引仅注页码）谵言理学背后的苦心孤诣自然不难窥见也。

费希特有一句名言："你主张哪种系统的哲学，完全要看你是怎样一种人。"汤用彤先生有感于"自西化东渐，吾国士夫震焉不察，昧于西学之真谛，忽于国学之精神，遂神圣欧美，顶礼欧学，以为凡事今长于古，而西优于中，数典忘祖莫此为甚，则奴吾人，奴吾国并奴我国之精神矣"（第32页）。国之将亡，文化之将亡，"故欲救吾国精神上之弱，吾愿乞灵于朱子之学"（第30页）。不难看出，汤用彤先生是一位极富于族类意识、文化意识之人。在他看来，有志救国不能光靠科学，而要求之理学，即鞭辟入里之学，但"求鞭辟入里之学，求之于外国之不合国性，毋宁求之本国"（第29页）。以这种文化意识省视自己的民族文化，自然会认定"理学者，中国之良药也，中国之针砭也，中国四千年之真文化真精神也"（第1页）。我们在下面还要谈到，给理学如此之高的评价者，并非汤用彤先生一人。他们对中国传统文化的眷恋，实则是直关族类危机的。因此，"阐王""进朱""申论"就不可避免地要对朱学、王学以及传统阐释注入他们自己的理解。

但是，这种理解绝不是任意曲解，而是旨在将阳明、朱熹的思想学说之精髓赋予时代性再进而阐发弘扬。这就是冯友兰先生所说的"以新文化来理解旧文化"，已超越了康有为、谭嗣同那一时代的"以旧文化理解新文化"（《三松堂学术文集·中国现代哲学》）。在"阐王"一节中，汤用彤先生对阳明的"知行合一""致良知""存养省察""克欲制情""克己改过""格物"所做之阐释；在"进朱"一节中，对朱熹的"性理本体""天理人欲""主敬穷理""反躬实践"所做之阐释，均"明其得失，详其利害"（第29页）。每每针对时人时事而言，有的放矢。姑举其例。汤用彤先生辨朱王之学之异同，不泥于前说，而以为"朱子之学非支离迂阔者"。然就朱学、王学于社会之功用而言，汤用彤先生反对"称王学而弃朱子"，认为社会之病"以王学治之，犹水济水，不如行平正之学为得，此余阐王进朱子之微意也"（第27页）。这表明在朱学、王学之间，汤用彤先生不固执一偏。他的真正目的是"亦非欲人人从二人之学，实仅欲明道德之要"（第32页）。显然，汤用彤先生最终所向往的并不是具体的某一学说，而是一种文化理想，确立中国文化的道德本体——中国文化自具的特质。

至此，我们大概可以更好地理解汤用彤先生"南方佛学，反而在表面上显现消沉。却是对后来的影响说，北方的华严、天台对宋元明思想的关系并不很大，而南方的禅宗则对宋元明文化思想的关系很大，特别关于理学，虽然它对理学并非起直接的作用，但自另一面看，确是非常重要"的话，以及认为禅宗"到了宋朝，便完全变作中国本位理学，并且由于以上的考察，也使我们自然地预感到宋代思想的产生"（《汤用彤学术论文集·隋唐佛学之特点》）。正是希望能"阐王""进朱"以"明道德之要"，基本上是搞"考据之学"（《往日杂稿·前言》），基本上走着汉学（或清学）道路的汤老先生才会对宋明理学特别关注。如果天遂人意的话，汤老先生大概是不会不将他的研究领域扩展到宋学的。

无独有偶，陈寅恪先生也是以考据见重士林而特别推重宋学者。当然，这两位老先生的考据之学实际上已超过了乾嘉诸老。汪荣祖先生说"他（陈寅恪）虽一贯承袭乾嘉朴学的家法，但已较乾嘉诸老，更上一层。在方法的训练上，材料的运用上，以及议论的发明上，即沈曾植、王国维也不可及，因寅恪更进而研究外国文字，吸收西方语文考证学派的精义"[1]。但陈寅恪先生毕竟是走的汉学路子，故而汪荣祖先生又撰写了《陈寅恪与乾嘉考据学》[2]，反驳许冠三先生"近人论述陈氏治史门径颇有误解，一贯承袭乾嘉朴学的家法之说，尤其无根"[3]的说法。

陈寅恪先生承袭汉学家法，实在是没有问题的。令人深思的是，《唐

---

[1] 汪荣祖：《史家陈寅恪传》，联经出版事业股份有限公司1984年版，第45—47页。
[2] 《九州学刊》1988年12月三卷1期。
[3] 许冠三：《新史学九十年》，香港中文大学出版社1986年版，第238页。

代政治史述论稿》开卷第一句话就是"《朱子语类》——六《历代类》三云：'唐源流出于夷狄，故闺门失礼之事不以为异。'"陈寅恪先生史识卓越，以此二句理学先生的话为线索，辅以汉学考据手段，阐明了"李唐一代史事关键之所在"的"种族及文化二问题"。这般路数，陋儒一看，定会说是"不明家法"。其实陈寅恪先生是极赞誉宋学的。

在《赠蒋秉南序》中，陈寅恪先生说道："欧阳永叔少学韩昌黎之文，晚撰五代史记，作义儿冯道诸传，贬斥势利，尊崇气节，遂一匡五代之浇漓，返之淳正。"① 显然，紧接其下的"故天水一朝之文化，竟为我民族遗留之瑰宝"也是表露出与汤用彤先生一样的愿望，即确立中国文化的道德本体。所以，在《邓广铭宋史职官志考证序》中，陈寅恪先生断然预言道："吾国近年之学术，如考古历史文艺及思想史等，以世局激荡及外缘薰习之故，咸有显著之变迁。将来所止之境，今固未敢断论。惟可一言蔽之曰，宋代学术之复兴，或新宋学之建立是已。华夏民族之文化，历数千载之演进，造极于赵宋之世。后渐衰微，终必复振。譬诸冬季之树木，虽已凋落，而本根未死，阳春气暖，萌芽日长，及至盛夏，枝叶扶疏，亭亭如车盖，又可庇荫百十人矣。"②

世人都推崇陈寅恪先生、汤用彤先生打通了中西学的藩篱，竟忽略了他们打通汉宋学隔阂的努力！实际上，不管他们从事着哪一领域的研究，他们的真正目的绝不是就某学科而论学科，而是要将中西汉宋的门户用理性来打破并使其融会，从而促成华夏民族文化的"终必复振"！

这是一段多么辉煌的往事，以陈寅恪、汤用彤先生的中西学修养，应该是可以完成他们的意愿，至少是完成学理上的证明的。历史容不得作太多的假设。事实上，陈寅恪先生所能做的，只是将他自己的这个论断"其真能于思想上自成系统，有所创获者，必须一方面吸收输入外来之学说，一方面不忘本来民族之地位。此二种相反适相成之态度，乃道教之真精神，新儒家之旧途径，而二千年吾民族与他民族思想接触史之所昭示者也"，来比作"殆所谓'以新瓶而装旧酒'者"，因为"诚知旧酒味酸，而

---

① 陈寅恪：《寒柳堂集》，上海古籍出版社1980年版，第162页。
② 陈寅恪：《金明馆丛稿二编》，上海古籍出版社1980年版，第245页。

人莫肯酤，姑注于新瓶之底，以求一尝，可乎？"①

正是在这种心境下，陈寅恪先生才在《读吴其昌撰梁启超传书后》中惨然而言："余少喜临川新法之新，而老同涑水迂叟之迂。盖验以人心之厚薄，民生之荣悴，则知五十年来，如车轮之逆转，似有合于所谓退化论之说者。是以论学论治，迥异时流，而迫于事势，噤不得发。"②

这难道仅是寅恪先生个人的悲叹吗？不，这实在是我们民族、我们文化的悲哀！

海外新儒家的研究，在国内已蔚为显学。新儒家及其学说不可否认地面临着前所未有的困境，因而标举出"返本开新"以为法门。事实上，熊十力、梁漱溟、牟宗三更多的是做了"开新"的工作，"返本"则在当时未遑顾及，致有今日之困。陈、汤二先生固非新儒家，但他们的确做了迄今为止尚未得到真正理解的"返本"的工作，而且他们的目的正是在于"开新"。新儒家未遑"返本"，陈、汤二先生未及"开新"，悲夫！

更有可论者，汤用彤先生曾在《印度哲学史略·重印后记》里检讨自己当年参加"学衡"的"错误"。汤用彤先生自然是当年"学衡"的成员。就陈寅恪先生来说，虽然终身不参与任何团体，但这并不等于说，他就超然于时代思潮与学说之外。他的第一篇正式发表的文章《与妹书》就刊登在1923年8月的《学衡》第20期上；他与吴雨僧（宓）先生的令人肃然起敬的毕生友谊为学界所共知；更重要的是，当年有"哈佛三杰"美称的陈、汤、吴三位先生在学术思想上无疑是极为接近的。这三位分别以文、史、哲名家而都有通儒风采的学者在历史最需要的时候出现在中华文化史上。人们期望，他们也自许，能为中国文化在急流旋涡中找出一条出路来。历史遗憾地留给我们一个巨大的失望。在《赠蒋秉南序》中，寅恪先生自问道："呜呼！此岂寅恪少时所自待及他人所望于寅恪者哉？"

但是，难道我们不能从这个遗憾与失望中汲取些什么吗？难道拥有一大批中西学修养极深而都视中国文化为性命学者的《学衡》不值得被研究吗？

近年来，五四前后风起云涌的众多学说或学派很少有能够逃过满怀焦

---

① 陈寅恪：《金明馆丛稿二编》，上海古籍出版社1980年版，第252页。
② 陈寅恪：《寒柳堂集》，上海古籍出版社1980年版，第150页。

虑而进行反思的研究者的注意的。但前后持续了十一年，总共出了79期的《学衡》及以此为阵地的学衡派却受到了冷落。这大概是由于鲁迅先生在《热风·估〈学衡〉》中说过："夫所谓《学衡》者，据我看来，实不过聚在'聚宝之门'左近的几个假古董所放的毫光；虽然自称为'衡'，而本身的称星尚且未曾订好，更何况于他所称的轻重的是非！"可是，胡适也曾作打油诗一首，云"老梅说：'/《学衡》出来了，老胡怕不怕？'（迪生问叔永如此。）/老胡没有看见什么《学衡》，/只看见了一本《学骂》！"[①]

1989年，乐黛云先生发表了《重估〈学衡〉——兼论现代保守主义》，此后，又以此为基础，发表了《世界文化对话中的中国现代保守主义》，为《学衡》这一樽连坛子都险些被砸碎的旧酿（是不是美酒，暂且不下定论）启封。乐先生在后面那篇文章结束时问道："当人们大谈文化断裂，全盘西化或保古守旧，'体用情结'时，是否也应参照一下《学衡》杂志，这一远非和谐，然而独特的音响？"

我们应该怎样回答呢？

（原载《读书》，1991年第7期）

[①] 胡适：《胡适的日记》，中华书局1985年版，第260页。

| 孙尚扬 |

汤用彤学术方法论述略

那些令人心仪不已、能卓然彪炳于中国现代学术思想史者，大抵皆非以其昏昏使人昭昭之辈，相反，他们大都具有高度的学术或思想方法论之自觉。或直言"大胆假设，小心求证"；或自觉脱除前朝经师之旧染，融西史之法于国学之中，鬼斧神工，不露斧凿之痕。一代宗师汤用彤在完成其传世名作《汉魏两晋南北朝佛教史》之后，在该书的跋语中对其学术方法论作了以下总结："佛法，亦宗教，亦哲学。宗教情绪，深入人心，往往以莫须有之史实为象征，发挥神妙之作用。故如仅凭陈迹之搜讨，而无同情之默应，必不能得其真。哲学精微，悟入实相，古哲慧发天真，慎思明辨，往往言约旨远，取譬虽近，而见道深弘。故如徒于文字考证上寻求，而乏心性之体会，则所获者仅其糟粕而已。"[①] 透过以上论述，一种以负的方式表述出来的方法论思想便灼然可见：治宗教史、思想史者固然应重视史料之搜讨，但由于感情或心理因素在宗教中扮演着非常重要的角色，故尤须有同情之默应，如此方可得先贤大德之心；超胜乾嘉的考证功夫固然必不可少，但由于一些宗教如佛教乃是一种智慧觉迷求解脱之哲学，还须有心性之体会，经过深契冥赏、体证会通，方可究得古哲思想之精髓及其深意。换言之，研究之目的在于开掘思想文化之真价值及其意义，而方法则主要在于同情之默应与心性之体会。

本文将简要分析一下汤用彤提出此种方法论的背景，揭示其理论资源，阐述此种方法论之哲学底蕴，并略述汤用彤的学术成就与其方法论之内在关联。五四前后，随着启蒙话语的输入及其逐渐获得定于一尊的合法

---

① 见《汉魏两晋南北朝佛教史·跋》，中华书局1988年版。

性地位，对于本土传统文化的批判遂得以渐次展开。不论这种批判精神是否达致深刻的思想创获，其合理性对于自称新青年的一代来说却是不容怀疑的：唯有将国故这样的"臭东西"弃之于"毛厕"，才可以启封建之蒙，抖落窒息民众性灵的精神枷锁，也才可能使中国"站住了"（以上引语皆出自吴稚晖）。此种借文化以解决一切问题的做法在稍后更演化为启蒙与救亡的难舍难分和最终汇流，学术于是陷入两难：要么附丽于主流话语而随之升降沉浮，要么谋求自律性的独立发展而忍受主流意识形态的巨大压力，乃至被迫自栖于边缘。于今冷静思之，在相当长的时期内，我们也许难以获得像后现代主义那样批判启蒙精神的正当性——这对于我们未免过于超前奢侈，但我们似乎同样难以拒绝学术自律的诱惑。而学术自律的确立则须有不激不随、特立独行之学术风范和精神质素。

20年代创办《学衡》杂志的学衡诸公不正是以"论究学术，阐求真理，无偏无党，不激不随"相期许的吗？这群"新青年"的同代人也大多接受过欧风美雨的洗礼，但当他们初亮歌喉，意欲参加新文化的大合唱时，他们很快便因为其声音具有文化守成主义的特性而被激进的新文化运动健将们视作异类。确实，学衡诸公中的其他人姑且不论，单是汤用彤在《评近人之文化研究》那篇短文中，将热闹非凡的文化研究视作"衰象之一"，以"浅隘"为时学之弊，更将当时大行其道的传统批判视为"以仇恨死人为进道之因"，且欲将文化研究引入"真理之讨论"[①]，此论便足以被鹜新求变的弄潮儿视作迂阔无用之说。这里，与本文题旨更相关联的是，当汤用彤批评当时的文化批判是"以仇恨死人为进道之因"时，他已经是在阐发一种关于如何对待历史文化的方法论观念了，此即力图将同情的原则引入历史文化的研究。

汤用彤的方法论原则就其学术渊源而言，可谓其来有自。他生于1893年，其父雨三公（名汤霖）为光绪十五年进士，通汉易和佛学。汤用彤"幼承庭训，早览乙部"，于史籍兴趣甚浓。雨三公教子，"虽谆谆于立身行己之大端，而启发愚蒙，则常述前言往行以相告诫"[②]。汤用彤1911年自北京顺天学校考入清华学校后，虽浸淫于洋化教育长达七年之久，而且

[①] 见《国故新知论——学衡派文化论著辑要》，中国广播电视出版社1995年版，第97-100页。
[②] 见《汉魏两晋南北朝佛教史·跋》，中华书局1988年版。

对于融化新知确实用功甚勤，但他并未逐新潮之浪而去。对国故的眷念使他"寄心于玄远之学，居恒爱读内典"，更积极参加清华国文特别班的学习，一时与吴宓、闻一多等人互相督促切磋，共同勤读国故典籍。

此种训练和早年的庭训使其养成了一种尚友千古，于前圣往哲附随一种温情之敬意的情怀。据他自己所说，初入清华时，他曾有一段时间颇恶理学，且甚讥笑理学先生。这倒不是新潮之影响使然，而可能是有清一代汉学压倒宋学的乾嘉之风对其学术趣味的影响。但是，入清华的第四年，汤用彤对理学也开始一本理解之同情，竟至撰写了一篇长达两万三千多字的长文《理学谵言》，分17次连载在《清华周刊》上。该文阐王进朱，以理学为"中国之良药"，"中国四千年之真文化真精神"[①]。此种论述与多年后陈寅恪的宏论极其相似，陈氏曰："华夏民族之文化，历数千载之演进，造极于赵宋之世。"[②]汤陈二人之论亦可谓与当时的主流思潮大相径庭，因为后者将道学家言定性为"吃人"的礼教。二者孰是孰非？对此我们大可不做论断。所需强调的是，汤陈二人之论同样出自一种不激不随的理智判断。

也许正是出于以上对传统文化的看法，汤用彤等人（包括陈寅恪、吴宓）于20世纪20年代初在哈佛求学时很自然地选择了白璧德的新人文主义作为后来学衡派的理论资源。白氏的新人文主义是现代思想史上较为奇特的文化守成主义，它不是那种贫弱之国的知识分子出于自卑而又要自卫的文化心理而产生的对自己可以引以为自豪的传统之精髓或情致的认同或显耀。毋宁说，它是生于逸乐、常怀千年忧思的知识分子对近代西方功利主义和浪漫主义所产生的负面效应的一种反驳，或曰对现代性的一种反思。白璧德坚决拒绝自文艺复兴和启蒙运动以来将人文主义解释为无选择的同情、泛爱的人道主义，认为唯有规训和纪律才是人文主义之真义。与人道主义不同，人文主义最关切的是个体的完善，而不是人类的"进步"。在白氏看来，人道主义者过分相信人类理性的能力，他们鼓吹的只是广泛的知识和同情[③]，而这正是自培根以来的自然主义和自卢梭以来的浪漫主义

---

① 见《理学·佛学·玄学》，北京大学出版社1991年版，第1页。
② 陈寅恪：《金明馆丛稿初编》，上海古籍出版社1980年版，第245页。
③ Irving Babbit, *Literature and the American College*, pp.6–10.

的根本错误之所在。其弊在于导致权力扩张，机械麻木，任情纵欲，几至人性沦落殆尽。白氏通过对人类思想文化史的考察及对现代资本主义社会弊端的洞察，提出了与近代以来的"颓败文明"相抗衡的新人文主义，主张以人性中较高之自我遏制本能冲动之自我，强调自律与克制。白氏又称其新人文主义为实证人文主义，他认为新人文主义意欲建立的内省的思想文化体系必须从传统中求取立身行事之规范，这些规范既要验之于经验事实，又要验之于古。其所以必须求之于传统者，乃因"彼古来伟大之旧说，非他，盖千百年实在经验之总汇"①。而且，从传统中求取的规范必须具有普遍性，不能偏守一隅。新人文主义必须集一切时代、一切民族之智慧以对抗近代崇尚功利的智慧。他主张："若欲窥见历世集储之智慧，撷取普遍人类经验之精华，则当求之于我佛与耶稣之宗教教理，及孔子与亚里士多德之人文学说，舍是无由得也。"②白氏之思想大旨可以概述如下：必须先能洞悉人类古来各种文化之精华，涵养本身使成一有德守之人文学者或君子，然后从事专门研究，并会通各种文化中普遍永恒之人文价值或精粹，建立与颓败的近代文明相抗衡的文化体系。中国人则必须深入中西文化并撷采其中之精华加以实施，以求救亡图存，不蹈西方之覆辙，并为解决全球之人文困境做出新的贡献。

白璧德新人文主义对传统道德和人文教育的重视与倡导，对"以少数贤哲维持世道"的精英意识的阐发，对"中国伟大之旧文明之精魂"的推崇，对涵养人格以裨救世的身体力行，不仅与汤用彤在清华求学期间的文化思想有颇多契合之处，也为日后汤用彤思考历史文化提供了更为广阔的国际视野。白氏反对泛爱和普遍同情的观念也为汤用彤等学衡诸公将同情的目光主要投向贤哲或精英文化乃至反对白话文提供了理论支持。

浏览一下汤用彤在美留学期间所撰写的数十篇论文（作业），还可以发现，他经常征引新康德主义者文德尔班的著作。20世纪40年代，颠连南渡而止于昆明的汤用彤还曾拟用文德尔班以问题为中心的哲学史框架撰写一部《魏晋玄学史》。凡此皆说明其思想与文德尔班亦有颇多契合之处。文氏认为哲学史既是一门语文——历史的科学，也是一门批判——哲学的

---

① 《白璧德中西人文教育说》，《学衡》1922年第2期。
② 《白璧德论欧亚两洲文化》，《学衡》1925年第38期。

科学。前一种性质决定了治哲学史者必须对历史资料做全面地检验、耙梳，后一种性质则要求治哲学史者不能以其个人的理论或哲学信念为批判之标准，而须用一种开明的历史远见静观历史上的思想著作，由于尊敬别人而克制自己，不去责怪哲学界的杰出之士对于后起之秀的才智茫然无知，那种从"当前的思想成就"出发，靠咒骂或鄙视古人思想过活的做法完全是愚蠢无知的骄傲。[1]同情的原则在文氏的方法论中同样彰显无遗。此外，汤用彤对赫尔德尔等人的历史哲学及19世纪的文化历史主义也相当熟悉（限于篇幅，兹不介绍其具体内容），在美留学期间尝有专文讨论此一问题。

指出汤用彤的方法论思想的背景及其理论资源并不意味着遮蔽其综合创发性。事实上，综观其宗教史（《汉魏两晋南北朝佛教史》）、哲学史（《魏晋玄学论稿》《印度哲学史略》）与文化批评等方面的著述，笔者认为，汤用彤在其具体、广泛而又非常深入的文化史研究中，不仅创造性地综合了新人文主义和文化历史主义的文化理想、治史原则和方法，也创造性地综合了中西史观、治史原则和方法。兹简要列述如下：

（一）他吸取新人文主义和新康德主义重视文化及其人文价值、兰克学派之探求人类文化发展的道德动因的思辨特性，将其与中国传统文化中道德主义整合为一种文化理想与治学原则，此即一方面从各民族之宗教、哲学传统的古典源头中求取指导规约现代社会生活的价值、道德规范体系，另一方面则据道德之优劣、社会环境与个体精神之自由与否求取文化思想的演变发展之动因。他对前者的表述是："俾古圣先贤之伟大人格思想，终得光辉于世。"为达到这一目的，当然应对古圣先贤之伟大人格思想怀着一种同情和敬意。至于后者，则可说例证颇多。他曾以祭司道德之败坏为印度上古神威之坠及哲学玄思兴起的动因，又以僧德之高下为中国佛教盛衰之要因，更以精神之自由为印度哲学、魏晋玄学大兴之前提。

（二）同情原则在理论上被引入史学方法论乃是西方浪漫主义的伴生物，白璧德是反对无区别的同情原则的，汤用彤明显地选择了后者，自觉地以之为文化历史研究的治史原则，并将此表述为对古圣先贤（而非一切

---

[1] 见文德尔班：《哲学史教程·绪论》上卷，商务印书馆1989年版。

在历史上有迹可循者）的同情的默应和心性的体会。此种原则之目的是力图通过心灵的直觉，设身处地地与古人处于同一环境、氛围，感受其愿望，思索其行动，体会其经历，希冀以此达到与古人的视野融合，从而得其行动、精神之真相，尽可能地建构可靠的历史文化原貌。诚如赫尔德尔所说的那样："为领悟一个民族的一个愿望或行动的意义，就得和这个民族有同样的感受；为找到适合于描述一个民族的所有愿望和行动的字句，要思索它们丰富的多样性，就必须感受所有这些愿望和行动。否则，人们读到的就只是字句而已。"[①]对历史上那些留下过伟岸身影的人物及其思想，也应同样本着这样的原则进行研究。

（三）同情原则的哲学底蕴是耐人寻味的。在汤用彤看来，哲学是研究人生、宇宙、道德的整个意义的，或者说是研究人生和价值的。人生价值的真谛既可以通过哲学家的沉思和撰述得以昭示显明，也可以于人类历史文化中得以彰显。也就是说，他把历史文化看作一个开放的意义系统，从不认为对历史文化的兴趣会成为一种令人裹足不前的限制。相反，他认为历史文化为我们提供了通向人生价值和意义的线索。在他看来，历史文化不仅应该而且完全能够彰显由那些杰出的个体在对真理的追求中展示出来的人的尊严和价值。当然，需要指出的是，就同情原则的具体操作而言，它在实质上具有非理性主义的特征，但它所追求的客观真实这一目的是无可厚非的。而且，它与那种以仇恨死人为进道之因、本能地仇视古人、简单地斥责古人愚昧无知的治史原则相比，往往更具可靠性。

（四）设身处地地默应体会古人之思之行，并不意味着彻底丧失学术研究中的批判精神。同情既然是有选择性的，也就当然不是无条件的。综观汤用彤的多种论著，可知他所钦崇者有以下几类：或艰苦卓绝，风骨坚挺，弘法殷勤，乃至不惜牺牲生命；或特立独行，实行潜光，高而不名；或颖悟绝伦，见道深弘，孤明先发，开思想之新纪元。在同情褒扬之外，汤用彤也常有所针砭。凡和同风气，依傍时代以步趋，即所谓寡德适时，名而不高者；凡成成相因，仅得佛理之皮毛，甚或借佛理为谈资以求闻世者；凡乏刚健之人格，身处山林而心向富贵者，均在汤用彤批评之列。其

---

① 见卡西勒：《启蒙哲学》，山东人民出版社1988年版，第225页。

批评的标准既包括学术思想方面，也蕴含了道德人格于其内。

就具体的学术成就与贡献而言，《汉魏两晋南北朝佛教史》和《魏晋玄学论稿》这两部使汤用彤赢得了世界性声誉的传世之作，既勾勒了一幅清晰的中国中古思想发展变迁的壮观而又精细的画面，打通了一道长期令人望而生畏的难关，为解决中古时期外来文化与本土文化的关系问题提供了富有启发性的深刻论述，彰显了古哲先贤的思想和人格，也在史料的耙梳考据方面取得了令人心折其精审严谨的卓越成就。其超胜乾嘉传统考据之处一方面在于史学领域的扩展，另一方面也在于所取材料之更加丰富及史识之更加宏通。即以材料而言，不仅有对旧籍之广搜精求，对纸上遗文之辩证精释，亦有对新近发掘的地下实物的整理和运用，更有对异族古籍的译解和校勘（精通英文、梵文、巴利文、日文等多种外语无疑为他提供了会通中外的便利）。举凡正史、内典、上古逸史、周秦寓言、史地经籍、碑铭、谏文、佛史撰述、敦煌经卷、梵文和巴利文原典、传说、诗文，等等，无不成为其取材立论之对象。所涉及之问题则非常广泛，大到佛法东来之年代、路线，经籍之真伪，宗派之传承变迁，哲学家之学术思想渊源，僧人之生平，小到文本的一字一句之训读，人名地名之辨析，乃至佛骨之长短，无一不成为其去伪求真、知微见著的考证对象。且其立论也客观平情，对于那些有利和不利的材料证据都搜罗殆尽，给出令人满意的解释，得出令人信服的结论，绝不任立臆说。而这一切又都服务于对民族文化史的建构和对前贤古哲的人格思想之表彰弘扬，不复像乾嘉之学那样拘于名物典章之烦琐考证。

关于汤用彤的学术贡献及其治学方法，近人多有论述。不过，如果我们过分强调其在考据方面的成就，似乎有可能使人误以为其学术地位端赖于此。本文之所以拈出其学术方法论中的重默应体会之一端，目的在于说明：其仅以精于考据而赞汤用彤之学者，断难得汤用彤学问之全貌，亦难以知汤用彤学术之博大精深。职是之故，本文略述汤用彤之方法思想如上，以就正于大方，非敢自诩得其学术之真髓也。

（原载《北京大学学报》，1998年第2期）

| 钱文忠 |

《汤用彤全集》第七卷《读书札记》与"《隋唐佛教史》"

正如季羡林先生在《汤用彤全集》序一中所讲的那样：这部全集的出版"真学坛之盛事，艺林之佳话"，"国内外学者翘首以盼先生全集的出版，如大旱之望云霓"。从此，锡予先生长久以来望重学林、有些已经绝版多年的著述终于经过精编精校，衰然成集，后人利用起来更加便利了。

尤其重要的是，《汤用彤全集》编校者在第七卷中整理发表了前此几乎全未刊布的《读书札记》和《信札存稿》。前者具有特别重大的学术价值，乃是锡予先生出于既定的研究需要，为了特定的研究课题——增补扩充当时还仅是讲义、未曾正式出版的《隋唐佛教史稿》，以求将其最终完善为《隋唐佛教史》——而有意识、有计划、有系统地收集的大量相关史料。既然有了《隋唐佛教史稿》的框架，再加上《读书札记》所汇集的史料以及不难从中抽绎出来的研究思路、问题、重点，一部体系严整、史料完备、视角独特、重点突出的《隋唐佛教史》实际上已是呼之欲出了。编者不珍之密之，而是慨然公之学林，这种以学术为天下公器的大公之心，更是特别值得赞赏的。

任继愈先生在《汤用彤全集》（以下简称《全集》）序二中说："《全集》中的《隋唐佛教史稿》是汤先生在北大的讲义。新中国成立后，中华书局曾请求将此讲义出版，以应社会急需。汤先生不允，说还要补充、修改。可惜先生逝世，此稿无从修订，只能照原稿出版。"《全集》的主编者汤一介先生在《全集》第二卷"编者后记"中也说："用彤先生原打算写一部完整的《隋唐佛教史》，但由于种种原因未能如愿，故生前这部《隋唐佛教史稿》也未出版。"

的确，只要将现已收为《全集》第一卷的《汉魏两晋南北朝佛教史》和收入第二卷的《隋唐佛教史稿》略加比较，就不难看出，后者无论是在与前者的比较之下，还是就其所涉及的研究课题而言，在资料、论证、篇幅、结构等方面，都是明显不相称的。因此，给后者冠以"稿"字，是符合实际情况，也是符合锡予先生心愿的。

但是，去掉这个"稿"字，使其成为完整的"史"，无疑更是锡予先生的最大心愿。锡予先生为此付出了巨大的精力，这一切都非常明显地反映在《读书札记》里。

锡予先生在《隋唐佛教之特点——在西南联大的讲演》（见《全集》第二卷）指出，这个问题有两种讲法：一种是作历史的叙述，即"纵的叙述"；另一种是分析研究隋唐佛学的全体，指明其性质特点，即"横的叙述"。前一种自然是作为"史"的题中应有之义，然而，锡予先生认为："先决问题，值得考虑的是：隋和唐是中国两个朝代，但若就史的观点去看，能否连合这两个政治上的朝代作为一个文化学术特殊阶段？就是隋唐佛学有无特点，能否和它的前后各朝代加以区别？"这就是说，"纵"如何限定、"纵的叙述"能否成立，在相当大程度上要取决于"横的叙述"的情况。锡予先生在这篇提纲性的讲演里，实际上就是从"横的叙述"入手的，揭示了隋唐佛学的四种特性：一是统一性，二是国际性，三是自主性或独立性，四是系统性。《隋唐佛教史稿》20世纪20年代末有原中央大学油印讲义，30年代初有北京大学铅印讲义，后者对前者已经有所增删修改。到了西南联大时期，此课又屡经讲授，锡予先生有关修改的思路应该日见明确了。因此，可以将《隋唐佛教之特点》当作了解锡予先生修改《隋唐佛教史稿》的计划思路的切入点，同时也可以将此文视作理解作为《隋唐佛教史稿》和"《隋唐佛教史》"中间环节的《读书札记》的指南。这么做，应该是说虽不中亦不远矣。

既然锡予先生强调"横的叙述"，亦即对隋唐佛教性质特点的叙述的重要性（这是很容易理解的，因为就中国佛教的具体情况而言，由于僧俗两方面的历史典籍都相当丰富，可资利用参照的可靠的文字材料甚多，"纵的叙述"，亦即历史叙述的难度，相对于理解、描述、归纳佛学本身的学理问题而言要小得多。这是佛教学者都能感受到的），又将之归结为上述的四种特性，则最能体现这个思路的无疑是对宗派及其传布问题的研究了。那么，据以检对《隋唐佛教史稿》，其第四章《隋唐之宗派》和第五章《隋唐佛教之传布》尽管已占全稿一半以上的篇幅，却仍然不够，是应予增补的重点所在。

明确了这点，表面上庞杂而无所系统的《读书札记》马上就重点毕呈，了然于目了。《读书札记》的主要关注点，在收集资料方面首要侧重于隋唐佛教的宗派问题：究竟有哪些宗派？哪些是有名无实？哪些又是有实无名？哪些是这些宗派共同关注的问题（统一性）？哪些是某个宗派特有的学说（自主性或独立性）？这些宗派及其学说彼此之间的关系、逻辑如何（系统性）？哪些宗派和学说传布到了日本、新罗？彼方学者对此的理解看法如何（国际性）？当然，还应当注意，这种解读《读书札记》的方法不能予以简单化的处理。这四种特性并不是泾渭分明、彼此无关的，而是水乳交融、彼此牵涉的。每一种特性并不能独立存在，它们是彼此依赖、互为条件的。

仅举其要者，有关宗派以及相关问题的有（括号中所注为《全集》第七卷页码）：《秘键略注》的"五藏""七宗"（77页），《大毗卢遮那经指归》有关宗教派别的言论（79页），圆珍对于佛教宗派的知识（81页），《梵网戒本日珠钞》所见教、时、宗派（91页），《俱舍论疏》摄七论问题（207页），《释门正统》卷三所记"南北分宗、五家析派"（211-214页），各派争论（283页），记载宗派传授之书（312页），抄录宗名（330、332页），日本资料中比较系统的有关宗派问题的记载（334、344页），所谓中国十三宗（347页），净土其宗和他派争论（511页），等等。戊类（454-491页）就题为"佛教宗派问题摘抄"，庚类（538-570页）虽然题为"佛教史料杂抄"，实际上也几乎全部是宗派方面的资料。完全可以说，宗派问题是《读书札记》的重中之重。

《读书札记》也全面注意了隋唐时期佛教所关心、争论的主要问题：佛性（79页），毗昙（84页），对法是否佛说（97页以下），法所、心所（98页以下），识见、眼见（121页），种姓义（127页），中有是否即灵魂（277页），成佛问题（281页），阿赖耶识（295页），极微学说（297页），色唯大所、心所即心（302页），八识与七识的关系（350页），量、能、所、果之区别（356页），以法相唯识观点论佛教（395页）。

隋唐佛教史的重大问题自然也没有遗漏：隋唐时期中国僧人的梵文知识、所藏梵本情况（276、281、291等页），玄奘的小乘知识（278页），武则天与佛教（279页），玄奘诸问题（289、294页），一行指出玄奘的梵文错误（367页），弥勒崇拜（383页），新旧译《辩中边论述记》（413页），《大乘义章》问题（418页以下），神秀知《老》《庄》《易》（520页），等等。其中相当多的问题，是锡予先生首先注意到的，甚至至今也还只有他注意到了，可以说开启了无数进一步研究的法门。

从《读书札记》中还可以清楚地了解到锡予先生特别注意的问题。除了上述的宗派问题外，相宗就吸引了锡予先生相当大的注意力，其他比如隋唐佛教史上的关键人物玄奘，重要典籍如《大乘起信论》和《摩诃衍论》的真伪（193、221页等），也是锡予先生致力所在。

对日本佛教与隋唐佛教的关系，乃至日本、新罗佛教本身的注意，这是《读书札记》的特殊之处：日本无独立之俱舍宗（102页），安澄掌握的唐初中国佛教情况（116页），唯识量与新罗僧的决定相违（145页），日本有两派在法相义上对立（158页），日本大小戒（191页）以及其轨式多可为唐代东土事之参考（175页），东大寺建于唐玄宗之世故可注意（493页），其他由大唐传来之古寺（497页），等等。这些资料都与隋唐佛教有着密切关系，相反，如果与中国无关，即使其本身有一定价值，《读书札记》例不抄录（157页）。

这方面的例证是俯拾便是，不胜枚举的。同时至少还有三个方面是在了解《读书札记》时不可忽略的。首先，《读书札记》所录资料固然以佛教为大宗，但是并不以此为限，比如，锡予先生留心了外道问题（84页）、唐人写本《金七十论》（145页），这显然是与印度哲学及其在中国的传播痕迹有关的；又如台州白莲教寺（217页），严格说来，也并不属于佛教范围，这说明，锡予先生对民间宗教也保持着一定程度的注意。另外，锡予先生还注意了传统国学领域的许多问题，比如古书辑佚（73页），宋以前中国字书韵书、古书古注，甚至细致到"古切韵用吴音"（64页）。尤其是古韵特别切韵的问题，是当时学界关注的焦点之一，可与陈寅恪先生之说并观。锡予先生也留意其时的显学、俗讲、僧讲问题（69–

70页），还竟然关心中国、日本的动植物记录（64页）！其次，《读书札记》里抄录的有些资料以及所加按语具有提示研究手段甚至方法论的意义，当然需要特别留意，比如佛教目录学以及如何就此用力的问题（171页），北宋佛教史上的南北问题（479页），提出"北方实际的佛教""南方理论的佛教"（475页），指出"一时有一时的学风"和应该注意之处（585页）。提示如何利用《僧传排韵》起到索引引得的作用（496页）。《读书札记》在摘录资料的同时，还随时注出国外学者（基本上都是日本学者）的新出研究成果。甚至还指出西方哲学可资比较研究之处，如抄录有关"色唯大所、心所即心"的资料的同时，注明可与西哲贝克莱之视觉说比较（302页），这不能不令人惊异。贝克莱是锡予先生很注意的西方哲学家，是《全集》第五卷第487—514页专论的对象，第497—499页更是讨论其书《视觉新论》，给予此书极高的评价："这本书是当时最有时代价值的书，是一本新的关于主观的研究，在心理学上也有成就，而不仅仅是阐明唯心论。"（497页）老辈学者的精深博通以及两者的结合互补实在让人叹为观止。

再次，也是极其重要的一点，《读书札记》固然主要是为研究隋唐佛教史积累资料，但是，其中也抄录了大量溢出隋唐年代以外的史料：日本和尚所见南宋佛教情况（96页），清初佛教问题（104页），唐至明清的相宗（133页），疑《大乘起信论》始于14世纪（221页），抄录杨文会的著作（312页），南宋末中国佛教宗派（317页），北宋佛史（479页），注意南条文雄（505页），宋僧到日本的情况（506页）。这些自然都可以理解成是为了研究隋唐佛教史而应该或必须全面完整地了解整部佛教史。然而，如果考虑到它们在《读书札记》中所占的分量，考虑到锡予先生的集中深探、向少旁叉的研究风格，考虑到在《隋唐佛教史稿》的两个附录之一就有《五代宋元明佛教事略》（304—324页），都不能不使人猜测——除了撰写《隋唐佛教史》之外，锡予先生还曾经有过一个更大的计划，即以一人之力完成中国佛教的通史！

最后必须指出，堪称研究隋唐乃至整部佛教史的资料宝库的《读书札记》，并不能反映锡予先生收集资料的全貌，20本札记中，有两本被水泡过，字迹已经无法辨认（见第七卷"编者后记"）。如果说这两本只不过占《读书札记》全部20本的百分之十，那么，《读书札记》中触目皆是的"文烦不抄""文长不录""另录卡片"，清楚地说明锡予先生所了解、辑录、归类的资料远远不止《全集》第七卷整理发表的18本，可惜后人已然无福得见了。

（原载《中国哲学史》2001年第2期）

| 赵建永 |

汤用彤与陈寅恪在初唐皇室信仰问题上的学术思想互动

"哈佛三杰"——陈寅恪、汤用彤和吴宓领军的学衡派,是近年学界所热论的焦点之一。前贤对陈寅恪与吴宓的比较研究颇为丰厚,而对汤用彤与陈寅恪学术思想的互动却鲜有探讨。有鉴于此,本文根据新发现的手稿等一手资料,通过他们在武则天及初唐皇室宗教信仰等问题上的学术交流,来揭示其学衡派文化思想的旨归,以期对学人有所启益。

一、大师的治学风范——陈寅恪和汤用彤对日本学者佛教史研究的超越

汤用彤与陈寅恪志趣相投,经常切磋学问,互赠著述,其中既有文章初稿,也有新刊之作。这在笔者近年来整理汤用彤藏书的过程中,时有发现。藏书里面常写满了汤用彤和陈寅恪等师友们的亲笔批注和题记,虽不比长篇宏论,然吉光片羽,随笔而就,适可凝结先贤思想之精微蕴晦。这些文字如待发掘的宝藏,堪为中外学术史研究之一手材料。若能由微知著,深入玩味,则可冀于学术史研究上发现新问题,开拓新途径,进而收获新知。汤用彤藏书里陈寅恪的题识和批注,有些字常用毛笔蝇头小字连体速写,几不可识。经曾任汤用彤助手的书法家杨辛教授和欧阳中石的高徒姜栋博士后帮助辨读,终于全部"破译"出来,又经汤一介先生和高山杉学兄鉴定,并在其鼓励下写成解读文章。今略捡一则,以见一斑。

1935年,陈寅恪在《中央研究院历史语言研究所集刊》发表《武曌

与佛教》①一文,探讨了武则天所受佛教的重要影响及其对佛教图谶的利用。当年陈寅恪赠送汤用彤的该文抽印本,由汤一介先生珍存下来。其封页左侧有陈寅恪的一段个性鲜明的题记,现版陈寅恪各类文集均未收入,亦未提及。兹录于下:

> 敬求 教正 寅恪。
> 矢吹曾论道生学说,必见 尊文,而绝不提一字;又论"格义",恐亦见鄙作,亦绝不言及。故弟于篇末引 尊论以折之,而文中则不用其在巴黎发见之材料,职此故也。

本篇陈寅恪题识由毛笔行草繁体竖写,一气呵成,文不加点。今按现行汉语规范转为简体横排并标点,尽量保持原稿风貌。如,原稿"尊文""尊论"前空一格以表敬重,而"弟"字小写以示谦逊,尽管陈寅恪比汤用彤大三岁。这段题记很有趣味,也极富学术价值,但需要简单交代一下背景,其意方易了然。题记所提到的"矢吹"系日本著名学者矢吹庆辉②。道生学说和格义问题之讨论,由汤用彤《竺道生与涅槃学》《释道安时代之般若学述略》和陈寅恪《支愍度学说考》诸文所揭橥③,成为现代佛教史上颇具原发性的两大学术创获。《释道安时代之般若学述略》与《支愍度学说考》同年面世,皆论格义,观点基本一致。盖因陈、汤二老过从甚密,常交流心得,立论自然相近,惟陈寅恪对"格义"外延的界定较汤用彤稍为宽泛。

---

① 陈寅恪:《武曌与佛教》,《中央研究院历史语言研究所集刊》第五本第二分册(1935年),第137-147页。后收入陈寅恪:《金明馆丛稿二编》,上海古籍出版社1980年版,第153-174页。
② 矢吹庆辉(1879-1939)毕业于东京帝国大学哲学科,留学哈佛,任教于日本大学、东京帝国大学等校。他在欧洲所发现敦煌文献的结集《鸣沙余韵》于1930年出版,还著有《鸣沙余韵解说》《阿弥陀佛之研究》《思想的动向与佛教》《关于敦煌出土本楞伽师资记》(载1933年《宗教学年报》)等名作。
③ 汤用彤《竺道生与涅槃学》初载《国学季刊》三卷1号,1932年3月,收入《汤用彤全集》第二卷,河北人民出版社2000年版,第77-137页;《释道安时代之般若学述略》初载《哲学论丛》1933年5月号,收入《汤用彤全集》第二卷,第138-168页。陈寅恪《支愍度学说考》初载《庆祝蔡元培先生六十五岁论文集》1933年1月版,收入《金明馆丛稿初编》,上海古籍出版社1980年版,第141-167页。

从题记可以看出陈寅恪既对国外最新学术动态非常关注，又对中国学术是否受到国际同行的充分认可相当关切，从中也寄寓了他对中国学术如何走向世界的祈盼。由此，他发觉矢氏读过汤用彤和他的相关文章，虽然借鉴了他们的很多研究成果，却在文中一字不提，对此他颇感愤慨。由于汤用彤曾对矢氏之书痛下针砭，故陈寅恪不必再多费笔墨，遂借机提出矢氏的相关研究，并援引汤文予以责难，即其题记所谓"折之"。他还在文末的"附注"中说：

> 关于武曌与佛教符谶之问题，可参考矢吹庆辉博士著《三阶教之研究》及汤用彤先生所作同书之跋文。（载《史学杂志》第二卷第五六期合刊。）①

武则天与佛教谶事也是陈文的重点。平素鲜引近人论著的陈寅恪让人们去参考矢氏的名著，从表面上看，还以为矢氏的三阶教研究在武则天与佛教符谶关系的探索上取得了重大进展，实则是反其意而用之的暗讽和警诫。日本学者池田温所撰写陈寅恪与日本关系的论文中，引用了上述"附注"，意在说明陈寅恪所受日本学者的影响。看来池田温教授并不了解陈寅恪让人们去看矢著的真实用意。

矢氏曾两次赴欧，巡历英、德、法诸国，调查敦煌史料，从中抄集新发现的三阶教文献，复广搜我国典籍中之史实，依之写成《三阶教之研究》，1923年以此获文学博士学位。该书1927年6月出版，附印敦煌残余及日本所存三阶教的全部典籍，合订成六百余纸的一巨册，系首次将三阶教历史、教义及典籍公布于世的学术成果。该书虽史料丰赡，似已周详完备，但在博学和睿识的汤用彤眼里依然疏误甚多。

汤用彤1931年在《史学杂志》发表《矢吹庆辉〈三阶教之研究〉跋》，对矢氏采用材料失当、考订史实失察等问题，详加辩驳。如，矢著以大量篇幅极饶兴味地阐论武则天时期《大云经》符谶之事，但此事与三阶教毫无干系。因为矢氏以为《开元释教录》"天授立邪三宝"之语系指

---

① 陈寅恪：《武曌与佛教》，《中央研究院历史语言研究所集刊》第五本第二分册（1935年），第147页。

《大云经》谶①，实误解了原文。《开元释教录》卷十八谓三阶教："以信行为教主，别行异法，似同天授，立邪三宝。"所谓"天授"乃提婆达多（Devadatta）汉文意译之名。他在佛世时犯五逆罪，破坏僧伽，另立教团与佛陀敌对。故《开元录》此语，是指信行的异端邪说犹如提婆达多别行异法，非指武则天年号。况且唐时人无直斥武后之理，如《开元释教录》所云"我唐天后证圣之元"可为佐证。据法显、玄奘所记，到唐朝时，在印度尚有提婆达多的信徒，此即所谓"邪三宝"。因三阶教过度渲染末法和苦行，曾遭到四次敕断：武则天以其违背佛意，继隋文帝600年的禁断令后，于695年和699年两度下诏禁止；唐玄宗于725年又诏命销毁全部三阶教典籍。但其教仍绵延四百年，且远传高丽、日本，至宋初方绝。

汤用彤所作考辨均证实三阶教与《大云经》谶事确无关联。由于汤用彤釜底抽薪，将矢氏立论之基点彻底颠覆，其鸿篇巨论便顿然崩塌。借此一斑，既可见汤用彤对与梵语相关问题的敏锐和对中印佛教史的精通，也让人们怀疑以矢氏为代表的日本佛学界在经典文本解读方面到底有多大的可靠性。

矢氏不仅把提婆达多的汉译名误读成武则天的天授年号，而且把天授年间发生的关于《大云经》符谶的重大事件进行了错置，可谓错上加错。矢著中所录大英博物院藏疏解《大云经》弥勒授记事的敦煌写本一卷，因残卷首，而缺书名及作者。据《东域传灯录》载《大云经神皇授记义疏》一卷，则残卷当原标此名。该疏末有"来年正月一日癸酉朔"②之语，矢氏认定为咸亨年间，岁在癸酉。汤用彤则发现其年正月朔日，恰为癸酉，应系天授二年。载初元年（690年）七月，沙门薛怀义等人表上《大云经》，武则天遂于9月9日称帝，改元天授。此残卷之作正在此年，或许也是薛怀义等所表上者。③此外，汤用彤还对矢著阙载的信行弟子、三阶教居士，以及建无尽藏应始于梁武帝等疏失④逐一纠谬补正。

《矢吹庆辉〈三阶教之研究〉跋》是汤用彤第一篇直接与日本权威

---

① 矢吹庆辉：《三阶教之研究》，东京：岩波书店1927年版，第63页。
② 矢吹庆辉：《三阶教之研究》，东京：岩波书店1927年版，第693页。
③ 汤用彤：《大林书评》，《汤用彤全集》第二卷，第360页。
④ 汤用彤：《大林书评》，《汤用彤全集》第二卷，第360–361页。

学者正面交锋的专文，以其深厚学养，为中国争得了学术话语权。时值"九一八"事变之际，汤用彤随后接续发表了系列文章辑成《大林书评》，批驳日本专家在中国佛教史研究方面的误导，这表明我国现代佛教研究已走上自立之路。尽管矢氏没注明参考过汤著，但汤用彤依然恪守学术规范，在自己的已刊和未刊稿中，凡参引矢氏等日人著述每每注明，并对其得失做出客观公正的评判。汤用彤的佛教著述既避免了日人研究的缺陷，也汲取了其长处，并加以超越，从而避免了西化派与国粹派的偏颇，使自己的研究臻于平和而又公允的圆融境界。在聚讼已久的古今中外之争中，汤用彤表现出更为健全、开放和成熟的文化心态，并由此奠定了他在宗教史领域的崇高地位。

据出身清华国学研究院的蓝文徵教授云：1933年，他邂逅白鸟库吉，当白氏听说他是陈寅恪的学生，即趋前与之握手。原来白氏研究中亚史遇到难题，写信请教德、奥诸国学者，皆不得其解，托人请教陈寅恪，才终获解决。白氏表示，如无陈教授之助，他可能至死不解。[①]对此故事的真实性，日本学者大都表示怀疑，因为在《白鸟库吉全集》中从未提到陈寅恪。而我们联想到矢吹博士"绝不提一字"的做法，被尊为"日本史学界太阳"的白氏在著作中"绝不言及"的心态，亦可作"同情"之理解。

陈寅恪在赠汤用彤文题识中，除恳请汤用彤"教正"自己的新作外，主要是解释为什么要借助汤文对矢氏的批评，以及他何以不用矢氏在巴黎所发现敦煌经卷的原委。题识虽仅略略数语，但意蕴深厚。陈寅恪自立、自尊、自强的性情风骨和爱国热忱跃然纸上。由此便不难理解陈家"不食日粟"的缘故了。1937年日寇侵入北平，陈寅恪之父陈三立绝食五日以身殉国。日军侵占香港时，陈寅恪于此间生活来源断绝。日本驻港司令和港督分别给饥寒贫病交迫中的陈寅恪送来粮食和巨资，然而陈寅恪宁愿饿死，也毅然坚拒此不义馈赠，其兄陈隆恪闻知，寄诗句"正气狂吞贼"以勉励之。陈寅恪的学人风骨和民族气节，可借用1929年他为王国维所写纪念碑文作为定评："先生之学说，或有时而可商。惟此独立之精神，自由

[①] 蒋天枢：《陈寅恪先生编年事辑》（增订本），上海古籍出版社1997年版，第82页。

之思想，历千万祀，与天壤而同久，共三光而永光。"①

该题记还反映出陈寅恪和汤用彤的治学动机及其宗旨，这与陈寅恪1929年所赋诗《北大学院己巳级史学系毕业生赠言》的立意是一贯的。陈诗云：

群趋东邻受国史，神州士夫羞欲死。田巴鲁仲两无成，要待诸君洗斯耻。天赋迂儒自圣狂，读书不肯为人忙。平生所学宁堪赠，独此区区是秘方。②

该诗意指，20世纪初，冈崎文夫、白鸟库吉等日本学者，执中国史研究之牛耳，虽无甚高论，然其运用现代学术方法的成效，却为国内浮躁学风望尘莫及。于是出现中国史权威反而不在中国，学子赴日受学国史的现象。学习本国历史却要去日本，这是一种何其沉痛的国耻。彼时包括佛教史、道教史在内的中国史被日本纳入充当侵略工具的"东洋学""支那学"之中。而夸夸其谈、盲目自信的民粹主义，犹如战国辩士田巴、鲁仲连那般流于表皮功夫，无济于事。陈寅恪期待国内学人以实际行动洗此耻辱。

"读书不肯为人忙"是指治学要有自由独立思考的创新精神，如此方能使学术精进无碍。此与陈寅恪《挽王静安先生》诗中"吾侪所学关天意"的主旨相类。王国维、陈寅恪与汤用彤皆聚集在《学衡》杂志"昌明国粹，融化新知"的旗帜下，其研究事关民族文化的前途命运。汤用彤和陈寅恪一直视中国文化为立命之本，他们选择体现民族精神的历史学和三教关系作为终生奋斗的领域，其意也正在于阐扬民族魂，以高水准的学术文化成就使国家立足强国之林。这正与他们为学立志，不为世俗名利而高扬主体性人格的理念一脉相通。为学一种是为了谋生，一种是谋心，即求心有所安。陈汤二先生自为后者，他们以身作则，不甘日人专美于前，打

---

① 陈寅恪：《清华大学王观堂先生纪念碑铭》，《陈寅恪集·金明馆丛稿二编》，生活·读书·新知三联书店2001年版，第246页。
② 陈寅恪：《北大学院己巳级史学系毕业生赠言》，《陈寅恪集·诗集》，生活·读书·新知三联书店2001年版，第19页。

破其文化霸权,将中国宗教史和汉唐史等研究,在世界范围内竖起新的高峰,洗雪了中国史权威只在日本之耻,赢得了世人对中国学术的尊重。

二、汤用彤对陈文的完善——对武则天与道教关系的开创性研究

陈寅恪认为武则天是中国历史上最为奇特之人物,论之者虽众,但实少有发明。[1]《武曌与佛教》就武则天大力倡导佛教一事探根寻源,从家世信仰和政治需要两方面剖析武则天与佛教的关系,详述其先世杨隋皇室的佛教信仰背景及对她的熏陶,认为武则天自幼深受其母杨氏的影响而信佛,又由于佛典教义,特别是佛教符谶可以为其政治革命张目,故极欲利用之。现存汤用彤1929年完稿的中央大学油印《隋唐佛教史稿》讲义第二稿(初稿仅于《胡适日记》中残存一章)、1931年完稿的北京大学铅印《隋唐佛教史稿》讲义第三稿、《矢吹庆辉〈三阶教之研究〉跋》和陈寅恪上文,都对初唐佛教势力之升降以及武则天与佛教关系做了详细分析。陈寅恪除证实了汤用彤的观点之外,又引证旧史与近出佚籍,得出一些新的结论。陈寅恪显系在肯定武则天崇信佛教的前提下做这番论证的。武则天诚与佛教关系密切,但若断定她的信仰纯是佛教,则并不符合历史事实。

(一)武则天与《一切道经》的编写

在汤用彤1962年11月21日于《光明日报·史学》栏目发表《从〈一切道经〉说到武则天》之前,学界探讨武则天与佛教关系的研究成果,主要着眼于政教关系,着重论证武则天怎样依靠佛教改朝换代,没有超出陈寅恪的研究框架。陈寅恪学风严饬,为世所重,每一立论,必反复推敲,务使细密周详。但他当时未注意道教方面的敦煌史料,也没有像汤用彤那样广泛利用石刻碑铭,故于道教对武则天的影响有所忽视,未得全观。而汤用彤这篇短小精悍的力作补陈文之不足,以其发现的武则天所撰《一切道经》序文为契机,指出武则天在敬佛的同时,亦与道教有密切关系。这一

---

[1] 陈寅恪:《武曌与佛教》,《中央研究院历史语言研究所集刊》第五本第二分(1935年),第137页。

结论是汤用彤在结合敦煌史料梳理道教发展史的过程中揭示的，并由此修正了学术界对武则天宗教信仰的片面认识。

唐初诸帝在原有基础上大力搜编道经，伴随着国力的强盛而终于有条件集成了第一部道藏《一切道经》，并以此奠定了后世历代道藏编纂的根基。记载此事的史籍主要有唐玄宗御制《一切道经音义序》和"金紫光禄大夫"史崇等人奉敕所撰《妙门由起序》。此二文实际上都是《一切道经音义》的序论，载《正统道藏》仪帙中，亦见于《全唐文》。陈国符著《道藏源流考》曾详论之，遂为研究者所熟知。而伦敦藏敦煌写本斯字1513号中的《一切道经序》，在汤用彤发现之前尚未引起国内外学界的注意。正是由于这项重要史料的缺失，使得人们对《一切道经》序文作者及其背景的研究都无从谈起，因而对初唐道教的许多关键问题也就难以明了。自汤用彤发表《从〈一切道经〉说到武则天》，根据伦敦藏敦煌道经写本并结合《金石萃编》、新旧《唐书》等各类文献，考辨出武则天亲撰《一切道经序》（以下简称《序》）的前因后果，才使上述问题基本得以解决。

《序》仅存三百多字，文系骈俪体裁，遣词用典，古奥难懂。汤用彤先按其大意分为四段：首段"盖闻紫仙握契……普照均于堂镜"叙述道经之行世；二段"孝敬皇帝……自含章于秋礼"述李弘之德；三段"今者黄离遽殒……感痛难胜"哀悼李弘之亡；末段"为写一切道经卅六部……俱出四迷"以写经功德为其造福。李弘是高宗第五子，武后长子，初封代王，后立太子①，675年病逝，高宗追谥孝敬皇帝，葬制一准天子之礼。汤用彤据史崇所编《妙门由起》明经法第六引、《多宝塔碑》等史料指出，抄经三十六部是其时写贵重功德书的习惯数目。唐初《一切道经》每部有二千余卷，为李弘所写道经三十六部，总数超过七万卷。如此巨大耗费，只有皇家才能有此人力物力。②

姜伯勤从《贞松堂藏西陲秘籍丛残》载罗振玉藏8世纪初写本题记

---

① 唐高宗欲传位于李弘，或许与两晋南北朝以来盛传"李弘应谶当王"的政治预言有关。史书和道藏中"李弘现象"的揭示，详见汤用彤：《康复札记四则·"妖贼"李弘》，《汤用彤全集》第七卷，第1-3页。
② 汤用彤：《从〈一切道经〉说到武则天》，《汤用彤全集》第七卷，第42页。

中，找到当时皇家动员全国各地道士入京写《一切道经》的证据，并据上海图书馆18号文书题记指出，李弘逝后大约二十年里在京城仍组织全国道观人员进行这项活动，敦煌神泉观的道士亦参与其事。①胡孚琛主编《中华道教大辞典》中相关词条也引证并发挥了汤用彤对《一切道经序》的论断。②这些新见史料和研究都进一步充实了汤用彤的观点。

汤用彤所发现的敦煌写本《一切道经序》，应是由当年入京抄经的道士带至敦煌的。《序》原题"御制"但未署名，汤用彤看出文中所说"兴言鞠育"是化用《诗经》"母兮鞠我……长我育我"，而"拂虚怅（汤校作帐）而摧心，俯空筵而咽泪"显系母亲之口气。时武后当政，写《一切道经》，必是她的主意。为李弘写经，当在他逝后不久。《金石萃编》卷五十八和《全唐文》卷十五所载高宗为李弘立碑并亲撰碑文的《孝敬皇帝睿德纪》(以下简称《纪》)是很好的参证。

《纪》与《序》所写主体不同，叙事详略因之互异，却常有相同处。一方面，用词造句往往如出一辙。如《纪》言"兴言念往，震悼良深"，《序》曰"兴言鞠育，感痛难胜"。另一方面，两文叙事亦复有雷同。如《序》赞孝敬之德曰"问安视膳""抚军监国"。《纪》则述其九德，并"视膳尝药"，"监国字人"。参照《纪》文与《旧唐书》诸王传可知，李弘本多病，闻父欲传其位，因兹感结，旧疾增甚，医治不愈而亡。《序》中，武后感痛难胜，为之写《一切道经》，与《纪》所说"天后心缠积悼，痛结深慈"，亦相吻合。两文如此相似，以至于可以说《纪》径据《序》之意加以扩写，出于一人手笔，或为某宫廷学士代拟，甚至有可能是武后所亲撰。汤用彤发现的这些史料也否定了长期以来后世关于武后杀子的传说。

(二) 武则天的道教信仰

汤用彤由《一切道经》的编写缘起，进而论述武则天的宗教信仰。武则天少时当过尼姑，利用《大云经谶》登上帝位，奖励华严宗、禅宗等，是她广为人知的崇佛事实，但这在一定程度上也遮蔽了人们对她与道教关

---

① 姜伯勤：《〈本际经〉与敦煌道教》，《敦煌研究》1994年第3期。
② 胡孚琛主编：《中华道教大辞典》，中国社会科学出版社1995年版，第229页。

系的认识，甚至造成她一向崇佛抑道的错觉。汤用彤则独具慧眼地发掘出不少事实表明武则天与道教有着深厚的渊源，认为武则天笃信道教的热情，乃承继唐太宗、高宗之遗制，并深刻影响了她的后人章怀太子、太平公主、睿宗、玄宗诸人以及时代风尚。这主要体现在以下四个方面：

一、唐初中国社会承南北朝遗规，依旧佛道并行。太宗虽立寺礼僧，但又下诏自认本宗"出自柱下"，宜阐玄化。他令玄奘译《老子》为梵文，并召道士蔡晃、成英等相助，形成释老共作的局面，欲使中华圣典传布西域。此外，还有一些传世的碑帖等文物可为研究初唐的皇室信仰提供线索。太宗在《圣教序》中表彰玄奘求法布道，其中开篇云："盖闻二仪有象，显覆载以含生。四时无形，潜寒暑以化物。是以窥天鉴地，庸愚皆识其端。明阴洞阳，贤哲罕穷其数。然而天地苞乎阴阳而易识者，以其有象也。"此番宏论，由他所秉之道家立场来展开论述佛教传布东土的影响，别有意味。魏征深知太宗心态，故其作《九成宫醴泉铭》（欧阳询书）以道家清静无为的视角来歌颂当朝的垂拱而治。而李治为太子时所作《述三藏圣记》，则较其父太宗对于佛教更加褒扬。岑文本撰《伊阙佛龛之碑》（褚遂良书）中，记述太宗第四子魏王李泰为其亡母做功德而开窟造像，实际上反映了太宗晚年李泰与太子李承乾争夺皇位，李泰借此以博取太宗好感的史实。龙门石窟中还有些高宗、武周时期的造像也反映了当时皇室崇佛的一面。其中最著名的卢舍那大佛，盛传是按照武则天的形象塑造的。

武则天于李弘逝后，既为之写道经，又度人出家，丧葬时释道皆做功德。她为做皇帝，利用佛道二教，笼络各方人士。她亲制新译八十卷《华严经》序文，大言其登帝位系"叨承佛记"。尽管武则天标榜自己是弥勒佛化生，但这并不妨碍她也深信道教。汤用彤据伦敦藏敦煌写本斯字6502、2658号《武后登极谶疏》（即《大云经疏》）中征引的道教天师寇谦之铭"火德王，王在止戈（武字）……武兴圣教，国之大珍"，指出武则天"登极所用之符谶，固非专依佛教，并有道教也"。[①]唐朝诸帝为自身利益，时而拜佛，时而求道，甚至几乎同时崇信佛道二教，这以武则天最

---

① 汤用彤：《从〈一切道经〉说到武则天》，《汤用彤全集》第七卷，第47页。

为典型。

二、太宗晚年在宫中炼长生丹药。武则天于此时入宫，当受其影响而迷恋长生之术，故后来她向胡洞真天师乞九转丹药（《全唐文》卷九十七）。武则天所制新字中以千千万万为年，永主久王为证，长生王为圣，此亦可见她对于道教长生的向往。又"老子化胡"是道士诬谤佛教的说法，而武则天在《僧道并重敕》中竟言"老君化胡，典诰攸著……佛本因道而生"（《全唐文》卷九十六）。汤用彤认为标题与敕书以道为本的原意不合，故而题目起得并不准确。武则天尽管禁止佛道互谤，然而她实际上有时也在毁谤佛教，以此看来其重道无疑。

三、武则天和高宗常优礼道士，著名者有潘师正、司马承祯、尹文操等。《新唐书》记载武后之母荣国夫人杨氏（579—670年）去世时，"后丐主为道士，以幸冥福"，意为武后乞求皇上借助道法，让母亲能在阴间享福。汤用彤指出，由此可知武后对道教迷信之深，她的子女也颇染其风。如：李弘升储，立东明观。李显升储，立宏道观。其时武则天当政，二观当是她为其子所立。声名显赫的太清观，本是武则天将自己的独生女儿太平公主送做道姑时，将公主宅第改建而成，史崇玄（即史崇，因唐朝道士双名之玄字，例可省略）为太清观主。睿宗令其二女金仙、玉真公主入道，并于京城各置一观，仍以金仙、玉真为名。二女入道时，糜费巨万，至足惊人。此显系武后送女入道之遗风。

四、武则天于上元元年进号"天后"，建立起"王公以降，皆习《老子》"（《唐会要》卷七十五）的法度。次年，为其亡子李弘写三十六部《一切道经》。后来玄宗御注《道德经》并疏义，传写分送宫观。这都是贯彻武后旨意的结果。史崇奉敕编撰《一切道经音义》和《一切道经音义妙门由起》二书，最迟当在先天二年（713年）完成。《一切道经音义》多达一百四十卷，应在此前数年已奉命撰修，且必有长期准备。故上元二年大规模地写经，也为编撰《一切道经音义》创造了条件。音义书相当于现在的词典，而《妙门由起》[①]节录道经分为六门，实乃一部道教概要，属于类书，二者均为工具书。工具书之编撰，证明道经受人注重。而武则天

[①] 汤用彤认为：《妙门由起》引用《道德经》《太平经》等诸多道书皆"唐初以前，值得注意"。汤用彤：《道藏资料杂抄》，《汤用彤全集》第七卷，第593页。

倡读《道德经》，大写《一切道经》，进一步造就了崇道的时代风尚，故她与道教实有长久的因缘。①

《从〈一切道经〉说到武则天》手稿的文末有一节论述，对于总结全篇颇为重要，但不知何故没有发表。笔者近年协助汤一介先生编纂新版《汤用彤全集》，对勘底本时才将其挖掘出来。弃之诚为可惜，今据原稿录出，以见其全：

> 《册府元龟》影印本589页："睿宗景云二年正月，加银青光禄大夫行太子率更令史崇玄为金紫光禄大夫太清观主。"史崇玄即史崇，是前述编纂《一切道经音义》及《妙门由起》的主持人。《音义》编纂的参加者有达官学者二十四人，其中如崔湜、薛稷、卢藏用、沈佺期、徐坚、刘子玄（知几）等；有名的道士为太清观的张万福等十八人。比之在武后时撰《三教珠英》集名士二十六人（见《唐会要》卷三十六），规模尤为宏大。史崇那时的官衔（已见本文首段）按《册府元龟》载乃是景云二年加封的，因此《音义》应是睿宗景云二年或以后不久敕撰的。先天二年六月太平公主与史崇欲发动政变，失败伏诛；参加编纂《音义》者数人亦均被杀。故《音义》至迟是在先天二年完成。
>
> 现据本文上面零星所述关于唐初一切道经主要事实，依年列述于下：
>
> 上元二年（675年），武后为李弘写一切道经三十六部，作《一切道经序》。
>
> 景云二年（711年），睿宗敕撰《一切道经音义》，编《妙门由起》。
>
> 先天二年（713年），《一切道经音义》及《妙门由起》编撰完成。玄宗及史崇为之作序。
>
> 按《一切道经音义》现已亡失，只（整理者按："按"到"只"字间12字被划去）《道藏经》中尚存有张万福撰《无量度人经音义》。

---

① 汤用彤：《从〈一切道经〉说到武则天》，《汤用彤全集》第七卷，第44-46页。

《广韵序》言及之元青子、吉成子,或均唐时作《音义》之道士。

或许是因为当时毛泽东对《光明日报·史学》栏目非常关注,而汤文中"发动政变……参加编纂《音义》者数人亦均被杀"等表述较为敏感,故发表时改成用马克思主义的观点分析武则天的信仰。细察底本可以看出完稿后,汤用彤在助手的帮助下,补充了这样的一些内容:

> 在中国封建时代,统治阶级的人提倡佛道二教,基本是为了麻醉人民,巩固其统治地位,这是必然的。但是同时也可符合其个人利益,贯彻个人信念。信道佞佛,均看环境机缘,则有偶然性。士大夫之信仰,本有其阶级根源,同时也有其政治目的。入山求仙也是"仕宦捷径",唐代已有这种风气。而吃斋念佛亦未始非登龙之术。按维摩诘菩萨是未出家的居士,《维摩经》大讲不二法门,因此在家固亦即出家,中国佛教遂形成居士佛教的潮流。王右丞信佛,名维,字摩诘,是这种精神之体现。士大夫如此,皇帝亦然。如梁帝之舍道归佛,唐皇之先道后佛,都是于巩固其统治之中实现自己的信仰。……武则天虽是满脑子的迷信,但是只要她为百姓也做好事,推动历史发展,还可以算是进步的。①

汤用彤还以佛教居士兼诗人王维在安史之乱时的讽刺诗为例,说明虔诚之宗教徒"固亦可为有爱国思想之诗人",以此表明宗教信仰与历史进步、爱国主义之间并不矛盾。②这种论调在当年普遍视宗教为封建残余和抨击对象的舆论氛围中,无疑具有纠偏导正的作用。

汤文最后谦虚地说自己"对于唐初道教,主要就武周的事迹举出一些例证,粗略论述,希望可供读者一些参考。如要详细研讨,则只能借用古文一句:'仆病未能也。'"③由于健康原因,汤用彤未及彻底完成这项工作。随后,饶宗颐、富安敦(Antonino Forte)、神塚淑子、任继愈、胡孚琛等海内外学者进而考察了这一时期道教的发展,认为武则天的宗教信

---
① 汤用彤:《从〈一切道经〉说到武则天》,《汤用彤全集》第七卷,第46—47页。
② 汤用彤:《从〈一切道经〉说到武则天》,《汤用彤全集》第七卷,第47页。
③ 汤用彤:《从〈一切道经〉说到武则天》,《汤用彤全集》第七卷,第47页。

仰，前后有重大转变。现简述如下：

武则天早年即深受佛教和道教的双重影响；在其与薛怀义接近时期，主要是出于利用目的而崇佛；及至晚年常游幸嵩山，求长生，兴趣愈加转向道教。699年，她由洛阳赴嵩山封禅，返回时拜谒缑山升仙太子庙，触景生情而撰《升仙太子庙碑》文，亲为书丹。碑文借记述周灵王太子晋升仙故事，自赞自诩为武周盛世歌功颂德。碑文题款和碑阴的《游仙篇》杂言诗等，出自与道教深有渊源的唐代书法名家薛稷和钟绍京之手，成为艺术珍品。而薛稷正是汤用彤所指出的《一切道经音义》编纂者之一。碑阴额首有薛曜所书武则天作于改元久视之际的杂言诗《游仙篇》："绛宫珠阙敞仙家，霓裳羽旌自凌霞。……仙储本性谅难求，圣迹奇术秘玄猷。愿允丹诚赐灵药，方期久视御隆周。"

唐代皇帝投简求神佑护，近世时有发现。1933年泰安曾出土唐玄宗封泰山的玉简，而1982年于嵩山发现700年制成的《除罪金简》反映了武则天晚年信奉道教的加深。金简上镌铭文："大周囯主武曌好乐真道，长生神仙，谨诣中岳嵩高山门，投金简一通，乞三官九府，除武曌罪名……""囯""曌"是武则天所用新字。"囯"通"国"字。"曌"取日月当空、普照大地之意，为武则天之名。道教有天、地、水"三官"，"九府"泛指各方神仙洞府。武则天投金简后，又服用僧人胡超为其炼制的长生药，顿感"疾小瘳"，便大赦天下，改元久视①元年。这通金简和《升仙太子庙碑》反映了武则天崇道的史实，为一窥绝代女皇的独特个性和内心世界，以及研究初唐社会风尚，提供了极其珍贵的实物资料。

由上可见，武则天似乎是奉行了一种综合性的宗教信仰，以利于她的政治革新。而这种新型信仰却有意无意地融合了中印宗教的内容，其中道教是不可轻忽的关键因素。武则天对佛道二教的兼容并蓄，典型地体现出我国历史上三教关系"和而不同"的特点，这也正是学衡派建构其论衡百家、自成一家的文化哲学的重要资源。

以上新出世文物史料和相关研究使学界对武则天乃至唐代前期的佛道关系、政教关系以及文化融合的认识渐趋深化，但所有这些进展都未脱离

---

① "久视"语出《老子》五十九章"是谓深根固柢，长生久视之道"，取其永生之意。

汤用彤所开启的研究方向。此皆可归功于汤用彤的学术研究搜求广泛，考订详审，在论证时不仅采用对自己观点有利的材料，而且能对与其观点不相合的材料亦做出合理的分析和解释。汤用彤全面地掌握论据[1]，特别是注意综合使用敦煌道经等新旧史料，无疑是其研究能超越前人、启发后进的重要原因。正如陈鼓应主编《道家文化研究》"敦煌道教文献专号"中所说，汤用彤"在利用敦煌道教经卷方面，树立了崇高的典范"[2]。汤用彤积极促进敦煌文物的考察、保护和研究工作，不仅为北大文科研究开出新路，也促成中国敦煌学研究走上历史文献和考古资料相结合的轨道，逐渐改变了"敦煌在中国，敦煌学却在国外"的局面。

在研究初唐政教关系的过程中，陈寅恪一方面证实了汤用彤关于武则天与佛教关系及初唐佛道势力升降的观点，另一方面也做出新论对汤说系统加以推进。而汤用彤在运用敦煌史料整理道藏时，首次揭示出武则天与道教的渊源并不亚于佛教。这一发现开创了武则天与道教关系的研究，也是对陈文的完善。汤、陈二老之文，珠联璧合，各尽其妙，相得益彰，使学界对武则天及初唐皇族的宗教信仰等问题有了较完整的理解。汤用彤和陈寅恪在研究中，摆脱今古文经学的纷争，开启了从文化层次解析历史的先河。他们在宗教思想史、政治哲学史等领域成就卓著，开拓了全新的研究范式，超越了中西方传统的史学，代表了世界史学和宗教文化研究的潮流，而为国际学术界所敬重。

（原载《哲学研究》，2013年第7期）

---

[1] 汤用彤晚年的读书札记，在研究武则天与道教关系的同时，仍继续注意搜集她与佛教关系的新史料，见《佛史资料摘抄》，《汤用彤全集》第七卷，第279页。
[2] 《道家文化研究》编委会：《编者寄言》，陈鼓应主编：《道家文化研究》第十三辑，生活·读书·新知三联书店1998年版，第1页。

| 赵建永 |

光前裕后　薪尽火传
——从《汤用彤学记》到《汤一介学记》

首部纪念文化大师汤先生的文集《汤一介学记》，2015年3月由新华出版社推出。[①]此书承袭《汤用彤学记》之体例，惟往昔由我协同先生编定，如今则由我与"汤用彤书院"雷原院长为先生而编。先生恩泽犹在，而斯人已去，抚今追昔，感慨系之，遂追溯编撰两部"学记"的难忘岁月，以再温侍学汤门18载所沐浴的大师遗风。

一、协助汤先生编《汤用彤学记》

书名"学记"，源出《礼记》之《学记》篇。该篇系统阐明教育工作的定位、原则和方法，及师生关系，是最早专论师道的著作。自20世纪80年代，生活·读书·新知三联书店沿用此名出版"学记"丛书后，这类系列层出不穷，形成了纪念前辈大师的著名学术品牌。

汤先生非常爱读各种"学记"，领衔主编了《汤用彤学记》，并撰序认为：为前辈大师编《学记》，是一种特殊形式的纪念。同侪和弟子以切身体会来表述前贤治学和生活的情景，不仅令我们对其学术精神感同身受，还能更深刻了解时代变迁之迹。因此他说："这种用'学记'的方式，表述老一代学者的各个方面，也许更亲切一些。"

《汤用彤学记》是2006年开始编辑的。先生鉴于我研究汤学多年，对相关文献较熟，故约我合编。编辑曾诚送我们一套新出的"学记"，以供

[①] 雷原、赵建永主编：《汤一介学记》，新华出版社2015年版。相关书评有《云梦学刊》2015年第3期封二发表《〈汤一介学记〉简介》。

编书时参考，我分得一半。先生对其中新版《蒙文通学记》爱不释手，留下阅读，同时将他珍藏的盖有篆文"乐黛云汤一介藏书印"的1993年初版《蒙文通学记》赠给我。

我们从历年名家名作中精选深切体现汤用彤学行的文章36篇（含附录）而成书。先生在序中评论：此书"虽非专著，但所选各篇颇具学术水准，其主要部分是收录他的学生对他的为人为学的回忆，大都是亲自受教于他，也有少数并未与他见过面，但都在北大读过书，而对他有所间接的实际了解"。

起初，《汤用彤学记》题签拟由任继愈先生来写，惜未及联系，任先生就过世了，于是改请欧阳中石先生。2010年9月17日10时，先生和师母专程前往首都师范大学看望欧阳中石夫妇，叙旧长谈。乐黛云将自己的散文集送给欧阳夫人，先生则把他新主编的九卷本《中国儒学史》赠予欧阳先生，并请他为行将付梓的《汤用彤学记》一书题签。欧阳先生欣然同意，不久即悉心写下精美的书法条幅"汤用彤学记 中石拜题"，并加盖印章。此际，因我在外地，先生夫妇正赶赴美国，临行前请魏常海教授把题签转交给我。9月底，我返回北大取得原件，并马上送出版社付印。

三联书店于2011年4月首版《汤用彤学记》时，同月25日《光明日报·国学动态》栏目首篇即发布一则书讯，好评如潮。2014年五四纪念日，习近平总书记专门去先生的研究室看望，参观了先生的《汤用彤学记》等各种编著，并与先生促膝谈心，盛赞他为中华文化传承、发展和创新贡献卓著。此时，我正在外落实先生交办的任务。待返校复命，重返研究室，看到我们合编的《汤用彤全集》《汤用彤学记》等书，依然按原样摆在最显要处。后来得知，当初先生拟定学术成果的摆放顺序，依次是汤用彤著述、《汤一介集》、《儒藏》精华本。乐黛云师母很细心，唯恐工作人员放错，就解释说先生将家尊著述排置最前是以示敬重。这既体现出先生素来重视的家学传承，也展现了他的最新国学成果。

先生逝世后，看到他研究室里依旧端正摆放的《汤用彤学记》诸书，让我浮想起先生父子一脉相承的仁者情怀和大师风范。当年汤用彤与助手任继愈合作撰著时，将助手列名己前，而先生亦颇具其父遗风。在《汤用彤学记》出版前，先生郑重提出署名我和他共同主编，并把我列在前面。

我固辞不受，先生则说"这对你以后有用"，而坚持己见，甘当人梯。幸好，出版社最终还是决定把我置名先生之后。先生提携后进之心无时不在，每每思之，感念无已！

二、《汤一介学记》的编选

《礼记·学记》云："善歌者使人继其声，善教者使人继其志。"此正先生之谓也。我们秉承先生遗志，并遵照他当年编定《汤用彤学记》的思路，经乐黛云师母审定，编成《汤一介学记》。

汤先生2014年9月9日仙逝的次日上午，汤用彤纪念馆如期举行开馆仪式，来自全国的专家学者、汤氏宗亲、各界人士，首先集体为汤先生默哀一分钟。下午，先生筹备已久的"纪念汤用彤先生逝世50周年学术研讨会"，在雷原教授的主持下举办。会上，大家深情追思先生父子，决定尽快编出《汤一介学记》，以弘其道。随即，我们通过新媒体、信函、报纸等渠道约稿。最初拟10月底截稿，因来稿整理、翻译、编校难度颇大而延至年底。2015年初，我们先把二校稿赶制成样书，在先生诞辰纪念前夕的葬礼上，赠给与会者。

作为当代学术领军人物，先生孜孜于融会古今中西之学，他的学问修养感染了每一位所接触过的人。海内外各界人士纷纷撰文缅怀其道德文章。数月来，在师母督导下，我们从众多稿件中遴选出最具代表性的文章六十多篇和怀念诗联、函电、访谈百余篇，汇集而成《汤一介学记》。该书由与先生相交七十余年的老友杨辛教授撰序，书法家启骧题签，除整理首刊先生六篇遗作外，还收入饶宗颐、星云、杨祖陶、楼宇烈、卿希泰、蒙培元、宁可、刘梦溪、冯天瑜、周桂钿、金春峰、许抗生、牟钟鉴、李中华、李存山、郭齐勇、陈可冀、邓可蕴、陈鼓应、汤恩佳、孔垂长、干春松、杨立华、刘笑敢、崔珍晳、舒衡哲、汤双等亲人、朋友、学生、读者之文，多为大家手笔。原载《光明日报》的拙文《明师引路》，由不足三千字扩写至三万余字，亦悉列其中。书中首次公布了大量颇具历史意义的照片，另附录三篇绍述汤用彤、汤霖的文章，从多方面生动展现了先生"承百代之流而会乎当今之变"的家学传承及其为人为学。

先生去世未久，音容笑貌宛在。该书诸文基本写于此际，是先生生平、思想和学术活动的忠实纪录，也是最具一手史料价值的研究文献。编纂中，师母时时关心，提供不少珍贵资料，各位师友也予以热心帮助。不然，这部51.3万字的书是不可能在短期内面世的。杀青时，我于《后记》略述编选缘由。师母甚感满意，建议改作《前言》以开宗明义，使读者更迅速地把握全书要旨，遂成该书现貌。

在编定先生父子"学记"之际，正值我其他工作最繁忙之时。但由于恩师的嘱托、我所在单位和出版社的鼎力支持、作者和读者的殷切期盼，都给予我无穷动力。汤门弟子通力合作，尽力搜集齐备各类文稿，经反复磋商筛选才定稿。令人欣慰的是，出版后佳评不断，认为这两部《学记》初步解决了汤氏父子研究成果散漫匮乏的问题，为学界进一步研究奠定了基础，成为该领域不可或缺的基本学术资料宝库，这对学人更好地把握汤学提供了极大便利，有助于推动对两位先贤精神遗产的传承与研究。

（原载《光明日报》2015年5月26日11版，列入头版"今日导读"。收入本书时有增订）

| 赵建永 |

汤用彤先生传略

本文简要记述汤用彤先生的生平及学术活动。由于汤用彤很少向人谈起他的往事，并且前人关于汤用彤行状的介绍都很简略，他去世虽仅五十余年，但很多行迹已模糊不清，众说纷纭，甚至以讹传讹。笔者在尽可能全面掌握第一手文献资料的基础上，结合调查访问等方法，从学术史与生活史相交融的视角，挖掘以往被遮蔽或遗忘的历史细节，重新考订汤用彤一生的治学经历和主要事迹，订正了以往的诸多误记，使历史原貌更加清晰准确地呈现出来。经过这番考察，汤用彤的学行历程和学术分期已经基本得以厘清，希冀能为学人研讨汤用彤的为人为学和为师提供便利，也希望通过梳理这一具体个案有助于了解一代宗师的成长道路及至探索培养学术文化大师的机制。

一、思想酝酿——新旧过渡

（一）时代背景

汤用彤（1893年8月2日—1964年5月1日，字锡予）是享有国际声誉的佛教史家、哲学史家、教育家和国学大师，也是20世纪中国学术界涌现出的一批学贯东西、会通古今的大师级思想家的代表之一。作为以现代研究方法对中、西、印三大文化系统进行比较和会通的第一人，他一生是中国学术现代化历程的缩影。其学术成果主要集中在佛教史、魏晋玄学和印度哲学方面，学术界公认他在这三个领域的研究皆是世界一流，他亦借此在学界确立了崇高地位。

汤用彤身处一个新旧过渡的时代，这种过渡体现在政治、经济、文化各个方面。他对此有清醒的自觉，并在1916年评论英国哲学家嘉莱尔所著《时象》(*The Signs of Time*)一书时说："中国现处精神物质过渡时代，外洋科学之法则，机械之势力均渐输入。吾人或将为此新潮之重要人物，自不可不明其利害。"① 汤用彤的全部思想即在这一过渡的时代背景下展开，以解决如何实现新旧顺利过渡的时代问题为其核心，并推动了这一时代学术发展的新陈代谢，其学术人生鲜明体现了时代的特点。

任继愈先生说：汤用彤是"我国第一代经过近代科学方法训练的专业学者，对古代圣贤经传不那么迷信，敢于怀疑，善于推敲，他治学的条件比前代有优势。这新旧文化的结合点，在汤先生的学术著作中有很好的体现。这是他们这一辈学人特具的优势，因而他们治文史之学可左右逢源"②。汤用彤治学一向致意于文化思想变迁兴衰之迹，从世界文化会通的高度融合新旧。从根本上说，其动力是源自他对国家前途、文化命运以至人生问题的深切关怀。

汤用彤致力于外来文化本土化规律的整理总结，主张在学习西方文化的同时，应注意本国文化的固有特点和社会环境状况，在传统与现代的整合中寻找发展之路。汤一介先生常说：20世纪中国文化发展的大势是中国文化走向世界，同时世界文化也走向中国。汤用彤就是顺应这一潮流，既出乎中国哲学之外而又入乎中国哲学之内，并加以综合创新的现代学人。良好的传统家庭教育养成的高尚道德情操和家国天下的忧患意识，使他时常思考如何将传统文化与现代社会结合，为今人开辟出思想的新方向。

（二）家学渊源

1.诗书世家

汤用彤原籍湖北省黄州府黄梅县孔垄镇汤大墩村（今黄冈市黄梅县孔垄镇汤大村），汤门乃书香世家，名士辈出，家学渊源深厚。《汤氏宗谱》载其为商汤后裔，与汤显祖同宗。黄梅县坐落在长江北岸，对面是庐山佳

---

① 汤用彤：《书评四篇》，《汤用彤全集》第五卷，河北人民出版社2000年版，第67页。（版本下同）
② 任继愈：《〈汤用彤全集〉序二》，《汤用彤全集》第一卷，第2页。

胜。黄梅的汤氏家族原居江西永丰，是当地名门望族，明朝中期迁至湖北黄梅。汤用彤的父亲汤霖（1850—1912年），字雨三，号崇道，晚年号颐园老人。光绪十六年（1890年），他参加光绪庚寅科①殿试，登进士三甲127名，与廖平、文廷式同科。该科为清德宗亲政恩科，其中不少人成为参赞维新变法运动的嫡系和骨干，汤霖对新学了解和开明思想多与他们的交往有关。同年五月，经吏部掣签，分发各省以知县即用。汤霖于当年赴任甘肃省凉州府平番（今甘肃平凉市庄浪县）知县，历任碾伯、宁翔等县知县，甘肃乡试考官，加同知衔，为官清正，道德学问修养很高。

1893年，汤霖任兰州府渭源县知县，汤用彤阴历六月二十一日出生于渭源县衙。1894年，汤霖回黄梅为父守孝三年，先生跟随父亲同行。《汤氏宗谱》所收汤霖《覆湖北巡抚曾中丞书》中提到："回籍守制，在家授徒课子。"②该信祝贺曾铄担任湖北巡抚，并对湖北水利等建设提出中肯建议。1896年，汤霖带母亲和汤用彤由黄梅重返甘肃，仍任渭源县令。《渭源风土调查录》载，汤霖"名士风流，政尚平恕"，"民感其化，尽除险诈之风"，"在任善政甚多，邑人以汤青天呼之"，深得当地百姓的敬爱。

1906年3月，在陕甘总督支持下，汤霖与志同道合的故友陈曾佑等人于甘肃最大的一所书院兰山书院基础上，创办甘肃省立优级师范学堂，汤用彤随父亲在兰州。该学堂培养出一批优秀学子，如西北史地学家张维、教育家杨汉公、画家吴本钧等。这是因为他对新学持开放态度，他的学生江宁吴廷燮在《颐园老人生日宴游图》的题词中有"公茂志道，劬学毋缓……九夏师资，群伦效则"之语。1930年，陈时隽在对该图题识中回忆说："师孳孳弗倦，日举中外学术治术源流变迁与夫古君子隐居行义、进退不失其正之故，指诲阐明，纤悉至尽。"可见他当时对"新学"颇为留心，也有所认识。他不仅力主实施创办新学，而且将自己的两个儿子汤用彬、汤用彤兄弟先后送进新式学堂，这是汤霖接受新式教育的明智之举，

---

① 《黄梅县志》谓汤霖于光绪十五年（1889年）中进士，各种先生传记多也误为此年，今据国子监进士题名碑改正。现在那块进士碑依然立在孔庙里，但由于年久风化，上面的字迹已经有些模糊不清，幸好汤一介先生为汤家留下了一张较为清晰的进士碑拓片。
② 汤一介：《我们三代人》，中国大百科全书出版社2016年版，第19页。

说明他看到了时世迁流的趋势。汤霖回北京后继续传道授业,弟子成材甚众。

2. 家风传承

1911年6月13日,汤用彤与兄用彬及汤霖弟子20余人于北京万牲园为父亲庆贺61寿辰,汤霖门人固原画家吴本钧绘有《颐园老人生日宴游图》纪此盛况。当月25日汤霖为该图所题五百余字的跋语,是他留下的最有思想价值之精神遗产,字字珠玑,现节录于下:

> 事不避难,义不逃责,素位而行,随适而安,固吾人立身行己之大要也。时势迁流,今后变幻不可测。要当静以应之,徐以俟之,毋戚戚于功名,毋孜孜于逸乐。

"事不避难,义不逃责"为全篇文眼,是汤氏三代学人终生奉行的座右铭,亦可谓中国传统知识分子的风骨。这篇跋文高度概括了他平生融合儒道两家思想精义的为人为学旨归,透显出他做人处世之宗旨,亦为汤氏家风立定了规则。随后,10月10日武昌起义,次年中华民国建立,清廷倾覆,正如他所预测。

汤一介先生回忆父亲曾对他说:"祖父对仕途并无多大兴趣,而对学问颇有所求,对'汉易'有点研究,而无时间著述,深以为憾。这是因为他要为家庭糊口,而劳于吏事。"汤霖在《颐园老人生日宴游图》跋中对当时包括子女在内的同游者说:希望这是一次"可收旧学商量之益,兼留为他日请念之券"的聚会。可见,汤霖无意于"功名",但很留意"中外学术治术的源流变迁兴失"。汤一介先生认为:"这也许是祖父为什么要把我伯父汤用彬和我父亲都送入新式学堂,而希望他们在'学问'上有所成就之原因。但我祖父却不希望他们从政……希望他们都能在'学问'上有成,以补其'学不足以成名'之憾。"[1]确实,在"学问"之道上,汤用彤和汤一介先生都未辜负汤霖的期望。从《汤氏宗谱》等记载中可知,黄梅汤氏家族自始即为"诗书之家",并多以读书、教书为业,直至今日仍

---

[1] 汤一介:《我们三代人》,中国大百科全书出版社2016年版,第147页。

影响着汤家子女的人生道路。

汤用彤中年时用"幼承庭训,早览乙部"来描述自己的家学传统教育。此处"乙部"是指史书。古代中国图书四部分类法有甲、乙、丙、丁四部类,亦即经、史、子、集四部。汤用彤早年所阅乙部史书对其文化保守主义思想的形成产生了决定性影响,但他当年到底看过哪些史书,却罕见探讨。幸运的是,汤用彤的藏书仍由汤一介先生珍存下来。其中史籍甚丰,通过他所阅相关史书之简目①,可略知其心路成长历程之梗概。

汤用彬在京师大学堂毕业后,奖举人出身,1908年出任兵部车驾司主事。同年,汤用彤随父亲到北京,全家人住在汤霖购置的南池子缎库胡同3号。汤用彤就学于北京顺天高等学堂,接受新式教育。该学堂前身是戊戌维新时期就开始筹设的顺天府中学堂。汤用彤除了上国文课外,还学习英文和数、理、化各科。汤用彤在戊班,梁漱溟在丙班,张申府在丁班,李继侗与郑天挺在庚班,一个年级为一班。②他尝与梁漱溟共读印度哲学之书与佛教典籍。稍早考入顺天学堂的梁漱溟,当时名梁焕鼎,其回忆录中多次提及汤用彤等昔日中学同窗。

(三)清华立志

在清华读书时期,汤用彤已立志于学术研究,虽终日接受洋化教育,然其"稍长,寄心于玄远之学,居恒爱读内典。顾亦颇喜疏寻往古思想之脉络、宗派之变迁"③。这种观念事实上一直支配着他终生的学术生涯。

---

① 《竹书统笺》、《逸周书》、《春秋穀梁传记》、《左传事纬》(光绪戊寅版)、《越绝书》、《战国纪年》(道光戊戌本)、《史记探源》、《史记天官书补目》(光绪十三年广雅丛书本)、《西汉会要》(光绪甲午本)、《东汉会要》、《前汉书补注》(光绪王氏刊)、《后汉书集解》(三十册,乙卯王氏刊)、《两汉三国学案》(龙溪精舍本)、《三国志集解》、《补三国艺文志》、《晋书斠注》(六十册)、《晋略》(光绪二年本)、《魏书》(明版残本)、《补宋书食货志、刑法志》(静常斋本)、《唐书》、《南汉书》、《西夏纪事本末》(光绪乙酉本)、《宋史翼》(丁未本)、《南宋书》(扫叶山房刊)、《宋元通鉴》(三十六册,文雅堂本)、《明史例案》(嘉业堂刊)、《明季北略》(琉璃厂本)、《绎史》(四十八册,康熙九年版)、《绎史补》、《百衲本已出十八史跋文汇刊》、《八史经籍志》(光绪本)、《甲骨年表》、《历代史表》(光绪十九年古香阁本)、《震旦识略》、《通志》(一一八册,乾隆十二年刊)、《通典》(四十册,同治十年学海堂刊)、《钦定续通典》(四十册,武英殿刊)等。
② 郑天挺在自传里曾提到这些同学。冯尔康、郑克晟编:《郑天挺学记》,三联书店1991年版,第44、372页。
③ 汤用彤:《汉魏两晋南北朝佛教史》,《汤用彤全集》第一卷,第655页。

1911年3月，汤用彤与吴宓分别从北京顺天学堂、西安宏道学堂考入刚成立的清华学堂中等科。两人性情虽异而志趣相近，很快结为契友。他们心系国家之兴废存亡，极其注重道德品性的修养，常互相督促，一起切磋文章道义，畅谈人生。张伯苓时任清华教务长兼南开中学堂监督，他常在清华食堂发表演说，给同学们留下了"和蔼明通"的印象。[①]1912年5月，清华学堂重新开学，11月改名清华学校。有关传记常误以为汤用彤辛亥革命后入清华学校。

　　汤用彤在清华期间阅读中外图书甚多，经常发表读书心得，多醒世警言和奇思妙想，揭示出社会、哲学、宗教学乃至科学的不少重要问题。如：1914年12月至次年1月，他连载《植物之心理》于《清华周刊》第27—29期。文中引证近代科学发现，对亚里士多德所谓"动植物俱有灵魂，惟植物无感觉"旧说做出新诠释："动物能受刺戟而动，则谓之为有知觉。夫植物固亦然，胡为谓之无知觉耶？人恒以他人为有知者，因见其言语动作一如己也。然二者动作尤为知觉强健之证据，故下等动物能动、能适其生存，则谓之有知觉也，而于植物何以又否也？是真大惑不解矣！故吾人已知植物与动物亦有心理之知觉，知刺戟、知运动，不过知觉极简单耳。以后之发明，或可证明植物有思想、有感情、有意思，亦未可定。"此说也突破了佛教认为植物是无情众生因而无思想、感情和感觉的观念，现代的科学实验已开始部分证明了汤用彤早年的这些科学假想。

　　清华唐国安、周诒春相继主校期间（1912—1913年、1913—1918年）是校务扩展、校风形成的重要时期，他们将耶鲁大学严谨求实、认真负责、处事条理、决不懈怠等精神带进清华。汤用彤深受其益，在清华打下国学和西方语言、科学等西学的扎实基础。他1913年于清华学校学完中等科，接着就读于高等科（1913—1917年）。[②]他所修课程除国文与英文贯穿始终外，还包括法语、德语、拉丁文、化学、物理、数学、高等几何、心理学、历史、体育、音乐、国际法等课程。1914年，他担任清华学校达德学会刊物《益智》的总编辑，于1916年至1917年担任《清华周刊》总编辑，随后任该刊顾问，还曾任1917届学生年级手册编辑。由于汤用彤工作

---

① 吴宓：《吴宓日记》第1册，三联书店1998年版，第124、127页。
② 吴宓：《吴宓自编年谱》，三联书店1995年版，第100、127页。

出色，1917年6月荣获金奖。这枚金质奖章已由汤一介先生捐献给北京大学校史馆永久珍藏。

代表五四新文化运动另一潮流的学衡派思想的缘起，可追溯到汤用彤、吴宓等人在清华学校对平生志业的规划，特别是他们创建的天人学会。在"二十一条"签订后，汤用彤愤于国耻，联合吴宓、黄华诸友，于1915年冬，在清华组织起"天人学会"。会名为汤用彤所定，吴宓的解释甚为符合他们的共识："天者天理，人者人情。此四字实为古今学术、政教之本，亦吾人之方针所向。至以人力挽回天运，以天道启悟人生，乃会众之责任也。"①天人学会对入会会员选择很严格，前后有吴芳吉、张广舆、汪缉斋（即汪敬熙）、曾昭抡、王正基、曹理卿等30余人。冯友兰于1915年入北京大学不久，经好友张广舆介绍后欣然递交志愿书而入会。②从天人学会制定的会章、会簿、介绍书和志愿书来看，虽有似美国大学的兄弟会，但该会理论的系统性和组织的严密性、纪律性使其已具备了党派的一些性质，汤用彤等人在学会组织的各项活动中建立了兄弟般的情谊。从天人学会的宗旨和汤用彤、吴宓的日常研讨中都可看到《学衡》主旋律"昌明国粹，融化新知"不断反复出现。

1916年夏，吴宓于清华毕业。任继愈曾说："那时体育不及格不让毕业。诗人吴宓留学晚了一年，让他学游泳去。我的老师汤用彤，学了三年没学好，就留在清华。"汤用彤在清华1917年夏毕业，考取官费留学美国，因治疗砂眼和体育课游泳成绩未过关而缓行一年，以学生身份留校任国文和中国历史课教员，由是钱穆认为"其时锡予之国学基础亦可想见"③。

（四）美国留学

对于汤用彤留学时期的历史，此前有关他的研究和传记大多采用《吴宓日记》和《吴宓自编年谱》的从旁记录。本节在整理汤用彤留学相关档

---

① 吴宓1916年4月3日《致吴芳吉书》，见吴宓：《空轩诗话》，吕效祖编：《吴宓诗及其诗话》，陕西人民出版社1992年版，第211页。
② 蔡仲德：《冯友兰先生年谱初编》，《三松堂全集》附录，河南人民出版社2001年版，第27页。
③ 钱穆：《忆锡予》，《燕园论学集》，北京大学出版社1984年版，第23页。

案和手稿基础上，尝试再现他在这一时期的经历与学术思想。

1. 汉姆林再显才华

1918年8月14日，汤用彤随同清华戊午级毕业生，乘坐上海东关码头的驳船到吴淞口外，登上"南京号"远航客轮启程，取道横滨、檀香山前往美国大陆。同船者有楼光来、李济、张歆海、徐志摩、余青松、查良钊、张道宏、程其保、董任坚、杨石先、刘叔和等一百多人，还有北洋政府公费派遣留学的朱家骅、刘半农、陈大齐、周作人、刘复、邓萃英、杨萌榆七教授，是为我国教授留学之始。

9月4日，经过21天航海生活，汤用彤所乘"南京号"抵达旧金山。这群踌躇满志的留学生于此挥手泣别，各奔前程。李济与徐志摩、董任坚一道，经芝加哥、纽约去马萨诸塞州乌斯特的克拉克大学。汤用彤则赴明尼苏达州（Minnesota）首府圣保罗城所在的汉姆林大学（Hamline University）哲学系。该校创建于1854年，为该州历史最悠久的大学。当时清华学校规定，留学五年为期，一般是到美以后，先分派到普通的大学，完成大学毕业的课程，然后再进入有研究院的大学。

汤用彤的汉姆林大学成绩单显示，他注册时间为1918年9月，英文名用"Yung-Tung Tang"。2004年笔者整理汤用彤汉姆林大学文稿时，承蒙正在北京大学讲学的杜维明教授告知，该校当时的哲学系主任与汤用彤赴美前的清华学校早有渊源。而新近汤用彤留学史料的发现，则为我们更为详细地了解其具体经过提供了可能。

汤用彤与其清华同学程其保，皆由格雷戈里·沃尔科特（Gregory D. Walcott）教授的引荐而进入汉姆林大学。1918年10月出版的《汉姆林大学校友季刊》上有一则关于他们入学的消息："这两位中国朋友与沃尔科特博士一同来校，他们给我们所有人留下了相当良好的印象。他们都是绅士和学生。"在清华读书时，美国沃尔科特博士曾为他们教授过心理学和伦理学，并首次在中国学生中进行智商测验。李济（被测定为128）受其影响，对心理学产生极大兴趣，所以在马萨诸塞省的克拉克大学选择攻读心理学专业。

到汉姆林后，汤用彤与早其一年入哈佛的吴宓经常通信联系。1918年9月20日，《吴宓日记》载："迭接汤、曹诸人来函，知先后抵校。"9

月29日，吴宓再记："锡予近来函甚多，足见关切公私之意，甚为欣幸。"①1918年9月，吴宓由弗吉尼亚大学转入哈佛大学不久，梅光迪就为他讲述白璧德思想要旨，介绍他读白璧德及其同道好友穆尔（Paul Elmer More）的著作，又陪同拜谒白师。

美国新人文主义宗师白璧德，1889年在哈佛大学毕业。他不愿做德国学派专重考据的博士论文，而去巴黎大学师从列维（Sylvian Levi）教授治梵文与佛教经典，并以巴黎为文艺复兴以来人文传统的故乡。1894年回哈佛大学任教，1912年晋升教授。白璧德学识渊博，精通法文，兼通希腊文、拉丁文、梵文与巴利文，熟悉汉文化。其学说远承柏拉图、亚里士多德之精义微言，近接文艺复兴诸贤及英国约翰生、安诺德等遗绪，采撷西方文化菁英，考镜源流，辨章学术，卓然自成一家之言。

白氏培养了汤用彤、吴宓、梅光迪、梁实秋等一代中国学人，被学衡派奉为精神导师，开启了新人文主义与中国文化沟通交汇的广阔空间，经过学衡派与新月派的传播，新人文主义在中国文化现代化进程中起到独特作用。吴宓对白璧德特别崇敬，早在汤用彤来哈佛之前，就已写信告知老友自己师事白璧德、受知甚深的情况。汤用彤的文化观和治学方法，多与白氏契合。

汤用彤在汉姆林大学期间学习了七门课程："英文写作""初级德文""心理学导论""哲学史""发生心理学""经济学""社会学"，都获得优异成绩。其中，英文写作是初入美国的留学生必修的课程，其余均为汤用彤依据自己的学术兴趣选修的课程。他的英文写作得到*B*，其余均为*A*。现存其哲学、普通心理学、发生心理学的课外作业论文依次是4篇、4篇、2篇，成绩均在95分以上。

如此优异的成绩使得汤用彤成为该校优等生协会（Taalam Society）的会员，以"极高的荣誉"毕业②。"Taalam"为阿拉伯词语，意为"年轻人，追求智慧吧"。该组织规定平均绩点在88%以上的三、四年级学生才有资格申请，1919届毕业生中仅有七位学生获此殊荣。汤用彤勤勉好学的

---

① 参见吴宓：《吴宓日记》第2册，三联书店1998年版，第13、16页；吴宓：《吴宓自编年谱》，三联书店1998年版，第208页。
② Annual Catalogue of Hamline University, 1918–1919. St. Paul: The Pioneer Company, 1920.

品格得到大家的认可,在汉姆林大学1919届毕业生刊物《细画笔》(*The Liner*)上,汤用彤照片旁的评语是:"他的乐趣全在书中,或阅读或书写。"① 他认真学习各门课程,如饥似渴地汲取西方文化,本科留学生活既紧张又充实,仅一学年(9个月多)就获得文学士学位(*B. A.*)。当时汉姆林大学校报曾有两篇关于他的报道。因其学绩出类拔萃,被荐入哈佛大学继续深造。

2."哈佛三杰"

现在有关"哈佛三杰"——汤用彤、陈寅恪、吴宓的著述数不胜数,但大都详于他们中晚年的学界活动,而疏于他们早年的哈佛经历。所以,对后一方面情况感兴趣的专业学人和普通读者,每有材料不足之憾。近些年来,吴宓日记、自编年谱等资料的出版,使相关研究得以推进,而陈寅恪和汤用彤哈佛档案、留学手稿等文献的发掘整理,弥补了史料的不足。根据这些材料,我们可以在更为深远辽阔的视野里,探究"哈佛三杰"说的来龙去脉,及其在哈佛留学时的主要经过。

关于"哈佛三杰"之说的缘起,学界一般认为是当时在哈佛中国留学生中流传着这一说法。此说以孙尚扬教授之《汤用彤年谱简编》为代表,他说:"(1919年)暑假期间与吴宓同留哈佛校园,进暑校。此顷,公与陈寅恪、吴宓被誉为'哈佛三杰'。"这是关于"哈佛三杰"较早的直接文献记载。周一良先生对该说来历颇为关注,特地请教汤一介先生。汤先生答复:"这一条是根据李赋宁先生在纪念吴宓先生一次会上所讲。"李赋宁还在《我与北大人》一文中写道:"1937年11月初,我随吴宓先生和汤用彤先生自长沙赴南岳。汤先生和吴先生是清华学堂和美国哈佛大学两度同学。加上陈寅恪先生,他们三人当年曾被称为中国留美学生中的'哈佛三杰'。"李赋宁是吴宓的及门弟子,必定言之有据。

此外,"哈佛三杰"还有两说,分别是:梅光迪、吴宓、汤用彤;俞大维、陈寅恪、汤用彤,这在后世学人的著述中时有体现。无论是哪一种说法,汤用彤都名列其中。大概当年"仁者见仁,智者见智"的同时流传着三种说法,但后来由于第一种最合事实,而被历史所选择。根据"方以

---

① Hamline University, *The Liner*, St. Paul: 1920, p.129.

类聚，物（人）以群分"的道理，如果我们梳理清楚梅光迪、俞大维、吴宓、陈寅恪、汤用彤在哈佛大学的时间段，及其学术思想的内在联系，自可明了个中缘由。

他们五人早年同为哈佛大学最杰出的中国留学生，关系极为密切。他们归国后，除俞大维转入军政界而"出局"外，其余皆成为学衡派的中坚。吴宓与梅光迪、陈寅恪相识分别在1918年和1919年。汤用彤认识陈寅恪、梅光迪，是通过老友吴宓的介绍。而梅光迪之遇陈寅恪，则稍后于吴宓结识陈寅恪。1921年夏，吴宓赴东南大学任教，同年9月陈寅恪离开哈佛，一年后汤用彤也到东南大学。可见，他们在哈佛共处对于梅光迪来说仅1919年的三个月，而陈寅恪、汤用彤和吴宓同窗则两年多（1919—1921年）。若将梅光迪与汤用彤、吴宓并列"哈佛三杰"，于时间显然不符，实力上亦不相当。因此，"三杰"以陈寅恪、汤用彤、吴宓三人并称最为合情合理，诚为实至名归。至于这一称号最早出自谁人之口，后人已无从考证。

陈寅恪、汤用彤与吴宓均在20世纪10年代末至20年代初就学于哈佛大学，分别主攻比较语言学、哲学和文学。他们虽学业和性情殊异，但志趣相投，文化理念契合，初识就引为知己，相交莫逆。又因三人在哈佛中国留学生中成绩优异，学问超群，名噪校园，故而被誉为"哈佛三杰"。自此，他们便在学术上切磋共进，人生上互相支持，结下贯穿一生的深厚友情，演绎了一系列激励后学的文坛佳话，成为中国文化史上三座巍峨连峰。

1922年1月，梅光迪、刘伯明、吴宓、胡先骕、柳诒徵等人于东南大学创办《学衡》杂志，其宗旨为："论究学术，阐求真理，昌明国粹，融化新知，以中正之眼光，行批评之职事，无偏无党，不激不随。"梅光迪在《学衡》创刊号上撰文，将"胡梅之争"升级为新文化派与学衡派的对垒。汤用彤回国前，吴宓邮寄《学衡》各期并随长函至其哈佛寓所。

《学衡》创刊后，很快吸引来一群文化精英与宏通博学之士，作者有王国维、陈寅恪、吴芳吉、刘朴、张鑫海、李思纯、浦江清、张荫麟、黄华、张其昀、向达、刘盼遂、黄节等人。《学衡》创刊至1933年因吴宓辞职而停刊，前后达十二年，成为发表文言文论与旧体诗词、批评新文学弊病和展开真正新文化建设的基本阵地。《学衡》发刊词中规定，凡为该刊写稿者即是《学衡》社员。虽然《学衡》的一百多位作者学术性格各异，但其思想具有内在的一致性，因此可将之合称为学衡派。

由于国家对人才急切的需要和友人的热诚邀请，汤用彤放弃继续攻读博士学位的机会，提前回国效力。汤用彤和陈寅恪等人在哈佛师从白璧德、兰曼诸硕学泰斗，其所受科学训练奠定了他们治学的基础和方向。他们留学时的手稿和所搜集的丰富藏书多幸存至今。这些厚重的文献满载着他们从哈佛学到的学术精神和方法，都被带回并扎根于国内学术界，通过其教学南北的传授，丰富并深化了当时的文化研究，具有思想启蒙和为现代中国学术奠基的划时代历史意义。

二、国故新知——探求真理

（一）东南大学时期

1922年夏，由梅光迪、吴宓推荐，汤用彤应东南大学副校长刘伯明之聘，出任哲学系教授，随后相继担任东南大学、南开大学和中央大学的哲学系主任。他回国后的最初十年是他学术建构的初创期，其学术工作主要从协助吴宓办理《学衡》杂志，讲授东西方哲学史、宗教史，译介西方哲学、印度哲学，以及在此基础上的撰著等方面展开。此间，留美归国人士逐渐成为我国教育界的主导力量，很大程度上解决了近代中国教育师资尤其是高等教育师资严重匮乏的燃眉之急，也一改过去中国高等教育多聘外籍教员甚至由其把持校政的现象，为我国现代教育的发展奠定了基础。他们当中包括汤用彤在内的一些人堪称当之无愧的教育家和学术大师，在此后的文化教育革新中发挥了关键作用，在中国文化发展史上居功甚伟。

在东南大学期间，汤用彤的各项学术活动都是围绕落实学衡派的理念来展开的，因此这一阶段在他的思想分期上可称之为学衡时期。汤用彤刚回国时，恰逢欧阳竟无经过数年筹备的支那内学院在南京正式成立。1922年10月17日，支那内学院开学于南京公园路，欧阳竟无主讲"唯识抉择谈"，一时学人云集。梁启超赴内学院受业兼旬，张君劢亦负书问学，又如吕澂、姚柏年、梁漱溟、陈铭枢、王恩洋、黄树因等名流，皆拜投欧阳门下学习唯识，汤用彤于课余亦前往受学。内学院初建即英才会聚，声誉鹤起，与太虚法师创办的武昌佛学院遥相辉映，成为全国两大佛学中心。内学院是一所由居士主持的高级佛学院，设学问、研究、法相大学三部。它开办三十年间，培育僧俗学员数百人。

钱穆《师友杂忆》载："锡予在中大（按东南大学为中央大学前身），曾赴欧阳竟无之支那内学院听佛学，熊十力、蒙文通皆内学院同时听讲之友。"这一记述更为具体的情况是：1920年暑期后，熊十力没有回南开中学继续当任教，而是从江西德安直接去南京，拜在欧阳竟无大师门下学佛。1922年秋，汤用彤到内学院后与熊十力等人一同问学。1923年，蒙文通入内学院与汤用彤共同听欧阳竟无讲学。

同年，由欧阳竟无主编的内学院院刊《内学》在南京创刊，该专辑次年又重新编辑再版。汤用彤首篇印度哲学专文《释迦时代之外道》、蒙文通论文《中国禅学考》发表于《内学》第一辑，深得欧阳赞赏。该刊是中国最早的纯佛学学术刊物，刊登国内佛学名家和学者如汤用彤、欧阳竟无、吕澂、王恩洋等人的研究心得，体现出当时佛学研究的最高水准。凡收集20世纪最有价值的佛学成果和了解现代中国佛学的早期发展及其方向，必赖此刊。此刊第4期以后，以《内院杂刊》的形式继续出版。当时各地较大的佛教团体、佛学院都创办刊物。社会上许多报纸、电台也辟有佛教副刊或专栏、节目，佛教社会影响空前，大有复兴之势。

1923年9月，内学院研究部分设的正班和试学班开学，汤用彤参与主持其事。招收学员26人，其中正学班10人，试学班16人。学制均为二年，试学班结业后，成绩及格可升入正学班。研究部有如现在的研究生院，实行导师制，招收学生十几人，通习唯识要典，汤用彤因博学被聘为研究部导师。每两个月开研讨会一次，年终编印年刊及杂刊。将内学院办成佛教大学是欧阳竟无的理想，由于条件尚未成熟，故先从试学班开始，由欧阳竟无、汤用彤、邱稀明、王恩洋、吕澂、聂耦庚共6位导师指导。

1924年，汤用彤任内学院巴利文导师。1月至6月，他指导"《长阿含游行经》演习"一课。2月，他最早的佛学论文《佛教上座部九心轮略释》发表于《学衡》第26期。9月至12月，他开讲"金七十论解说"及

"释迦时代之外道"两课程，这两门讲义整理成文皆刊于《内学》杂志。1925年7月，自1923年9月开办的内学院试学班，在汤用彤赴南开前夕圆满结束，共有蒙尔达、韩孟钧、刘定权、谢质诚、李艺、邱仲、释存厚、释萘觉、黄通、曹天任、陈经、黄金文、刘志远、阎毅、樊毅远、释碧纯共16名学员顺利毕业。

1923年7月，武昌佛学院暑期佛学讲习会在庐山新大林寺讲堂正式开讲，由太虚、王森甫、史一如等主办，汤用彤到会主讲"西洋对于印度之研究"，黄侃、张纯一和日本大谷大学教授稻叶圆成等学者亦应邀演说。此次讲会被称为"世界佛教联合会"第一次会议，由此开始着手推进世界佛教运动发展，而有次年太虚在庐山正式召开的"世界佛教联合大会"，日本及欧美诸国均有代表出席，共扬佛法真义。

1924年4月，楼光来辞去东南大学英语系主任之职，受聘为南开大学英语系主任。5月，东南大学西洋文学系主任梅光迪辞职，接受哈佛大学汉语讲师之聘。三天后，东南大学校方宣布裁撤西洋文学系并入英语系，于是《学衡》诸友先后散之四方。1925年，由于国民党与院系之间的势力斗争引发东南大学"易长"风潮，汤用彤也受到牵连，因而准备另觅大学教书。

汤用彤讲授过旧大学哲学系的大多数课程，在东南大学开设的课程有："哲学史""唯心论""反理智主义""伦理学""印度学说史"等。这一时期（1922—1925年），他培养的学生有向达、陈康[①]、范存忠、严济慈等人。

（二）南开大学时期

1925年8月，汤用彤在张伯苓的感召下，受聘南开大学哲学系教授、系主任。当时系主任的主要职责是商同文科主任办理以下事项：1. 计划及研究该系学程之进行；2. 规划该系预算；3. 推荐该系教员；4. 筹划该系教

[①] 汤用彤在东南大学时的讲义里古希腊哲学文化占相当比重，在他的影响下陈康走上致力于古希腊哲学研究的道路。汤一介：《汤用彤先生与东南大学》，《光明日报》2002年6月14日。

科上之设备。①此前南开大学哲学系主要由凌冰、张彭春、黄钰生等教师兼课,汤用彤到来后便成了系里的台柱。

钱宝琮与汤用彤同年到南开,又同时与汤用彤、竺可桢一起去中央大学任教。据其长孙钱永红先生向笔者提供的钱宝琮1952年8月写的"自我检讨"中所说:他去南开任数学系教授,是因为"(南开)大学里当教授,授课钟点每周至多九小时,可以有充分时间研究数学史"。汤用彤于1928年8月10日致胡适函也说:"私立学校较官立者安静。"由此,我们可以推测汤用彤选择南开大学任教的一个重要原因是为了有充分的时间写作佛教史。

南开大学素有"家庭学校"之誉,实行教授治校、师生合作的校务管理方针,家庭温情的魅力召唤大批著名学者加入南开大家庭。学生会主办的《南大周刊》特邀汤用彤、范文澜、蒋廷黼、黄钰生等教授做顾问,成为师生沟通、合作的重要桥梁。该刊主编开篇语中讲,所请9位顾问"除指导一切外,并须自己做文章"②。汤用彤应邀撰《佛典举要》发表于《南大周刊》两周年纪念号。文中前言叙述写作缘起:"余草此篇之夜,适全校为毕业班开欢送纪念会。余于箫竹管弦声中,独居斗室,急迫书此,未始非个人之纪念也。"当时汤用彤住在校内丛树环绕的百树村(今思源堂以西,专家楼一带)中简朴幽雅的西式平房,故称"斗室"。张伯苓在资金紧张的情况下,免费为教员提供宿舍、早餐、佣人等(约值收入1/4),竭力营造安居乐业的环境。宿舍毗邻其平时讲课的秀山堂等学生活动的中心场所,故而撰文时能听到传来的乐声,于是将此文作为送别毕业生的纪念。

南开建校初期,学制照搬美国,存在很大弊端。《南大周刊》发表《轮回教育》③一文,严厉批评当时教育制度脱离社会实际的现象,引发了教育界的轩然大波,促成了南开逐步改变原来的西化教育模式。张伯苓制订"南开大学发展方案",明确提出以建立适合中国国情的教育模式为

---

① 参见《南开大学一览》1923年6月。文科主任在建校初期,由大学部主任凌冰兼任,1926年起由黄钰生担任。
② 包寿眉:《本刊的过去与将来》,《南大周刊》第34期(1926年),第3页。
③ 笑萍:《轮回教育》,《南大周刊》第8期(1924年11月28日)。

目标的"土货化"道路，作为日后发展的根本方针，标志着南开办学理念的成熟。[1]汤用彤初入南开，正值"轮回教育"事件平息不久。该事件与"土货化"方针的意义在于向教育界提出西方教育思想和制度的中国化问题。这无疑进一步促使汤用彤通过对佛教中国化变迁过程的深入探索，整理总结外来文化本土化发展的一般规律。他南开时期的讲义即是探索该问题的结晶，为南开模式的奠定贡献了自己的一份力量。

南开常邀名家来校讲演，哲学界翘楚胡适、李大钊、贺麟、梁漱溟皆欣赴讲席。汤用彤亦做过"气候与社会之影响"等讲演。[2]汤用彤在南开期间与学衡派的吴宓、柳诒徵及新儒家熊十力、梁漱溟、冯友兰诸友常相往来。汤一介先生生前一直珍藏着熊十力1927年来南开讲学时赠给汤用彤的明版《魏书·释老志》，上有其遒劲狂放的毛笔所书"熊十力购于天津十六年四月八日题于天津南开大学"。《释老志》是《魏书》十志之一，为作者魏收首次设立，记述了佛教在中原传播过程中与儒道等本土文化的碰撞及变革，在正史中最为详尽条理，可看作一部中国早期佛教简史。汤用彤经常参引该书，他后来开创的三教关系研究于此可见端倪。

在南开哲学系期间，汤用彤主讲过该系几乎所有课程，如"西洋哲学史""现今哲学""实用主义""实用主义与教育""康德哲学""逻辑学""社会学纲要""伦理学""印度学说史""印度哲学""宗教哲学""佛学史"等，为南开哲学学科的发展奠定了基础。[3]他培养的学生，如郑昕后成为我国最杰出的康德研究专家，江泽涵则成为著名数学家、学部委员。汤用彤回南京前，南开师生为他在秀山堂举行欢送会，依依惜别。据当时《南大周刊》报道，活动内容主要有合影、演说、游艺、茶点等。[4]此后冯文潜到南开接替了汤用彤的工作。

---

[1] 《南开大学校史资料选》，南开大学出版社1989年版，第37-39页。
[2] 刘文英：《哲学家汤用彤》，王文俊主编：《南开人物志》第一辑，南开大学出版社1994年版，第157页。
[3] 南开大学校史编写组编：《南开大学校史（一九一九~一九四九）》，南开大学出版社1989年版，第147页。
[4] 《校闻》，《南大周刊》1927年第39期。

(三)中央大学时期

1927年9月,汤用彤入南京第四中山大学(后改名中央大学),出任哲学院院长。次年,汤用彤邀请熊十力来校讲学。此间是熊十力由佛转儒,并奠定其新儒学体系的关键时期。1930年,汤用彤的一篇讲演发表于《中央大学日刊》,论述熊十力《新唯识论》及其思想的关键性转变。正是通过汤用彤的这篇讲演及其保存的熊十力讲义,学界才得以了解熊十力逐步扬弃旧论师说,形成新唯识论体系的过程。

汤用彤中央大学时期开设的课程有:"19世纪哲学""近代哲学""洛克-贝克莱-休谟著作选读""梵文""《金七十论》""印度学说史""印度佛教初期理论""汉魏六朝佛教史"等。当时唐君毅[①]先生得列门墙,常与汤用彤讨论唯心论问题。汤用彤此时期(1927—1931年)培养的学生还有程石泉、邓子琴、常任侠[②]等人。1931年夏,汤用彤受聘北京大学哲学系教授。在他推荐下,宗白华继任中央大学哲学系主任。

三、学术巅峰——圆融东西

(一)北京大学时期

1931年蒋梦麟正式任北大校长,聘请胡适为文学院院长。他们商定,聘任教授主要视其对学术之贡献。蒋梦麟对各院院长说:"辞退旧人,我去做;选聘新人,你们去做。"于是胡适以研究教授名义,请汤用彤至北大哲学系任教。自此汤用彤一直与胡适和睦相处共事,直至1948年底胡适南下诀别为止,究其原因当为二人均把致力于学术的自由探索置于一切之首位。

[①] 汤用彤在中央大学授课情况及所教西方哲学对唐君毅诸人的影响,参见张祥浩:《唐君毅思想研究》,天津人民出版社1994年版,第11页。

[②] 常任侠回忆说:"在中央大学的哲学系里我只听过两位教授的课,汤用彤先生的梵文和《金七十论》,宗白华先生的歌德和斯庞葛尔,各有所得,给我在中文系所习的国学知识以外,又增加了域外的文化知识,对于学术研究,辅助我以新的发展。"常任侠:《往日的回忆》,《人民日报》1987年3月19日第8版。

"九一八"事变以后，日本飞机在北平上空盘旋时，汤用彤依然在红楼教室里给学生讲佛教史，并蔑视说"我的声音压过飞机的声音"。新中国成立后，他的学生——时任北京大学数理逻辑教授的胡世华，在一次会上说："'九一八'事变后，汤先生在北大红楼讲'中国佛教史'，而天上的日本飞机在飞，他无动于衷，照样讲课。"当时有人认为汤先生对"国难"并不关心；笔者认为不应如此解读，而应该将之理解为汤用彤独特的抗日救国方式。他认为天之不亡我中华，必不亡我中华文化，作为一个学者所能做的是在学术上的贡献，学人肩负着复兴民族文化的使命。因而他主张学术救国，通过文化的传承来振奋民族精神，增强抗战的信心。1935年，华北事变后，汤用彤与忧心如焚的熊十力、邓高镜[①]联名写信敦请胡适也出来公开反对《何梅协定》。胡适遂与北平教育界发表宣言，反对日本策动的冀察自治。

　　汤用彤到北大后与冯友兰、钱穆、蒙文通[②]、张东荪、梁漱溟、林宰平等人更是时相过从，切磋学问。1933年夏，经汤用彤推荐，蒙文通任北京大学史学系教授。当时流传一种说法：汤用彤沉潜、钱穆高明、蒙文通汪洋恣肆，是"岁寒三友"。汤用彤为人温润，宽厚平和，与人为善，拥有令人钦佩的人格魅力，因此得了"汤菩萨"的绰号。他做学问极为谨严，对认定的学术见解颇为坚持，但与朋友聚会，他常默然，从不争论。汤用彤与当时学者们相处友好，无门户之见。钱穆与傅斯年有隙，却都与他交好。熊十力在佛学、理学问题上常与吕澂、蒙文通相左，争辩不休，然均与其相得。梁漱溟常谈及政事，亦有争议，唯独汤用彤"每沉默不发一语"，绝非无学问无思想，而是性喜不争使然，故钱穆盛赞其为"柳下惠圣之和者"。

　　对于中国20世纪的哲学学科而言，汤用彤最重要的贡献并不仅是他的

[①] 邓高镜后来生活潦倒，熊十力约集林宰平、汤用彤诸先生按月给他生活费，由任继愈汇总寄给他，直至邓先生过世。

[②] 1933年3月22日，蒙文通在南京致函汤用彤，谈到汤用彤佛教研究对他奉欧阳竟无之命撰写《中国哲学史》的影响，以及不同地域文化之渗透与中国文化发展的关系。信末还表达了自己身体"湿重"，适宜迁居北方的愿望。同年，经汤用彤推荐，蒙文通离河南大学，任北京大学史学系教授，主讲周秦民族史、魏晋南北朝史和隋唐史。蒙文通：《致汤锡予书》，四川大学历史文化学院编：《蒙文通先生诞辰110周年纪念文集》，线装书局2005年版，第25页。

哲学思想、学术体系和观点，而且包括他对中国哲学学科的制度化建设所起的推动作用。1934年起汤用彤任北大哲学系主任，主持系务二十多年，北大哲学学科的教学研究方向和深度均与他本人的研究和领导有很密切的关系。他还主持文学院及校务十多年，奠定了北大文科教学研究的基础和特色。

汤用彤对中古时期中外文化关系史全面深入的研究，使他在反思文化问题时具有更成熟的会通古今中西的特性和更为厚重的文化历史感。他到北京大学后每学期开两门课，中外并授，开讲"中国佛教史""笛卡尔及英国经验主义""哲学概论""汉魏两晋南北朝佛学研究"（1935年开设）等课程。1931年至抗战前，他在北大培养的学生有任继愈、石峻、韩裕文、王维诚、王森、韩镜清、熊伟、胡世华、齐良骥、庞景仁、逯钦立等。

1935年4月13日至15日，汤用彤与冯友兰、金岳霖等哲学界同仁发起成立的中国哲学会首届年会在北京大学召开。二十余名哲学家出席会议，冯友兰致开幕词，胡适介绍哲学会的发起、经过和意义。它的第一届委员会由汤用彤、黄建中、方东美、宗白华、张君劢、范寿康、林志钧、胡适、冯友兰、金岳霖、贺麟、祝百英共12人组成，汤用彤与金岳霖、冯友兰当选为哲学会常务理事，负责日常会务工作。他们在会上宣读了自己的研究成果，如冯友兰的《历史演变中之形式与实际》、胡适的《楞伽宗的研究》、汤用彤的《汉魏佛学理论之两大系统》、贺麟的《宋儒的思想与方法》等，标志着中国哲学家各自创立学术研究系统的时机业已成熟。

汤用彤希望把北大哲学系办成汇通中、西、印文化的学术重镇。从1937年该系聘任教授的名单，可以看出他的良苦用心。他聘任讲授中国哲学的有熊十力、容肇祖，教西方哲学的有张颐、贺麟（中西兼授）、陈康、胡世华、郑昕，并聘请印度师觉月教授来北大教印度哲学。汤一介先生认为，这点今日办大学当注意，办学所设定的目标应比较具体，各院系的具体目标能实现，自成世界一流大学；现在我们许多大学空喊"把学校办成世界一流大学"，但缺乏比较具体的目标。

牟宗三晚年评论早期中国哲学界时说：北大"讲中国哲学以熊（十力）先生为中心，再加上汤用彤先生讲佛教史。抗战期（间）搬到昆明，就成了完全以汤用彤为中心"①。中国佛教史是汤用彤一直重点讲授的课程，他在北大主要致力于中国佛教史讲义的修订、补充。1937年1月，汤用彤将《汉魏两晋南北朝佛教史》稿本（今存）交胡适校阅，胡适称"此书为最有权威之作"，并荐之于商务印书馆馆长王云五。

1937年夏，汤用彤陪同母亲消暑于牯岭，并与钱穆同游匡庐佳胜，读书著文。七七事变前夕，欧阳竟无召集门人于南京支那内学院设"涅槃"讲会，提无余涅槃三德相应之义，讲演对于孔佛二家学说究竟会通的看法。汤用彤、蒙文通赴南京支那内学院主持会议。会竟，而七七事起，成为欧阳竟无在南京讲学的终结，内学院遂转移到四川江津。

（二）西南联大时期

本节以汤用彤为代表的学者对西南联大的奠基为切入点，力图展现这一特殊历史境遇下中国知识分子的心路历程，还原他们在西南联大时的经历与风采，从中探求西南联大精神之所在。

1.联大九年

1937年7月7日，日军炮轰卢沟桥，全国抗战爆发。7月24日，北大全体教授为卢沟桥事变发表宣言，痛斥日军野蛮暴行。7月29日，日军入北平后，汤用彤协助郑天挺共同支撑北大残局。8月13日上午，罗常培邀集汤用彤、马裕藻、孟心史、邱大年、毛子水、陈雪屏、魏建功、李晓宇、卢吉忱等人，在第二院校长室讨论如何维持校务。10月，汤用彤与贺麟、钱穆等人同行离开北平，在天津小住数日，取海道从天津去香港，再辗转于11月到长沙。11月1日，北京大学、清华大学、南开大学在湖南长沙岳麓山下组成国立长沙临时大学，由冯友兰任哲学心理教育系教授会主席兼文学院院长。因文学院设在南岳衡山，汤用彤旋即转赴南岳。

1938年4月2日，国立长沙临时大学正式更名为国立西南联合大学（简称西南联大或联大），校址现为云南师范大学。同月，汤用彤赴蒙自联大文学院，与贺麟、吴宓、浦江清及子一雄同住于校外西式二层小楼。5月4日，西南联大正式开课。此间北大校长蒋梦麟自昆明来蒙自，北大师生集

---

① 牟宗三：《时代与感受》，《牟宗三先生全集》第二十三卷，联经出版事业股份有限公司2003年版，第167页。

会欢迎，有举汤用彤为联大文学院院长之动议。西南联大沿袭长沙临大建制，由清华大学校长梅贻琦、北京大学校长蒋梦麟和南开大学校长张伯苓组成常务委员会，作为最高行政领导机构共同管理校务。12月21日，联大第98次常委会决议，决定由三校校长轮任常务委员会主席。后因蒋梦麟、张伯苓均在重庆任职，只有梅贻琦长期留于昆明，故没有实施轮任制度，一直由梅贻琦任主席，主导校务。梅贻琦离校期间，汤用彤曾担任联大常委会代理主席[①]。

1939年夏，汤用彤由昆明经上海至天津，欲上北平接家人，但到天津因发大水，不能上岸，只得返回昆明。年底，邓以蛰教授把子女邓仲先和邓稼先姐弟俩托付给汤用彤夫人张敬平，由汤夫人带着邓仲先、邓稼先、汤一介、汤一平、汤一玄从北平经过天津、上海、香港，再转到越南的海防、河内，最后到内地。行程中为避免关卡盘问，邓稼先化名汤一雄。这次转移很辛苦，汤用彤亲自到海防去接他们。

1941年1月，皖南事变后国共关系紧张，白色恐怖严重，盛传特务开出黑名单，即将入校大搜捕。一时人心惶惶，于是地下党把骨干分子疏散到乡下。冯契便到昆明龙泉镇北大文科研究所借住，正读汤用彤研究生的王明为他在《道藏》的书城中，安置了书桌和帆布床。由于哲学系学生已散去数人，汤用彤遂去慰留冯契，来到其住处悄悄地问："哲学系有几个学生不见了，你知道他们到哪里去了吗？"冯契说："不知道。""不会是被捕了吧？""没听说。""你不会走吧？"冯契略微踌躇答道："暂时不会走。"汤用彤叹了口气，深情地盯着冯契说："希望你能留下来！"简约的谈话令冯契印象深刻，恍然有悟：原来汤先生并不是不问政治的学者，而是"有所不为"的狷者（《论语·子路》）。在这严峻时刻他对进步同学如此爱护、真诚关心，使冯契倍感亲切。此后，冯契专心读书，每有心得和疑问，就向汤用彤请教，他们的讨论奠定了冯契选择以"智慧"为主题写研究生论文的基本思路。

---

① 《西南联大常委会第375次会议记录通知》，张爱蓉、郭建荣主编：《国立西南联合大学史料》第2卷，云南教育出版社1998年版，第439-440页。梅贻琦日记中对与汤用彤的交往，及他们商议设置西南联大纪念碑等事，多有记述。参见梅贻琦：《梅贻琦日记1941-1946》，清华大学出版社2001年版。

1941年，汤用彤指导的研究生杨志玖于《永乐大典》中，考证出马可波罗确实到过中国。汤用彤甚为赞赏，建议他将论文题目改为《新发现的记载和马可波罗的离华年代》，以把发现和考证都突出来，醒目动人。汤用彤还特意给《文史杂志》主编顾颉刚写信赞扬，并建议顾颉刚不要因为是年轻人的文章而不给较高稿酬。

1941年6月，国民政府教育部颁行《部聘教授办法》，由教育部直接聘任的部聘教授是当时中国教育界的最高荣誉，被称为"教授中的教授"。经层层筛选后，最终确定29人为部聘教授，哲学学科中仅汤用彤和冯友兰二人当选。吴宓在日记中说："此固不足荣，然得与陈寅恪、汤用彤两兄其列，实宓之大幸也。"这些学者的第一个任期自1942年8月至1947年7月，经学术审议委员会1947年7月议决，这29人一律续聘第二个任期。

1941年夏，老舍应邀到西南联大讲学，其间遇汤用彤，于是"偷偷地读"他的《汉魏两晋南北朝佛教史》，获益匪浅。不久，老舍在《大地龙蛇》的创作中，描写了一位虔诚的佛教徒形象。此后，老舍对佛教文化做了更多的思考，从长篇小说《火葬》《四世同堂》等作品中可以明显地看出这种思考的轨迹。佛教文化对老舍的思想发展和创作实践的影响极其深刻，这是老舍一生众多活动领域的重要方面，只有进一步加以探究，才能映现出完整的老舍来。

此际，日本飞机对昆明多次狂轰滥炸，殃及西南联大。为躲避轰炸，许多教授只好到郊区农村借房子安家。当时冯友兰家在昆明龙泉镇龙头村东端，金岳霖和钱端升家住一处，在龙头村西端，朱自清和闻一多都住在司家营，汤用彤家在麦地村，处于司家营和龙头村之间，相距各约一里，一住两年多。闻一多研究《周易》，是1937年在南岳开始，住到司家营以后，逐渐转到伏羲的神话上。汤用彤与其毗邻，常来和他讨论《周易》里的问题，等到闻一多专心研究伏羲了才中止。

西南联大时期，汤用彤以往主讲的许多课程多由其时已学有所成的学生接替，如"哲学概论"由郑昕、齐良骥、石峻等讲授，"康德哲学"由郑昕主讲，"希腊哲学史""柏拉图、亚里士多德哲学"由陈康主讲。汤用彤只讲别人没有讲过的，即使自己开设多年的课程，每次讲授仍然认真备课，修订讲课提纲，甚至重新拟写，体现着严谨求实和月异日新的治学精神。他新开讲九门课程:"印度哲学史""汉唐佛学""魏晋玄学""斯宾诺莎哲学""中国哲学与佛学研究""佛典选读""欧洲大陆理性主义""英国经验主义""印度佛学通论"。他以民族文化的传承、弘扬为使命,安贫乐道,耕耘不辍。教书育人注重因材施教,深入浅出,循循善诱,诲人不倦,奖掖后学,形成独特的教学风格。

汤用彤虽因贫困痛失长子一雄、爱女一平(分别于1939年、1944年病逝),心灵遭受剧创,然矢志不移,教学、著述未尝间断,为民族文化之复兴屡献硕果,培养出一批学界新人。西南联大时期(1937—1946年),汤用彤的学生有石峻、任继愈、冯契、王叔岷、张世英、汪子嵩、王明、王利器、周法高、郑敏、杨志玖、杨祖陶、陈修斋、宿白、杨辛、许鲁嘉[①]等,还有后来以老庄研究名世的杨柳桥先生也曾前来向汤用彤问学。

抗战期间,国民党专制独裁加剧,民主与反民主的斗争很激烈。当时昆明的学生运动日趋高涨,许多教授也投身到民主运动中去。昆明"一二·一"运动时,他为学生们的爱国激情所感动,有条不紊地展开工作,边敦促政府惩凶,边要求学生复课,对于保证此次民主运动之有理有利有节起到重要作用。"一二·一"运动期间,联大最为活跃的当属教授会,每次会议均有决议,且态度明确,措施得力。如,第二次会议"推派周炳琳、汤用彤、霍秉权三先生参加死难学生入殓仪式,代表本会同人致吊"。杨辛教授晚年回忆当时情形说:"郭沫若、冯至先生写的悼诗陈列在四位烈士的灵堂,我和一介都投入了学生运动,我们写诗、画讽刺漫画控诉刽子手,这些诗、画也都悬挂在灵堂。我还在街头卖进步的学生报,并参加四烈士的出殡游行,这些活动也得到汤先生的支持!"[②]

1945年6月,任北京大学校长十五年之久的蒋梦麟被任命为国民政府秘书长,北大校长的后继人选成为当务之急。众望所归之下,北大教授会推举汤用彤为北大代理校长。蒋梦麟也请汤用彤代理校长之职,然而汤用彤一再坚辞推谢让贤,诚恳劝留蒋梦麟。因蒋梦麟去意已决,故汤用彤与北大同人周炳琳(法学院长)、张景钺(理学院代理院长)、毛子水

---

① 许鲁嘉是印度政府派来的研究生,跟汤用彤研究孔子思想。
② 杨辛:《谁言寸草心,报得三春晖》,汤一介、赵建永选编:《会通中印西》,东方出版中心2012年版,第466页。

（图书馆长）遂于1945年8月中旬，发电报劝在美国的胡适早日返校主持工作。

在胡适到任前，由傅斯年做代理校长。傅斯年常赴渝开会，他在离校时，委托汤用彤主管北大并代理联大常委职责。汤用彤时常出席联大常委会、校务会议、教授会，与南开张伯苓、黄钰生、杨石先、陈序经、李继侗、饶毓泰、查良钊等各级领导精诚合作，共商决策。汤用彤又同南开师生在一起，对南开大学各项建设做出不可磨灭的贡献，延续着中国教育的命脉，形成了西南联大的新风格，创造出世界一流大学的成功办学模式。

1945年10月1日，张奚若和周炳琳一同起草，并与汤用彤、朱自清、李继侗、吴之椿、陈序经、陈岱孙、闻一多、钱端升共10位西南联大教授，联名致电正在重庆进行和平谈判的蒋介石、毛泽东，主张举行国民大会代表选举以制定宪法，要求立即召开政治会议成立联合政府等。电文内审舆情，外察大势，表达出人民心声，国内外竞相转载评论，起到引导社会舆论的作用。

（三）复校北归

抗战胜利后，由于原主要负责人大多离开昆明，北大在昆明复校事多由汤用彤主持，主要在两个方面：一是约回散在海内外各地的北大旧人，并聘请新教授；二是负责把留在昆明的北大教职员和家属及学生迁回北平。由于任重事繁，加之经费拮据，肩上的担子很重，尤其是聘任教员的工作。汤用彤竭尽全力，为聘任各院系教授颇费心思。经过汤用彤诸先生的努力，至1946年秋在北平开学时，北大的师资力量已初步完备。

1946年5月4日，国立西南联合大学举行结业典礼，由梅贻琦常委主持大会。汤用彤、叶企孙、蔡维藩代表三校相继致辞，赞颂三校在战时联合时期合作无间的关系，宣告西南联合大学在完成其战时的历史使命后结束，随后恢复了北大、清华、南开三校建制。汤用彤的学生韩镜清、王维诚、庞景仁、张世英等，随南开大学复校到哲学教育系任教。他在文科研究所带的研究生杨志玖、王达津、王玉哲及杨翼骧先后至南开历史系、文学系任教，均成为本学科的学术带头人，为南开大学文科的建设与发展奠定了良好基础。

9月20日，胡适为傅斯年卸任"代理"校长举办茶话会后，正式接任北大校长。同时聘任汤用彤为文学院长兼哲学系主任，饶毓泰为理学院长，周炳琳为法学院长，马文昭为医学院长，俞大绂为农学院长，马大猷为工学院长，樊际昌为教务长，陈雪屏（后为贺麟）为训导长，郑天挺为总务长，组建了复员后的北大领导班子。至此，北大复校大体就绪。胡适热衷于政治活动，常在南京开会，北大校务多由傅斯年与汤用彤协理。

11月，在西南联大9周年纪念会上，胡适以自己和梅贻琦、汤用彤等人为例来说明，三校原本是"通家"，患难与共，休戚相关，合作精神应继续发扬下去。12月11日，汤用彤联同北大、清华、南开等校教授致函国民政府主席蒋介石，迫切陈言物价暴涨对国家教育与学术影响深巨，吁请政府重视教育，要求公平合理地调整教师待遇。他们希望的调整办法在原则上有两点：（1）对一般教师待遇，应按生活费指数计算，以达一合理之标准，俾足以维持安定之生活；（2）政府对各地区与各部门公教人员，不应有不公平之差别待遇。①

汤用彤在北大工作时间最长，与老一辈学者一道为北京大学的学科和学风建设做出重大贡献。他任北大文学院长期间聘请张颐、贺麟、郑昕、游国恩、朱光潜、废名、季羡林等人为教授。当时北大哲学系的课程，根据汤用彤的意见，除设数理逻辑外，主要是中国哲学史和西方哲学史两大类。通论性和专门性课程、必修课和选修课搭配合理，选修课门类很多，学生有很大选择余地。在西方哲学方面，除汤用彤的英国经验主义和欧洲大陆理性主义外，还有贺麟的西方哲学史通论课、张颐的黑格尔哲学、郑昕的康德哲学、陈康的希腊哲学（主要讲柏拉图和亚里士多德）、齐良骥的英国哲学名著选读等。汤用彤还规定哲学系学生都要学习自然科学，这对提升学子们文理兼通的素养大有好处。张岂之当年选过生物学和普通物理，认为自己在后来的工作中受益颇深。汤用彤在北大执教三十四年，在原来基础上，教学质量精益求精。这一时期他的西方哲学史教学重点讲授欧洲大陆理性主义、英国经验主义。

1947年7月，汤用彤应美国加州伯克利大学之聘，向北大请假一年。9

---

① 《北大、清华、南大等校教授要求合理调整待遇》，《南开大学校史资料选》，南开大学出版社1989年版，第687–689页。

月，汤用彤在伯克利大学开始讲授"中国汉隋思想史"一课，现存讲义首次用欧洲语言将魏晋玄学系统介绍到西方，还宣讲了中国传统的自由和正义的价值观，成为东学西渐史上的重要篇章。1948年夏，汤用彤在美国讲学满一年后，又收到哥伦比亚大学的聘请，治学条件和生活待遇远非国内大学可及。但因他对故土的眷恋，加之与胡适有一年之约，故决定谢绝邀请，义无反顾地返回祖国。他的心情恰如王粲《登楼赋》所言："虽信美而非吾土兮，曾何足以少留？"

1948年秋，中央研究院经过反复筛选，产生了中国的第一批院士81人，皆国内一时之秀。9月21日，汤用彤与冯友兰一起到南京出席中央研究院第一届院士会议，二人在会上共同入选评议员（即常务委员，属人文组哲学门）。23日，他们又出席中央研究院成立20周年纪念会，与众院士集体合影今存。

1931年到1948年是汤用彤学术生涯的鼎盛期。此间，他完成了其传世之作《汉魏两晋南北朝佛教史》和《印度哲学史略》，以及《魏晋玄学论稿》的主要内容，建构起自己较完整的学术思想体系。

四、旧邦新命——晚年宏愿

（一）主校北大

1948年底，胡适南下时委托汤用彤等人维持北大。胡适一走，北大教授会随即召开会议，决定成立校务委员会以主持学校各项事宜。通过选举，深孚众望的汤用彤被推选为校务委员会主席，成为事实上的北大校长。尽管汤用彤素喜清净，不愿卷入行政事务，此前也曾多次坚拒做校长，然而在此重大历史关头，他挺身而出，临危受命，挑起重任，行使校长之职，充分表现了"事不避难，义不逃责"的精神。

此后，汤用彤收到政府派人送他的两张机票，他的去留和态度势必影响其他学者的选择。若其南下，学者们或将蜂拥南去，而刚刚成立的北大管理机构也将面临解散。最终，汤用彤决定留下来，履行校长职责，与北大师生共济时艰。在其影响下，北大等校绝大多数教授也选择了留下。

围城中，北平地下党发动各界群众，开展和平解放北平运动，使和平解决北平问题成为当时人民群众的一致要求。陈国符等北大教授纷纷集体上书和平请愿。1949年1月中旬，在北平和平抉择的最后关头，傅作义托华北"剿总"副总司令邓宝珊将军出面，通过《大公报》记者徐盈邀请汤用彤、郑天挺、周炳琳和杨振声在邓家吃午饭，探询教育界对局势的意见，以作定夺。大家一致认为，必须保全北平，以民意为依归（即和平解放），邓亦表示赞同。几天后，傅作义又在更大范围内约请北大等校文教界名人二十余位到中南海座谈，大家亦皆如此表示。当天散会后，傅作义正式指示同意与解放军签订和平协议。在中共的耐心工作及各界开明人士的开导和敦促下，傅作义终于下定决心顺应人民的意旨。

傅作义有儒将之风，素敬重文化教育界人士，常虚心求教。他不仅要安定全市二百万人民，更要应付市内的蒋系军队和特务。这两次聚会，傅作义不仅是在集思广益，在某种程度上也是让这些社会名流替他做工作，为其宣传拟采取的和平行动。到月底，傅作义召集各大学及其他机关负责人宣布和平解放之事，并说次日晨有飞机去南京，愿走的仍可以走。汤用彤决意坚守岗位，保护学校，领导北大度过新旧更替的关键时期，把北大完整地移交到人民手中。2月3日上午，解放军举行盛大的入城式，北大组织师生上街列队热烈欢迎。同日，汤用彤代表北大，接受新政权管理。

解放军入城后，北平市军事管制委员会文化接管委员会召集各校代表开会，北京大学由汤用彤和郑天挺参加。2月28日，文管会主任钱俊瑞等10人到北大，与汤用彤及师生员工代表在孑民纪念堂开会，商谈接管及建设新民主主义的北京大学诸问题。当天下午，接管大会在民主广场举行，汤用彤致辞表示欢迎。北大的接管可以说是成功的，它对全国其他大学的接管起到良好的示范和安定作用。

为加强集体领导，更加有效地推行和改进校务，北京大学于5月4日，成立了由19位教授（汤用彤、许德珩、钱端升、曾昭抡、袁翰青、向达、闻家驷、费青、樊弘、饶毓泰、马大猷、俞大绂、胡传揆、严镜清、金涛、杨振声、郑天挺、俞平伯、郑昕），两位讲师（助教俞铭传、谭元堃），两位学生代表（许世华、王学珍），共23人组成的校务委员会。汤用彤任常务委员会委员兼主席，每月给予相当于1500斤小米的优厚待遇。

5月9日，文管会宣布派驻北大的军管代表和联络员，因校务委员会的成立而决定撤销。新一届校委会较胡适刚走后的校委会人员[①]多有增加，当与汤用彤所说"还是人多些好"的建议有关。同日，周恩来到北大，在子民堂与汤用彤诸教授座谈[②]，并由周恩来主谈新民主主义教育和外国文化中国化等问题。他的为人、气度和见识让汤用彤深感敬佩。周恩来十分熟悉和理解知识分子，与汤用彤一直保持着联系和友谊。[③]5月13日，北平市军事管制委员会主任兼北平市长叶剑英正式任命汤用彤为北京大学校务委员会主席兼文学院院长。6月1日，华北人民政府主席董必武任命汤用彤、黄炎培、郭沫若、徐特立等人为华北高等教育委员会委员。[④]

当时北大不设校长，亦未实行后来的党委负责制，校务委员会遂成为北大最高领导机构。这种情况一直延续到1951年马寅初来接任校长后为止。因此，在北大校史上，都把汤用彤排在胡适之后、马寅初之前的校长行列，成为北京大学第22任校长。而且，汤用彤既是"老北大"的末任校长，也是"新北大"的开山校长。从孙家鼐出任管学大臣，到汤用彤担当校务委员会主席，百年的北大历史，至此刚好半个世纪。

新中国成立初期，政府对各校采取"接而不管"的政策，北大各项事宜仍由汤用彤负责。他以"事不避难，义不逃责"的精神为建设新北大颇费心血，以至于不得不忍痛舍弃了自己钟爱的学术研究。汤用彤主持的校务委员会工作十分繁忙，除领导学校日常的教务、行政、后勤工作外，还要筹建工会等组织，开展新民主主义学习运动，组织师生员工参加各类游行及声援抗美援朝等活动，并经常请中央领导、知名人士、战斗英雄来做报告。汤用彤曾邀请陈毅、陆定一、周扬、谢觉哉、艾思奇、范文澜、胡绳等到北大讲演，并聘请卞之琳、张志让、沙千里、千家驹、沈志远、楚

[①] 汤用彤现存遗稿中有一份他任北京大学校务委员会主席时领导集体成员名单的手写稿，其中有副主任钱端升、王学珍、汪家缪及干事李天授等，并含分工。自胡适走后到次年5月4日期间的校委会组成情况，校史研究上往往付诸阙如，而这份名单则可填补这一空白。汤用彤留下的相关文献和实物具有珍贵的文物价值，对于研究北大校史和中国现代教育史有一定意义。

[②] 参阅中共中央文献研究室编：《周恩来年谱一八九八～一九四九》，中央文献出版社1989年版，第826页。

[③] 参阅中共中央文献研究室编：《周恩来年谱一九四九～一九七六》，中央文献出版社1989年版，第174-175页；金冲及：《周恩来传》中央文献出版社1998年版，第1188-1191页。

[④] 召开成立大会的函件及汤用彤的委任状，存北京大学档案馆，案卷号：2011949006。

图南、何干之、薛暮桥等专家来校任教。上述专家任教聘书和名人演讲等各项学校活动在北京大学档案馆都有详细记录。从现存档案中汤用彤批示的大量文件可略窥其繁重校务之一斑。这批档案连同汤用彤家藏遗稿的发掘整理，将为重新发现汤用彤、研究北大校史和中国教育史乃至文化史提供丰富的史料，并开拓出新的途径。

1949年9月21日，中国人民政治协商会议第一届全体会议在中南海怀仁堂隆重开幕，汤用彤作为"中华全国教育工作者代表会议筹备委员会"的代表出席大会。在筹备新北大第一次校庆之际，应学生会的要求，经汤用彤和郑天挺协商同意，决定以北大全体师生的名义，给毛泽东写封信，请他回来参加校庆，并请他给北大校徽题字。信于12月12日发出，当时毛泽东正在访苏。次年他回京不久即于3月17日，把亲笔书写的校徽题字函件，经中共中央办公厅秘书室送到了汤用彤的校长办公室。北大校委会当即决定在全校师生中广泛征求校徽图案，随即制成印有红底白字和白底红字两种长方形校徽，分别由教工和学生佩戴，并沿用至今。这是毛泽东第一次为高校题写校徽，反映出他对北大的特殊情怀。从1917年蔡元培请鲁迅设计并书写篆体"北大"两字的竖牌校徽到毛泽东题写的"北京大学"横牌校徽，这两枚校徽的延续历程，从一个侧面展现了北大的光荣历史。

在新北大首次校庆的前一天，《北大周刊》刊出汤用彤纪念校庆51周年的文章，一方面批评老北大的"为学术而学术"脱离现实的弊端，一方面力图重新阐释"兼容并包"口号。①1949年12月17日上午，北大在三院礼堂举行51周年校庆纪念大会，教育部副部长曾昭抡、中宣部副部长徐特立到会祝贺。汤用彤致开幕词，回顾了北京大学的历史，特别是再度着重分析了蔡元培校长提出的"兼容并包"在当时历史条件下所起的进步作用。他说，今天按此精神，凡古今中外有利于人民利益的文化均可包容，而帝国主义和封建主义之流毒则不能兼容。愿全体北大人在怀念过去、瞻望将来之际，同心协力担负起建设新民主主义文化教育的任务。针对当时与老北大传统彻底决裂的激进主张，汤用彤总是维护和发扬蔡元培"兼容并包"的思想，力图阐明在尊重历史连续性的前提下，寻求新机制在旧体

---

① 汤用彤：《纪念解放后第一次校庆》，《北大周刊》1949年12月16日。

制内的渐进成熟的规律,以实现新旧思想的平稳过渡。历史的发展证明,这正是实现传统教育现代转化的最为稳妥和有效的途径。

1950年5月4日,汤用彤新作《五四与北大》发表于《文汇报》第8版。由于新北大的校务委员会成立于五四运动30周年纪念日,又鉴于原校庆日12月17日,天气太冷、期末较忙等原因,1951年12月,经汤用彤提议并最终确定,以每年的5月4日为北大校庆日。这样既能发扬"五四精神",又利于校友返校。汤用彤自早年留学时即积极支援国内的五四运动。他晚年的一篇读书札记末尾,将日期记为"5.4前一天"而不写当日的日期。这都从一定意义上说明了他对"五四精神"的契赏。

当新北大的运行基本步入常规后,汤用彤多次提出辞职,并推荐李四光来接任北京大学校长,但因李四光就任中国科学院副院长等职而改成马寅初。北大校史上把汤用彤长校离任时间定在1951年9月,而马寅初就职校长典礼则为1951年6月1日。这看似矛盾的日期,实际上反映了北大领导机制过渡时期的特点。1949年初到1951年5月期间,北京大学公函中校长一栏只由汤用彤签名,而1951年6月到9月间公函上校长一栏往往由马寅初和汤用彤同时签署,亦可说明北大当时领导班子的过渡情况。[①]

1951年6月18日,教育部通知北京大学,政务院第89次政务会议已通过汤用彤为北京大学副校长,除提请中央人民政府委员会批准任命外,请即通知先行到职。[②]9月3日,经中央人民政府委员会第12次会议通过,毛泽东主席亲笔签发"府字第3984号"令,正式任命汤用彤为北京大学副校长,至此北大圆满实现了领导体制的新旧过渡。

此后,汤用彤负责主管基建[③]和财政,助手为张龙翔[④],虽学非所用,仍勤恳工作,直到病逝。另一副校长由党委书记江隆基兼任,实际上汤用彤也兼管教学和科研。他同时继续兼任文学院长,并在钱端升外出参加土

---

① 汤用彤接待马寅初校长到校就职的材料,详见北京大学档案馆,案卷号:2011951004。
② 王学珍、王效挺、黄文一、郭建荣主编:《北京大学纪事》,北京大学出版社1998年版,第436页。
③ 笔者在"汤用彤学术讲座"上,曾听到任继愈回忆说,"中关村"(原名中官村)之名就是由先生在主持北大校园规划时定下的。
④ 张龙翔(1916—1996),生物化学家。1946年起,历任北京大学化学系、生物学系教授,副校长。1981年5月至1984年3月任北京大学校长。

改期间曾任代理法学院长。这一时期,北大师生心情舒畅,朝气蓬勃,干劲十足,都希望为新北大尽一点自己的力量。全校充满着喜气洋洋的气氛,北大各项建设也都取得了长足进展。

汤用彤主校期间,顺承历史使命,继往开来,使北大历史翻开新的一页。在此过程中,他为保护学校安全、维护北大学风、推动学校改革和学科建设、优化教师队伍、争取各界对北大的支持、响应国家需要、配合统战等工作尽心尽力,使得北大渡过了新旧交替、革故鼎新的关键阶段,为北大的新生立下了不朽的历史功勋。[①]

(二)暮年壮怀

北平解放初,由"新哲学会"和"中国哲学会"发起组建全国性的中国哲学研究会。张岱年回忆说:该会主要由汤用彤先生和胡绳先生领导,每周座谈一次。会上,汤用彤建议在北大、清华等校开设"近代思想史"课程,既讲中国的,又讲西方的。他在一次课程讨论会上说:"我们一定要把工作做好,一定要把工作做好!"[②]态度非常恳切,听者深受感动。北大课程改革时,汤用彤的课程全部停开,而开始认真学习研究马列主义,他关于日丹诺夫哲学史讲话的笔记今存。可惜他忙于处理校务,无暇将隋唐佛教、魏晋玄学等讲稿扩充整理成书。

汤用彤治校的特点之一是以人格魅力团结人才。1952年院系调整后,全国的哲学专家一度皆调集到北京大学,他作为校领导尽力做好团结工作。经过新中国成立初期的知识分子思想改造、全国院系调整和"三反""五反"等运动,到1954年学校的教学秩序初步稳定。汤用彤遂提出大学虽以教学为主,但也要积极开展科学研究的主张。为此他筹备创办《北京大学学报》,开展学术上的自由论辩以推动科学研究工作,并亲自积极组稿。侯仁之先生告诉笔者,他发表在《北京大学学报》创刊号上的那篇关于"北京水资源研究"的论文[③],就是汤先生向他约稿而写成的。

---

① 参见赵建永:《胡适南下时致汤用彤函考述》,《北京大学学报》2013年第4期。
② 张岱年:《深切怀念汤锡予先生》,汤一介编:《国故新知》,北京大学出版社1993年版,第41页。
③ 侯仁之:《北京都市发展过程中的水源问题》,《北京大学学报》1955年第1期。

文中首次提出的问题至今还是北京城市发展的首要制约因素。

新中国成立后，汤用彤历任第一届全国政协代表、第三届全国政协常委（政协主席是周恩来），第一、二、三届全国人大代表。1950年10月12日，汤用彤被聘请为中国科学院专门委员，郭沫若院长颁发的聘书今存。1953年，汤用彤兼任中国科学院历史考古委员会委员。1955年，任哲学社会科学学部委员，兼《哲学研究》《历史研究》编委。1955年2月，《历史研究》创刊号出版，毛泽东为该刊提出"百家争鸣"的办刊方针。第一届编辑委员会成员有郭沫若、尹达、白寿彝、向达、吕振羽、杜国庠、吴晗、季羡林、侯外庐、胡绳、范文澜、陈垣、陈寅恪、夏鼐、嵇文甫、汤用彤、刘大年、翦伯赞，体现了新中国史学家强大的合力。1955年3月，《哲学研究》创刊，由中国科学院哲学研究所编辑出版，汤用彤、冯友兰等人任编委。1955年6月，中国科学院学部委员会成立，汤用彤入选哲学社会科学部学部委员。

1957年5月27日，汤用彤向中国科学院学部委员会第二次全体会议递呈书面发言，此发言稿由助手汤一介先生笔录而成。发表于《光明日报》的汤用彤发言稿摘要以《改善科学院和高等学校的关系——在科学院学部会议上的书面发言》为题，文中批评科学院、高等院校及生产部门相互隔离的现象，认为这"实质上是宗派主义"并提出具体意见；发言中对"十二年科学规划"提议说："在旧社会有力量印出《四部丛刊》《四部备要》等成套丛书，我想我们也应该能印出比那些更有用的丛书来。"因而特别提出应整理出版比日本所出《大正藏》"更好的大藏经来供全世界的学者应用"，还呼吁"像《道藏》《太平御览》等数量大的书也应逐步印出来"。发言还反对学术界对外闭关，主张恢复教授休假制度，派他们出国考察研究，加强与国际文化界的交流。

1954年11月13日，汤用彤与冯友兰等人同往《人民日报》社开会后患脑溢血，昏迷近一月。马寅初请卫生部部长组织专家特护治疗数月，起初苏联专家们都表示病况危急，希望渺茫，但经过施今墨等名中医会诊和半年针灸治疗，终于转危为安。由于亲身经历，汤用彤改变了以往对中医的误解，从此他读书时非常注意中外医学和养生的记载，这在近代名人对中医的认识与态度的转变方面颇具代表性。此后，他长期卧病，撰写文章多由任继愈、汤一介先生协助，但仍谆谆教导后学，耕耘不辍，辛勤培养提携年轻科研人才，在运动频仍的岁月里依旧保持对学术的执着追求。

1956年，党中央关于知识分子问题会议召开后，在周恩来总理亲自关怀下，汤一介、杨辛得以调到北京大学哲学系，做汤用彤的专职助手。从此汤用彤开始抱病为北大哲学系部分师生讲授印度佛教哲学。他晚年所做如其所言："虽将迟暮供多病，还必涓埃答圣民。"

新中国成立后，汤用彤更加注重历史文献的整理工作，积极倡导佛藏等大型古籍的校刊，以实现其盛世修典的宏愿。他为此写过一份编纂《中华大藏经》的"意见书"，时任文化部副部长的齐燕铭回信表示支持，并委托潘梓年负责这项工作。后来，任继愈主编的《中华大藏经》正是选用了汤用彤看重的《赵城藏》为底本，补以其他各种善本佛典影印编成。

为使我国佛学研究后继有人，汤用彤决定招收中国佛学史专业研究生。1963年，许抗生、武维琴考上汤用彤的研究生。尽管重病缠身，他却一心想尽快把毕生所学倾囊传授给后学，以接好老一辈的班，所以他总是不辞劳苦地为学生的学业操心，坚持讲解佛典。汤夫人为爱护他的身体，常要求每次讲课不超过四十分钟，学生们也出于同样的担心劝他少讲些，但每堂课总大大超过这个时间。他常说："中国佛学的知识那样丰富，佛经又是那样难懂，不多讲些，你们青年人怎么能学好呢？"任继愈用朱熹晚年的境遇来形容汤老："'虽疾病支离，至诸生问辨，则若陈疴之去体。一日不讲学则惕然常以为忧。'汤先生只要一谈起学问来，什么医生的嘱咐、家人的劝告全都忘了。"[①]

1963年劳动节晚上，汤用彤夫妇由汤一介先生夫妇一家陪同，应邀上天安门城楼参加观赏焰火等联欢活动，由周恩来总理导见毛泽东主席。毛泽东关心地询问其身体状况，嘱咐他量力而行写些短文，说自己阅读过他所撰全部文章，并与全家人握手。此后他每天更加努力地尽心读书、学习，接待哲学系来请教问题的青年师生，直到他逝世。同年国庆节，汤用彤由汤一玄夫妇陪同，又上天安门观礼。[②]

---

① 任继愈：《汤用彤先生治学的态度和方法》，《燕园论学集》，北京大学出版社1984年版，第31页。
② 孙尚扬：《汤用彤年谱简编》，《汤用彤全集》第七卷，河北人民出版社2000年版，第683页。

1963年入冬后，由于过度劳累，汤用彤身体日衰，但他仍然不肯停止工作，躺在病榻上继续坚持讲解佛典难懂之处。为弥补讲课时间的不足，当他精神稍好时，就在指定学生阅读的书上，吃力地写上文字注解，包括名相解释、年代考证、人物考证和文字校勘等。许抗生说："所有这些，对于帮助我读懂佛教典籍都有着很大的作用。汤老如此认真、负责，不惜自己带病的身体坚持指导我学习的精神，是我一生难以忘却的……每当我回忆起在汤老身边学习的那些日子，汤老和蔼可亲的面容，就会浮现在我的面前。他那严肃认真的教导，一丝不苟的治学态度，总给我以极大的鼓舞与力量。我只有加倍地努力学习，才不致辜负汤老对我的期望与栽培。"[①]

汤用彤所开的最后课程是1963年为研究生讲授中国佛教，辅导如何阅读佛经；还兼授数论哲学，他亲笔所出的此课试卷至今仍存，其特点是在每题下注明考核要求：如"略述僧佉学说之变迁发展"一题下注云"此题考我们的理解和综合能力（说理功夫），答案宜简明"等。1964年劳动节上午，汤用彤因心脏病去世。他临终前念念不忘的遗憾，一是研究计划还没完成，二是他的两个研究生还没培养到毕业。追悼会由陈毅副总理主持，周培源致悼词，彭真、邓拓等领导和亲友到场吊唁，会后葬于八宝山公墓。

6月，汤一介写成长函《郑昕主任请转陆平校长》，专就先生遗稿的搜集整理，提出规划意见。6月15日，汤一介从先生遗稿中先整理出的一组文章，以《读〈道藏〉札记》为题，发表于《历史研究》第3期。先生遗稿的整理编纂在学术史上具有里程碑式的意义，这项工作在他去世后，即由汤一介着手进行。

中印文化交汇产生了中国化的佛教，并促成魏晋玄学到隋唐道教重玄学再到内丹心性学及宋明理学的发展。汤用彤相关札记文稿和资料汇编就是对这一文化发展路径开创性探索的梳理总结。汤一介生前一直在主持搜集整理近千万字的大全本《汤用彤全集》续编，其中多为未刊稿。发掘这

[①] 汤用彤90周年诞辰之际，许抗生特作一文以表对先师怀念与崇敬之情，并将汤老指导他阅读《出三藏记集经序》一书上所写的一些注解，抄录出来以为纪念。许抗生：《忆在汤老身边学习的岁月》，《燕园论学集》，北京大学出版社1984年版，第73—78页。

座文化宝藏，不仅有助于人们更为全面地认识先生在学术史上的地位和作用，还可以为重审中国文化史上很多重要问题提供原始文献依据，更将惠泽学人在相关领域里的传承和推进。

汤用彤的教学生涯主要在北大度过，几部传世之作皆发表于北大期间，至今仍是哲学系和宗教学系的基本参考教材。由于他成就卓著和高风亮节，深得北大师生敬重与爱戴，因而"长期担任北大重要职务，起着文科教学和学术研究的主要组织者和带头人的作用。因此，他的治学态度、方法和办学方针对北大文科的学术传统的形成与发展，对北大之特殊精神的弘扬，都产生了深远的影响"[1]。1946年北大复校至1964年病逝，他在北大培养的学生有汤一介、张岂之、杨祖陶、黄心川、萧萐父、武维琴、许抗生等。[2]

汤用彤病逝后，为照顾汤夫人的生活，国家按月给她发放生活费，但"文革"开始后被取消，汤一介先生又受到冲击，老人生活陷入困境。周恩来在日理万机中仍过问此事，有关部门又恢复了她的生活费，直到她去世为止。在北大档案馆校长办公室的专档里，仍保藏着给汤夫人发放生活费用的记录。

（三）薪火相传

作为百年树人的大学教授，汤用彤深知人才对学术传承与流播的深远意义。《易传》云"继之者善也"。新中国成立后，"北大哲学系重视中外哲学史和佛教史的风气仍然得以延续，这一传统及其所达到的水平可以说是该系的'家底'。受过相关训练的学生往往功底扎实，视野开阔，见解不俗，其研究成果多能在严谨中透出较恢宏的文化历史感。此种学术特色或传统之影响面则不仅限于北大，还向全国辐射"[3]。

汤用彤学为师表，行为世范，教泽广布，四十多年的辛勤耕耘，为我

---

[1] 汤一介、孙尚扬：《不激不随 至博至大——汤用彤与北大》，萧超然主编：《巍巍上庠 百年星辰——名人与北大》，北京大学出版社1998年版，第115页。
[2] 参见赵建永：《汤用彤学术历程考论——基于生活史与学术史相交融的审察》，《天府新论》2012年第2期。
[3] 汤一介、孙尚扬：《不激不随 至博至大——汤用彤与北大》，《巍巍上庠 百年星辰——名人与北大》，北京大学出版社1998年版，第116页。

国各高校及研究机构培养了一大批科研和教学骨干。在中国哲学（包括道教、佛教领域）有唐君毅、任继愈、石峻、冯契、汤一介、杨辛、韩裕文、萧萐父、许抗生、王维诚、王明、王叔岷、王森、常任侠、韩镜清、季羡林、黄公伟、黄心川、武维琴等；西方哲学领域有陈康、郑昕、熊伟、胡世华、汪子嵩、张世英、齐良骥、杨祖陶、庞景仁等；史学领域有向达、张岂之、王利器、邓子琴、杨志玖、宿白等；还有严济慈、牟宗三、胡绳、陈修斋、邓艾民、欧阳中石、叶朗、郑敏、方立天、牟钟鉴诸贤都曾受教于汤用彤。冯契是在汤用彤启发、鼓励下，从"言意之辨"的研究发展到对"转识成智"机制的探讨，从而成为当代在中国哲学史上大陆最有原创性的哲学家之一。

汤用彤对学术严谨、求实、创新的态度，深深地影响了他的这一批弟子，而更多的学界后人则是从其论著中获益。楼宇烈教授称"我虽未能忝列汤老门下，然对汤老为人学问，私淑久矣，获益宏矣"[1]。汤用彤笃实谨严的学风使后进之士深受教益。中国学坛名家荟萃，大家辈出。大家之所以成名成家，除自身天资和努力之外，站在背后鼎力支撑的大师功不可没。

汤用彤望重学林，弟子成材众多，殆非偶然。他是当时读书最多且最博学的学者之一，遍览大藏，兼通四部，成为一代文化研究的宗师。他的学问有如大海，难测底蕴。可惜他过世太早而未及充分阐述自己的文化理念，不能不说是历史留给我们的一个遗憾。

汤用彤注重将科研成果转化为教学内容，授课领域横跨中、西、印三大文化系统，其教学特色是注重启发式教学和善用比较法，并与研究紧密结合，相辅相成。人文教育内容和方法的改进，主要系于教师的研究功力和研究心得，汤用彤在这方面做出了表率。其业绩正如北大原副校长何芳川教授所说："汤用彤先生是我国著名的学术大师，他的名字是和20世纪中国学术的发展分不开的，是和中国20世纪教育的发展分不开的，是同北大的百年辉煌分不开的。"

宗师虽逝，风范犹存。1993年，海内外近百名学者在北京隆重举行

---

[1] 楼宇烈：《"文化之研究乃真理之讨论"——读汤老两篇旧文》，《燕园论学集》，北京大学出版社1984年版，第79页。

"纪念汤用彤先生诞辰百周年学术座谈会"。季羡林、任继愈、张岂之等与会者怀着崇敬的心情追述汤老在学问、道德上对他们的深刻影响，来自海外的学者就其亲身体会探讨了汤老在国际学术界的崇高地位。现代中国能超越国界，对异国学术产生重大影响的学者并不多见。汤用彤却以其渊博的学识、严谨的治学、极多的创见，赢得蜚声海内外的赞誉。会上宣布拟筹建汤用彤学术基金，以奖励研究佛教、魏晋玄学和汤用彤学术思想卓有建树的青年学者。2014年，汤用彤纪念馆在黄梅建成，北京大学与黄梅县政府共同举办开馆仪式及汤用彤逝世50周年研讨会。次年又在黄梅，由"汤用彤书院"院长雷原教授主持召开"汤用彤纪念馆开馆周年庆典暨一介讲坛开坛仪式"，并从此每年评选、颁发"汤用彤国学奖"。该奖自设立以来声誉卓著，获奖者皆学术界领军人物，如许抗生、黄心川、杨曾文、李中华、卿希泰、钱耕森、郭齐勇、张世英、张岂之、冯天瑜、陈鼓应、刘大钧、张立文、陈来、张其成、高令印等教授。

自1997年起，"汤用彤学术讲座"在北大已连续举办了20届。该讲座每年均由北京大学校长签发邀请函，邀请海内外有代表性的国际知名学者就其所关心的学术文化问题主讲，每次讲座旨在引介哲学等人文学科中一新兴的研究方向，以纪念和传承汤老求实创新的治学精神。自创办至今，汤用彤学术讲座与同期举办的蔡元培学术讲座，在北京大学校内外已产生广泛影响，并成为北京大学人文学科的一项传统学术文化活动。汤用彤鞠躬尽瘁的一生，为弘扬东方文化建设呕心沥血，培养出一批优秀的后继人才，为当代学人树立了崇高典范，是学界的一份珍贵精神遗产。缅怀汤老，不仅是为了纪念一位值得尊敬的学者，更是为了引发我们思考如何继承和弘扬东方文化，如何进一步完成汤老未竟的事业，推动文化的发展与长久的昌盛。重温汤用彤的学术历程，对于继承发扬他的治学精神和汲取总结中外哲学文化建设的宝贵经验，是十分有益的。

附　录

| 赵建永　整理 |

汤用彤先生治学语录

论中国何以科学不发达

中西文化不同之点浅而易见者，自为科学之有无，近人解释其故，略有二说：第一种谓中国不重实验，轻视应用，故无科学。然按之事实，适得其反。盖科学之起，非应实用之要求。物理一科，不因造汽舟汽车而成；化学一科，不为制毒弹毒气而设。欧西科学远出希腊，其动机实在理论之兴趣。亚里士多德集一时科学之大成，顾其立言之旨，悉为哲理之讨论。即今日科学曷尝不主理性。如相对论虽出于理想，而可使全科学界震动。数学者，各科学之基础也，而其组织全出空理。梁任公今日学者巨子，然其言曰："从前西洋文明，总不免将理想实际分为两橛……科学一个反动，唯物学派遂席卷天下，把高的理想又丢掉了。"此种论调，或以科学全出实用，或以科学理想低下，实混工程机械与理想科学为一，俱未探源立说。然国中学者本兹误解，痛邦人之凤尚空谈，不求实际，提倡实验精神，以为救国良药。不知华人立身讲学，原专主人生，趋重实际，于政法、商业至为擅长，于数理、名学极为欠缺。希腊哲学发达而科学亦兴，我国几无哲学（指知识论、本质论言。人生哲学本诸实用兴趣，故中国有之）故亦无科学。因果昭然，无俟多说。处中国而倡实验以求精神及高尚理想之发展，所谓以血洗血，其污益甚。第二种科学发源解说，见之梁漱溟先生书中，与前说可相表里。意谓中国非理论之精神太发达："非理论之精神是玄学的精神，而理论者便是科学之所成就。"夫非理论之途有二：一为趋重神秘。何谓神秘？大约一个观念或一个经验不容理智施其作用。印度学术是矣。（印度虽有纯正哲学，然与神秘宗教混合，故科学亦不发达。）一为限于人生。言事之实而不究事之学。重人事而不考物律。注意道德心性之学，而轻置自然界之真质。此亦与科学精神相反。中国是矣。中国人确信阴阳，"山有山神，河有河神，宇宙间一件件的事物，天地日月等，都想有主宰的神祇"。梁先生据此为中国玄学发达之确证。不知此类阴阳鬼神之说，其要素有二：一则乞助神权为迷信之作用；一则推测因果为理解之搜探。人类宗教性发展，多崇拜天然物，有巫师有卜筮；如理性发达，讨论既多，迷信遂弱。于是占星流为天文，丹铅进为化学。历史具在，均可考也。至谓阴阳神鬼之说深于玄学之精神，反对理论，乃为形而上学，则立义太狭，必为多数玄学者之所否认也。

（《评近人之文化研究》，《汤用彤全集》第五卷，河北人民出版社2000年版）

论学术自由

最值得后人感谢的是由于希腊开创了思想和言论自由之先河。他们在哲学上进行的思辨，在科学上取得的进步，以及在政治制度上所行的实验，无不以自由为先决条件。不仅如此，他们在文学和艺术上能达到这样卓越的境界，也离不开自由这一前提。爱奥尼亚科学具有的现世特征，如克塞诺芬尼的勇气，苏格拉底之事例，皆为自由精神使然。这些都意味着欧洲人的活力和特性。中国虽有政治自由，但是没有求知上的勇气。中国太多主观的实用观念，但是希腊人在这方面就有其优越性。故而希腊人能对科学知识有所贡献，第一批哲学家都是自然科学家。

（南开大学讲义《西洋哲学史》（History of Philosophy）未刊手稿[①]第一本）

大凡世界圣教演进，如至于烦琐失真，则常生复古之要求。耶稣新教，倡言反求圣经（return to the Bible）。佛教经量部称以庆喜（阿难）

---

① 本书未刊英文手稿皆由赵建永汉译。

为师。均斥后世经师失教祖之原旨，而重寻求其最初之根据也。夫不囿于成说，自由之解释乃可以兴。思想自由，则离拘守经师而进入启明时代矣。……许慎诟俗儒鄙夫为怪旧艺而善野言。古文之学遂乘之而起。其后乃必有返寻古远传记之运动。……而《周易》新义之兴起，亦得力于轻视章句，反求诸传。荆州"后定"盖已开轻视章句之路，而王弼新《易》之一特点，则在以传证经。盖皆自由精神之表现也。

（《汤用彤全集》第四卷，河北人民出版社2000年版，第75页）

论西方哲学

本学程寻西洋哲学变迁迹绪，详各家学说之要义，讲时代精神之因果，常研论西洋文化之特征，使初学者不致徒困于哲学专业理论。

（汤用彤"西洋哲学史"课程纲要，《南开大学校史资料》，南开大学出版社1989年）

本学程初陈近世反理智主义，以测源流；中言詹姆斯等之心理伦理学，以探其基本；后析实用主义各派之学说，并推求其宣张于中国之利害。

（汤用彤"实用主义"课程纲要，《南开大学校史资料》，南开大学出版社1989年版）

哲学概论是讨论哲学上的重要的永久的问题。……哲学是人的精神生活的表现。介绍西洋的哲学，使我们对西洋文化有深刻的了解，也就是了解西洋的现代精神（modern spirit）。

（北京大学讲义《哲学概论》未刊笔记）

凡哲学家无古无今，其学说均资前人思想而有生发，亚里士多德之哲学固亦如是。盖哲学究恒有进步，虽其问题常相同，而实义则绝非全似。且每一问题经一次之解决，此方面变为稍易，他方面变为更难。亚里士多德之解决柏拉图之困难，亦犹柏拉图之补足苏格拉底之缺点，亦犹苏格拉底之对待前人之学说。陈述不同，而其情形固相类也。

（《亚里士多德哲学大纲》，《汤用彤全集》第五卷，河北人民出版社2000年版）

论中世纪神秘主义

在中世纪的两大思潮中，经院哲学只保持了早期文明的形式和合乎逻辑的意义，而神秘主义则保存了精神和心理上的意义。神秘主义之狂热引发宗教改革。个体主义使文艺复兴时代能够摆脱传统之神的神秘性。然而正是中世纪的神秘主义者保护、珍视并培育了这种精神。但是，我们不必过于同情神秘主义。神秘主义虽曾对西方文明做出非凡贡献，但我们必须牢记它可能产生的危险结果。摆脱神秘主义有两种方式：从玄思蜕化到神秘崇拜；或从宗教玄思进化到个体化的探询和纯粹个性的发展。老子及其追随者庄子的玄思"道家"，除了产生法术的"道教"以外别无他果，这对中国人来说是可悲的。幸运的是欧洲人，神秘主义成功地为一个新时代铺平了道路。

为何我们相差如此悬殊？欧洲神秘主义的个体主义，如上所言，只是产生新时代的主导因素之一，而非唯此一种。新大陆的发现，天空的扩展，教会的内部衰退，经济和商业的进步，十字军运动，政治形势及新发明——共同造就现代之辉煌。若缺其一因，欧洲历史也许随之改观。然而，神秘主义在中国无此有利条件，尤其是没有允许其健康发展的地理和政治环境。但是，欧洲文艺复兴时期的各种情形却极有利。……神秘主义者的宗教虔诚形成宗教改革的信念。他们的玄思精神让位给新的哲学。其法术研究被新科学所替代。因被限制在一个狭窄和空想的局域内，神秘主义精神在中世纪未结硕果。而如今时代改变。"中世纪只可能以宗教性神秘主义形式做的，现在可更进一层，且从束缚和限制中解放出来。"尽管神秘主义有其缺陷，但世人仍应铭记它对人类福祉所做的巨大贡献。

（未刊手稿《中世纪神秘主义》，《1918—1919年写于汉姆林大学的论文集》）

论功利主义

本文试图讨论困扰每一位功利论者的三个重要问题：（一）当我们的行为涉及不同类型的"快乐"而需要作出选择时，"快乐"是否能提供充分的评判标准？即，功利主义者如何解决不同快乐之间的冲突？（二）作为评判标准时,"快乐"能否解决个体利益和社会利益之间的冲突?(三)作为道德标准时,"快乐"能否有充分的"强制性"力量使我们的行为合乎道德?("约束力"问题)亦即,"快乐"的新权威能否妥善代替上帝的旧权威?……

我们向功利论者提出的三个问题,没有一个得到他们痛快而满意的答复。尽管功利主义者未能圆满解决以上问题,然而其理论并不会因此而瓦解。每种学说各有其优势与不足,功利主义的原则虽然切合实际,但并非完全符合真理。对它不必通盘否定,亦不必发出阿基米德般的惊呼。

英国功利主义发展到约翰·穆勒并没有终结,斯宾塞(Herbert Spencer)、贝恩(Alexander Bain)、西季威克(Henry Sigwick)等人在某种程度上还在坚持这项原则,功利主义后期的演进非常值得研究。而长期的纷争说明了观点的歧义,也蕴涵着众多新鲜因素。本文已经讲得足够多了,我将把这个论题留到下次再谈。

(未刊手稿《作为道德标准的功利:从休谟到穆勒的英国功利主义批判研究》,《哈佛大学时期哲学专辑》)

谈宗教起源

宗教是解脱的方法之一,对自我求存的冲动性,对危险的神秘感,对神力的接近及信仰,都是构成宗教的基本要素。如缺其一,便不能成为宗教。例如,伊壁鸠鲁学说中的神是难以接近的,故该学说不是宗教。又如,以《利未记》(《旧约》中的一卷)观点视之,德谟克里特的机械观也非宗教。铁板一块的决定论没给宗教留有余地。人类对此无能为力。

(南开大学《印度哲学》未刊英文讲义手稿首章)

论理性主义与经验主义

笛卡尔心灵理论乃人的发现(discovery of man)之表现,是现代唯心论(modern idealism)之先案,而为哲学和科学新问题(new problems of philosophy and science)之发源。

(北大英文讲义手稿《笛卡尔》第三章"心理分析"第六节"笛卡尔心灵理论的重要性"结语)

大陆理性主义哲学家的气魄很大,都是哲学系统的创造者。英国经验主义哲学家就不一样,他们的特点是头脑很清楚,思想很敏锐,长于分析,对任何问题都要详尽地、透彻地研究到最后,他们有"批判"的态度。

(《关于英国经验主义》,《汤用彤全集》第五卷,河北人民出版社2000年版)

论语言哲学

符号论的重要性:作为思想者武器的作用,体现在个人和社会方面:如(1)文学——用于美学研究的符号论,为了自己的寻求;2)用于哲学研究的符号论——研究目的。在哲学方面的符号论:作为把不能立即让我们认识的东西呈现给我们心灵的武器,符号是特别重要的,因为有着极其巨量的本质的(必然的,如人性)或转瞬即逝的信息从这种认知过程中流失。符号不仅可作为中介,还可作为交流的手段。以一个事物的部分代表其全部。符号论的重要性,体现在它是所有思想者的武器,不论个人还是社会。

(未刊手稿《符号论》,《哈佛大学时期数理逻辑专辑》)

论魏晋玄学的发生

夫历史变迁,常具继续性。文化学术虽异代不同,然其因革推移,悉由渐进。魏晋教化,导源东汉。王弼为玄宗之始,然其立义实取汉代儒学阴阳家之精神,并杂以校练名理之学说,探求汉学蕴摄之原理,扩清其虚妄,而折中之于老氏。于是汉代经学衰,而魏晋玄学起。故玄学固有其特质,而其变化之始,则未尝不取汲于前代前人之学说,渐靡而然,固非骤溃而至。今日而欲了解玄学,于其义之所本,及其变迁之迹,自不可忽略也。

(《言意之辨》,《汤用彤全集》第五卷,河北人民出版社2000年版)

论方法

新学术之兴起，虽因于时风环境，然无新眼光新方法，则亦只有支离片段之言论，而不能有组织完备之新学。故学术，新时代之托始，恒依赖新方法之发现。夫玄学者，谓玄远之学。学贵玄远，则略于具体事物而究心抽象原理。……夫具体之迹象，可道者也，有言有名者也。抽象之本体，无名绝言而以意会者也。迹象本体之分，由于言意之辨，依言意之辨，普遍推之，而使之为一切论理之准量，则实为玄学家所发现之新眼光新方法。王弼首唱得意忘言，虽以解《易》，然实则无论天道人事之任何方面，悉以之为权衡，故能建树有系统之玄学。夫汉代固尝有人祖尚老庄，鄙薄事功，而其所以终未舍弃天人灾异通经致用之说者，盖尚未发现此新眼光新方法而普遍用之也。

（《言意之辨》，《汤用彤全集》第五卷，河北人民出版社2000年版）

人类学学派从外部事实描述，研究象征符号和仪式。心理学派探究深化了的内在生活梦想，如詹姆斯《宗教经验种种》。我们须妥善协调人类学学派描述外部事实的方法和心理学派探究内在生命的这两种方法。我们必须"置身古人地位"，以再现他们的冲动和情感。我们倒转原始人的活动过程。他们把个人感受逐渐转换为社会性语言。我们应从语言中再现其感受，并洞察其行为动机。所获结果即是我们的评判依据。我们必须既要运用感应的方法也要用解析的方法。

（南开大学"印度哲学"未刊英文讲义手稿首章"研究方法"一节）

论竺道生

生公在佛学上之地位，盖与王辅嗣在玄学上之地位，颇有相似。……竺道生盖亦深会于般若之实相义，而彻悟言外。于是乃不恤守文之非难，扫除情见之封执。其所持珍怪之辞，忘筌取鱼，灭尽戏论。其于肃清佛徒依语滞文之纷纭，与王弼之菲薄象数家言，盖相同也。

（《汉魏两晋南北朝佛教史》十六章《竺道生》，《汤用彤全集》第一卷，河北人民出版社2000年版）

论高僧与名僧

梁慧皎《高僧传序录》曰:"自前代所撰,多曰名僧。然名者本实之宾也。若实行潜光,则高而不名。寡德适时,则名而不高。"盖名僧者和同风气,依傍时代以步趋,往往只使佛法灿烂于当时。高僧者特立独行,释迦精神之所寄,每每能使教泽继被于来世。至若高僧之特出者,则其德行,其学识,独步一世,而又能为释教开辟一新世纪。然佛教全史上不数见也。郄嘉宾誉支道林,谓"数百年来,绍明大法,使真理不绝,一人而已"。其实东晋之初,能使佛教有独立之建设,坚苦卓绝,真能发挥佛陀之精神,而不全藉清谈之浮华者,实在弥天释道安法师。道安之在僧史,盖几可与于特出高僧之数矣。……道安约与竺法深支道林同时。……在其幼时,永嘉名士,相率渡江,佛教玄风,亦渐南播。方支竺野逸于东山,安公行化于河北。约当支竺重莅建业,安公将南下襄阳。及支竺迁神,安公西入长安译经,孜孜不倦,以及命终。其风骨坚挺,弘法殷勤,非支竺二公所能望也。余故于两晋之际特详述关于道安事迹,而以晋末佛教史实附焉。

(《汉魏两晋南北朝佛教史》第八章《释道安》,《汤用彤全集》第一卷,河北人民出版社2000年版)

论印度哲学

西方哲学多因知识以求知识,因真理以求真理。印度人士,则以智慧觉迷妄,因解脱而求智慧,故印度之哲学,均宗教也。

(《印度哲学史略》,《汤用彤全集》第三卷,河北人民出版社2000年版)

论学科建设

原夫世界著名大学,类必有特殊之精神及其在学术上之贡献。若一大学精神腐化,学术上了无长处,则失去具有存在之价值。北大自蔡先生长校以来,即奖励自由研究,其精神与国内学府颇不相同,而教师、学生在学术文化上之地位与贡献亦颇不后人。今迁校南来，精神物质均受巨大之损害，学校虽幸存在，然比之我公亲自主持之时，所留存者不过同人等之老卒残兵。此则如不及时加以振奋，恐昔日之光辉必将永为落照。而且国家厄运似终止有期，本校应可重返旧京，事前亦不能不预为筹备。用彤等教学文学院，以为文科研究所过去颇负名声，而现在则为北大唯一之自办事业，欲北大文学院的重振，并为复校以后预备，显应从充实文科研究所着手。年来用彤等随时商谈，积有若干意思。此后办理方针应继承先生手订之规模，参以二年来办理之经验，一方与历史语言研究所密切合作，一方在可能范围内积极加以充实。此充实之途径，约分为四项：

一、设法使大学本科文科教师与研究所融合为一，促进其研究之兴趣，学校多给以便利，期其所学早有具体之表现；

二、聘请国内学者充研究所专任导师，除自行研究外，负指导学生之责。如此则学生受教亲切，成绩应更优长。而北大复校后教师实须增加，本所现聘导师亦即为将来预备；

三、在现状之下酌量少数之学术事业，如重要典籍之校订，古昔名著之辑佚，敦煌附近文物之复查，南明史料之收集，藏汉语系之调查等；

四、现在学校书籍缺乏，学生程度亦较低落，研究所学生应令其先读基本书籍，再作专题研究。而优良学生于毕业后，学校应为之谋继续深造之机会。

总之，北大文科图籍沦陷，旧人颇见星散，实宜及时重加振作，并为将来预备。上述四项略陈纲领，详细办法已在商榷。

（梁锡华编：《胡适秘藏书信选》，远景出版事业公司1982年版，第452-454页）

弟子记言

越是研究中国哲学，越要多了解外国哲学。……有了这样的基础，再研究中国哲学史，思路才打得开，才能开创出新局面……

（张岱之：《汤用彤关于中外文化比较的观点和方法》，载《文化的冲突与融合——张申府、梁漱溟、汤用彤百年诞辰纪念文集》，北京大学出版社1997年版）

铸造人的优良道德品质，这是汤先生文化比较观的出发点。这一出发点恰恰就是中国早期儒学"人学"和西方文艺复兴时期"人学"的结合。他从西方撷取了"理性"概念,又从儒学"人学"继承了道德是人的特性的观点,将二者加以结合。这是一个非常重要的发端,从汤先生一生的学术经历来看,他融治学与为人于一炉;后来他研究玄学、佛学,以及西方哲学,最关注的是各种学说关于人的主体性的论述。他提出玄学之境界说,注重斯宾诺莎《伦理学》及其"上帝"观念,以及洛克的经验主义学说,都是紧紧围绕文化如何铸造和提升人的道德品质这一主题。

(张岂之:《汤用彤关于中外文化比较的观点和方法》,载《文化的冲突与融合——张申府、梁漱溟、汤用彤百年诞辰纪念文集》,北京大学出版社1997年版)

汤用彤先生告诉我,写论文尤其是毕业论文要有论点,西方叫作Thesis(有论点、命题诸义),在毕业论文答辩时,你提出你的Thesis,旁人提出不同意见(antithesis),这就展开了讨论。这些教导和教育启迪了我,使我对论文的性质特点的理解加深了。于是我把论文题目改为《元世祖时代汉法与回回法之冲突》,主要是分析元世祖时代汉人和回人的政治斗争及其源由,认为是两种不同的文化背景所致,这就是我的论点。因为已经积累了一些有关材料,论文很快就完成了。

(杨志玖《元史三论》最后一篇《我怎样学元史》)

王玉哲教学时常深情地谈起他的老师钱穆、汤用彤诸先生的治学风范。在谈到论文的写作标准时,他回忆道,联大期间汤用彤先生对研究生讲:"严格地说,只有资料,哪怕是丰富的资料,而没有从中研究出创新的说法,这还不能算论文。"他通过汤用彤的话,告诉学生收集资料固然很重要,但只是科学研究或写论文的第一步。

(张峰:《文风不惯随波转 学海滔滔一钓垂——王玉哲教授访谈录》,《史学史研究》2002年第1期)

他(汤用彤)在西南联大讲授玄学时,常进行中西比较。据汤门弟子说,他曾以斯宾诺莎的上帝观念,来对照王弼的贵无论;以莱布尼兹的预定和谐说,来对照嵇康的声无哀乐论;以休谟对经验的分析,来对照郭象的破离用之体。在比较研究中,生搬硬套,用比附之法,妄生穿凿是很坏的学风(这一点连胡适早期所撰的《中国哲学史大纲》也未能幸免,比如称韩非历史观为进化论,称荀子天道观为培根的戡天主义等皆是)。但汤用彤基于早年留学国外钻研哲学的深厚基础和治学的严谨学风,却并没有这样做。他的比较研究和《中国哲学史大纲》中的那种比附是截然异旨的。他只是以西方哲学为参照系,而不是采取同一标准来进行衡量。在对照中,虽然可以看出两者之间存在着很大的差异,但就其所涉及的领域或要解决的问题来看,确有着某种类似或相同之处的。从汤的上述说法可以推知,如果中国玄学和西方哲学是完全不同质的,那也就无法进行这种比较了。

(王元化:《思辨录·玄学与西方哲学》,上海古籍出版社2004年版,第244页)

1956年冬,时在北京大学哲学系进修的萧萐父先生向汤用彤请教如何读王充之书,他蔼然指点:应注意王充与秦汉道家的关系,王充书中累称黄老,值得探究。为此,应考查王充晚年所著《养性之书》存于今本《论衡》者,究竟是哪些篇章?"养性"即"养生",乃道家思想的重要一环,由贵己养生推到天道自然。汤用彤由此论及:蒙文通分先秦道家为南北两派之说甚精。至于秦汉之际道家更有新的发展,或衍为黄老之学,或衍为神仙家和医家,如《楚辞·远游》《黄帝内经》所述。

(萧萐父:《秦汉之际学术思潮简论》前言,《燕园论学集》,北京大学出版社1983年版)

谈友人

刘伯明先生以恕待人,以诚持己,日常以敦品励行教学者,不屑以诡异新奇之论、繁芜琐细之言,骇俗以自眩。居恒谈希腊文化,并会释老子,盖实有得于中正清净之真谛者,用是未尝齿及考证。一日忽以《四十二章经》板本之原委相询,当时余瞠目不知所答。十年来读书较多,乃稍能于此有所见。而吾友已逝,兹《国风》记者因将刊刘伯明先生纪念号而征文于余。余愧未能体会先生弘毅之精神,为文以昭示于世。仅就当日欢聚谈论之小节,草为是篇,以答亡友在天之灵。

(《四十二章经跋》,《国风》1932年第9期)

抗日战争时期,在昆明汤用彤有一次和任继愈谈到我国南北人才的差异。汤先生说:"南方人聪慧,北方人朴重,南方人才多于北方,北方人才不出则已,出一个就不平常,像冯芝生,南方少见。"

（任继愈：《〈冯友兰学记〉序》，载王中江、高秀昌编《冯友兰学记》，三联书店1995年版）

汤用彤曾说："熊先生虽不通西文，但对西方哲学的理解，比一般留学生还强百倍。"

（宋志明：《熊十力评传》，百花洲文艺出版社1993年版，第22页）

蒋梦麟欲辞职时，汤用彤上书劝阻。其中有曰："朔自先生长校以来，在北平时代，极意经营，提高学术水准，成效彰著，……在抗战八年中，三校合作，使联大进展无碍，保持国家高等教育之命脉。此中具见先生处事之苦心，有识者均当相谅。"

（梁锡华编：《胡适秘藏书信选》，远景出版事业公司1982年版，第463页）

……迅速了解每门科学可以进行研究的人才和他们的特长。例如，蒙文通先生是个上古史学家，但很少人知道蒙先生在中国思想史方面也有特长，他对唐宋思想的发展也极有研究。现在南开大学图书馆长冯文潜先生不仅是一个最好的西洋哲学史专家，而且也是一个多年研究美学的专家。钟泰先生是我国最早作哲学史的老专家之一，听说现在在教中学。我还听说有一个人对佛教三论宗很有研究，但在一个纱厂工作。应对这些老学者进行一次普遍深入的了解，根据他们的特长分配一些任务。再如，道教史的研究是迫切需要的，它对研究我国农民革命、自然科学史、哲学史等方面都将能起推动作用，应尽快地去发掘这方面的人才。目前在北京大学图书馆系任教的刘国钧教授曾在这方面做过一些研究，似乎应请他花一部分的力量和时间来参加这一工作。

（《科学研究和教学不能分家——汤用彤批评科学院的本位主义思想》，《人民日报》1957年5月28日）

| 赵建永　辑录 |

汤用彤已刊论著系年

为研究汤用彤著作版本提供方便,本目录把历年汤著之再版、重印本尽可能收录。

1914年

《惜庐笔记》,达德学会《益智》第二卷第3期。
《道德为立国之本议》,《益智》第二卷第4期。
佚文,《清华周报》第1号（3月24日）。
《理学谵言》,《清华周刊》第13—29期。
《孤嫠泣》,《清华周刊》第13、15、16期。
《理论之功用》,《清华周刊》第15期。
《新不朽论》,《清华周刊》第20期。
《植物之心理》,《清华周刊》第27—29期。

1915年

《快乐与痛苦》,《清华周刊》第30、31期。
《谈助》,《清华周刊》第47期。
《说今日》,《清华周刊》第52期。
《谈助》,《清华周刊》第53、54、56、58、61期。

1916年

《谈助》,《清华周刊》第63、64、65、66、68、70期。
《护民官之末运》书评,《清华周刊》第74期。
《时象》《市》书评两篇,《清华周刊》第75期。
《九十三年》《书中宝藏》书评两篇,《清华周刊》第76期。
《说衣食》,《清华周刊》第78期。
《托尔斯泰传》《侠隐记》书评两篇,《清华周刊》第78期。
《欢迎新同学》,《清华周刊》第80期。

1917年

《论成周学礼》,《清华周刊》第三次临时增刊。

1918年

《小大之辨》,《清华周刊》第94期。

1919年

留美学生声援五四运动宣言,藏中国国家博物馆

1921年

"Oriental Elements in Schopenhauer," *The Chinese Students' Monthly*, Vol.17, No.2（Dec. 1921）：119-124.钱文忠汉译：《叔本华思想中的东方因素》,《中国文化研究》2001年第3期。该文另载《跨文化对话》第七辑,2001年9月。

1922年

《评近人之文化研究》,《中华新报》首发;《学衡》第12期转载,12月。

1923年

《亚里士多德哲学大纲》(译Edwin Waddace: Outlines of Philosophy of Aristotle),《学衡》第17、19期,1923年5月、7月。

《希腊之宗教》(译W. R. Inge: The Legacy of Greece, Religion),《学衡》第24期,1923年12月。

汤用彤讲,张廷休记:《叔本华之天才主义》,《文哲学报》第3期,3月。

《释迦时代之外道》,《内学》第一辑。又载1925年《学衡》第39期。

1924年

《佛教上座部九心轮略释》,《学衡》第26期,2月。

《印度哲学之起源》,《学衡》第30期,6月。

1925年

《南开大学哲学系学程纲要(1925—1926)》,《南开周刊》第一卷第7、8号。

1926年

《佛典举要》,《南大周刊》第34期。

1928年

《南传念安般经译解》,《内学》第4辑。

1929年

《印度哲学史——绪论》,《国立中央大学半月刊》第1期。

1930年

《论〈新唯识论〉及其思想演变》,《中央大学日刊》1930年1月17日。

《读慧皎〈高僧传〉札记》,《史学杂志》第二卷第4期。

《汤用彤教授来书》,《胡适文存三集》,亚东图书馆1930年版。转载于柳田圣山编《胡适禅学案》,正中书局1975年版。

1931年

《唐贤首国师墨宝跋》,《史学杂志》第二卷第5、6期合刊,4月。

《矢吹庆辉〈三阶教之研究〉》,《史学杂志》第二卷第5、6期合刊,4月。

《摄山之三论宗史略考》,《史学杂志》第二卷第5、6期合刊,4月。

《唐太宗与佛教》,《学衡》第75期,3月。

1932年

《竺道生与涅槃学》,《国学季刊》三卷1号,3月。

《〈四十二章经〉跋》,《国风》1932年第9期。

1933年

《释道安时代之般若学述略》,《哲学论丛》5月号。

1934年

《评〈唐中期净土教〉》,《大公报》1934年3月17日。
《国立北京大学研究教授工作报告》,中华民国23年6月印。
《王维诚〈老子化胡说考证〉审查书》,《国学季刊》四卷2号,7月1日。

1935年

《复陈寅恪信》,1935年4月14日。
《读〈太平经〉书所见》,《国学季刊》五卷1号。
《释法瑶》,《国学季刊》五卷4号。
《谈助》节录,载《吴宓诗集》,中华书局1935年5月版。

1936年

"The Editions of the SSǔ-Shih-Erh-Chang-Ching," Translation by J. R. Ware, *Harvard Journal of Asiatic Studies*, Vol. I, No. I.

《汉魏佛教的两大系统》(第一届中国哲学年会报告摘要),《哲学评论》第七卷第1期。

《关于〈肇论〉》(第二届中国哲学年会报告摘要),《哲学评论》第七卷第2期。

1937年

《大林书评》:《评〈考证法显传〉》《唐贤首国师墨宝跋》《矢吹庆辉

〈三阶教之研究〉跋》,《微妙声》第3期,1月。

《大林书评》:《评日译〈梁高僧传〉》《评〈小乘佛教概述〉》,《微妙声》第8期,5月。

《中国佛教史零篇》,《燕京学报》第22期,12月。附录:T'ang Yung-t'ung, Notes on the History of Chinese Buddhism

1938年

《汉魏两晋南北朝佛教史》上下册,商务印书馆,1938年初版、2016年再版;中华书局,1955年、1963年、1983年、1988年再版。

1939年

《读〈人物志〉》,昆明《益世报》"读书双周刊"第119期—121期。

1940年

《读刘劭〈人物志〉》,《图书季刊》第二卷第1期。

《魏晋玄学研究两篇:〈魏晋玄学流别略论〉、〈向郭义之庄周与孔子〉》,《国立北京大学四十周年纪念论文集》。

1942年

《王弼大衍义略释》,《清华学报》第十三卷第2期。

《言意之辨》,由北京大学文科研究所油印散发。

《印度哲学的精神》,《读书通讯》第41期。

1943年

《文化思想之冲突与调和》,《学术季刊》第一卷第2期文哲号,1月。

《王弼圣人有情义》,《学术季刊》第一卷第3期。

《王弼之〈周易〉、〈论语〉新义》,《图书季刊》新四卷第1、2期合刊。

《向郭义之庄周与孔子》,《哲学评论》第八卷第4期。

1944年

《隋唐佛教之特点》,《图书月刊》第三卷第3、4期。

1945年

《印度哲学史略》,独立出版社1945年初版,1946年再版;中华书局1960年初版,1988年再版。

为国共商谈致蒋介石、毛泽东电文,10月1日,藏清华大学档案馆。

1946年

《谢灵运〈辨宗论〉书后》,天津《大公报》10月23日《文史周刊》第2期。

为合理调整教师待遇致国民政府主席函,藏中国第二历史博物馆。

1947年

与朱自清、钱端升等教授发表《为反内战运动告学生与政府书》,5月29日。

Tang Yongtong, "Wang Bi's New Interpretation of the I Ching and the Lun-yü," Translation and Notes by Walter Liebenthal, *Harvard Journal of Asiatic Studies*, Vol. 10 (1947): 124–161.

1948年

《论格义——最早一种融合印度佛教和中国思想的方法》,《哲学比较研究——拉达克里希南60诞辰纪念文集》(*Radhakrishnan: Comparative Studies in Philosophy Presented in Honour of His Sixtieth Birthday*, ed. W. R. Inge et al. London: Allen and Unwin, 1951)。

1949年

《纪念解放后第一次校庆》,《北大周刊》1949年12月16日。

1950年

《五四与北大》,《文汇报》1950年5月4日第8版。

1951年

《新年笔谈》,《新建设》1951年1月1日。
《"有益士林"的武训》,《学习》1951年6月16日。

1953年

《加强锻炼,进一步搞好体育活动》,《北京大学校刊》第4期,1953年11月18日。

1954年

《认清我们的职责,迎接祖国第一个宪法》,《光明日报》1951年9月23日。

1956年

汤用彤、任继愈合著《魏晋玄学中的社会政治思想略论》,上海人民出版社1956年版。以《魏晋玄学中的社会政治思想和它的政治背景》为题,收入刘泽华等著《中国政治思想史研究》,湖北教育出版社2006年版。

《贯彻唯物的精神克服教条主义》,《哲学研究》1956年第3期。

《"百家争鸣"是学术上的群众路线》,《人民日报》1956年8月12日第7版。

1957年

《实事求是,分清是非》,《人民日报》1957年5月26日第7版。

《科学研究和教学不能分家——汤用彤批评科学院的本位主义思想》,《人民日报》1957年5月28日第7版。

《改善科学院和高等学校的关系》(在科学院学部会议上的书面发言摘要),《光明日报》1957年5月28日第2版。

《魏晋玄学论稿》,人民出版社1957年6月初版;中华书局1962年、1983年再版;台北育民出版社1980年收入《玄学·文化·佛教》出版。

《文字改革是从六亿人民的利益出发的》,《语文建设》1957年第10期。

1958年

《发扬革命干劲,促进文字改革》,《语文建设》1958年第3期。

汤用彤所写"荀子""王充"两章,载北京大学哲学系中国哲学史教研室编《破除迷信》,中华书局出版。

1961年

《康复札记四则:"妖贼"李弘·云中音诵新科之诫·何谓"俗讲"·佛与菩萨》,《新建设》1961年6月号。

《针灸·印度古医书》,《新建设》1961年7月号。

《漫话中国美学》,《光明日报》1961年8月19日。

《谈一点佛书的"音义"》,《光明日报》1961年10月19日。

汤用彤、汤一介:《寇谦之的著作与思想》,《历史研究》1961年第5期。

1962年

《汉魏两晋南北朝佛教史》,商务印书馆1962年2月影印胡适用本,1979年7月、1991年9月、1998年再版。

《论中国佛教无"十宗"》,《哲学研究》1962年第3期。

《关于慧深》,《文汇报》1962年10月14日。

《从一切道经说到武则天》,《光明日报》1962年11月21日《史学》版。

《往日杂稿》,中华书局1962年12月版;1963年12月第2次印刷。

1963年

《给巨赞的信(关于东汉佛教的几个问题的讨论)》,《现代佛学》1963年第2期。

《中国佛教宗派补论》,《北京大学学报》1963年第5期。

1964年

《读〈道藏〉札记》,《历史研究》1964年第3期。

1972年

《魏晋玄学论稿》,庐山出版社1972年翻印。

1973年

《汉魏两晋南北朝佛教史》,汉声出版社,1973年4月影印1938年长沙排印初版。

1975年

《汉魏两晋南北朝佛教史》,鼎文书局1975年版,1976年、1982年、1985再版。

1980年

《魏晋玄学与文学理论》,《中国哲学史研究》1980年第1期(创刊号)。

《贵无之学(下)——道安与张湛》,《哲学研究》1980年第7期。

《〈高僧传初集〉按语选录》,《文献》1980年第一辑。

《隋唐佛教史稿》(一),《中国哲学》第三辑,生活·读书·新知三联书店。

《隋唐佛教史稿》(续一),《中国哲学》第四辑,生活·读书·新知三联书店。

1981年

《五代宋元明佛教事略》,《中国哲学》第五辑,生活·读书·新知三联书店。

《隋唐佛教史稿》(三),《中国哲学》第六辑,生活·读书·新知三联书店。

1982年

《隋唐佛教史稿》（四），《中国哲学》第七辑，生活·读书·新知三联书店。

《隋唐佛教史稿》，中华书局1982年版。

《汉魏两晋南北朝佛教史》，蓝吉富主编：《现代佛学大系》第27册，弥勒出版社1982年版，商务印书馆初版。

1983年

《汉魏学术变迁与魏晋玄学的产生》，《中国哲学史研究》1983年第3期。

《关于英国经验主义》，《外国哲学》第四辑，商务印书馆1983年版。

《汤用彤学术论文集》，中华书局1983年版。

1984年

《崇有之学与向郭学说》，载《燕园论学集》，北京大学出版社1984年版。后作为附录收入上海古籍出版社"蓬莱阁丛书"本《魏晋玄学论稿》2001年版。

《隋唐佛教史稿》，蓝吉富主编：《现代佛学大系》第26册，弥勒出版社1984年版。

1986年

《论晋宋间佛教》，《中国哲学与中国文化》1986年版。

1987年

《汉魏两晋南北朝佛教史》上下册,骆驼出版社1987年版,1996年1月再版。

1990年

《嵇康、阮籍之学》,《中国文化》1990年第2期。

1991年

《理学·佛学·玄学》,北京大学出版社1991年2月初版;淑馨出版社1992版。

1992年

《高僧传》校注,中华书局1992年版。

1994年

《汉文佛经中的印度哲学史料》,商务印书馆1994年版。

《汤用彤信十二通》,耿云志主编:《胡适遗稿及秘藏书信》第36册,黄山书社1994年版。

致吴芳吉函,《吴芳吉集》,巴蜀书社1994年版。

1995年

《贵无之学——王弼》,《道家文化研究》第八辑,上海古籍出版社1995年版。

汤一介编选:《汤用彤选集》("中国现代社会科学家选集丛书"),天津人民出版社1995年版。

黄夏年编:《汤用彤集》("中国近现代著名学者佛学文集"),中国社会科学出版社1995年版。

1996年

《读〈瑜伽师地论记〉》,《佛学研究》1996年第4期。

1997年

《读经札记三则》,《佛学研究》1997年第6期。

《复陈寅恪信》,载蒋天枢:《陈寅恪先生编年事辑》(增订本),上海古籍出版社1997年版。

1998年

《隋唐佛学之特点——在西南联大的讲演》,《法音》1998年第5期(转载)。

2000年

《汤用彤全集》七卷本(312万字),河北人民出版社2000年版。

孙尚扬编:《汤用彤学术文化随笔》(21万字,收于王岳川主编"二十世纪中国学术文化随笔大系"第三辑),中国青年出版社2000年版。

2001年

《汤用彤全集》八卷本,佛光文化事业有限公司2001年版。

《魏晋玄学论稿》(书前有汤一介、孙尚扬的《导读》),上海古籍出版社2001年版(蓬莱阁丛书)。

2002年

汤用彤讲授,武维琴整理:《汤用彤先生谈印度佛教哲学》,《中国哲学史》2002年第4期。

2005年

《魏晋玄学论稿》(22万字,收于"世纪人文系列丛书·世纪文库"),上海古籍出版社2005年版。

孙尚扬编:《汤用彤选集》(60万字,北大哲学门经典文萃),吉林人民出版社2005年版。

《汤锡予来书》,四川大学历史文化学院编:《蒙文通先生诞辰110周年纪念文集》,线装书局2005年版。

2006年

《印度哲学史略》(收于"世纪人文系列丛书·世纪文库"),上海古籍出版社2006年版。

《汤用彤论佛》,司马琪主编:《十家论佛——十家论丛》,上海人民出版社2006年版。

汤用彤作,赵建永译:《〈中国佛教史零篇〉说明》,载季羡林主编:《神州文化集成·汉魏两晋南北朝佛教史》(增订本),昆仑出版社2006年版。

2007年

《隋唐佛教史稿》,江苏教育出版社2007年版。

汤用彤作,赵建永译:《叔本华天才哲学述评》,《世界哲学》(原《哲学译丛》)2007年第4期。

2008年

汤用彤著，赵建永整理校注：《佛典举要》，《中国哲学史》2008年第2期。

2009年

《汤用彤魏晋玄学讲义》，天津古籍出版社2009年版。

2010年

《汤用彤、逯钦立、陈世骧关于〈文赋〉撰年的通信》，《中国社会科学报》2010年1月14日。

汤用彤著，赵建永整理校注：《道德为立国之本议》，《中国哲学史》2010年第4期。

汤用彤著，赵建永整理校注：《论成周学礼》，《中国哲学史》2010年第4期。

《汤用彤学术精选集》，北京大学出版社2010年版。

2011年

《汤用彤先生治学语录》，汤一介、赵建永主编：《汤用彤学记》，生活·读书·新知三联书店2011年版。

2012年

汤用彤著，汤一介、赵建永编：《会通中印西》，东方出版中心2012年版。

《汤用彤致胡适关于学科建设的信》，《中国社会科学报》2012年7月30日、8月13日、8月20日连载。

汤用彤著，赵建永整理校注：《编辑汉文印度哲学史资料计划》，《中国哲学史》2012年第4期。

汤用彤著，赵建永整理校注：《翻译英文印度哲学史资料的计划》，《中国哲学史》2012年第4期。

2013年

《汤用彤致中华书局函》，赵胥编著：《朴庐藏珍：近现代文人学者墨迹选》，中华书局2013年版。

《胡适南下时致汤用彤函考述》，《北京大学学报》2013年第3期。中国人民大学复印资料《中国现代史》2013年第9期转载。

2014年

汤用彤著，赵建永整理校注：《从〈吕氏春秋〉看中国哲学史中的养生问题》，《中国哲学史》2014年第1期。

汤用彤著，赵建永整理校注：《〈养性延命录序〉校勘札记》，《中国哲学史》2014年第1期。

《哈佛大学兰曼档案中的名家信札——兰曼与汤用彤相关信函》，《中国社会科学报》2014年3月10日学林版B03。《新华月报》2014年第12期转载。

2015年

《汤用彤有关〈高僧传〉通信解读》，《中国社会科学报》2015年5月25日第B02版。

汤用彤著，汤一介、赵建永主编：《中国近代思想家文库：汤用彤卷》（54.9万字），中国人民大学出版社2015年5月初版。入选"光明书榜"，《光明日报》2015年12月1日第9版"文化新闻"。

《汉魏两晋南北朝佛教史》，商务印书馆2015年版，列入国家社科基金出版项目"中华现代学术名著丛书"。

2017年

汤用彤批注，北京大学佛教研究中心编：《汤用彤眉批金陵本高僧传》，北京：线装书局2017年版。

《汉魏两晋南北朝佛教史》，商务印书馆2017年版（建馆120周年精装典藏纪念版）。

2019年

《汤用彤集》（全四册，收入"荆楚文库"），武汉大学出版社2019年版。

《汤用彤南开时期讲义初探》，《南开学报》2019年第5期。

2020年

《魏晋玄学论稿》（30万余字），商务印书馆2020年版，列入"中华现代学术名著丛书"。

| 赵建永　辑录 |

汤用彤未刊稿简目

现版《汤用彤全集》未及收录的汤用彤各类著述，多为未刊手稿，拟分类整理收入《汤用彤全集》之续编，以方便学界研究。这批文献见证了我国哲学、宗教学科的发展历程。它的发掘不仅会使世人全面了解他接通华梵、会通东西、熔铸古今的文化研究，而且中国学术史上许多问题将因此而重新加以审视。

西方哲学

汤用彤西方哲学遗稿有以下六类，基本未刊：一、1918—1919年写于汉姆林大学的论文10篇；二、哈佛大学时期文稿（三辑共5册，16开，32篇）；三、东南大学时期讲义8种；四、南开大学时期讲义5种；五、中央大学时期讲义2种；六、北京大学时期讲义11种。

一、1918—1919年写于汉姆林大学的论文

（一）哲学论文4篇：1.The Concept of Being of the Pre-Socratic Period（前苏格拉底时期的"存在"概念）。2.Mysticism in the Middle Ages（中世纪的神秘主义）。3.Epistemology of Spinoza, Locke and Kant（斯宾诺莎、洛克和康德的知识论）。4.Main Currents of Chinese Thought（中国思想的主流）存汉姆林大学图书馆。

（二）普通心理学4篇[①]。

[①] 汤用彤注重哲学与心理学的教育作用。现存他1938年任西南联大哲学心理教育学系主任时对该系课程设置的安排计划："普通心理学、比较心理学、教育心理学、（心理生物学）保三门……"

（三）发生心理学2篇。

二、哈佛大学时期文稿

（一）哲学专辑

手稿第一册是3篇论文："Utility" as the Moral Criterion: A Critical Study of the English Utilitarianism from Hume to G. S. Mill（论作为道德标准的"功利"：从休谟到穆勒的英国功利主义批判研究）。Kantian and Fichtean Ideas of Universal History（康德和费希特的普遍历史观念）。Schopenhauer's Philosophy of Genius（叔本华之天才主义）。

第二册中有：Post-Kantian Idealism（康德之后的唯心论）。Present Philosophical Tendencies（当前哲学的趋势）。

汤用彤1919年在哈佛曾单独为吴宓讲授《欧洲哲学大纲》，对此吴宓评价"简明精要，宓受益最多"。1920年8月又为吴宓讲授《印度哲学及佛教》。吴宓"文革"中自编年谱时还保存着汤用彤的这些讲稿。若能找到，亦可收入此辑。

（二）宗教学专辑

本辑中有：Outline of History of Religions（宗教史概论）、Origin and Development of Religions（宗教的起源与发展）、History of knowledge of Foreign Religions in the Western World（西方世界对外来宗教认识的历史）、Spinoza and Mediaeval Jewish Philosophy（斯宾诺莎与中世纪犹太教哲学）、Elements of Folk Psychology（《民俗心理学原理》读书笔记）、Mediaeval Metaphysics（中世纪的形上学），附：斯宾诺莎《伦理学》（Ethics）笔记，等等。

（三）逻辑学专辑

第一册中有笔记多篇：Definition of Cardinals（基数解说）、Theory of Types（类型理论）、Problem of the Subject-Matter of Deductive Logic（演绎逻辑主题的问题）、Ordered Types（有序类型）、Assertion（命题）、Copernican-Newton Astronomy（哥白尼——牛顿天文学）、Problem of Boolean Algebra（布尔代数体系问题）、Consistency of Postulates（公设的一致性）、Huntington's Essay（亨顿的论文）、Equivalence of Postulate Sets（等价

集公设）、Meaning of Equivalent Sets（等价集意义）、Resume of Mathematical Logic（数理逻辑概略）、Symbolism（符号论）等篇。

第二册是Fundamental Concepts of Mathematics（数学的基础概念）和Logical Theory（逻辑理论）的读书笔记。

三、东南大学时期讲义

Ethics（伦理学，八册。以下英文讲义多为32开本，厚薄不等）。《伦理历史》（二册，原题有"Ethics Addenda"）。An Outline of Ethics（伦理学大纲，打印稿）。Historical Sketch of the Important Ethical Theories（重要伦理学说史纲）。A Selected List of Books on Ancient Greek Philosophy（古希腊哲学书目选，一册）。Idealism（唯心主义，十三册）。Activism（行动主义，八册）。History of Philosophy（西方哲学史，一册）。

四、南开大学时期讲义

History of Philosophy（西方哲学史，三册，1925年写）。Contemporary Philosophy（现今哲学，二册）。Pragmatism（实用主义，一册）附记有对选课学生作业的评判。Pragmatism and Education（实用主义与教育，一册）。The Philosophy of Kant（康德哲学，二册）。《南开大学课程纲要》载汤用彤还开设过"形式论理学"（逻辑）、"社会学纲要"等课程，但其讲义尚未发现。

五、中央大学时期讲义

19th Century Philosophy（19世纪哲学，八册）。History of Modern Philosophy（近代哲学史，二册）。

六、北京大学时期讲义

在北大时他的西方哲学史教学选择欧洲大陆理性主义、英国经验主义作重点讲授。这两门课程讲义稿现存有Continental Rationalism（大陆理性主义，五册），Descartes（笛卡尔，三册）；英国经验主义讲义手稿四册，附有Human's Moral Theory（休谟的道德论，短文3纸）。另有1931年开设课程Descartes and English Empiricism（笛卡尔与英国经验主义）讲义打印稿百余纸。另有《哲学概论》的英文纲要一册[①]。

此外还有西南联大时笔记Spinoza（斯宾诺莎，一册）；Spinoza's Ethics（斯宾诺莎的伦理学）；1950年上学期所写笛卡尔《沉思集》教材纲要，及授课形式和进度；"斯宾诺莎"课程纲要。另有零散西哲笔记数十纸，夹有对张岂之、杨宪邦等听课学生的评语。

中印哲学

中国和印度宗教和哲学类未刊稿有：一、资料汇编20多种；二、读书札记约30种；三、讲义及课堂笔记15种；四、文章及写作提纲（约计百余种）；五、往来书信（约五百封）；六、佚稿存目。

一、资料汇编

《经钞》一册（稿本印有"清华学校"字样）。《〈全唐文〉中的排佛思想》一册。《〈册府元龟〉杂抄》一册。《书目与杂志》。《关于三阶教、净土宗的材料》一册。《佛教史料杂钞》（全应二十三册，第一册尚未发现）。西南联大"佛典选读"课程资料。

《印度哲学》一册，封页原题：从日本书里记录下来的汉文资料索引参考。《印度哲学史资料》一袋，有卡片、信封、提纲、笔记等手稿，另有影印资料等。汤用彤晚年病间曾为北大哲学系部分师生讲《印度佛教哲学》，并编有《印度佛教汉文资料选编》。

《〈道德真经取善集〉所引河上公注考察》《〈黄帝内经〉笔记》《〈养性延命录〉校勘记》《〈云笈七签〉读后记》《〈千金翼方〉养性篇札记》《〈孙真人千金要方〉养性问题札记》《〈册府元龟〉养生篇笔记》《一九五六年零星笔记》《〈太平御览〉笔记》《敦煌资料》《敦煌杂录稿

[①] 《汤用彤全集》第五卷中的《大陆理性主义》（仅有导言、笛卡尔和斯宾诺莎部分内容）、《英国经验主义》是根据部分听课笔记整理；《哲学概论》据北大出版部印本整理，而这些新找到的讲义手稿更能体现课程的原貌，较学生课堂笔记条理清晰，不仅可供校补使用，也可使我们了解汤用彤对大陆理性主义、英国经验主义全面、系统而深入的研究。其中大多数内容，像理性主义与莱布尼兹、理性主义与经验主义之比较、集大成于康德等章节，尚待整理。

底》《道教经史资料》《有关寇谦之、陆修静、陶弘景的资料》《〈道德真经取善集〉所引河上公注考察》《〈神灭论〉校释》、佛藏中的道教和医学史料等札记及资料汇编等。

二、读书札记

清华学校《读书札记》第一册中有《宗史》《印度佛教初期理论》等篇。第二册有《印度六宗哲学（绪论中有：真正之印度人、亚利安人之来源、印度与中国、研究之方法等节）》《五季佛化年表》等。

在东大时所写《Yoga》（瑜伽）一册、《涅槃》一册。

印度哲学提纲笔记50余页，内有"唯识家"等。

《戊辰（1928）读书札记》第一册是《读阿含杂记》，第二册是《读般若杂记》。

《己巳（1929）读书札记》第一册有《高僧传笔记》《南齐佛教》《罗什以前人物之年代比较》等；第二册有《汉魏六朝佛经目录笔记》《鸠摩罗什法师大义及其弟子义》等；第三册有《三论宗史》等。

《庚午（1930）读书札记》第一册有《天台宗史》《会昌法难》等；第二册有《华严宗史》《高丽与佛教》《哀江南赋》"关河"问题等札记。

《辛未（1931）读书札记》第一册中有《晋初人物》《晋初中印学之融合（讲支遁之庄子、远公易学等）》《汉晋间之儒道释》《三教融合论》；第二册《三国晋南北朝佛教撰述》；第三册《三国晋南北朝佛教撰述（续）》《朝臣反佛之言论》《反佛言论及答》；第四册《罗什统系》《道生之学说》《谢永嘉辨宗论》《读中论疏记》《支道林顿悟义》《顿悟之四说》《道生出家之年》《道生到匡庐之年》。

《壬申（1932）读书札记》第一册，待发现；第二册中有《四十二章经之取材、教理》《牟子研究》《魏之玄学》《晋代儒道释》《章安玄义》《顿渐三说》《佛性》《性理无二》等。

《癸酉（1933）读书札记》第一册中有《求法之传说》《竺佛图澄弟子之学问》《晋代洛阳寺》《道安在河北》《道安译经与毗昙佛教》《玄风之南渡》《理字原起》《北魏造像统计》《真谛传》《颜延之与佛教（有目无文）》《判教》等。最后是《汉上易传》《周易要义》《周易正义》《郭氏传家易说》《易原》《周易集解》《周易集解纂疏》等笔记。第二册是以"理为佛性"主线所写关于佛性问题的资料摘抄和札记。

《甲戌（1934）读书札记》卷一中《汉代之佛教》列有14章，如：印度佛教背景之叙述、中国学术（又分述道家言、阴阳家言、神仙家等）、道教之酝酿、汉代佛教史迹、佛教名称、鬼道与神道、佛与道等；卷二有《前期般若》《玄风与佛理之初合》《关于太平道》等内容。

《乙亥（1935）读书札记》第一册有《古旧道经》《夷夏论》等内容；第二册有《三论宗》《法瑶》《道生》《佛性》《顿悟》。

1936年札记尚未发现。

《丁丑（1937）读书札记》

《校点僧传初集总目》《僧传校勘随记》《僧传校勘札记》《（僧传）校勘记》《续僧传》《高僧传分科分卷编制的次序》《校勘用本》《参考书目（附按语）》各一册，以及《赵城藏（南宋本）》《思溪藏（南宋本）》《径山藏（明本）》中关于《高僧传》的校勘笔记各一册。

三、讲义及课堂笔记

东南大学时英文讲义《印度学说史》七册。

南开大学时讲义Indian Philosophy（印度哲学）二册。

中央大学期间《印度学术史》油印本讲义。

1929年写成毛笔手抄和油印合订本汉文讲义《印度学说史》十四章，封面原注"初次稿底本"。

北京大学铅印《印度哲学讲义》。

西南联大时期《印度哲学》讲义（现存尼泊尔一家图书馆）。

东南印刷公司代印中央大学讲义《汉魏六朝佛教史》。以上讲义罕有存世，可能已经是孤本。

北京大学出版组印《中国佛教史》全应三册，只找到两册。胡适曾收藏并引用该讲义，在他的藏书中或许还能找到。

现存听课笔记有他的研究生武维琴所记《印度佛教哲学》听课笔记。

《印度哲学与佛学》一册（笔记本印有"国立清华大学"字样）。

《Note in Class》一信封装。《Misallacceaccs》一信封装。16开大笔记本一

册，封面缺失，中有：《印度佛教汉文资料参考提纲》（10页）、《佛教的名词如何了解》（2页）、《关于"人性"问题（佛教）》（4页）、《吠檀多》（2页）、《瑜伽》（Yoga）（2页）、"巴利文"《沙门果经》（7页）、《关于报应》（13页）。1964年1月10日所写"数论哲学考试题"（1页）。

西南联大时期《佛典选读课程资料》。石峻曾藏有汤用彤手稿：《"佛典选读"叙目》《中国哲学（从第三到第十世纪）》英文手稿，修改《僧肇学述》手稿、抄录《续藏经》的慧达《肇论疏》《读慧达肇论疏述所见》修改批语，以及陈寅恪"赠锡予诗"（夹在一本藏书中）等手稿。季羡林、张岂之等先生保存有听汤老课的课堂笔记（季羡林记录的魏晋玄学课一大本笔记最全）。

四、文章及写作提纲

玄学方面未刊稿有：《何邵玄理略释》《魏晋玄学》一书写作提纲两份。联大时期玄学读书笔记一册，内有魏初事、刘表、魏晋思想与文学、言意、儒道等。关于章太炎《读郭象论嵇绍文》的笔记、《杨雄的〈法言〉》《名理家言》《向郭与支道林》《列子与向郭》，等等。

提纲《佛教对中国影响与现在中西文化关系之比较》中讲："中、印同：自然、Anthropocentric、心——人心之所同然、价值；中、西异：hylo-centric、自然、Kn. for sake，价值无有、心——known, consciences。"

有关《俱舍论》的英文稿，附黄心川教授整理翻译说明；《寺院与教育》；《佛法之性质》；佛性本有始有（唐初——唐末的争论）、扫相、悟入实相、"大空与小空之比较"等问题写作提纲24页；《魏晋南北朝隋唐哲学文选选目》；《科学研究与教材建设》，等等。

汤用彤任各级领导时的书面发言，如：开学典礼上的讲话稿。1957年，在科学院学部委员会全体会议上，汤用彤的长篇书面发言。他工作过的各高校档案馆的相关资料。

散见的语录、学术观点，已搜集到数百条。

此外尚有：《北大博物馆概要序（1949年11月）》《我的决心书》《1963年国庆感言》《思想检查自述稿》，此类文章甚多，现存约30万

后记

从用彤先生去世至今，已出版有四部纪念文集、五部研究专著和数百篇专文，相关研究文献则以万计。在此基础上精选结集是我们多年来的心愿，三联书店约稿后，遂着意搜集各类有关文章，经与汤一介先生反复研讨，从中筛选出40多篇。但限于篇幅，三联在首版时删减为36篇。如今再版，恢复了汤先生选定的一些文章及其序位，并对初版做了不少校订。选录侧重对用彤先生学行有深切认识的回忆与研究文字，作者大多是其师友、门生及再传弟子。文章编排基本以作者年龄为序，编入本书时精简了部分论述重叠的段落，改正了原文排版印刷上的一些错误。原来打算编入用彤先生《佛典举要》《中国佛教史说明》《漫话中国美学》等篇，后因这些文章拟收入《汤用彤全集》的续编，故于此不再重收。

鉴于以往用彤先生的生平介绍都很简略，因而新撰《汤用彤先生传略》，读者由此可扼要把握先生一生为人为学之梗概。附录中，《汤用彤先生治学语录》多从未刊稿中整理出来，凝聚着先生的治学心得，虽为点滴片段，却系点睛之笔，闪耀着他为人为学的智慧之光，足资启发，再版时又做了些增订。《汤用彤已刊论著系年》《汤用彤未刊稿简目》是目前收录最为齐全的用彤先生著述目录。希冀本书能给学人研讨先生的道德文章提供便利，但由于时间仓促，才学有限，疏漏之处，尚祈读者教正。

本书编讫，还有一些用彤先生的精彩文论和学界的研究佳作，因限于篇幅而未收入本书，留待以后再出续编。我们期盼与用彤先生熟悉或研究汤著有心得的学者能有新作寄示。用彤先生的不少文稿、讲义、信札、照片和相关记录等，尚散落诸方，不及时搜集，恐湮灭难补。若有人保存或知查找线索，请联系我们，不胜感激！

编录中张志强、高山杉、孟凡君、冯小龙、吕伟、李元、陈伟、田茂泉、孟祥君、秦亮诸友给予不少帮助，统此申谢！

赵建永
2022年8月

字。批注的作业。所读之书上的校注、眉批。1949年"新政治协商会议筹备委员会便笺"数张，有待整理的零散手稿数百纸，等等。

五、往来书信集

拟收汤用彤往来通信，如：毛泽东、蒋介石、胡适、吴宓、吴芳吉、陈烈勋、陈寅恪、熊十力、蒙文通、冯友兰、梅贻琦、傅斯年、李济、陈铭枢、朱光潜、沈从文、郑天挺、孙楷第、向达、余又荪、金毓黻、俞大绂、程毓淮、李小缘、伍非百、钱端升、王铁崖、朱亦松、马寅初、郭沫若、曾昭抡、张宗麟、季羡林、逯钦立、王维诚、陈国符、周光倬、汤一雄、兰曼、笈多、宓舍瑞、金玄峰、塚本善隆、贝塚茂树，以及致西南联大、教育部、北平公安局、中华全国教育工作者代表会议筹备委员会、中国新哲学研究会筹备会常务委员会、全国人大、全国政协、中苏友好协会总会、商务印书馆、中华书局、科学院图书馆、《人民日报》理论部、《光明日报》等。

尚存片段的书信及佚信存目数百种，如1945年6月致函挽留蒋梦麟；任继愈曾保存汤用彤所写关于宋明理学的信；关于中华大藏经的意见书等。藏书上陈寅恪、熊十力、梁漱溟、张颐、李济、饶毓泰、顾颉刚、容肇祖、罗常培、洪谦、唐兰、王明、王维诚、王利器、杨志玖等赠书题记上百种。

六、佚稿存目

与吴宓合著长篇章回体小说《崆峒片羽录》，原三万余言，拟撰三十回，仅存汤用彤所作部分回目；《清华周报》第1号之佚文；在南开大学时的演讲《气候与社会之影响》，等等。